파고다
토익 LC
입문서

파고다 토익 LC 입문서

초판 1쇄 인쇄 2022년 1월 19일
초판 1쇄 발행 2022년 1월 26일
초판 2쇄 발행 2024년 1월 22일

지 은 이 | 파고다교육그룹 언어교육연구소
펴 낸 이 | 박경실
펴 낸 곳 | **PAGODA Books** 파고다북스
출판등록 | 2005년 5월 27일 제 300-2005-90호
주   소 | 06614 서울특별시 서초구 강남대로 419, 19층(서초동, 파고다타워)
전   화 | (02) 6940-4070
팩   스 | (02) 536-0660
홈페이지 | www.pagodabook.com

저작권자 | ⓒ 2022 파고다아카데미, 파고다북스

ISBN 978-89-6281-881-9 (13740)

파고다북스   www.pagodabook.com
파고다 어학원   www.pagoda21.com
파고다 인강   www.pagodastar.com
테스트 클리닉   www.testclinic.com

▮ 낙장 및 파본은 구매처에서 교환해 드립니다.

파고다 토익 LC

입문서

PAGODA Books

파고다 토익 프로그램

독학자를 위한 다양하고 풍부한 학습 자료

세상 간편한 등업 신청으로 각종 학습
자료가 쏟아지는

파고다 토익 공식 온라인 카페
http://cafe.naver.com/pagodatoeicbooks

교재 Q&A

교재 학습 자료 ⟶

나의 학습 코칭
정기 토익 분석 자료
기출 분석 자료
예상 적중 특강
논란 종결 총평

온라인 모의고사 2회분
받아쓰기 훈련 자료
단어 암기장
단어 시험지
MP3 기본 버전
MP3 추가 버전(1.2배속 등)
추가 연습 문제 등 각종 추가 자료

매회 업데이트! 토익 학습 센터

시험 전 적중 문제, 특강 제공
시험 직후 실시간 정답, 총평 특강, 분석 자료집 제공

토익에 풀! 빠져 풀TV

파고다 대표 강사진과 전문 연구원들의
다양한 무료 강의를 들으실 수 있습니다.

파고다 토익 기본 완성 LC

토익 리스닝 기초 입문서
토익 초보 학습자들이 단기간에 쉽게 접근할
수 있도록 토익의 필수 개념을 집약한 입문서

파고다 토익 실력 완성 LC

토익 개념&실전 종합서
토익의 기본 개념을 확실히 다질 수 있는
풍부한 문제 유형과 실전형 연습 문제를 담은 훈련서

파고다 토익 고득점 완성 LC

최상위권 토익 만점 전략서
기본기를 충분히 다진 토익 중상위권들의 고득점
완성을 위해 핵심 스킬만을 뽑아낸 토익 전략서

600+   700+   800+

파고다 토익 입문서 LC

기초와 최신 경향 문제 완벽 적응 입문서
개념-핵심 스킬-집중 훈련의 반복을 통해 기초와
실전에서 유용한 전략을 동시에 익히는 입문서

파고다 토익 종합서 LC

중상위권이 고득점으로 가는 도움 닫기 종합서
고득점 도약을 향한 한 끗 차이의 간격을 좁히는 종합서
(2022년 4월 출간 예정)

목차

PART 1

PART 2

이 책의 구성과 특징

PART 1 사진의 유형을 이해하고 유형별 사진 공략법과 시제와 태 표현을 정확하게 구분한다.

PART 2 의문사 의문문, 비의문사 의문문에 따른 다양한 응답 표현 및 빈출 오답 유형을 익힌다.

PART 3 빠르게 전개되는 지문을 정확하게 파악하는 직청·직해 능력과 더불어 문맥 파악 및 논리력 판단을 길러야 한다.

PART 4 출제되는 지문 유형을 익히고 해당 지문에 자주 나오는 빈출 어휘 및 표현을 학습한다.

OVERVIEW

학습을 시작하기 전에 각 PART의 이해도를 높이기 위해 낱낱이 파헤쳐 본다.

문제 OVERVIEW
각 PART의 진행 방식과 문제 유형을 한눈에 파악할 수 있도록 하였다.

출제 TREND
문제 유형을 세분화하여 출제 비율을 도식화하고 출제 경향 분석 결과를 담았다.

📚 시험 PREVIEW

실제 시험에서 보여지는 문제와 들리는 문제,
보기 및 지문을 눈으로 살펴보도록 하였다.

📋 문제 풀이 FLOW

시간을 효율적으로 활용하여 정답 적중률을
높이기 위한 문제 풀이 전략을 담았다.

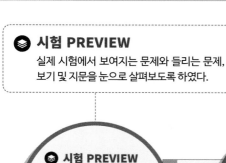

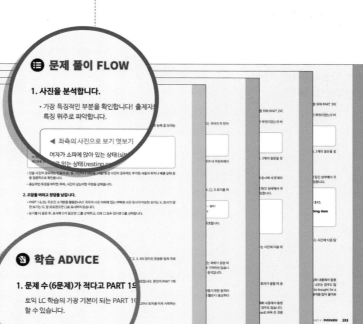

🔖 학습 ADVICE

각 PART 학습을 위해 꼭 알아두어야
하는 사항을 정리하였다.

BASE 개념

각 PART의 실전 전략형 기본 개념으로 한 번, 예문
을 통해 두 번 살펴보고, 정답뿐만 아니라 오답으로
등장하는 보기까지 분석한 결과를 제시하였다.

이 책의 구성과 특징

BASE 핵심스킬

앞서 학습한 내용이 실제 문제로 나올 때 적용하는 핵심 스킬을 담았다. 문제 풀이를 단계별로 나누어, 학습자가 바로 적용할 수 있는 전략적인 풀이 방법을 소개하였다.

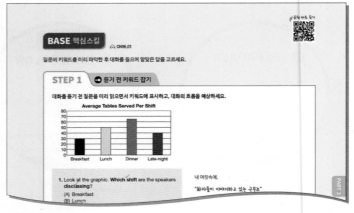

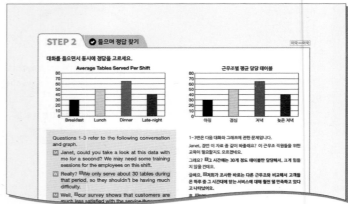

BASE 집중훈련

기본 개념에 핵심 스킬까지 제대로 이해했는지 문제를 통해 확인한다. 실전 감각을 익히기 위한 단계이므로, 딕테이션(Dictation) 연습을 함께 구성하여 집중적인 듣기 훈련을 돕고자 하였다.

PART 1: 2문제 　 PART 2: 3문제
PART 3: 3문제 　 PART 4: 3문제

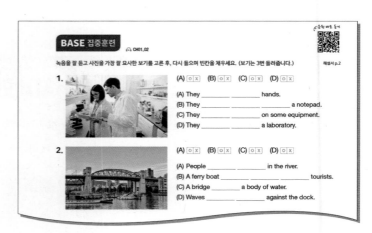

BASE 실전훈련

각 CHAPTER의 총체적인 내용을 아우르는 다양한 유형의 문제를 풀어보면서 듣기 실력을 확인한다. 딕테이션(Dictation) 연습을 함께 구성하여 집중적인 듣기 훈련을 돕고자 하였다.

PART 1: 6문제 **PART 2:** 24문제
PART 3: 12문제 **PART 4:** 12문제

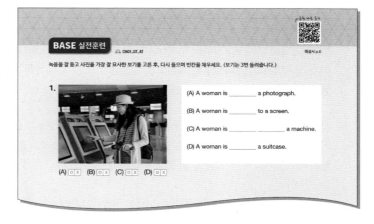

ACTUAL TEST

토익 시험 전 실전 감각을 최종 점검하는 시간을 가질 수 있도록 실제 정기 토익 시험과 가장 유사한 형태의 실전 모의고사 1회분을 제공하였다.

해설서

교재에 수록된 모든 문제의 스크립트와 해석은 물론, 정답 및 오답의 근거를 자세히 설명하였다. 또한 문제 풀이에 필요한 어휘와 출제 가능성이 높은 또 다른 정답 예시를 함께 수록하여 정답 적중률을 한층 더 높이도록 구성하였다.

토익이란?

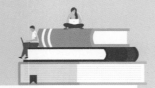

TOEIC(Test Of English for International Communication)은 영어가 모국어가 아닌 사람들을 대상으로 일상생활 또는 국제 업무 등에 필요한 실용 영어 능력을 평가하는 시험입니다.

상대방과 '의사 소통할 수 있는 능력(Communication ability)'을 평가하는 데 중점을 두고 있으므로 영어에 대한 '지식'이 아니라 영어의 실용적이고 기능적인 '사용법'을 묻는 문항들이 출제됩니다.

TOEIC은 1979년 미국 ETS(Educational Testing Service)에 의해 개발된 이래 전 세계 160개 이상의 국가 14,000여 개의 기관에서 승진 또는 해외 파견 인원 선발 등의 목적으로 널리 활용하고 있으며 우리나라에는 1982년 도입되었습니다. 해마다 전 세계적으로 약 700만 명 이상이 응시하고 있습니다.

▶ 토익 시험의 구성

	파트	시험 형태		문항 수	시간	배점
듣기 (LC)	1	사진 묘사		6	45분	495점
	2	질의응답		25		
	3	짧은 대화		39		
	4	짧은 담화		30		
읽기 (RC)	5	문장 빈칸 채우기		30	75분	495점
	6	지문 빈칸 채우기		16		
	7	독해	단일 지문	29		
			이중 지문	10		
			삼중 지문	15		
계				200	120분	990점

1979	첫 토익
2006	NEW 토익
2016	신토익
Present	

토익 시험 접수와 성적 확인

토익 시험은 TOEIC 위원회 웹사이트(www.toeic.co.kr)에서 접수할 수 있습니다. 본인이 원하는 날짜와 장소를 지정하고 필수 기재 항목을 기재한 후 본인 사진을 업로드하면 간단하게 끝납니다.

보통은 두 달 후에 있는 시험일까지 접수 가능합니다. 각 시험일의 정기 접수는 시험일로부터 2주 전까지 마감되지만, 시험일의 3일 전까지 추가 접수할 수 있는 특별 접수 기간이 있습니다. 그러나 특별 추가 접수 기간에는 응시료가 4,400원 더 비싸며, 희망하는 시험장을 선택할 수 없는 경우도 발생할 수 있습니다.

성적은 시험일로부터 12~15일 후에 인터넷이나 ARS(060-800-0515)를 통해 확인할 수 있습니다.

성적표는 우편이나 온라인으로 발급 받을 수 있습니다. 우편으로 발급 받을 경우는 성적 발표 후 대략 일주일이 소요되며; 온라인 발급을 선택하면 유효 기간 내에 홈페이지에서 본인이 직접 1회에 한해 무료 출력할 수 있습니다. 토익 성적은 시험일로부터 2년간 유효합니다.

시험 당일 준비물

시험 당일 준비물은 규정 신분증, 연필, 지우개입니다. 허용되는 규정 신분증은 토익 공식 웹사이트에서 확인하기 바랍니다. 필기구는 연필이나 샤프펜만 가능하고 볼펜이나 컴퓨터용 사인펜은 사용할 수 없습니다. 수험표는 출력해 가지 않아도 됩니다.

시험 진행 안내

시험 진행 일정은 시험 당일 고사장 사정에 따라 약간씩 다를 수 있지만 대부분 아래와 같이 진행됩니다.

▶ 시험 시간이 오전일 경우

AM 9:30~9:45	AM 9:45~9:50	AM 9:50~10:05	AM 10:05~10:10	AM 10:10~10:55	AM 10:55~12:10
15분	5분	15분	5분	45분	75분
답안지 작성에 관한 Orientation	수험자 휴식 시간	신분증 확인 (감독교사)	문제지 배부, 파본 확인	듣기 평가(LC)	읽기 평가(RC) 2차 신분증 확인

* 주의: 오전 9시 50분 입실 통제

▶ 시험 시간이 오후일 경우

PM 2:30~2:45	PM 2:45~2:50	PM 2:50~3:05	PM 3:05~3:10	PM 3:10~3:55	PM 3:55~5:10
15분	5분	15분	5분	45분	75분
답안지 작성에 관한 Orientation	수험자 휴식 시간	신분증 확인 (감독교사)	문제지 배부, 파본 확인	듣기 평가(LC)	읽기 평가(RC) 2차 신분증 확인

* 주의: 오후 2시 50분 입실 통제

파트별 토익 소개

PART 1
PHOTOGRAPHS
사진 문제

PART 1은 제시한 사진을 올바르게 묘사한 문장을 찾는 문제로, 방송으로 사진에 대한 4개의 짧은 설명문을 한번 들려준다. 4개의 설명문은 문제지에 인쇄되어 있지 않으며 4개의 설명문을 잘 듣고 그 중에서 사진을 가장 정확하게 묘사하고 있는 문장을 답으로 선택한다.

문항 수	6문항 (1번 ~ 6번)
Direction 소요 시간	약 1분 30초 (LC 전체 Direction 약 25초 포함)
문제를 들려주는 시간	약 20초
다음 문제까지의 여유 시간	약 5초
문제 유형	1. 1인 중심 사진 2. 2인 이상 사진 3. 사물/풍경 사진

▶ 시험지에 인쇄되어 있는 모양

1.

▶ 스피커에서 들리는 음성

Number 1. Look at the picture marked number 1 in your test book.

(A) They're writing on a board.
(B) They're taking a file from a shelf.
(C) They're working at a desk.
(D) They're listening to a presentation.

정답 **1.** (C)

PART 2

QUESTION-RESPONSE
질의응답 문제

PART 2는 질문에 대한 올바른 답을 찾는 문제로, 방송을 통해 질문과 질문에 대한 3개의 응답문을 각 한 번씩 들려준다. 질문과 응답문은 문제지에 인쇄가 되어 있지 않으며 질문에 대한 가장 어울리는 응답문을 답으로 선택한다.

문항 수	25문항 (7번 ~ 31번)
Direction 소요 시간	약 25초
문제를 들려주는 시간	약 15초
다음 문제까지의 여유 시간	약 5초
문제 유형	1. 의문사 의문문 – Who/When/Where – What/Which – How/Why 2. 비의문사 의문문 – Be/Do/Have – 부정/부가/간접/선택 – 제안문·요청문/평서문

▶ 시험지에 인쇄되어 있는 모양

7. Mark your answer on your answer sheet.

▶ 스피커에서 들리는 음성

Number 7. How was the English test you took today?

(A) I took the bus home.
(B) I thought it was too difficult.
(C) I have two classes today.

정답 7. (B)

PART 3

SHORT CONVERSATIONS
짧은 대화 문제

PART 3은 짧은 대화문을 듣고 이에 대한 문제를 푸는 형식으로, 먼저 방송을 통해 짧은 대화를 들려준 뒤 이에 해당하는 질문을 들려 준다. 문제지에는 질문과 4개의 보기가 인쇄되어 있으며 문제를 들은 뒤 제시된 보기 중 가장 적절한 것을 답으로 선택한다.

문항 수	13개 대화문, 39문항 (32번 ~ 70번)
Direction 소요 시간	약 30초
문제를 들려주는 시간	약 30~40초
다음 문제까지의 여유 시간	약 8초
지문 유형	– 회사 생활, 일상생활, 회사와 일상의 혼합 – 총 13개 대화문 중 '2인 대화문 11개, 3인 대화문 2개'로 고정 출제 – 주고받는 대화 수: 3~10번
질문 유형	– 일반 정보 문제: 주제·목적, 화자의 신분, 대화 장소 – 세부 정보 문제: 키워드, 제안·요청, 다음에 할 일/일어날 일 – 화자가 그렇게 말한 의도를 묻는 문제(2문제 고정 출제) – 시각 자료 연계 문제(62~70번 사이에서 3문제 고정 출제)

▶ 시험지에 인쇄되어 있는 모양

32. What is the conversation mainly about?
   (A) Changes in business policies
   (B) Sales of a company's products
   (C) Expanding into a new market
   (D) Recruiting temporary employees

33. Why does the woman say, "There you go"?
   (A) She is happy to attend a meeting.
   (B) She is frustrated with a coworker.
   (C) She is offering encouragement.
   (D) She is handing over something.

34. What do the men imply about the company?
   (A) It has launched new merchandise.
   (B) It is planning to relocate soon.
   (C) It has clients in several countries.
   (D) It is having financial difficulties.

▶ 스피커에서 들리는 음성

Questions 32-34 refer to the following conversation with three speakers.

A: How have you two been doing with your sales lately?

B: Um, not too bad. My clients have been ordering about the same amount of promotional merchandise as before.

C: I haven't been doing so well. But I do have a meeting with a potential new client tomorrow.

B: There you go. I'm sure things will turn around for you.

A: Yeah, I hope it works out.

B: It's probably just temporary due to the recession.

C: Maybe, but I heard that the company may downsize to try to save money.

A: Actually, I heard that, too.

정답 **32.** (B) **33.** (C) **34.** (D)

PART 4

SHORT TALKS
짧은 담화 문제

Part 4는 짧은 담화문을 듣고 이에 대한 문제를 푸는 형식으로, 먼저 방송을 통해 짧은 담화를 들려준 뒤 이에 해당하는 질문을 들려 준다. 문제지에는 질문과 4개의 보기가 인쇄되어 있으며 문제를 들은 뒤 제시된 보기 중 가장 적절한 것을 답으로 선택한다.

문항 수	10개 담화문, 30문항 (71번 ~ 100번)
Direction 소요 시간	약 30초
문제를 들려주는 시간	약 30~40초
다음 문제까지의 여유 시간	약 8초
지문 유형	- 전화 메시지, 회의 발췌록, 안내 방송, 광고 방송, 뉴스 보도, 연설 등
질문 유형	- 일반 정보 문제: 주제·목적, 화자/청자의 신분, 담화 장소 - 세부 정보 문제: 키워드, 제안·요청, 다음에 할 일/일어날 일 - 화자가 그렇게 말한 의도를 묻는 문제 (3문제 고정 출제) - 시각 자료 연계 문제 (95~100번 사이에서 2문제 고정 출제)

▶ 시험지에 인쇄되어 있는 모양

71. Where most likely is the speaker?
(A) At a trade fair
(B) At a corporate banquet
(C) At a business seminar
(D) At an anniversary celebration

72. What are the listeners asked to do?
(A) Pick up programs for employees
(B) Arrive early for a presentation
(C) Turn off their mobile phones
(D) Carry their personal belongings

73. Why does the schedule have to be changed?
(A) A speaker has to leave early.
(B) A piece of equipment is not working.
(C) Lunch is not ready.
(D) Some speakers have not yet arrived.

▶ 스피커에서 들리는 음성

Questions 71-73 refer to the following talk.

I'd like to welcome all of you to today's employee training and development seminar for business owners. I'll briefly go over a few details before we get started. There will be a 15 minute break for coffee and snacks halfway through the program. This will be a good opportunity for you to mingle. If you need to leave the room during a talk, make sure to keep your wallet, phone, and …ah… any other valuable personal items with you. Also, please note that there will be a change in the order of the program. Um… Mr. Roland has to leave earlier than originally scheduled, so the last two speakers will be switched.

정답 **71.** (C) **72.** (D) **73.** (A)

학습 플랜

4주 플랜

DAY 1	DAY 2	DAY 3	DAY 4	DAY 5
CHAPTER 01 시제와 태	CHAPTER 02 인물 묘사와 사물 묘사	CHAPTER 03 사진 배경	PART 1 전체 다시 보기 - 틀린 문제 다시 보기 - 중요 어휘 체크해서 암기하기	CHAPTER 04 함정 장치

DAY 6	DAY 7	DAY 8	DAY 9	DAY 10
CHAPTER 05 의문사 의문문	CHAPTER 06 일반 의문문	CHAPTER 07 특수 의문문	PART 2 전체 다시 보기 - 틀린 문제 다시 보기 - 중요 어휘 체크해서 암기하기	CHAPTER 08 PART 3&4 문제 유형

DAY 11	DAY 12	DAY 13	DAY 14	DAY 15
CHAPTER 09 회사 생활 1	CHAPTER 10 회사 생활 2	CHAPTER 11 일상생활	PART 3 전체 다시 보기 - 틀린 문제 다시 보기 - 중요 어휘 체크해서 암기하기	CHAPTER 12 대면과 비대면

DAY 16	DAY 17	DAY 18	DAY 19	DAY 20
CHAPTER 13 방송	CHAPTER 14 뉴스	PART 4 전체 다시 보기 - 틀린 문제 다시 보기 - 중요 어휘 체크해서 암기하기	PART 1~4 전체 다시 보기 - 틀린 문제 다시 보기 - 중요 어휘 체크해서 암기하기	ACTUAL TEST

8주 플랜

DAY 1	DAY 2	DAY 3	DAY 4	DAY 5
CHAPTER 01 시제와 태	CHAPTER 01 다시 보기 - 집중 훈련 및 실전 훈련 다시 풀어 보기 - 중요 어휘 체크해서 암기 하기	CHAPTER 02 인물 묘사와 사물 묘사	CHAPTER 02 다시 보기 - 집중 훈련 및 실전 훈련 다시 풀어 보기 - 중요 어휘 체크해서 암기 하기	CHAPTER 03 사진 배경

DAY 6	DAY 7	DAY 8	DAY 9	DAY 10
CHAPTER 03 다시 보기 - 집중 훈련 및 실전 훈련 다시 풀어 보기 - 중요 어휘 체크해서 암기 하기	PART 1 전체 다시 보기 - 틀린 문제 다시 보기 - 중요 어휘 체크해서 암기 하기	CHAPTER 04 함정 장치	CHAPTER 04 다시 보기 - 집중 훈련 및 실전 훈련 다시 풀어 보기 - 중요 어휘 체크해서 암기 하기	CHAPTER 05 의문사 의문문

DAY 11	DAY 12	DAY 13	DAY 14	DAY 15
CHAPTER 05 다시 보기 - 집중 훈련 및 실전 훈련 다시 풀어 보기 - 중요 어휘 체크해서 암기 하기	CHAPTER 06 일반 의문문	CHAPTER 06 다시 보기 - 집중 훈련 및 실전 훈련 다시 풀어 보기 - 중요 어휘 체크해서 암기 하기	CHAPTER 07 특수 의문문	CHAPTER 07 다시 보기 - 집중 훈련 및 실전 훈련 다시 풀어 보기 - 중요 어휘 체크해서 암기 하기

DAY 16	DAY 17	DAY 18	DAY 19	DAY 20
PART 2 전체 다시 보기 - 틀린 문제 다시 보기 - 중요 어휘 체크해서 암기 하기	CHAPTER 08 PART 3&4 문제 유형	CHAPTER 08 다시 보기 - 집중 훈련 및 실전 훈련 다시 풀어 보기 - 중요 어휘 체크해서 암기 하기	CHAPTER 09 회사 생활 1	CHAPTER 09 다시 보기 - 집중 훈련 및 실전 훈련 다시 풀어 보기 - 중요 어휘 체크해서 암기 하기

DAY 21	DAY 22	DAY 23	DAY 24	DAY 25
CHAPTER 10 회사 생활 2	CHAPTER 10 다시 보기 - 집중 훈련 및 실전 훈련 다시 풀어 보기 - 중요 어휘 체크해서 암기 하기	CHAPTER 11 일상생활	CHAPTER 11 다시 보기 - 집중 훈련 및 실전 훈련 다시 풀어 보기 - 중요 어휘 체크해서 암기 하기	PART 3 전체 다시 보기 - 틀린 문제 다시 보기 - 중요 어휘 체크해서 암기 하기

DAY 26	DAY 27	DAY 28	DAY 29	DAY 30
CHAPTER 12 대면과 비대면	CHAPTER 12 다시 보기 - 집중 훈련 및 실전 훈련 다시 풀어 보기 - 중요 어휘 체크해서 암기 하기	CHAPTER 13 방송	CHAPTER 13 다시 보기 - 집중 훈련 및 실전 훈련 다시 풀어 보기 - 중요 어휘 체크해서 암기 하기	CHAPTER 14 뉴스

DAY 31	DAY 32	DAY 33	DAY 34	DAY 35
CHAPTER 14 다시 보기 - 집중 훈련 및 실전 훈련 다시 풀어 보기 - 중요 어휘 체크해서 암기 하기	PART 4 전체 다시 보기 - 틀린 문제 다시 보기 - 중요 어휘 체크해서 암기 하기	PART 1 전체 다시 보기 - 틀린 문제 다시 보기 - 중요 어휘 체크해서 암기 하기	PART 2 전체 다시 보기 - 틀린 문제 다시 보기 - 중요 어휘 체크해서 암기 하기	PART 3 전체 다시 보기 - 틀린 문제 다시 보기 - 중요 어휘 체크해서 암기 하기

DAY 36	DAY 37	DAY 38	DAY 39	DAY 40
PART 4 전체 다시 보기 - 틀린 문제 다시 보기 - 중요 어휘 체크해서 암기 하기	PART 1&2 전체 다시 보기 - 틀린 문제 다시 보기 - 중요 어휘 체크해서 암기 하기	PART 3&4 전체 다시 보기 - 틀린 문제 다시 보기 - 중요 어휘 체크해서 암기 하기	ACTUAL TEST	ACTUAL TEST 다시 보기 - 틀린 문제 다시 보기 - 중요 어휘 체크해서 암기 하기

리스닝
기초 다지기

🇺🇸 미국식 발음 vs 영국식 발음 🇬🇧

🎧 미국 vs 영국

토익 리스닝 시험에서는 미국식 발음뿐만 아니라, 영국, 호주, 뉴질랜드, 캐나다 등 미국 외의 다른 영어권 나라의 발음으로 문제가 출제되기도 한다. 한국의 토익 학습자들에게는 미국식 발음이 익숙하겠지만, 그 외 나라의 발음도 숙지해 두어야 발음 때문에 문제를 풀지 못하는 당황스런 상황을 피할 수 있다.

캐나다 발음은 미국식 발음과, 호주와 뉴질랜드 발음은 영국식 발음과 유사하므로 이 책에서는 크게 미국식 발음과 영국식 발음으로 나누어 학습하도록 한다.

자음의 대표적인 차이

1. /r/ 발음의 차이

🇺🇸 **미국**: 항상 발음하며 부드럽게 굴려 발음한다.
🇬🇧 **영국**: 단어 첫소리에 나오는 경우만 발음하고 끝에 나오거나 다른 자음 앞에 나오면 발음하지 않는다.

▶ 단어 끝에 나오는 /r/

	🇺🇸 미국식 발음	🇬🇧 영국식 발음		🇺🇸 미국식 발음	🇬🇧 영국식 발음
car	[카r]	[카-]	wear	[웨어r]	[웨에-]
her	[허r]	[허-]	where	[웨어r]	[웨에-]
door	[도r]	[도-]	there	[데어r]	[데에-]
pour	[포우어r]	[포우어-]	here	[히어r]	[히어-]
mayor	[메이어r]	[메에-]	year	[이여r]	[이여-]
sure	[슈어r]	[슈어-]	repair	[뤼페어r]	[뤼페에-]
later	[레이러r]	[레이터-]	chair	[췌어r]	[췌에-]
author	[어떠r]	[오떠-]	fair	[f페어r]	[f페에-]
cashier	[캐쉬어r]	[캐쉬어]	hair	[헤어r]	[헤에-]

▶ 자음 앞에 나오는 /r+자음/

	🇺🇸 미국식 발음	🇬🇧 영국식 발음		🇺🇸 미국식 발음	🇬🇧 영국식 발음
airport	[에어r포rㅌ]	[에-포-ㅌ]	short	[쇼rㅌ]	[쇼-ㅌ]
award	[어워rㄷ]	[어워ㄷ]	turn	[터r언]	[터-언]
board	[보rㄷ]	[보-ㄷ]	alert	[얼러rㅌ]	[얼러ㅌ]
cart	[카rㅌ]	[카-ㅌ]	first	[퍼rㅅㅌ]	[퍼-ㅅㅌ]
circle	[써r클]	[써-클]	order	[오r더r]	[오-더]
concert	[컨써rㅌ]	[컨써ㅌ]	purse	[퍼rㅅ]	[퍼-ㅅ]

2. /t/ 발음의 차이

🇺🇸 **미국:** 모음 사이의 /t/를 부드럽게 굴려 [d]와 [r]의 중간으로 발음한다.
🇬🇧 **영국:** 모음 사이의 /t/를 철자 그대로 발음한다.

	🇺🇸 미국식 발음	🇬🇧 영국식 발음		🇺🇸 미국식 발음	🇬🇧 영국식 발음
bottom	[바름]	[버틈]	computer	[컴퓨러r]	[컴퓨터]
better	[베러r]	[베터]	item	[아이럼]	[아이틈]
chatting	[최링]	[최팅]	later	[레이러r]	[레이터]
getting	[게링]	[게팅]	meeting	[미링]	[미팅]
letter	[레러r]	[레터]	notice	[노리스]	[노티스]
little	[리를]	[리틀]	patio	[패리오]	[패티오]
matter	[매러r]	[매터]	water	[워러r]	[워타]
potted	[파리드]	[파티드]	waiter	[웨이러r]	[웨이터]
setting	[쎄링]	[쎄팅]	cater	[케이러r]	[케이터]
sitting	[씨링]	[씨팅]	competitor	[컴패리러r]	[컴패티터]
putting	[푸링]	[푸팅]	data	[데이러]	[데이터], [다터]

3. 모음 사이의 /nt/ 발음의 차이

🇺🇸 **미국:** /t/를 발음하지 않는다.
🇬🇧 **영국:** /t/를 철자 그대로 발음한다.

	🇺🇸 미국식 발음	🇬🇧 영국식 발음		🇺🇸 미국식 발음	🇬🇧 영국식 발음
Internet	[이너r넷]	[인터넷]	twenty	[트웨니]	[트웬티]
interview	[이너r뷰]	[인터뷰]	advantage	[어드배니쥐]	[어드반티쥐]
entertainment	[에너r테인먼트]	[엔터테인먼트]	identification	[아이데니피케이션]	[아이덴티피케이션]
international	[이너r내셔널]	[인터내셔널]	representative	[레프레제네러브]	[레프리젠터티브]

4. /tn/ 발음의 차이

🇺🇸 **미국:** /t/로 발음하지 않고 한번 숨을 참았다가 /n/의 끝소리를 [응] 또는 [은]으로 콧소리를 내며 발음한다.
🇬🇧 **영국:** /t/를 그대로 살려 강하게 발음한다.

	🇺🇸 미국식 발음	🇬🇧 영국식 발음		🇺🇸 미국식 발음	🇬🇧 영국식 발음
button	[벋 · 은]	[버튼]	mountain	[마운 · 은]	[마운튼]
carton	[카r · 은]	[카튼]	written	[륃 · 은]	[뤼튼]
important	[임포r · 은트]	[임포턴트]	certainly	[써r · 은리]	[써튼리]

5. /rt/ 발음의 차이

🇺🇸 **미국:** /t/ 발음을 생략한다.
🇬🇧 **영국:** /r/ 발음을 생략하고 /t/ 발음은 그대로 살려서 발음한다.

	🇺🇸 미국식 발음	🇬🇧 영국식 발음		🇺🇸 미국식 발음	🇬🇧 영국식 발음
party	[파리]	[파-티]	reporter	[뤼포러r]	[뤼포-터]
quarter	[쿼러r]	[쿼-터]	property	[프라퍼리]	[프로퍼-티]

모음의 대표적인 차이

1. /a/ 발음의 차이

🇺🇸 **미국:** [애]로 발음한다.
🇬🇧 **영국:** [아]로 발음한다.

	🇺🇸 미국식 발음	🇬🇧 영국식 발음		🇺🇸 미국식 발음	🇬🇧 영국식 발음
can't	[캔트]	[칸트]	pass	[패쓰]	[파스]
grant	[그랜트]	[그란트]	path	[패쓰]	[파스]
plant	[플랜트]	[플란트]	vase	[베이스]	[바스]
chance	[챈스]	[찬스]	draft	[드래프트]	[드라프트]
advance	[어드밴쓰]	[어드반쓰]	after	[애프터]	[아프터]
answer	[앤써r]	[안써]	ask	[애스크]	[아스크]
sample	[쌤쁠]	[쌈플]	task	[태스크]	[타스크]
class	[클래스]	[클라스]	behalf	[비해프]	[비하프]
grass	[그래스]	[그라스]	rather	[래더r]	[라더]
glass	[글래스]	[글라스]	man	[맨]	[만]

2. /o/ 발음의 차이

🇺🇸 **미국:** [아] 로 발음한다.
🇬🇧 **영국:** [오] 로 발음한다.

	🇺🇸 미국식 발음	🇬🇧 영국식 발음		🇺🇸 미국식 발음	🇬🇧 영국식 발음
stop	[스탑]	[스톱]	bottle	[바를]	[보틀]
stock	[스탁]	[스톡]	model	[마를]	[모들]
shop	[샵]	[숍]	dollar	[달러r]	[돌라]
got	[갇]	[곧]	copy	[카피]	[코피]
hot	[핟]	[홑]	possible	[파써블]	[포쓰블]
not	[낫]	[놑]	shovel	[셔블]	[쇼블]
parking lot	[파r킹 랏]	[파킹 롵]	topic	[타픽]	[토픽]
knob	[납]	[놉]	doctor	[닥터]	[독타]
job	[잡]	[좝]	borrow	[바로우]	[보로우]
box	[박스]	[복스]	document	[다큐먼트]	[도큐먼트]

3. /i/ 발음의 차이

/i/가 영국식 발음에서 [아이]로 발음되는 경우가 있다.

	🇺🇸 미국식 발음	🇬🇧 영국식 발음		🇺🇸 미국식 발음	🇬🇧 영국식 발음
direct	[디렉트]	[다이렉트]	mobile	[모블]	[모바일]
either	[이더r]	[아이더]	organization	[오r거니제이션]	[오거나이제이션]

4. /ary/, /ory/ 발음의 차이

/ary/, /ory/ 가 영국식 발음에서 /a/, /o/를 빼고 [ry]만 발음되는 경우가 있다.

	🇺🇸 미국식 발음	🇬🇧 영국식 발음		🇺🇸 미국식 발음	🇬🇧 영국식 발음
laboratory	[래보러토리]	[러보러트리]	secretary	[쎄크러테뤼]	[쎄크러트리]

기타 발음의 차이

	🏴 미국식 발음	🏴 영국식 발음		🏴 미국식 발음	🏴 영국식 발음
advertisement	[애드버r타이즈먼트]	[어드버티스먼트]	garage	[거라쥐]	[개라쥐]
fragile	[프래졀]	[프리쟈일]	often	[어픈]	[오프튼]
however	[하우에버r]	[하우에바]	schedule	[스케쥴]	[쉐쥴]

연음의 차이

	🏴 미국식 발음	🏴 영국식 발음		🏴 미국식 발음	🏴 영국식 발음
a lot of	[얼라럽]	[얼로톱]	not at all	[나래롤]	[나태톨]
get in	[게린]	[게틴]	out of stock	[아우롭스탁]	[아우톱스톡]
in front of	[인프러넙]	[인프론톱]	pick it up	[피끼럽]	[피키텁]
it is	[이리즈]	[잍티즈]	put on	[푸론]	[푸톤]
look it up	[루끼럽]	[룩키텁]	talk about it	[터꺼바우릿]	[오커바우틷]

다음 문장을 듣고 빈칸을 채우세요. 음성은 미국식, 영국식으로 두 번 들려줍니다.

1. The _____ will be held next week. 취업 박람회가 다음 주에 개최됩니다.

2. She's the _____ a best-selling book. 그녀는 베스트셀러 도서의 작가입니다.

3. The _____. 시장님은 출장 중입니다.

4. _____ network technicians? 네트워크 기술자들을 더 고용하면 안 될까요?

5. We need to advertise _____.
스포츠 신발 신제품 라인의 광고를 해야 합니다.

6. She is _____ into glasses. 그녀는 잔에 물을 붓고 있다.

7. You _____ last fall.
작년 가을에 귀하의 업체가 저희 회사 야유회에 음식을 공급했습니다.

8. _____ for me. 여섯 시 이후가 저에겐 편합니다.

9. Some _____ have been placed in a waiting area. 대기실에 몇 개의 화분이 놓여 있다.

10. _____ are the same. 많은 물건들이 똑같다.

11. Please sign on the _____. 마지막 페이지 하단에 서명해 주시기 바랍니다.

12. Do you know of a _____ in this area? 이 지역의 좋은 의사를 아시나요?

13. _____. 전혀요.

14. _____ posted on the Web site.
웹사이트에 게시된 구인 광고를 봤습니다.

15. Why don't you _____ and speak to him? 의사에게 전화해서 말해 보세요.

16. What's _____ to the bank? 은행까지 가장 빠른 길은 무엇입니까?

17. _____ if she's available. 그녀가 시간이 괜찮은지 물어보겠습니다.

18. I'm so happy to see that _____ are here today.
모든 무용수 여러분이 오늘 여기에 온 것을 보니 매우 기쁩니다.

19. _____ holds some flowers. 유리로 된 화병에 꽃이 있다.

20. _____ travel in the morning or in the evening?
오전, 오후 중 언제 이동하겠습니까?

21. The shipment is _____. 배송이 지연되고 있습니다.

22. _____ is fine with me. 둘 중 아무거나 상관없습니다.

23. _____. 저도 해본 적이 없습니다.

24. Why wasn't _____ printed in the magazine?
왜 우리 광고가 잡지에 인쇄되지 않았나요?

25. Can you get me _____? 실험실 가는 길을 좀 알려주세요.

PART

1

PHOTOGRAPHS
사진 문제

📋 문제 OVERVIEW

PART 1은 총 6장의 사진이 제시됩니다. 각각의 사진을 살펴보는 동시에, 들려주는 4개의 보기 중에서 사진 속 인물의 동작이나 상태, 사물의 상태나 위치 등을 가장 정확하게 묘사한 문장을 답으로 선택합니다.

문항 수	6문항(1~6번에 해당하며, 총 6장의 사진이 제시됩니다.)
Direction 소요 시간	약 1분 30초(LC 전체 Direction 약 25초를 포함한 시간입니다.)
보기 4개를 들려주는 시간	약 20초
다음 문제까지의 휴지 시간	약 5초
사진 유형	1. 1인 중심 사진 2. 2인 이상 사진 3. 사물/풍경 사진
보기 형태	짧은 문장
보기 구성	1. 보기 4개 모두 사람 묘사 2. 보기 2개는 사람, 나머지 2개는 사물/풍경 묘사 3. 보기 4개 모두 사물/풍경 묘사

🕐 출제 TREND

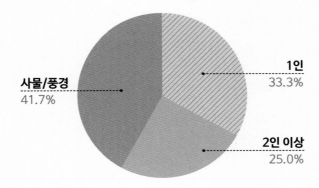

- 1인 중심 묘사(He, She, The man, The woman, …)는 매회 0~4문제(평균 2문제)가 출제됩니다.
- 2인 이상 묘사(They, One of the men, …)는 매회 0~3문제(평균 1.5문제)가 출제됩니다.
- 사물/풍경 묘사는 매회 2~4문제(평균 2.5문제)가 출제됩니다.
- 이전에 비해 1인 중심 묘사의 비중은 조금 줄어든 반면, 2인 이상 묘사에서 여러 명 중 한 명의 특징을 묘사한 문제가 조금 증가했습니다. 묘사하는 문장의 길이는 좀 더 길어지고, 쓰이는 단어도 다양해지는 추세입니다.

시험 PREVIEW

You will see:

1.

(A) △ (B) X (C) O (D) X

You will hear:

(A) She's typing on a laptop.

(B) She's drawing the curtains.

(C) She's wearing headphones.

(D) She's sitting on a stool.

📋 문제 풀이 FLOW

1. 사진을 분석합니다.

- 가장 특징적인 부분을 확인하세요! 출제자도 사진 귀퉁이에 잘 보이지도 않는 것을 묘사하진 않으므로 눈에 잘 보이는 특징 위주로 파악합니다.

> ◀ 좌측의 사진으로 보기 엿보기
>
> 여자가 소파에 앉아 있는 상태(sitting on a sofa)
> 여자가 소파에서 쉬고 있는 상태(resting on a sofa)
> 여자가 머그잔으로 뭔가를 마시고 있는 동작(drinking/sipping from a mug)
> 여자가 헤드폰을 쓰고 있는 상태(wearing headphones)

- 인물 사진의 경우에는 인물의 손, 발, 시선이나 외양을, 사물/풍경 사진의 경우에는 부각된 사물의 위치나 배열 상태 등을 집중적으로 확인합니다.

  중심적인 특징을 파악한 후에, 시간이 남는다면 주변을 살펴봅니다.

2. 오답을 버리고 정답을 남깁니다.

- PART 1&2는 무조건 소거법을 활용하세요! 각각의 사진 아래에 있는 여백에 사진 묘사가 이상한 보기는 X, 묘사가 잘된 보기는 O, 잘 모르겠으면 △로 표시하며 듣습니다.
- 보기를 다 들은 후, 표시에 O가 없으면 △를 선택하고, O와 △ 모두 있다면 O를 선택합니다.

👆 학습 ADVICE

1. 문제 수(6문제)가 적다고 PART 1의 학습을 건너뛰는 것은 금물!

토익 LC 학습의 가장 기본이 되는 PART 1에서 짧은 단문 듣기 훈련을 마쳐야 PART 2, 3, 4의 길어진 문장을 쉽게 극복할 수 있습니다.

2. 어휘 실력이 가장 중요한 파트, PART 1!

PART 1은 청취 실력뿐만 아니라 아는 어휘가 늘어날수록 정답률이 정직하게 높아지는 파트입니다. 본인이 PART 1에서 2개 이상 틀리는 수준이라면 청취력이 아직은 불안한 상태이니 꼭 실력을 다지세요!

3. 900점 이상의 토익 고수가 되고자 한다면?

고득점자는 문제와 문제 사이의 pause 동안 PART 5 문제를 풀고 오는 여유가 있습니다. 그러나 토익을 이제 시작하는 단계라면? 비교적 짧은 문장 위주인 PART 1에 시간을 꼭 할애해서 청취력을 키우고 어휘력을 향상시켜 탄탄한 LC BASE를 마련하세요!

시제와 태

BASE 1

상태를 묘사하는 현재 시제

▶ 현재 시제는 사람이나 사물 주어의 상태를 나타내거나 풍경을 묘사할 때 자주 사용됩니다.

▶ 동사 뒤에 연결되는 전치사구가 주어의 장소나 위치를 적절히 묘사하고 있는지 꼭 확인하세요.

주어 + is/are + 형용사/전치사구
'~이다'

Some clothes **are** on display.
몇몇 옷들이 진열되어 있다.

주어 + 현재 일반동사 + 목적어/전치사구
'~하다'

A fence **runs** along the road.
울타리 하나가 길을 따라 죽 이어져 있다.

There is/are + 주어 + 전치사구
'~이 있다'

There are some clothes on display.
진열 중인 옷들이 있다.

BASE 2

동작이나 상태를 묘사하는 현재 진행 시제

▶ PART 1에는 사람이나 사물의 동작이나 상태를 순간적으로 포착한 사진이 제시되기 때문에 현재 진행 시제가 가장 많이 등장합니다.

▶ 현재 진행 시제는 사람의 특정 동작을 묘사할 때 가장 많이 쓰이고, 사람의 시선이나 자세, 착용 등의 상태 및 사물의 상태를 묘사할 때도 사용됩니다.

사람 주어 + is/are + 동사-ing + 목적어/전치사구
'~하는 중이다'

The woman **is mowing** the lawn.
여자가 잔디를 깎고 있다.

사물 주어 + is/are + 동사-ing + 목적어/전치사구
'~한 상태이다'

A boat **is floating** on the water.
배 한 척이 물 위에 떠 있다.

BASE 핵심스킬 🎧 CH01_01

문제 풀이 순서에 맞춰 녹음을 잘 듣고 사진을 가장 잘 묘사한 보기를 고르세요.

미국

STEP 1 📷 사진 미리보기

녹음이 나오기 전 사진을 미리 분석하세요.

✓ **먼저, 부각된 인물이나 사물을 분석하세요.**
 (사람들이 테이블 주위에 앉아 있다.)
 (사람들이 회의 중이다.)

✓ **그다음, 주변 사물이나 풍경을 분석하세요.**
 (의자가 하나 비어 있다.)
 (노트북 하나가 테이블 위에 놓여 있다.)

STEP 2 ❌ 오답 소거하기

O/X 표시를 하며 오답을 소거하고 정답을 남기세요.

(A) o x (B) o x (C) o x (D) o x

(A) Some people are gathered for a **meal**. ❌
 몇몇 사람들이 식사하러 모여 있다.
 ⇢ 사진에 없는 사물이 들리면 무조건 오답이에요! 음식(meal)은 사진에 없는 사물이에요!

(B) There is a laptop **on the floor**. ❌
 노트북 하나가 바닥 위에 있다.
 ⇢ 사물의 위치를 꼭 확인하세요! 노트북이 바닥 위가 아닌 테이블 위에 있으므로 위치 묘사가 틀렸어요!

(C) A woman **is looking at** a computer. ❌
 한 여자가 컴퓨터를 보고 있다.
 ⇢ 사람의 시선도 체크포인트 1순위예요! 컴퓨터를 보고 있는 여자가 없으므로 동작 묘사가 틀렸어요!

(D) One of the chairs is empty. ⭕
 의자들 중 한 개가 비어 있다.
 ⇢ 비어 있는 의자 한 개를 잘 묘사하고 있네요!

BASE 집중훈련 🎧 CH01_02

녹음을 잘 듣고 사진을 가장 잘 묘사한 보기를 고른 후, 다시 들으며 빈칸을 채우세요. (보기는 3번 들려줍니다.)

해설서 p.2

1.

(A) o x (B) o x (C) o x (D) o x

(A) They _____ _____ hands.
(B) They _____ _____ _____ a notepad.
(C) They _____ _____ on some equipment.
(D) They _____ _____ a laboratory.

2.

(A) o x (B) o x (C) o x (D) o x

(A) People _____ _____ in the river.
(B) A ferry boat _____ _____ _____ tourists.
(C) A bridge _____ a body of water.
(D) Waves _____ _____ against the dock.

PART 1 · **CHAPTER 01** 시제와 태 **33**

동작이나 상태를 묘사하는 현재 완료 시제

▶ 현재 완료 시제는 과거부터 지금까지 계속되는 동작이나 상태 또는 이미 완료되어 현재에 보이는 동작이나 상태를 나타낼 때 사용됩니다.

사람 주어 + has/have p.p. (+목적어/전치사구)
└→ 계속해서 유지되는 동작/상태(계속해서 ~해왔다)
People **have sat down** for a meal.
사람들이 식사하러 앉아 있다.

사물 주어 + has/have p.p. (+목적어/전치사구)
└→ 이미 완료된 동작/상태(~해 버렸다)
Leaves **have fallen** on the ground.
나뭇잎들이 땅에 떨어져 있다.

상태를 묘사하는 현재 수동태

▶ 현재 수동태는 사람이나 사물의 현재 상태를 묘사할 때 사용됩니다.
▶ 사물을 주어로 한 현재 수동태 문장이 정답으로 더 많이 출제되고 있습니다.

사람 주어 + is/are p.p. + 전치사구
└→ '~된 상태이다'
They **are seated** next to each other.
사람들이 나란히 앉아 있다.

사물 주어 + is/are p.p. + 전치사구
└→ '~된 상태이다'
Shelves **are filled with** books.
책꽂이가 책들로 채워져 있다.

BASE 핵심스킬 🎧 CH01_03

문제 풀이 순서에 맞춰 녹음을 잘 듣고 사진을 가장 잘 묘사한 보기를 고르세요.

호주

STEP 1 📷 사진 미리보기

녹음이 나오기 전 사진을 미리 분석하세요.

✓ **먼저, 부각된 인물이나 사물을 분석하세요.**

(사람이 없다. 자리가 모두 비어 있다.)

(책상 위에 아무것도 없다. 의자도 잘 정돈되어 있다.)

✓ **그다음, 주변 사물이나 풍경을 분석하세요.**

(창문을 가리는 것이 아무것도 없다.)

(칠판이 깨끗하다.)

STEP 2 ❌ 오답 소거하기

O/X 표시를 하며 오답을 소거하고 정답을 남기세요.

(A) o x (B) o x (C) o x (D) o x

(A) The **blinds have been closed.** ❌
블라인드가 쳐져 있다.
⇢ 블라인드(blinds)는 사진에 없는 사물이고, 있더라도 완전히 걷힌 상태이므로 상태 묘사가 틀렸어요!

(B) There is some **writing** on the board. ❌
칠판에 글씨가 쓰여 있다.
⇢ 글씨(writing)는 사진에 없는 사물이에요!

(C) None of the seats are occupied. ⭕
자리에 아무도 없다.
⇢ 자리에 아무도 없는 상태를 잘 묘사하고 있네요!

(D) Some **chairs have been placed on the desk.** ❌
몇몇 의자들이 책상 위에 놓여 있다.
⇢ 의자들이 모두 책상 안으로 들어가 있으므로 상태 묘사가 틀렸어요!

음원 바로 듣기

BASE 집중훈련 🎧 CH01_04

녹음을 잘 듣고 사진을 가장 잘 묘사한 보기를 고른 후, 다시 들으며 빈칸을 채우세요. (보기는 3번 들려줍니다.)   해설서 p.2

1.

(A) o x (B) o x (C) o x (D) o x

(A) A woman _____ _____ a shopping cart.
(B) A woman _____ _____ at a counter.
(C) A woman _____ _____ a bag on the floor.
(D) A woman _____ _____ a refrigerator.

2.

(A) o x (B) o x (C) o x (D) o x

(A) Fallen leaves _____ _____ on the ground.
(B) Workers _____ _____ some lampposts.
(C) A road _____ _____ with traffic.
(D) Trees _____ _____ along a street.

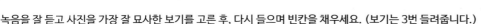

BASE 5 — 동작이나 상태를 묘사하는 현재 진행 수동태

▶ 현재 진행 수동태는 사물 주어에 사람이 무언가를 행하는 동작을 묘사할 때 사용됩니다.

▶ 대개 사람에 의한 동작을 묘사할 때 사용되지만, 사물의 현재 상태를 강조할 때 쓰기도 합니다.

▶ 사람이 등장하지 않는 사물이나 풍경 사진에서 현재 진행 수동태가 오답 보기로 많이 등장합니다.

사물 주어 + is/are being p.p. (+ 전치사구)
    ↳ 사람에 의한 동작

Some furniture **is being carried**.
가구가 옮겨지고 있다. (누군가가 가구를 옮기는 중이다)

= They are carrying some furniture.
    사람들이 가구를 옮기고 있다.

사물 주어 + is/are being p.p. (+ 전치사구)
    ↳ 사물의 현재 상태 강조

Some clothes **are being displayed** in the store.
옷들이 상점 안에 진열되어 있다. (옷이 진열되어 있는 상태이다)

BASE 6 — 상태를 묘사하는 현재 완료 수동태

▶ 현재 완료 수동태는 사물의 움직임이 끝난 상태를 묘사할 때 사용됩니다.

▶ 사람이 등장하지 않는 사물이나 풍경 사진에서 현재 완료 수동태가 정답으로 많이 등장합니다.

사물 주어 + has/have been p.p. (+ 전치사구)
    ↳ 과거에 끝난 동작이 현재까지 유지되는 상태

Some light fixtures **have been turned on**.
몇몇 조명 기구들이 켜져 있다.

사물 주어 + has/have been p.p. (+ 전치사구)
    ↳ 과거에 끝난 동작이 현재까지 유지되는 상태

Some cars **have been parked** along a street.
몇몇 차량들이 길을 따라 주차되어 있다.

BASE 핵심스킬 🎧 CH01_05

문제 풀이 순서에 맞춰 녹음을 잘 듣고 사진을 가장 잘 묘사한 보기를 고르세요.

미국

STEP 1 📷 사진 미리보기

녹음이 나오기 전 사진을 미리 분석하세요.

✓ **먼저, 부각된 인물이나 사물을 분석하세요.**
(여자가 옷을 들고 있다.)
(여자가 옷을 살펴보는 중이다.)

✓ **그다음, 주변 사물이나 풍경을 분석하세요.**
(옷이 옷걸이에 걸려 있다.)
(옷이 진열되어 있다.)

STEP 2 ❌ 오답 소거하기

O/X 표시를 하며 오답을 소거하고 정답을 남기세요.

(A) ⊙ ✕ (B) ⊙ ✕ (C) ⊙ ✕ (D) ⊙ ✕

(A) A jacket **is being tried on**. ❌
(여자가) 재킷을 입어보고 있다.
┈➤ 현재 진행 수동태가 나오면 즉시 사람이 사물 주어에게 행하는 동작이 맞는지 확인해야 해요. 여자가 재킷을 입어보는 동작이 아니므로 동작 묘사가 틀렸어요!

(B) Some merchandise is being inspected. ⭕
(여자가) 몇몇 상품을 살펴보고 있다.
┈➤ 여자가 상품을 살피는 모습을 잘 묘사하고 있네요!

(C) She's putting items into a **shopping bag**. ❌
여자가 쇼핑백 안에 물건들을 넣고 있다.
┈➤ 쇼핑백(shopping bag)은 사진에 없는 사물이에요!

(D) She's reaching over a rack. ❌
여자가 옷걸이 위로 손을 뻗고 있다.
┈➤ PART 1에서는 틀린 동작 묘사를 오답으로 가장 많이 등장시키고 있어요. 손을 뻗고 있다는 동작 묘사가 틀렸어요!

BASE 집중훈련 🎧 CH01_06

녹음을 잘 듣고 사진을 가장 잘 묘사한 보기를 고른 후, 다시 들으며 빈칸을 채우세요. (보기는 3번 들려줍니다.)   해설서 p.2

1.

(A) ⊙ ✕ (B) ⊙ ✕ (C) ⊙ ✕ (D) ⊙ ✕

(A) A window _____ _____ _____.
(B) A floor _____ _____ _____.
(C) A wall _____ _____ _____.
(D) A carpet _____ _____ _____ _____.

2.

(A) ⊙ ✕ (B) ⊙ ✕ (C) ⊙ ✕ (D) ⊙ ✕

(A) A chair _____ _____ _____ _____ against a wall.
(B) A coat _____ _____ _____.
(C) Some curtains _____ _____ _____ open.
(D) Some flowers _____ _____ _____ on a windowsill.

녹음을 잘 듣고 사진을 가장 잘 묘사한 보기를 고른 후, 다시 들으며 빈칸을 채우세요. (보기는 3번 들려줍니다.)

1.

(A) A woman is _____ a photograph.

(B) A woman is _____ to a screen.

(C) A woman is _____ _____ a machine.

(D) A woman is _____ a suitcase.

(A) ☐o☐x   (B) ☐o☐x   (C) ☐o☐x   (D) ☐o☐x

2.

(A) The women are _____ paper cups.

(B) The women are talking on the _____.

(C) They have _____ at a table.

(D) They are _____ a piece of furniture.

(A) ☐o☐x   (B) ☐o☐x   (C) ☐o☐x   (D) ☐o☐x

3.

(A) Some _____ are on a counter.

(B) Some utensils are _____ _____ with a cloth.

(C) Some cooks are _____ some vegetables.

(D) Some _____ are ordering from a menu.

(A) ☐o☐x   (B) ☐o☐x   (C) ☐o☐x   (D) ☐o☐x

4.

(A) A road is _____ _____.

(B) Some flowers are _____ _____.

(C) Leaves are _____ on a sidewalk.

(D) Workers are _____ windows.

(A) o x   (B) o x   (C) o x   (D) o x

PART 1 CHAPTER 01

5.

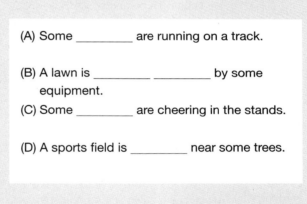

(A) Some _____ are running on a track.

(B) A lawn is _____ _____ by some equipment.

(C) Some _____ are cheering in the stands.

(D) A sports field is _____ near some trees.

(A) o x   (B) o x   (C) o x   (D) o x

6.

(A) Some shelves have been _____ with _____.

(B) A ladder has been set up by a _____.

(C) _____ have been _____ on a cart.

(D) A broomstick has been placed against a _____.

(A) o x   (B) o x   (C) o x   (D) o x

인물 묘사와 사물 묘사

챕터 전체 듣기

BASE 7

인물의 동작 묘사

▶ 한 사람이 중심이 되는 사진의 보기는 대부분 사진 속 인물이 주어가 돼요. 주어가 He, She, The man, The woman 등으로 동일하기 때문에 정답은 주로 동사에 의해 결정됩니다.

▶ 인물의 동작은 주로 현재 진행 시제 「is/are + 동사-ing」로 묘사합니다.

▶ 사물에 행하는 인물의 동작을 현재 진행 수동태 「is/are being p.p.」로 묘사할 수도 있어요. 이때 주어는 사물이지만 실제로는 사람의 동작을 묘사하는 거죠.

인물의 동작 묘사: 사람 주어 + is/are + 동사-ing

He **is using** a computer. ⊙
남자가 컴퓨터를 사용하고 있다.

He **is typing** on a laptop. ⊙
남자가 노트북으로 타이핑하고 있다.

He **is fixing** a machine. ✕ 동작 묘사 오류
남자가 기계를 고치고 있다.

사물 주어 + is/are being p.p.

= 사람 주어 + is/are + 동사-ing

The ceiling **is being painted**.
천장이 페인트칠되고 있다.

= She **is painting** the ceiling.
여자가 천장을 페인트칠하고 있다.

BASE 8

인물의 상태 묘사

▶ 인물의 상태는 주로 인물의 복장이나 소지품 또는 시선이나 자세를 묘사해요. 안경이나 모자 등을 착용한 모습이나 무언가를 응시하거나 서 있는 모습 등을 현재 진행 시제 「is/are + 동사-ing」로 나타냅니다.

▶ 의미 구별이 필요한 상태 동사와 동작 동사를 보기에 등장시켜 혼동을 주기 때문에 이런 주요 동사들을 미리 알아두는 것이 좋아요. *p.54 〈상태 동사 vs. 동작 동사〉 참고

인물의 상태 묘사: 사람 주어 + is/are + 동사-ing

She **is wearing** a mask. ⊙
여자가 마스크를 쓰고 있다.

She **is holding** a phone. ⊙
여자가 전화기를 들고 있다.

She **is sitting** on the floor. ⊙
여자가 바닥에 앉아 있다.

상태 동사 vs. 동작 동사

He **is wearing** headphones. ⊙
남자가 헤드폰을 쓰고 있다.

He **is putting on** headphones. ✕ 동작 묘사 오류
남자가 헤드폰을 쓰는 중이다.

BASE 핵심스킬 🎧 CH02_01

문제 풀이 순서에 맞춰 녹음을 잘 듣고 사진을 가장 잘 묘사한 보기를 고르세요.

미국

STEP 1 🖼 사진 미리보기

녹음이 나오기 전 사진을 미리 분석하세요.

✓ **먼저, 부각된 인물이나 사물을 분석하세요.**

(여자가 책을 잔뜩 들고 있다.)
(여자가 책꽂이 사이를 지나고 있다.)

✓ **그다음, 주변 사물이나 풍경을 분석하세요.**

(책꽂이가 책들로 가득하다.)

STEP 2 ❌ 오답 소거하기

O/X 표시를 하며 오답을 소거하고 정답을 남기세요.

(A) ⊡ ⊡   (B) ⊡ ⊡   (C) ⊡ ⊡   (D) ⊡ ⊡

(A) She**'s installing** some shelves. ❌
여자가 책꽂이를 설치하고 있다.
⟶ 책꽂이를 설치하는 동작이 아니므로 동작 묘사가 틀렸어요!

(B) She's carrying a pile of books. ⭕
여자가 한 무더기의 책을 옮기고 있다.
⟶ 여자가 여러 권의 책을 옮기는 동작을 잘 묘사하고 있네요!

(C) She's stacking some **chairs**. ❌
여자가 의자를 쌓고 있다.
⟶ 의자(chairs)는 사진에 없는 사물이에요!

(D) She's pulling a library **cart**. ❌
여자가 도서관 카트를 끌고 있다.
⟶ 카트(cart)는 사진에 없는 사물이에요!

BASE 집중훈련 🎧 CH02_02

녹음을 잘 듣고 사진을 가장 잘 묘사한 보기를 고른 후, 다시 들으며 빈칸을 채우세요. (보기는 3번 들려줍니다.)   해설서 p.4

1.

(A) ⊡ ⊡   (B) ⊡ ⊡   (C) ⊡ ⊡   (D) ⊡ ⊡

(A) A man is _____ a door.
(B) A man is _____ _____ his shoes.
(C) A man is _____ a box under his arm.
(D) A man is _____ some packages.

2.

(A) ⊡ ⊡   (B) ⊡ ⊡   (C) ⊡ ⊡   (D) ⊡ ⊡

(A) She's _____ _____ a wristwatch.
(B) She's _____ _____ items in a glass display.
(C) She's _____ some jewelry.
(D) She's standing in front of a _____ _____.

1인 중심 묘사의 대표적인 오답 유형

▶ **동작·상태 묘사 오류**

인물의 동작이나 상태를 잘못된 동사로 묘사한 보기가 오답으로 등장합니다. 이때 오답 보기 세 개를 모두 잘못된 동사로 채울 정도로 동작 묘사 오류는 PART 1의 가장 대표적인 오답 유형입니다. 대부분 사진에 등장한 사물을 이용해서 혼동을 주기 때문에 동사는 절대 놓쳐서는 안 돼요.

미국

(A) ⃞ⓞ⃞ⓧ (B) ⃞ⓞ⃞ⓧ (C) ⃞ⓞ⃞ⓧ (D) ⃞ⓞ⃞ⓧ

(A) The woman **is adjusting** a piece of equipment. ❌ 동작 묘사 오류
여자가 장비를 조정하고 있다.

⋯ 사진 속의 노트북(laptop)을 a piece of equipment로 표현할 수 있지만 바로잡거나 맞추는 동작이 아니기 때문에 '조정하다'란 뜻의 adjust는 잘못 쓰인 동사예요!

(B) The woman **is closing** a laptop. ❌ 동작 묘사 오류
여자가 노트북을 닫고 있다.

⋯ 노트북(laptop)을 닫는 동작이 아니므로 '닫다'란 뜻의 close는 잘못 쓰인 동사예요!

(C) The woman **is turning on** a computer. ❌ 동작 묘사 오류
여자가 컴퓨터를 켜고 있다.

⋯ 노트북 화면이 이미 켜져 있기 때문에 '켜고 있다'란 뜻의 is turning on 은 잘못 쓰인 동사예요. 그리고 (A), (B), (C)에 노트북을 그냥 laptop 으로, 또는 일반화해서 computer나 a piece of equipment로 다양하게 쓰고 있죠? 이처럼 하나의 사물을 equipment, item, product, merchandise 등 일반적인 명칭으로 자주 바꿔 사용하므로 주의하세요!

(D) The woman **is typing** on a keyboard. ⓞ
여자가 키보드로 타이핑하고 있다.

▶ **사진에 등장하지 않는 사람·사물**

사진을 보고 연상할 수 있는 사람이나 사물의 이름이 언급되는 보기가 오답으로 등장할 때가 많습니다. 사진에 등장하지 않는 사람이나 사물의 이름이 들린다면 더 들을 필요도 없이 오답으로 소거하세요!

영국

(A) ⃞ⓞ⃞ⓧ (B) ⃞ⓞ⃞ⓧ (C) ⃞ⓞ⃞ⓧ (D) ⃞ⓞ⃞ⓧ

(A) He's raking **leaves**. ❌ 사진에 없는 사물
남자가 나뭇잎을 갈퀴로 긁어모으고 있다.

⋯ 남자 뒤쪽으로 잘 보이지도 않는 잔디를 보고, 설마 leaves로 혼동하진 않겠죠? 동사도 잘못 쓰였지만 그것보다 '나뭇잎'이란 뜻의 leaves는 사진에 등장하지 않아요!

(B) He's kneeling on the **ground**. ⓞ
남자가 땅에 무릎을 꿇고 있다.

(C) He's putting on some **protective glasses**. ❌ 사진에 없는 사물
남자가 보호 안경을 끼는 중이다.

⋯ 착용하는 중인 동작을 나타내는 put on의 쓰임도 문제이지만, 남자가 끼고 있는 보호 장갑(protective gloves)을 보고 보호 안경 (protective glasses)과의 혼동을 노린 함정이에요. 보호 안경은 사진에 등장하지 않아요!

(D) He's setting a **worktable**. ❌ 사진에 없는 사물
남자가 작업대를 설치하고 있다.

⋯ 남자가 작업 중인 건 분명하지만 사진에 꼭 '작업대'란 뜻의 worktable 이 있으란 법은 없어요. 이를 노리고 연상하기 쉬운 worktable을 등장시켜 혼동을 준 함정이에요!

BASE 핵심스킬 🎧 CH02_04

문제 풀이 순서에 맞춰 녹음을 잘 듣고 사진을 가장 잘 묘사한 보기를 고르세요.

영국

STEP 1 📷 사진 미리보기

녹음이 나오기 전 사진을 미리 분석하세요.

✓ **먼저, 부각된 인물이나 사물을 분석하세요.**
(여자가 현미경을 사용하고/조정하고 있다.)
(여자가 안경을 쓰고 있다.)

✓ **그다음, 주변 사물이나 풍경을 분석하세요.**
(벽 한쪽에 실험용 장비들이 놓여 있다.)
(벽에 모니터가 매달려 있다.)

STEP 2 ❌ 오답 소거하기

O/X 표시를 하며 오답을 소거하고 정답을 남기세요.

(A) ⃞o ⃞x   (B) ⃞o ⃞x   (C) ⃞o ⃞x   (D) ⃞o ⃞x

(A) A woman **is writing** on a notepad. ❌
한 여자가 메모지에 적고 있다.
↪ 적는 동작이 아니므로 동작 묘사가 틀렸어요. 사진 속 사물 메모지 (notepad)를 이용한 오답이에요!

(B) A woman is using some lab equipment. ⭕
한 여자가 실험용 장비를 사용하고 있다.
↪ 현미경(microscope)을 실험용 장비(lab equipment)로 일반화하여 사용 중인 동작을 잘 묘사하고 있네요!

(C) A woman **is adjusting her glasses**. ❌
한 여자가 안경을 고쳐 쓰고 있다.
↪ 조정하는 동작의 대상은 안경이 아니라 현미경(microscope)이에요. 동작과 동작의 대상이 일치하지 않는 오답이에요!

(D) A woman **is taking off** a pair of gloves. ❌
한 여자가 장갑을 벗는 중이다.
↪ 장갑을 끼고 있는 상태이므로 동작 묘사가 틀렸어요. 사진 속 사물 장갑(gloves)을 이용한 오답이에요!

BASE 집중훈련 🎧 CH02_05

음원 바로 듣기

녹음을 잘 듣고 사진을 가장 잘 묘사한 보기를 고른 후, 다시 들으며 빈칸을 채우세요. (보기는 3번 들려줍니다.)

해설서 p.4

1.

(A) ⃞o ⃞x   (B) ⃞o ⃞x   (C) ⃞o ⃞x   (D) ⃞o ⃞x

(A) She's _____ a window.
(B) She's clearing a wooden _____.
(C) She's _____ some steps.
(D) She's holding on to a _____.

2.

(A) ⃞o ⃞x   (B) ⃞o ⃞x   (C) ⃞o ⃞x   (D) ⃞o ⃞x

(A) The man is _____ _____ a lamp.
(B) The man is opening a _____.
(C) The man is _____ the curtains.
(D) The man is _____ his suitcase.

인물의 공통 동작과 개별 동작

▶ 두 사람 이상이 등장하는 사진에서는 주로 무엇을 함께 하는 동작이나 공통된 옷차림 등을 묘사하며, 인물들 간의 위치 관계를 묘사하기도 합니다.

▶ 여러 명이 등장하는 사진이라도 그들 중 한 명 또는 일부만을 묘사한 보기가 정답이 되기도 합니다.

▶ 보기가 사진에 등장하는 여러 인물을 포괄하여 묘사하는지 혹은 한 명 또는 일부만을 묘사하는지는 주어를 통해 구별해야 합니다.

한 명 또는 일부를 나타내는 주어		여러 명을 포괄하는 주어	
The man/He 남자	The woman/She 여자	The men 남자들	The women 여자들
A man 한 남자	A woman 한 여자	Two men 두 남자	Two women 두 여자
Some people 몇몇 사람들	One of the people 사람들 중 한 명	They 그들　People 사람들	Both of them 그들 둘 다

공통 동작

They are looking at a map.
사람들이 지도를 보고 있다.

인물들 간의 위치 관계

Two men are sitting next to each other.
두 남자가 나란히 앉아 있다.

개별 동작

One of the people is pointing at a map.
사람들 중 한 명이 지도를 가리키고 있다.

공통 동작

The audience is watching a presentation.
청중이 프레젠테이션을 보고 있다.

인물들 간의 위치 관계

People are gathered in a group.
사람들이 무리 지어 모여 있다.

개별 동작

A woman is standing near the screen.
한 여자가 스크린 가까이에 서 있다.

Some people are facing the woman.
몇몇 사람들이 여자를 향해 있다.

BASE 핵심스킬 🎧 CH02_06

문제 풀이 순서에 맞춰 녹음을 잘 듣고 사진을 가장 잘 묘사한 보기를 고르세요.

영국

STEP 1 📷 사진 미리보기

녹음이 나오기 전 사진을 미리 분석하세요.

✔ 먼저, 인물의 공통점과 차이점을 분석하세요.

(사람들이 식사하는 중이다.)
(두 여자가 핸드폰을 보고 있다.)
(한 남자가 손에 잔을 들고 있다.)

✔ 그다음, 주변 사물이나 풍경을 분석하세요.

(테이블 위에 음식이 차려져 있다.)

STEP 2 ❌ 오답 소거하기

O/X 표시를 하며 오답을 소거하고 정답을 남기세요.

(A) [o][x]　(B) [o][x]　(C) [o][x]　(D) [o][x]

(A) A man is holding a glass in his hand. ◎
한 남자가 손에 잔을 들고 있다.
⟶ 여러 인물 중 손에 잔을 들고 있는 한 명의 특징을 잘 묘사하고 있네요!

(B) Some customers **are entering** a restaurant. ❌
몇몇 손님들이 식당으로 들어가고 있다.
⟶ 식당에 들어가고 있는 동작이 아니므로 동작 묘사가 틀렸어요!

(C) A woman **is paying at a counter.** ❌
한 여자가 계산대에서 계산하고 있다.
⟶ 계산하는 동작도 아닐뿐더러, 계산대(counter)는 사진에 없는 사물이에요!

(D) Some customers **are waiting in a line.** ❌
몇몇 손님들이 한 줄로 서서 기다리고 있다.
⟶ 줄을 서서 기다리는 동작이 아니므로 동작 묘사가 틀렸어요!

BASE 집중훈련 🎧 CH02_07

녹음을 잘 듣고 사진을 가장 잘 묘사한 보기를 고른 후, 다시 들으며 빈칸을 채우세요. (보기는 3번 들려줍니다.)　　해설서 p.5

1.

(A) [o][x]　(B) [o][x]　(C) [o][x]　(D) [o][x]

(A) They are _____ _____ safety hats.
(B) The workers are using construction _____.
(C) They are _____ a document.
(D) A worker is _____ _____ _____ a vehicle.

2.

(A) [o][x]　(B) [o][x]　(C) [o][x]　(D) [o][x]

(A) One of the women is _____ on a document.
(B) One of the women is _____ a bell on a desk.
(C) The women are _____ _____ over a counter.
(D) The women are _____ some merchandise.

BASE 11

CH02_08

음원 바로 듣기

2인 이상 묘사의 대표적인 오답 유형

▶ **주어 불일치 오류**
일부 사람들의 행동을 전체의 행동으로 묘사하거나, 전체의 공통 행동을 일부 사람들의 행동으로 묘사하는 오답이 등장합니다.

호주

(A) ☐ o x (B) ☐ o x (C) ☐ o x (D) ☐ o x

(A) **The women** are looking at the notice board. ❌ 주어 불일치 오류
여자들이 알림판을 보고 있다.
⤷ 사람들의 시선이 제각각이며, 알림판이 무엇인지 명확하진 않지만 발표자의 왼쪽에 있는 여성의 시선이 알림판을 향해 있으므로 주어가 One of the women [people]이었다면 정답으로 가능해요!

(B) **Some people** are speaking in front of the audience. ❌
몇몇 사람들이 청중 앞에서 얘기하고 있다.   주어 불일치 오류
⤷ 사진 속에서 사람들 앞에서 얘기하는 발표자는 여러 명이 아닌 한 명이므로 주어가 One of the women [people]이었다면 정답으로 가능해요!

(C) One of the women **is passing** papers to the others. ❌
여자들 중 한 명이 다른 사람들에게 서류를 나눠 주고 있다.   동작 묘사 오류
⤷ 사진 속 사람들과 테이블 위의 서류를 이용해서 혼동을 준 오답이에요. 서류를 나눠주는 동작도, 나눠주는 사람도 보이지 않아요!

(D) One of the women is resting her chin on her hand. ⭕
여자들 중 한 명이 손으로 턱을 괴고 있다.

▶ **동작 묘사 오류**
사진에 등장한 사물을 잘못된 동작과 연결시키거나, 사진 속 장소에서 흔히 일어날 수 있는 동작을 연상하여 묘사한 오답이 등장합니다.

미국

(A) ☐ o x (B) ☐ o x (C) ☐ o x (D) ☐ o x

(A) The path leads to **a building**. ❌ 사진에 없는 사물
길이 어떤 건물로 이어져 있다.
⤷ 길이 나 있고 어딘가로 이어져 있을 것 같은 착각을 불러일으키지만, 정작 건물(building)은 사진에 등장하지 않아요. 눈에 보이지 않는 건 고민할 필요 없이 오답으로 소거하세요!

(B) Some people **are entering** a car. ❌ 동작 묘사 오류
몇몇 사람들이 자동차에 타고 있다.
⤷ 사람들과 자동차가 등장하지만, 자동차에 타고 있는 사람들은 보이지 않으므로 '들어가다'라는 뜻의 enter는 잘못 쓰인 동사예요!

(C) Workers are shoveling snow from a walkway. ⭕
작업자들이 보도에서 삽으로 눈을 퍼내고 있다.

(D) Some vehicles **are being towed**. ❌ 동작 묘사 오류
몇몇 차량들이 견인되고 있다.
⤷ 차량은 많지만 견인되고 있는 차량은 사진에서 보이지 않아요. 역시 차량을 이용해서 혼동을 준 오답이고, '견인하다'라는 뜻의 동사 tow를 알고 있어야 쉽게 소거할 수 있는 보기였어요!

BASE 핵심스킬 🎧 CH02_09

문제 풀이 순서에 맞춰 녹음을 잘 듣고 사진을 가장 잘 묘사한 보기를 고르세요.

미국

STEP 1 🖼 사진 미리보기

녹음이 나오기 전 사진을 미리 분석하세요.

✓ **먼저, 인물의 공통점과 차이점을 분석하세요.**

(사람들이 테이블 주위에 모여 있다.)
(한 남자가 서 있고, 다른 사람들은 앉아 있다.)
(오른쪽 두 남녀가 마주 보며 대화를 나누고 있다.)

✓ **그다음, 주변 사물이나 풍경을 분석하세요.**

(뒤쪽 선반 주위에 식물들이 놓여 있다.)
(자리가 하나 비어 있다.)

STEP 2 ❌ 오답 소거하기

O/X 표시를 하며 오답을 소거하고 정답을 남기세요.

(A) ⬚Ⓧ (B) ⬚Ⓧ (C) ⬚Ⓧ (D) ⬚Ⓧ

(A) Some people **are setting up** workstations. ❌
몇몇 사람들이 업무용 자리를 만들고 있다.

⟶ 설치하는 동작이 아니므로 동작 묘사가 틀렸어요. 사진 속 사물인 업무용 자리(workstations)를 이용한 오답이에요!

(B) **Some people** are standing on a **podium**. ❌
몇몇 사람들이 연단에 서 있다.

⟶ 연단(podium)은 사진에 없는 사물이며, 한 사람이 서 있는 상태를일부 사람들의 공통된 행동으로 묘사한 주어 불일치 오류예요!

(C) One of the men **is watering** potted plants. ❌
남자들 중 한 명이 화분에 물을 주고 있다.

⟶ 물 주는 남자는 보이지 않으므로 동작 묘사가 틀렸어요. 사진 속 사물인 화분(potted plants)을 이용한 오답이에요!

(D) One of the men is seated at a table. ⓞ
남자들 중 한 명이 테이블에 앉아 있다.

⟶ 두 남자 중 한 명은 서 있고, 다른 한 명은 앉아 있는 상태를 잘 묘사하고 있네요!

BASE 집중훈련 🎧 CH02_10

녹음을 잘 듣고 사진을 가장 잘 묘사한 보기를 고른 후, 다시 들으며 빈칸을 채우세요. (보기는 3번 들려줍니다.)

해설서 p.5

1.

(A) ⬚Ⓧ (B) ⬚Ⓧ (C) ⬚Ⓧ (D) ⬚Ⓧ

(A) One of the men is _____ in a body of water.

(B) One of the men is boarding a _____.

(C) Some men are sitting on a _____ _____.

(D) Some trees are _____ _____ across a river.

2.

(A) ⬚Ⓧ (B) ⬚Ⓧ (C) ⬚Ⓧ (D) ⬚Ⓧ

(A) A woman is _____ a scarf around her neck.

(B) A man is _____ a bicycle to a railing.

(C) They're _____ _____ their bikes on a walkway.

(D) They're _____ a boat on a pier.

BASE 12 — 사물의 상태와 위치 묘사

▶ '놓여 있다(be placed), 진열되어 있다(be displayed)'처럼 사물의 상태나 위치를 묘사할 때는 주로 현재 수동태 「is/are p.p.」나 현재 완료 수동태 「has/have been p.p.」를 사용합니다. *p.55 〈'사물의 상태/위치'를 나타내는 빈출 동사〉 참고

▶ 사물의 상태나 위치는 「There is/are + 사물 주어 + 전치사구」나 「사물 주어 + is/are + 형용사/전치사구」 구문으로 묘사할 수 있습니다.

사물의 상태

The lights **are[have been] turned on**.
전등들이 켜져 있다.

사물의 위치

Some items **are[have been] placed on shelves**.
몇몇 물품들이 선반 위에 놓여 있다.

There is/are + 사물 주어 + 전치사구

There are guitars **on the wall**.
벽에 기타들이 있다.

사물 주어 + is/are + 형용사/전치사구

Some musical instruments **are on display**.
몇몇 악기들이 진열되어 있다.

BASE 13 — 인물과 사물의 혼합 묘사

▶ 인물과 사물이 함께 등장하는 사진은 인물과 사물을 각각 묘사하거나 인물과 사물을 서로 결부시켜 묘사하기도 합니다.

사물 주어

A wheelbarrow has been placed **beside a man**.
손수레 하나가 남자 옆에 놓여 있다.

사람 주어

A worker is reaching **into a wheelbarrow**.
한 인부가 손수레 안으로 팔을 뻗고 있다.

사물 주어

Some chairs have been arranged **in rows**.
몇몇 의자들이 여러 줄로 배열되어 있다.

사람 주어

Some people are seated **in the same direction**.
몇몇 사람들이 같은 방향으로 앉아 있다.

BASE 핵심스킬 🎧 CH02_11

문제 풀이 순서에 맞춰 녹음을 잘 듣고 사진을 가장 잘 묘사한 보기를 고르세요.

호주

STEP 1 🖼 사진 미리보기

녹음이 나오기 전 사진을 미리 분석하세요.

✓ **먼저, 부각된 사물이나 풍경을 분석하세요.**
  (건물 앞에 키 큰 나무들이 늘어서 있다.)

✓ **그다음, 주변 사물이나 풍경을 분석하세요.**
  (연석들로 도로의 경계가 나뉘어 있다.)

STEP 2 ❌ 오답 소거하기

O/X 표시를 하며 오답을 소거하고 정답을 남기세요.

(A) ⃞o ⃞x   (B) ⃞o ⃞x   (C) ⃞o ⃞x   (D) ⃞o ⃞x

(A) A sidewalk **is being repaired.** ❌
  보도가 수리되고 있다.
  ⤷ 수리하는 사람이 보이지 않으므로 동작 묘사가 틀렸어요!

(B) A path leads to a set of **steps.** ❌
  길이 계단으로 이어지고 있다.
  ⤷ 계단(steps)은 사진에 없는 사물이에요!

(C) Some bushes **are being trimmed.** ❌
  몇몇 덤불이 다듬어지고 있다.
  ⤷ 다듬는 사람이 보이지 않으므로 동작 묘사가 틀렸어요!

(D) Trees have been planted near a building. ⭕
  나무들이 건물 근처에 심어져 있다.
  ⤷ 건물 앞에 심어져 있는 나무들을 잘 묘사하고 있네요!

BASE 집중훈련 🎧 CH02_12

녹음을 잘 듣고 사진을 가장 잘 묘사한 보기를 고른 후, 다시 들으며 빈칸을 채우세요. (보기는 3번 들려줍니다.)   해설서 p.6

1.

(A) ⃞o ⃞x   (B) ⃞o ⃞x   (C) ⃞o ⃞x   (D) ⃞o ⃞x

(A) There are some _____ piled in a _____.
(B) A woman's _____ some bread from the _____.
(C) A woman's picking up a _____ _____.
(D) There are workers _____ a display case.

2.

(A) ⃞o ⃞x   (B) ⃞o ⃞x   (C) ⃞o ⃞x   (D) ⃞o ⃞x

(A) A fence is _____ _____.
(B) A bridge _____ over a road.
(C) A traffic light is _____ _____.
(D) Some trees have been _____ _____.

대표적인 오답 유형

▶ **사진에 등장하지 않는 사람·사물**
사람이 등장하지 않는 사진에서 사람 명사가 언급되거나 사진에 등장하지 않는 사물 명사가 언급되는 오답이 등장합니다.

▶ **현재 진행 수동태를 사용한 동작 묘사 오류**
현재 진행 수동태 「is/are being p.p.」는 보통 사물에 행하는 인물의 동작을 묘사하는 표현이기 때문에 사람이 등장하지 않는 사진에서의 현재 진행 수동태는 오답일 가능성이 매우 높아요!

미국

(A) ⃞ⓞ⃞ⓧ (B) ⃞ⓞ⃞ⓧ (C) ⃞ⓞ⃞ⓧ (D) ⃞ⓞ⃞ⓧ

(A) A **worker** is cleaning the windows. ⓧ 사진에 없는 사람
한 작업자가 창문을 닦고 있다.
➟ 사람이 등장하지 않는 사진인데 사람을 등장시키거나 사진을 보고 연상하기 쉬운 사물을 등장시키는 오답 보기는 사물/풍경 묘사의 단골 오답이에요. 작업자(worker)는 사진에 등장하지 않아요!

(B) There is an **awning** above an entrance. ⓧ 사진에 없는 사물
출입문 위에 차양이 하나 있다.
➟ 햇빛을 가리거나 비를 막는 용도의 '차양'이란 뜻의 awning은 조금 어려운 단어에 속하죠. 이 단어를 몰랐다면 꽤 어려웠겠지만, 알고 있다면 바로 오답으로 처리할 수 있는 보기예요. 차양(awning)은 사진에 등장하지 않아요!

(C) Some branches **are being trimmed**. ⓧ 동작 묘사 오류
몇몇 나뭇가지들이 다듬어지고 있다.
➟ 나뭇가지가 다듬어지고 있다는 것은 나뭇가지를 다듬는 사람이 사진 속에 있다는 걸 의미하죠. 하지만 다듬고 있는 사람이 보이지 않으므로 오답이에요. 이처럼 사물을 주어로 한 현재 진행 수동태는 아래에 정리한 동사를 제외하곤 사람 없이 쓰이지 않는답니다!

(D) There are cars along a road. ⓞ
도로를 따라 차들이 있다.

▶ 단, 사람이 등장하지 않더라도 사물의 현재 상태를 강조하기 위해 현재 진행 수동태를 쓸 수 있는 동사들을 따로 기억해 두세요.

display 진열하다
Some items **are being displayed** on the shelves.
몇몇 물건들이 선반 위에 진열되어 있다.

cast (그림자를) 드리우다
Shadows **are being cast** on the ground.
그림자가 지면에 드리워져 있다.

grow 자라다
Some plants **are being grown** on the ground.
몇몇 식물들이 땅에서 자라고 있다.

BASE 핵심스킬 🎧 CH02_14

문제 풀이 순서에 맞춰 녹음을 잘 듣고 사진을 가장 잘 묘사한 보기를 고르세요.

미국

STEP 1 📷 사진 미리보기

녹음이 나오기 전 사진을 미리 분석하세요.

✓ **먼저, 부각된 사물이나 풍경을 분석하세요.**

(강을 따라 난간이 쳐져 있다.)
(가로등과 나무가 늘어서 있다.)

✓ **그다음, 주변 사물이나 풍경을 분석하세요.**

(강에 배 한 척이 지나고 있다.)

STEP 2 ❌ 오답 소거하기

O/X 표시를 하며 오답을 소거하고 정답을 남기세요.

(A) ⓞ Ⅹ   (B) ⓞ Ⅹ   (C) ⓞ Ⅹ   (D) ⓞ Ⅹ

(A) **People** are lined up to board a ship. ❌
사람들이 배에 타기 위해 줄을 서 있다.
⟶ 사람들(People)은 사진에 보이지 않으므로 틀렸어요!

(B) Some railings have been built along the water. ⭕
물가를 따라 난간이 지어져 있다.
⟶ 난간이 물가를 따라 설치되어 있는 모습을 잘 묘사하고 있네요!

(C) Some trees **are being cut down**. ❌
몇몇 나무들이 베이고 있다.
⟶ 나무를 베고 있는 사람이 보이지 않으므로 동작 묘사가 틀렸어요!

(D) A **worker** is sweeping leaves off a pathway. ❌
한 작업자가 보도에 떨어진 낙엽들을 쓸고 있다.
⟶ 작업자(worker)는 사진에 보이지 않으므로 틀렸어요!

BASE 집중훈련 🎧 CH02_15

녹음을 잘 듣고 사진을 가장 잘 묘사한 보기를 고른 후, 다시 들으며 빈칸을 채우세요. (보기는 3번 들려줍니다.)   해설서 p.6

1.

(A) ⓞ Ⅹ   (B) ⓞ Ⅹ   (C) ⓞ Ⅹ   (D) ⓞ Ⅹ

(A) Some chairs are _____ _____.
(B) Some _____ _____ are plugged into an outlet.
(C) Some _____ have been _____ _____ on a wall.
(D) Some _____ are placed on a bench.

2.

(A) ⓞ Ⅹ   (B) ⓞ Ⅹ   (C) ⓞ Ⅹ   (D) ⓞ Ⅹ

(A) Some people are _____ bushes.
(B) Some people are _____ _____ aprons.
(C) Some plants are _____ _____ in a garden.
(D) Some flowers are _____ _____ in pots.

BASE 실전훈련

🎧 CH02_16_AT

해설서 p.7

녹음을 잘 듣고 사진을 가장 잘 묘사한 보기를 고른 후, 다시 들으며 빈칸을 채우세요. (보기는 3번 들려줍니다.)

1.

(A) A man is _____ a railing.

(B) A man is _____ _____ his glasses.

(C) A man is _____ for the elevator.

(D) A man is _____ _____ the staircase.

(A) ○ ✕　(B) ○ ✕　(C) ○ ✕　(D) ○ ✕

2.

(A) A woman is _____ _____ a pair of rubber gloves.

(B) A woman is _____ a spray in her hand.

(C) A woman is _____ some glass windows.

(D) A woman is _____ some kitchen appliances.

(A) ○ ✕　(B) ○ ✕　(C) ○ ✕　(D) ○ ✕

3.

(A) The women are _____ some documents.

(B) The women are _____ a desk.

(C) One of the women is _____ from a _____.

(D) One of the women is _____ on a laptop.

(A) ○ ✕　(B) ○ ✕　(C) ○ ✕　(D) ○ ✕

4.

(A) They are _____ _____ _____.

(B) They are _____ some bookshelves.

(C) A woman is looking at a computer _____.

(D) A man is _____ a desk with a cloth.

(A) ⊙ ⊠　(B) ⊙ ⊠　(C) ⊙ ⊠　(D) ⊙ ⊠

5.

(A) A train is _____ _____ the side of the buildings.

(B) A _____ is inspecting the railroad tracks.

(C) Some _____ are exiting a train.

(D) Some _____ _____ have been set up in a row.

(A) ⊙ ⊠　(B) ⊙ ⊠　(C) ⊙ ⊠　(D) ⊙ ⊠

6.

(A) A _____ has been hung from a _____.

(B) Shelves have been _____ with some items.

(C) Some furniture is _____ _____.

(D) Some buckets have been stacked _____ the _____.

(A) ⊙ ⊠　(B) ⊙ ⊠　(C) ⊙ ⊠　(D) ⊙ ⊠

인물/사물 묘사 빈출 어휘 및 표현

▶ 상태 동사 vs. 동작 동사

상태 동사	동작 동사
be wearing 입고 있는 상태	be putting on, be trying on 입는 중인 동작
	be taking off, be removing 벗는 중인 동작
be holding 들고 있는 상태	be carrying, be moving 나르는 중인 동작
be grasping 움켜잡고 있는 상태	be picking up, be lifting 들어 올리는 중인 동작
be riding 타고 있는 상태	be getting on/into, be boarding, be entering 타는 중인 동작
be sitting 앉아 있는 상태	be getting out/off, be exiting, be disembarking 내리는 중인 동작

▶ '손/팔' 묘사 빈출 동사

be holding ~을 들고 있다	be mopping ~을 (대걸레로) 닦고 있다	be turning on (전기·가스·수도 등을) 켜고 있다
be holding onto ~을 꼭 잡고 있다	be sweeping ~을 (빗자루로) 쓸고 있다	be turning off (전기·가스·수도 등을) 끄고 있다
be grasping ~을 움켜잡고 있다	be wiping ~을 닦고 있다	be carrying ~을 나르고 있다
be using ~을 사용하고 있다	be passing ~을 건네고 있다	be loading (짐을) 싣고 있다
be pointing at ~을 가리키고 있다	be distributing ~을 나눠주고 있다	be unloading (짐을) 내리고 있다
be picking up ~을 집어 올리고 있다	be typing 타이핑하고 있다	be reaching (손을) 뻗고 있다
be lifting ~을 들어 올리고 있다	be writing (~을) 쓰고 있다	be extending (손을) 뻗고 있다
be hanging ~을 걸고 있다	be washing ~을 씻고 있다	be pouring ~을 따르고 있다
be adjusting ~을 조정하고 있다	be cleaning ~을 청소하고 있다	

▶ '발/다리' 묘사 빈출 동사

be walking 걷고 있다	be climbing up (~을) 올라가고 있다	be standing 서 있다
be walking up ~을 올라가고 있다	be getting on (차량에) 타고 있다	be sitting 앉아 있다
be walking down ~을 내려가고 있다	be getting off (차량에서) 내리고 있다	be seated 앉아 있다
be walking past ~을 지나가고 있다	be boarding ~에 탑승하고 있다	be kneeling 무릎을 꿇고 있다
be going up (~을) 올라가고 있다	be approaching ~에 다가가고 있다	be squatting 쪼그려 앉아 있다
be going down (~을) 내려가고 있다	be entering ~에 들어가고 있다	be leaning 기대고 있다
be stepping up 올라가고 있다	be exiting ~에서 나가고 있다	be bending 허리를 구부리고 있다
be stepping down 내려가고 있다	be heading towards ~을 향해 가고 있다	be sharing 같이 사용하고 있다
be ascending (~을) 올라가고 있다	be crossing ~을 건너고 있다	be facing (each other) (서로) 마주 보고 있다
be descending (~을) 내려가고 있다	be strolling 거닐고 있다	be facing away 등지고 있다

▶ '눈/시선' 묘사 빈출 동사

be looking at ~을 보고 있다	be glancing at ~을 힐끗 보고 있다	be checking ~을 확인하고 있다
be looking into ~ 안을 들여다보고 있다	be reading ~을 읽고 있다	be reviewing ~을 검토하고 있다
be looking out ~ 밖을 보고 있다	be examining ~을 살펴보고 있다	be browsing (~을) 둘러보고 있다
be staring at ~을 응시하고 있다	be studying ~을 살펴보고 있다	be watching (~을) 보고 있다
be gazing at ~을 응시하고 있다	be inspecting ~을 살펴보고 있다	

▶ '사람'을 나타내는 빈출 명사

artist 예술가	crowd 군중	musician 음악가	performer 공연인, 연주자	spectator 관중
audience 청중	customer 손님	participant 참가자	presenter 발표자	tourist 관광객
clerk 점원	cyclist 사이클리스트	passenger 승객	shopper 쇼핑객	worker 근로자
conductor 승무원	diner 식당 손님	pedestrian 보행자	speaker 연설자	

▶ '사물'을 나타내는 빈출 명사

길	path 작은 길	stair 계단	staircase 계단	step 계단	hallway 복도
	walkway 인도	doorway 출입구	archway 아치형 입구	driveway 진입로	waterway 수로
의자	sofa 소파	bench 벤치	couch 소파	armchair 안락의자	
	stool 스툴, (등받이 없는) 의자	folding chair 접이식 의자			
물품	product 제품	item 물품	goods 물품	merchandise 상품	

▶ '사물의 상태/위치'를 나타내는 빈출 동사

놓여 있다	be placed/put/set/positioned/laid/left *cf.* be left open 열린 채로 있다
정리되어 있다	be arranged/organized *cf.* be displayed 진열되어 있다
채워져 있다	be full of, be filled/stocked with *cf.* be occupied (자리가) 차 있다 ↔ be unoccupied (자리가) 비어 있다
쌓여 있다	be piled/stacked *cf.* be covered with ~로 덮여 있다
이어져 있다	lead to, run to, extend, span *cf.* be lined 늘어서 있다

▶ '위치' 및 '배열 상태'를 나타내는 빈출 전치사구

~ 위에	on top of	나란히	next to each other, side by side
~의 양쪽에	on both sides of, on either/each side of	서로 마주 보고	across from each other *cf.* face each other 서로 마주 보다
~의 구석에	in the corner of	같은 방향으로	in the same direction
~의 중앙에	in the middle of	다른 방향으로	in the opposite direction
~의 가장자리에	at/on the edge of	한 줄로	in a row, in a line
~의 뒤편에	in the back of	여러 줄로	in rows, in lines

▶ '위치' 및 '방향'을 나타내는 빈출 전치사

~ 위에	on, over, above	~ 안에	in *cf.* at ~에
~ 아래에	under, below, beneath	~ 안으로	into
~ 앞에	in front of	~ 밖으로	out of
~ 뒤에	behind	~을 향해서	to *cf.* toward(s) ~쪽으로
~ 옆에/가까이에	by, next to, beside, near, against	~을 따라서	along *cf.* alongside ~와 나란히
~ 사이에	between	~을 지나서	past
~을 가로질러	across	~을 통과해서	through

사진 배경

챕터 전체 듣기

BASE 15

사무실 배경 사진

▶ 1인 중심 사진

He is working on a computer.
남자가 컴퓨터로 작업하고 있다.

He is looking at a computer monitor.
남자가 컴퓨터 모니터를 보고 있다.

He is typing on a keyboard.
남자가 키보드로 타이핑하고 있다.

She is talking on the phone.
여자가 전화 통화를 하고 있다.

She is writing something **down**.
여자가 무언가를 적고 있다.

She is examining some papers.
여자가 서류를 살펴보고 있다.

The woman is using a (photo)copier.
여자가 복사기를 사용하고 있다.

The woman is copying some documents.
여자가 서류를 복사하고 있다.

The woman is pushing a button.
여자가 버튼을 누르고 있다.

▶ 2인 이상 사진

They are having a discussion.
사람들이 토론을 하고 있다.

They are gathered around a table.
사람들이 테이블 주위에 모여 있다.

Some people **are seated** across from each other.
몇몇 사람들이 서로 마주 보고 앉아 있다.

They **are engaged** in a discussion.
사람들이 토론을 하고 있다.

Some people **are reviewing** some documents.
몇몇 사람들이 서류를 검토하고 있다.

A woman **is handing** a document to a man.
한 여자가 남자에게 서류를 건네고 있다.

Some people **are listening to** a presenter.
몇몇 사람들이 발표자의 말을 듣고 있다.

A man **is giving** a presentation.
한 남자가 발표를 하고 있다.

A man **is writing** on a board.
한 남자가 칠판에 적고 있다.

▶ 사물/풍경 사진

Workstations **are unoccupied**.
업무용 자리들이 비어 있다.

None of the seats **are occupied**.
자리에 아무도 없다.

Potted plants **are arranged** on the floor.
화분들이 바닥에 배열되어 있다.

There are some items on the desk.
책상 위에 몇몇 물건들이 있다.

Some objects **are spread** on top of the desk.
몇몇 물건들이 책상 위에 펼쳐져 있다.

Shelves **are filled with** books.
책꽂이가 책들로 채워져 있다.

Some cabinets **have been stocked with** supplies.
몇몇 캐비닛들이 물품들로 채워져 있다.

Some drawers **have been left open**.
몇몇 서랍들이 열려 있다.

The office **has been equipped with** computers.
사무실에 컴퓨터가 비치되어 있다.

BASE 핵심스킬 🎧 CH03_01

문제 풀이 순서에 맞춰 녹음을 잘 듣고 사진을 가장 잘 묘사한 보기를 고르세요.

미국

STEP 1 💭 사진 미리보기

녹음이 나오기 전 사진을 미리 분석하세요.

✓ **먼저, 부각된 인물이나 사물을 분석하세요.**
　(사무실에 각자의 업무 공간이 배치되어 있다.)
　(사람들이 각자 자리에서 일하고 있다.)

✓ **그다음, 주변 사물이나 풍경을 분석하세요.**
　(창문이 커튼 없이 개방되어 있다.)

STEP 2 ❌ 오답 소거하기

O/X 표시를 하며 오답을 소거하고 정답을 남기세요.

(A) o x　(B) o x　(C) o x　(D) o x

(A) Some furniture **is being rearranged.** ❌
　몇몇 가구가 다시 배치되고 있다.
　➞ 가구를 재배치하는 사람이 보이지 않으므로 동작 묘사가 틀렸어요!

(B) The walls **have been covered with curtains.** ❌
　벽이 커튼으로 덮여 있다.
　➞ 커튼(curtains)은 사진에 없는 사물이고, 커튼으로 덮여 있는 상태가
　　아니므로 상태 묘사가 틀렸어요!

(C) Workstations have been set up in an office. ⭕
　사무실 안에 업무용 자리들이 마련되어 있다.
　➞ 사무실에 업무용 자리가 마련되어 있는 상태를 잘 묘사하고 있네요!

(D) Some windows **are being cleaned.** ❌
　몇몇 창문들이 닦이고 있다.
　➞ 창문을 닦고 있는 사람이 보이지 않으므로 동작 묘사가 틀렸어요!

BASE 집중훈련 🎧 CH03_02

녹음을 잘 듣고 사진을 가장 잘 묘사한 보기를 고른 후, 다시 들으며 빈칸을 채우세요. (보기는 3번 들려줍니다.)

해설서 p.8

1.

(A) o x　(B) o x　(C) o x　(D) o x

(A) A man is _____ on a laptop computer.
(B) A man is _____ a beverage from a mug.
(C) A man is looking at his _____.
(D) A man is _____ on the _____.

2.

(A) o x　(B) o x　(C) o x　(D) o x

(A) One of the _____ is standing behind a table.
(B) One of the men is looking through a _____ _____.
(C) One of the women is _____ _____ a piece of paper.
(D) One of the women is _____ _____ some paper cups.

BASE 16

집 배경 사진

▶ 1인 중심 사진

She **is cooking** some food.
여자가 음식을 요리하고 있다.

She **is cutting** some vegetables.
여자가 채소를 썰고 있다.

cf. She **is washing** some dishes. 여자가 접시를 닦고 있다.

He **is cutting** the grass[bushes].
남자가 잔디[덤불]를 베고 있다.

He **is trimming** some plants.
남자가 식물들을 다듬고 있다.

He **is mowing** the lawn.
남자가 잔디를 깎고 있다.

cf. He **is raking** some leaves.
남자가 갈퀴로 나뭇잎들을 긁어모으고 있다.

The man **is watering** some plants.
남자가 식물들에 물을 주고 있다.

The man **is spraying** some water.
남자가 물을 뿌리고 있다.

The man **is holding** a spray in his hand.
남자가 손에 분무기를 들고 있다.

cf. The man **is planting** some flowers.
남자가 꽃을 심고 있다.

▶ 2인 이상 사진

Some people **are preparing** some food.
몇몇 사람들이 음식을 준비하고 있다.

A woman **is drinking** some water.
한 여자가 물을 마시고 있다.

A woman **is sipping** from a glass.
한 여자가 잔으로 홀짝이고 있다.

cf. A woman **is pouring** a beverage into a glass.
한 여자가 잔에 음료를 따르고 있다.

They **are cleaning** the room.
사람들이 방을 청소하고 있다.

A woman **is wiping[clearing off]** a table.
한 여자가 테이블을 닦고[치우고] 있다.

A man **is mopping[polishing]** the floor.
한 남자가 바닥을 걸레질하고[닦고] 있다.

cf. A man **is sweeping[vacuuming]** the floor.
남자가 바닥을 쓸고[진공청소기로 청소하고] 있다.

They **are gathered** around the table.
사람들이 테이블 주위에 모여 있다.

cf. They **are having** a meal. 사람들이 식사하고 있다.
They **are trying** some food. 사람들이 음식을 맛보고 있다.

A man **is serving** a meal. 한 남자가 음식을 제공하고 있다.
cf. A man **is setting** the table. 한 남자가 식탁을 차리고 있다.

▶ 사물/풍경 사진

Some dishes **are beside** a sink.
몇몇 접시들이 싱크대 옆에 있다.

Some kitchen utensils **are hanging** on a rack.
몇몇 주방 기구들이 주방 기구 걸이에 걸려 있다.

Some paintings **are mounted** on the wall.
그림 몇 점이 벽에 걸려 있다.

A lamp **has been placed** next to the sofa.
램프 하나가 소파 옆에 놓여 있다.

Some plants **are growing** in the garden.
몇몇 식물들이 정원에서 자라고 있다.

There is a shovel **leaning against** a cart.
삽 하나가 카트에 기대어져 있다.

BASE 핵심스킬 🎧 CH03_03

문제 풀이 순서에 맞춰 녹음을 잘 듣고 사진을 가장 잘 묘사한 보기를 고르세요.

미국

STEP 1 📷 사진 미리보기	STEP 2 ❌ 오답 소거하기

STEP 1 📷 사진 미리보기

녹음이 나오기 전 사진을 미리 분석하세요.

✓ **먼저, 부각된 인물이나 사물을 분석하세요.**

(사람들이 테이블에서 식사하고 있다.)
(한 남자가 잔을 들고 있다.)

✓ **그다음, 주변 사물이나 풍경을 분석하세요.**

(테이블에 음식이 차려져 있다.)

STEP 2 ❌ 오답 소거하기

O/X 표시를 하며 오답을 소거하고 정답을 남기세요.

(A) ⊙ ⊗ (B) ⊙ ⊗ (C) ⊙ ⊗ (D) ⊙ ⊗

(A) Some plates **are being cleared**. ❌
몇몇 접시들이 치워지고 있다.
⋯ 치우는 사람이 보이지 않으므로 동작 묘사가 틀렸어요!

(B) Some people **are standing** near the dining room. ❌
몇몇 사람들이 식당 근처에 서 있다.
⋯ 사람들이 서 있지 않으므로 상태 동작 묘사가 틀렸어요!

(C) A **vase** is being placed on the counter. ❌
꽃병 하나가 조리대 위에 놓이고 있다.
⋯ 꽃병(vase)은 사진에 없는 사물이에요!

(D) People are having a meal at the table. ⭕
사람들이 테이블에서 식사하고 있다.
⋯ 테이블에서 사람들이 식사하는 모습을 잘 묘사하고 있네요!

BASE 집중훈련 🎧 CH03_04

녹음을 잘 듣고 사진을 가장 잘 묘사한 보기를 고른 후, 다시 들으며 빈칸을 채우세요. (보기는 3번 들려줍니다.)

해설서 p.8

1.

(A) ⊙ ⊗ (B) ⊙ ⊗ (C) ⊙ ⊗ (D) ⊙ ⊗

(A) She is _____ a yard.
(B) She is _____ some windows.
(C) She is _____ some plants.
(D) She is _____ a fence.

2.

(A) ⊙ ⊗ (B) ⊙ ⊗ (C) ⊙ ⊗ (D) ⊙ ⊗

(A) Some plates are _____ on a _____.
(B) Some chairs have been _____ in a dining area.
(C) Some light fixtures are being _____ _____.
(D) Some glasses are being _____.

BASE 17 — 상점 배경 사진

▶ 1인 중심 사진

He **is shopping** at a store.
남자가 상점에서 쇼핑하고 있다.

He **is inspecting** merchandise.
남자가 상품을 살펴보고 있다.

He **is choosing** canned food.
남자가 통조림 식품을 고르고 있다.

cf. He **is putting** an item into a basket.
남자가 바구니에 물건을 넣고 있다.

She **is shopping** for groceries.
여자가 식료품을 사고 있다.

She **is reaching for** an item.
여자가 물건을 잡으려고 손을 뻗고 있다.

She **is taking** an item from a shelf.
여자가 선반에서 물건을 꺼내고 있다.

She **is looking into** a display case.
여자가 진열장을 들여다보고 있다.

cf. She **is pushing** a cart. 여자가 카트를 밀고 있다.

The woman **is examining** some clothes.
여자가 옷들을 살펴보고 있다.

The woman **is holding** some clothing.
여자가 옷을 들고 있다.

Garments **are hanging** on racks.
옷들이 옷걸이에 걸려 있다.

Some light fixtures **are suspended** from the ceiling.
몇몇 조명 기구가 천장에 매달려 있다.

▶ 2인 이상 사진

Some people **are waiting** to make a purchase.
몇몇 사람들이 물건을 구매하려고 기다리고 있다.

Some people **are waiting** in line.
몇몇 사람들이 줄 서서 기다리고 있다.

Some people **are standing** in front of the counter.
몇몇 사람들이 계산대 앞에 서 있다.

A woman **is making a purchase**.
한 여자가 물건을 구매하고 있다.

A woman **is purchasing** an item.
한 여자가 물건을 구매하고 있다.

A woman **is paying** for her purchase.
한 여자가 물건값을 지불하고 있다.

A man **is having** his hair cut.
한 남자가 머리를 자르고 있다.

A man **is wearing** a protective smock.
한 남자가 미용 가운을 두르고 있다.

A woman **is trimming** a customer's hair.
한 여자가 손님의 머리를 다듬고 있다.

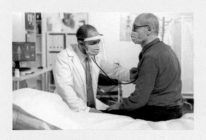

A man **is examining** a patient.
한 남자가 환자를 진찰하고 있다.

A man **is extending** his arm.
한 남자가 팔을 뻗고 있다.

A man **is resting** his arm on the bed.
한 남자가 침대 위에 팔을 걸치고 있다.

▶ 사물/풍경 사진

Tables **have been set up** outdoors.
테이블들이 야외에 설치되어 있다.

Tables **have been covered with** tablecloths.
테이블들이 식탁보로 덮여 있다.

cf. Shadows **are being cast** on the ground.
그림자가 땅 위에 드리워져 있다.

An awning **shades** a store entrance.
차양 하나가 가게 입구를 그늘지게 한다.

Some items **have been placed** on the floor.
몇몇 물품들이 바닥에 놓여 있다.

Merchandise **is being displayed** on shelves.
상품이 선반에 진열되어 있다.

Some items **are arranged** on shelves.
몇몇 물품들이 선반에 배열되어 있다.

Some shelves **are stocked with** merchandise.
몇몇 선반들이 상품으로 채워져 있다.

BASE 핵심스킬 🎧 CH03_05

문제 풀이 순서에 맞춰 녹음을 잘 듣고 사진을 가장 잘 묘사한 보기를 고르세요.

영국

STEP 1 🖼 사진 미리보기

녹음이 나오기 전 사진을 미리 분석하세요.

✓ **먼저, 부각된 인물이나 사물을 분석하세요.**
　(다양한 종류의 채소들이 바구니에 담겨 있다.)
　(농산물이 판매용으로 진열되어 있다.)

✓ **그다음, 주변 사물이나 풍경을 분석하세요.**
　(몇몇 상품에 가격표가 붙어 있다.)

STEP 2 ❌ 오답 소거하기

O/X 표시를 하며 오답을 소거하고 정답을 남기세요.

(A) ⓞ ⓧ　(B) ⓞ ⓧ　(C) ⓞ ⓧ　(D) ⓞ ⓧ

(A) Display racks **have been cleared of items**. ❌
　진열대에 물건들이 치워지고 없다.
　⤏ 물건들이 진열되어 있는 상태이므로 상태 묘사가 틀렸어요!

(B) Potted plants **are being removed** from a shelf. ❌
　화분들이 선반에서 치워지고 있다.
　⤏ 화분을 치우는 사람이 보이지 않으므로 동작 묘사가 틀렸어요!

(C) Some produce has been placed in baskets. ⭕
　몇몇 농산물이 바구니 안에 놓여 있다.
　⤏ 채소(vegetables)를 농산물(produce)로 일반화하여, 이들이 바구니 안에 놓여 있는 상태를 잘 묘사하고 있네요!

(D) Some vegetables **are being delivered** to a store. ❌
　몇몇 채소들이 가게로 배달되고 있다.
　⤏ 배달하는 사람이 보이지 않으므로 동작 묘사가 틀렸어요!

BASE 집중훈련 🎧 CH03_06

녹음을 잘 듣고 사진을 가장 잘 묘사한 보기를 고른 후, 다시 들으며 빈칸을 채우세요. (보기는 3번 들려줍니다.)

해설서 p.9

1.

(A) ⓞ ⓧ　(B) ⓞ ⓧ　(C) ⓞ ⓧ　(D) ⓞ ⓧ

(A) A woman is _____ some produce _____ a basket.

(B) A woman is reaching into a _____.

(C) A woman is _____ a shopping cart.

(D) A woman is holding a _____ of food.

2.

(A) ⓞ ⓧ　(B) ⓞ ⓧ　(C) ⓞ ⓧ　(D) ⓞ ⓧ

(A) A woman is _____ a countertop.

(B) A woman is _____ _____ her hat.

(C) A man is working _____ a counter.

(D) A man is reaching for a _____ on a shelf.

BASE 18

운송 수단 배경 사진

▶ 1인 중심 사진

She **is entering** a vehicle.
여자가 차량에 타고 있다.
= She **is getting into** a vehicle.
She **is boarding** the bus.
여자가 버스에 탑승하고 있다.
cf. She **is getting out of** a car. 여자가 차에서 내리고 있다.
She **is getting off** a bus. 여자가 버스에서 내리고 있다.
She **is exiting** a vehicle. 여자가 차량에서 내리고 있다.

He **is repairing** a car.
남자가 차를 수리하고 있다.
He **is working on** a vehicle.
남자가 차량 작업을 하고 있다.
cf. He **is cleaning** a vehicle. 남자가 세차하고 있다.
He **is spraying** water from a hose.
남자가 호스로 물을 뿌리고 있다.

The man **is loading** a van with some boxes.
남자가 밴에 박스를 싣고 있다.
cf. The man **is unloading** a truck.
남자가 트럭에서 짐을 내리고 있다.
A vehicle **is parked** near a building.
차량 하나가 건물 근처에 주차되어 있다.
A car door **has been left open**.
차량 문이 열려 있다.

▶ 2인 이상 사진

Some people **are waiting** on a platform.
몇몇 사람들이 플랫폼에서 기다리고 있다.
Some people **are about to board** the train.
몇몇 사람들이 막 열차에 오르려 하고 있다.
A train **is arriving** at a station.
기차 한 대가 역에 도착하고 있다.
The train **is stopped** at a platform.
기차가 플랫폼에 정차해 있다.

Pedestrians **are crossing** the street.
보행자들이 길을 건너고 있다.

Pedestrians **are walking** in the crosswalk.
보행자들이 횡단보도를 걷고 있다.

Some vehicles **are stopped** for a traffic light.
몇몇 차량들이 신호를 받아 정차해 있다.

One of the men **is driving** a vehicle.
남자들 중 한 명이 차를 운전하고 있다.

One of the men **is seated** inside a car.
남자들 중 한 명이 차 안에 앉아 있다.

The driver **is taking** a key from a man.
운전자가 남자에게서 열쇠를 받고 있다.

A man **is handing** a key to the driver.
한 남자가 운전자에게 열쇠를 건네고 있다.

▶ 사물/풍경 사진

Some vehicles **are traveling** in the same direction.
몇몇 차량들이 같은 방향으로 이동하고 있다.

Some streetlights **stand** by the side of a road.
몇몇 가로등들이 도로 옆에 서 있다.

Vehicles **are parked** on both sides of the street.
차량들이 길 양쪽에 주차되어 있다.

Some vehicles **are facing** in the opposite direction.
몇몇 차량들이 반대 방향으로 향해 있다.

Some boats **are docked** at a pier.
몇몇 배들이 부두에 정박해 있다.

Some boats **are floating** on the water.
몇몇 배들이 물 위에 떠 있다.

Some buildings **overlook** the water.
몇몇 건물들이 물을 내려다보고 있다.

BASE 핵심스킬 🎧 CH03_07

문제 풀이 순서에 맞춰 녹음을 잘 듣고 사진을 가장 잘 묘사한 보기를 고르세요.

미국

STEP 1 📷 사진 미리보기

녹음이 나오기 전 사진을 미리 분석하세요.

✓ **먼저, 부각된 인물이나 사물을 분석하세요.**

  (여자가 차 안으로 들어가고 있다.)
  (여자가 전화 통화를 하고 있다.)

✓ **그다음, 주변 사물이나 풍경을 분석하세요.**

  (차량 뒤로 건물과 나무들이 있다.)

STEP 2 ❌ 오답 소거하기

O/X 표시를 하며 오답을 소거하고 정답을 남기세요.

(A) o x (B) o x (C) o x (D) o x

(A) A woman is putting on a **seatbelt**. ❌
  한 여자가 안전벨트를 매고 있다.
  ⇢ 안전벨트(seatbelt)는 사진에 없는 사물이에요!

(B) A woman is grasping a **door handle**. ❌
  한 여자가 문 손잡이를 잡고 있다.
  ⇢ 여자가 잡고 있는 것은 문(door)이지 문 손잡이(door handle)가 아니므로 동작의 대상이 틀렸어요!

(C) A woman is entering a vehicle. ⭕
  한 여자가 차에 탑승하고 있다.
  ⇢ 차에 타려는 동작을 잘 묘사하고 있네요!

(D) A woman **is wiping** a car window. ❌
  한 여자가 자동차 창문을 닦고 있다.
  ⇢ 창문을 닦고 있는 동작이 아니므로 동작 묘사가 틀렸어요!

BASE 집중훈련 🎧 CH03_08

녹음을 잘 듣고 사진을 가장 잘 묘사한 보기를 고른 후, 다시 들으며 빈칸을 채우세요. (보기는 3번 들려줍니다.)

해설서 p.9

1.

(A) o x (B) o x (C) o x (D) o x

(A) Some stairs are being _____.
(B) Some tiles are being _____ from the floor.
(C) A man is _____ _____ his jacket.
(D) A man is _____ _____ the elevator.

2.

(A) o x (B) o x (C) o x (D) o x

(A) Some yachts are _____ at a _____.
(B) A ferry is heading towards the _____.
(C) _____ are fishing from a beach.
(D) _____ are walking along the shore.

공사장 배경 사진

▶ 1인 중심 사진

He **is hammering** a nail.
남자가 망치로 못을 박고 있다.

He **is using** a hammer.
남자가 망치를 사용하고 있다.

He **is wearing** safety goggles.
남자가 보호 안경을 끼고 있다.

cf. He **is drilling** a hole. 남자가 (드릴로) 구멍을 뚫고 있다.

The man **is taking** measurements.
남자가 치수를 재고 있다.

The man **is holding** a tool.
남자가 공구를 잡고 있다.

The man **is wearing** a safety helmet[tool belt].
남자가 안전모를 쓰고 있다[공구 벨트를 차고 있다].

cf. The man **is laying** some bricks. 남자가 벽돌을 쌓고 있다.

The worker **is painting** the wall.
작업자가 벽에 페인트칠하고 있다.

The worker **is using** a paint roller.
작업자가 페인트 롤러를 사용하고 있다.

The worker **is standing** on a ladder.
작업자가 사다리 위에 서 있다.

The worker **is wearing** safety gloves.
작업자가 보호 장갑을 끼고 있다.

▶ 2인 이상 사진

They **are working** at a construction site.
사람들이 공사장에서 일하고 있다.

They **are constructing** a building.
사람들이 건물을 짓고 있다.

They **are wearing** safety helmets.
사람들이 안전모를 쓰고 있다.

cf. They **are demolishing** a building.
사람들이 건물을 철거하고 있다.

People **are paving[repaving]** a street.
사람들이 도로를 포장하고 [재포장하고] 있다.

People **are resurfacing** the road.
사람들이 도로를 다시 깔고 있다.

People **are wearing** uniforms.
사람들이 유니폼을 입고 있다.

The workers **are painting** lines in a parking area.
작업자들이 주차 구역에서 페인트 선을 그리고 있다.

One of the workers **is using** some equipment.
작업자들 중 한 명이 장비를 사용하고 있다.

One of the workers **is bending** over a machine.
작업자들 중 한 명이 기계 위로 몸을 굽히고 있다.

One of the workers **is holding** a broom.
작업자들 중 한 명이 빗자루를 들고 있다.

▶ 사물/풍경 사진

Some ladders **have been set up**.
몇몇 사다리가 설치되어 있다.

Some ladders **are leaning against** a house.
몇몇 사다리가 집에 기대어져 있다.

Some scaffolding **has been erected against** a wall.
건축용 발판이 벽에 기대어 세워져 있다.

Some buildings **are being constructed**.
몇몇 건물들이 지어지고 있다.

cf. A building **is being demolished**. 한 건물이 철거되고 있다.
　　Some construction equipment **is being used**.
　　몇몇 공사 장비가 사용되고 있다.

Some tools **are spread out** on a table.
몇몇 공구들이 테이블 위에 펼쳐져 있다.

Some cords **are lying** on a worktable.
몇몇 전기선들이 작업대 위에 놓여 있다.

BASE 핵심스킬 🎧 CH03_09

문제 풀이 순서에 맞춰 녹음을 잘 듣고 사진을 가장 잘 묘사한 보기를 고르세요.

영국

STEP 1 📷 사진 미리보기

녹음이 나오기 전 사진을 미리 분석하세요.

✓ **먼저, 부각된 인물이나 사물을 분석하세요.**

(인부들이 공사 작업을 하고 있다.)
(인부들이 구덩이를 파고 있다.)
(인부들 모두 안전모를 쓰고 있다.)

✓ **그다음, 주변 사물이나 풍경을 분석하세요.**

(뒤쪽으로 울타리가 쳐져 있다.)

STEP 2 ❌ 오답 소거하기

O/X 표시를 하며 오답을 소거하고 정답을 남기세요.

(A) ⊙ⓧ (B) ⊙ⓧ (C) ⊙ⓧ (D) ⊙ⓧ

(A) One of the men **is leaning against** a pole. ❌
남자들 중 한 명이 기둥에 기대어 있다.
⇢ 기둥에 기대어 있는 사람이 보이지 않으므로 상태 묘사가 틀렸어요!

(B) The men **are repairing** a fence. ❌
남자들이 울타리를 수리하고 있다.
⇢ 울타리를 수리하는 동작이 아니므로 동작 묘사가 틀렸어요!

(C) One of the men **is adjusting** his helmet. ❌
남자들 중 한 명이 헬멧을 고쳐 쓰고 있다.
⇢ 헬멧을 고쳐 쓰는 사람이 보이지 않으므로 동작 묘사가 틀렸어요!

(D) The men are working close to one another. ⓞ
남자들이 서로 가까이서 일하고 있다.
⇢ 서로 가까이서 일하는 모습을 잘 묘사하고 있네요!

BASE 집중훈련 🎧 CH03_10

녹음을 잘 듣고 사진을 가장 잘 묘사한 보기를 고른 후, 다시 들으며 빈칸을 채우세요. (보기는 3번 들려줍니다.)

해설서 p.9

1.

(A) ⊙ⓧ (B) ⊙ⓧ (C) ⊙ⓧ (D) ⊙ⓧ

(A) One of the men is _____ _____ a pole.
(B) One of the men is setting up a _____.
(C) The men are _____ a wooden board.
(D) The men are _____ a _____.

2.

(A) ⊙ⓧ (B) ⊙ⓧ (C) ⊙ⓧ (D) ⊙ⓧ

(A) A man is installing a _____ _____.
(B) A toolbox has been _____ _____ on the floor.
(C) Some utensils are _____ _____ with a cloth.
(D) A _____ has been mounted on a wall.

BASE 20

야외 활동 배경 사진

▶ 1인 중심 사진

She **is sitting** on the ground.
여자가 땅바닥에 앉아 있다.

She **is relaxing** under a tree.
여자가 나무 아래에서 쉬고 있다.

She **is reading** outdoors.
여자가 야외에서 책을 읽고 있다.

The man **is walking** along the water.
남자가 물가를 따라 걷고 있다.

The man **is strolling** along the beach.
남자가 해변을 따라 거닐고 있다.

He **is playing** a musical instrument.
남자가 악기를 연주하고 있다.

He **is performing** outdoors.
남자가 야외에서 공연하고 있다.

He **is sitting** on the stairs.
남자가 계단에 앉아 있다.

▶ 2인 이상 사진

They **are walking** outside.
사람들이 밖에서 걷고 있다.

They **are walking** side by side.
사람들이 나란히 걷고 있다.

= They **are walking** next to each other.

They **are walking** toward the water.
사람들이 물가 쪽으로 걷고 있다.

They **are walking up** the steps.
사람들이 계단을 오르고 있다.
= They **are going up** the stairs.
= They **are climbing up** the stairs.
= They **are ascending** the steps.

cf. They **are walking down** the stairs.
사람들이 계단을 내려가고 있다.
= They **are going down** the steps.
= They **are descending** the stairs.

A woman **is pointing at** something.
한 여자가 무언가를 가리키고 있다.

They **are looking at** artwork.
사람들이 미술품을 보고 있다.

They **are admiring** some paintings.
사람들이 그림을 감상하고 있다.

Some pictures **are hanging** on a wall.
몇 점의 그림들이 벽에 걸려 있다.

Some paintings **have been hung** on the wall.
몇 점의 그림들이 벽에 걸려 있다.

▶ 사물/풍경 사진

Benches **are placed** along a pathway.
벤치들이 길을 따라 놓여 있다.

A path **is covered with** fallen leaves.
길이 낙엽들로 뒤덮여 있다.

A wheelbarrow **has been filled with** branches.
손수레가 나뭇가지들로 채워져 있다.

Some logs **are stacked up** beside the wheelbarrow.
몇몇 통나무들이 손수레 옆에 쌓여 있다.

Some tables **have been set up** along the water.
몇몇 테이블이 물가를 따라 설치되어 있다.

Trees **are reflected** on the surface of the water.
나무들이 수면 위에 비치고 있다.

BASE 핵심스킬 🎧 CH03_11

문제 풀이 순서에 맞춰 녹음을 잘 듣고 사진을 가장 잘 묘사한 보기를 고르세요.

호주

STEP 1 📷 사진 미리보기

녹음이 나오기 전 사진을 미리 분석하세요.

✓ **먼저, 부각된 인물이나 사물을 분석하세요.**
(남자가 물가 근처 벤치에 앉아 있다.)

✓ **그다음, 주변 사물이나 풍경을 분석하세요.**
(자전거가 벤치 뒤에 놓여 있다.)
(물가에 나무들이 자라고 있다.)

STEP 2 ❌ 오답 소거하기

O/X 표시를 하며 오답을 소거하고 정답을 남기세요.

(A) ⓞ ⓧ (B) ⓞ ⓧ (C) ⓞ ⓧ (D) ⓞ ⓧ

(A) He is resting by a body of water. ⓞ
남자가 물가에서 쉬고 있다.
⋯ 물가에서 휴식을 취하고 있는 상태를 잘 묘사하고 있네요!

(B) He **is placing** a helmet on a bench. ❌
남자가 벤치 위에 헬멧을 놓고 있다.
⋯ 헬멧을 벤치에 놓지 않고 이미 쓰고 있는 상태이므로 동작 묘사가 틀렸어요!

(C) He **is planting** some trees. ❌
남자가 나무를 심고 있다.
⋯ 나무를 심는 동작이 아니므로 동작 묘사가 틀렸어요!

(D) He is fishing from a **boat**. ❌
남자가 배에서 낚시를 하고 있다.
⋯ 배(boat)는 사진에 없는 사물이에요!

BASE 집중훈련 🎧 CH03_12

녹음을 잘 듣고 사진을 가장 잘 묘사한 보기를 고른 후, 다시 들으며 빈칸을 채우세요. (보기는 3번 들려줍니다.)

해설서 p.10

1.

(A) ⓞ ⓧ (B) ⓞ ⓧ (C) ⓞ ⓧ (D) ⓞ ⓧ

(A) Some people are _____ on an escalator.
(B) Some people are _____ a railing.
(C) Some people are _____ _____ a staircase.
(D) Some people are _____ a glass panel.

2.

(A) ⓞ ⓧ (B) ⓞ ⓧ (C) ⓞ ⓧ (D) ⓞ ⓧ

(A) One of the people is _____ _____ a vehicle.
(B) One of the people is _____ _____ a ship.
(C) A railing is being _____ _____.
(D) A boat is _____ near a bridge.

BASE 실전훈련

🎧 CH03_13_AT

녹음을 잘 듣고 사진을 가장 잘 묘사한 보기를 고른 후, 다시 들으며 빈칸을 채우세요. (보기는 3번 들려줍니다.)

1.

(A) A woman is _____ a beverage.

(B) A woman is _____ a kitchen counter.

(C) A woman is _____ a meal.

(D) A woman is _____ some vegetables.

(A) ⟨O⟩⟨X⟩ (B) ⟨O⟩⟨X⟩ (C) ⟨O⟩⟨X⟩ (D) ⟨O⟩⟨X⟩

2.

(A) They're unloading bricks from a _____.

(B) They're doing construction work on a _____.

(C) They're _____ _____ their safety vests.

(D) They're _____ _____ a building.

(A) ⟨O⟩⟨X⟩ (B) ⟨O⟩⟨X⟩ (C) ⟨O⟩⟨X⟩ (D) ⟨O⟩⟨X⟩

3.

(A) She's _____ some bottles from a shopping cart.

(B) She's reading a _____ at a supermarket.

(C) She's _____ _____ a basket on the floor.

(D) She's _____ an item _____ a shelf.

(A) ⟨O⟩⟨X⟩ (B) ⟨O⟩⟨X⟩ (C) ⟨O⟩⟨X⟩ (D) ⟨O⟩⟨X⟩

4.

(A) Some trees are _____ _____.

(B) Some bicycles are parked _____
_____ _____.

(C) Leaves are _____ _____ off a
sidewalk.

(D) A _____ is waiting at a traffic light.

(A) o x   (B) o x   (C) o x   (D) o x

5.

(A) Some people are _____ some plants in
a garden.

(B) Some people are _____ in an _____
rest area.

(C) One of the women is _____ a patio.

(D) One of the women is _____ an umbrella.

(A) o x   (B) o x   (C) o x   (D) o x

6.

(A) Office supplies are _____ _____ in a
storage closet.

(B) Some boxes are _____ on top of some
_____.

(C) A _____ is leaning against a cabinet.

(D) Some containers are _____ _____.

(A) o x   (B) o x   (C) o x   (D) o x

PART

2

QUESTION-RESPONSE
질의응답 문제

📋 문제 OVERVIEW

PART 2는 총 25개의 질문과 응답이 오갑니다. 질문을 듣고, 이어서 들려주는 3개의 보기 중에서 질문과 가장 잘 어울리는 응답을 답으로 선택합니다.

문항 수	25문항(7~31번에 해당하며, 문제마다 'Mark your answer on your answer sheet.' 문구만 주어집니다.)
Direction 소요 시간	약 25초
문제와 보기를 들려주는 시간	약 15초
다음 문제까지의 휴지 시간	약 5초
문제 유형	1. 의문사 의문문 – Who/When/Where – What/Which – How/Why 2. 비의문사 의문문 – Be/Do/Have – 부정/부가/간접/선택 – 제안문·요청문/평서문
보기 형태	짧은 어구나 문장의 응답
보기 구성	3개의 보기(짧은 어구와 문장이 섞여 나옵니다.)

🕐 출제 TREND

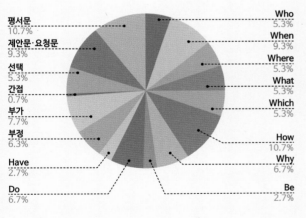
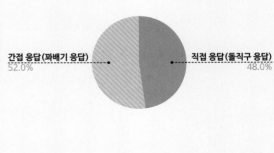

- 의문사 의문문은 매회 평균 12문제, 비의문사 의문문은 매회 평균 13문제가 출제되며, 이는 과거와 비슷한 비율입니다.

- 응답 방식은 크게 두 가지로 나뉘는데, 질문에 속 시원하게 대답한 직접 응답(= 돌직구 응답)과 되묻거나 우회적으로 대답한 간접 응답(= 꽈배기 응답)입니다. 과거에는 직접 응답과 간접 응답의 비중이 7:3이었던 반면, 현재는 5:5 정도로 비등하게 출제되고 있습니다.

- 질문의 키워드만 포착하면 쉽게 답을 고를 수 있었던 과거에 비해, 지금은 질문의 내용을 제대로 이해했는지에 더 주안점을 둡니다. 이러한 출제 방식으로 변했다는 점에서 PART 2의 난이도가 전반적으로 높아졌음을 알 수 있습니다.

음원 바로 듣기

P2_PRE

 시험 PREVIEW

You will see:

7. Mark your answer on your answer sheet.   (A) X   (B) X   (C) O
8. Mark your answer on your answer sheet.   (A) O   (B) X   (C) X
9. Mark your answer on your answer sheet.   (A) △   (B) X   (C) O

•
•
•

29. Mark your answer on your answer sheet.   (A) X   (B) O   (C) X
30. Mark your answer on your answer sheet.   (A) X   (B) O   (C) △
31. Mark your answer on your answer sheet.   (A) △   (B) X   (C) X

You will hear:

7. Where is the new employee orientation taking place?

(A) Send in the application form.

(B) In seminar room C.

(C) Less than three hours.

📋 문제 풀이 FLOW

1. 머릿속에 질문의 키워드를 붙잡아 둡니다.

- 질문의 핵심 정보, 즉 키워드를 파악합니다.
- 예를 들어, 의문사 의문문이 들린다면 반드시 의문사를 포착하고, 주어와 동사를 덧붙여 기억해 두세요. 주어가 두 단어 이상이라면 마지막 단어 위주로 기억합니다.

> ◀ 좌측 문제로 질문 키워드 알아보기
>
> | **Where** | – | **orientation** | – | **taking place?** |
> |:---:|:---:|:---:|:---:|:---:|
> | 어디서 | – | 오리엔테이션 | – | 열려? |

- 포착한 질문 키워드를 3개의 보기를 들으면서 계속 대입해야 하기 때문에, 3개의 보기가 다 나올 때까지 내 머릿속에서 떠나게 해서는 안 돼요.

2. 오답을 버리고 정답을 남깁니다.

- 각각의 보기를 들으면서 내가 기억하고 있는 질문 키워드를 계속 되뇝니다.
- 이때도 PART 1과 마찬가지로, 각 문제의 'Mark your answer on your answer sheet.' 아래에 X, △, O 표기를 하며 듣습니다.

> | 어디서 – 오리엔테이션 – 열려? | ▶ | 어디서 – 오리엔테이션 – 열려? | ▶ | 어디서 – 오리엔테이션 – 열려? |
> |:---:|:---:|:---:|:---:|:---:|
> | (A) 신청서 보내. X | | (B) 세미나룸 C에서. O | | (C) 3시간 미만. X |

- 여러분의 기억력을 과신해서는 안 됩니다. 토익 만점자라고 해도 청취가 완벽하지 않다면, 질문의 키워드를 되뇌며 소거법을 활용하는 것이 가장 효과적인 문제 풀이 방식입니다.

✍️ 학습 ADVICE

1. 대다수의 고득점자들이 LC 만점을 받지 못하는 이유, PART 2!

25문제를 계속 집중해서 듣기란 어려운 일입니다. 더군다나 질문을 제대로 이해해야 답을 고를 수 있는 꽈배기 응답 비중이 늘어났기 때문에, 청취력의 중요성이 더욱 강조되고 있습니다. 사실 원어민이라 해도 질문을 모두 기억하진 않습니다. 질문을 듣고 핵심 정보를 파악할 뿐입니다. 그러므로 질문을 들을 때 키워드를 잡는 건 요령이 아닌 정석입니다.

2. 문제 풀이 Flow를 활용하여 반복 훈련은 필수!

이 책을 포함하여 여러 교재에서 다루고 있는 유사 발음 함정, 연상 어휘 함정 등은 출제자가 오답을 만들기 위한 장치이지, 문제를 푸는 입장에서는 실제 문제 풀이에 적용하는 데 큰 도움이 되진 않아요. 즉, 개념보다는 청취 방법과 반복 훈련이 훨씬 더 중요하다는 것을 기억하세요.

함정 장치

챕터 전체 듣기

BASE 21

동어 반복 함정

▶ 질문에 등장한 단어와 똑같은 단어나 동일한 어근의 단어가 보기에 들린다면 그 보기는 오답일 가능성이 높아요. 특히, 같은 단어이지만 서로 다른 의미로 쓰였다면 무조건 오답입니다.

Q. Who edited the **research** proposal? 누가 연구 제안서를 편집했죠?
A. It was Ms. Morrison. ⊙ Morrison 씨였어요.
In the **research** lab. ✗ 연구소에서요. ↳ research 연구 – research 연구

Q. Does Brock want us to place an **order** for him? Brock은 우리가 대신 주문해 주기를 원하나요?
A. Yes, he said he'd like a burger. ⊙ 네, 버거를 원한다고 했어요.
In alphabetical **order**. ✗ 알파벳 순서로요. ↳ order 주문 – order 순서

▶ 단, 선택 의문문은 두 개의 선택지 중 하나를 택하는 직접 응답이 출제됩니다. 따라서 보기에 동일한 단어가 반복되는 경우가 흔하기 때문에 바로 오답 처리하지 말고 끝까지 잘 들어봐야 해요.

Q. Do you like swimming or **jogging**? 당신은 수영을 좋아하나요, 아니면 조깅을 좋아하나요?
A. I enjoy **jogging**. ⊙ 저는 조깅을 즐겨 해요.

BASE 22

🎧 CH04_01

음원 바로 듣기

유사 발음 함정

▶ 질문에 등장한 단어와 다른 단어인데 발음이 유사한 단어가 보기에 들린다면 그 보기는 거의 오답이라고 봐도 됩니다.

Q. When are we **heading** to the bus **terminal**? 우리가 버스 터미널로 언제 가야 하죠?
A. Once the taxi comes. ⊙ 택시가 오는 대로요.
To the **headquarters**. ✗ 본사로요. ↳ head 향하다 – headquarters 본사
The lease is short-**term**. ✗ 임대가 단기예요. ↳ terminal 터미널 – term 기간

▶ 유사 발음 빈출 단어 예시

accept 받아들이다	except ~ 이외에는	down ~ 아래	town 마을	mind 마음; 상관하다	mine 내 것
annual 매년의	manual 안내서	entire 전체의	tired 피곤한	order 순서	older 더 늙은
apartment 아파트	department 부서	expect 기대하다	inspect 점검하다	pass 통과하다	past 지난
apply 적용하다	supply 공급	fare 요금	fair 공평한	pavement 보도	payment 지불
appointment 약속	disappointed 실망한	find 알아내다	fine 좋은	plant 식물	plan 계획
billing 계산서	building 건물	for ~을 위해	four 넷	price 금액	prize 상
bottle 병	bottom 밑바닥	form 형성하다	former 예전의	read 읽다	lead 이끌다
called ~라고 불리는	cold 차가운	guess 추측하다	guest 손님	ready 준비가 된	steady 꾸준한
computer 컴퓨터	commuter 통근자	hear 듣다	here 여기	scene 장면	seen 보이는
contact 접촉	contract 계약	hire 고용하다	higher 더 높은	supplies 물품	surprise 놀라게 하다
copy 복사하다	coffee 커피	launch 출시하다	lunch 점심	walk 걷다	work 일하다
dental 치아의	rental 임대	learn 배우다	run 뛰다	weather 날씨	whether ~인지
deposit 보증금	positive 긍정적인	leave 떠나다	live 살다	write 쓰다	right 오른쪽; 바로
description 묘사	prescription 처방전				

음원 바로 듣기

BASE 핵심스킬 🎧 CH04_02

문제 풀이 순서에 맞춰 녹음을 잘 듣고 질문에 가장 잘 어울리는 보기를 고르세요.

호주↔미국

STEP 1 　● 질문의 키워드 잡기

녹음을 들으며 질문의 핵심 내용을 기억하세요.

> ✓ ✓ ✓
> **You've** already **reserved a hotel room**
> for Ms. Hurst, haven't you?
> Hurst 씨를 위해 호텔 객실을 이미 예약하셨죠,
> 그렇지 않나요[→ 그렇죠?]

내 머릿속에,

"당신 호텔 방 예약했지?"

를 남기고, 되뇌세요!

STEP 2 　❌ 오답 소거하기

O/X 표시를 하며 오답을 소거하고 정답을 남기세요.

(A) ⬡o x⬡　(B) ⬡o x⬡　(C) ⬡o x⬡

(A) I **haven't stayed** there before. ❌
저는 이전에 그곳에 머무른 적이 없어요.
⟶ 질문에 쓰인 haven't를 반복하고, hotel을 듣고 연상할 수 있는 stayed를 사용하여 오답을 유도하고 있어요!

(B) She **deserved** the award. ❌
그녀는 상을 받을 만한 자격이 있었어요.
⟶ 질문에 쓰인 reserved와 같은 음절(-served)을 지녀 발음이 유사한 deserved를 사용하여 오답을 유도하고 있어요!

(C) Yes, just this morning. ⭕
네, 바로 오늘 아침에요.
⟶ 'Yes'로 대답하여 이미 예약했다는 말을 대신했고, 바로 오늘 아침에 했다고 적절히 덧붙여 말하고 있네요!

PART 2 CHAPTER 04

음원 바로 듣기

BASE 집중훈련 🎧 CH04_03

녹음을 잘 듣고 질문에 가장 잘 어울리는 보기를 고른 후, 다시 들으며 빈칸을 채우세요. (대화는 3번 들려줍니다.)

해설서 p.12

1. (A) ⬡o x⬡　(B) ⬡o x⬡　(C) ⬡o x⬡

_____ can _____ _____ _____ for the marketing course?

(A) It was a six-_____ meal.

(B) You can register on our _____ _____.

(C) It's a new _____.

2. (A) ⬡o x⬡　(B) ⬡o x⬡　(C) ⬡o x⬡

You _____ _____ the storage cabinet _____, have you?

(A) No, I _____ _____ that movie.

(B) I think the _____ is still open.

(C) Jason _____ _____ it this morning.

3. (A) ⬡o x⬡　(B) ⬡o x⬡　(C) ⬡o x⬡

Will _____ _____ my employee _____ to enter the computer lab?

(A) In the _____ of the building.

(B) I just _____ by the _____.

(C) _____, it is always _____.

연상 어휘 함정

▶ PART 2에서 가장 많이 쓰이는 함정으로, 질문에 나온 단어를 듣고 연상할 수 있는 단어를 보기에 등장시켜 혼동을 일으키는 오답이 자주 등장합니다.

Q. When can we sign the rental agreement? 우리가 언제 임대 계약서에 서명할 수 있죠?
A. A week before the move. ⭕ 이사 1주일 전에요.
The assignment is due **tomorrow**. ❌ 그 업무는 내일까지예요. ↳ When 언제 – tomorrow 내일

Q. Haven't you bought a new **smartphone** yet? 아직 새 스마트폰을 사지 않으셨어요?
A. I just repaired mine instead. ⭕ 대신 그냥 제 것을 수리했어요.
Download the **application**. ❌ 애플리케이션을 다운로드하세요. ↳ smartphone 스마트폰 – application 애플리케이션

▶ 연상 어휘 빈출 단어 예시

after ~ 후에	before ~ 전에	close 닫다	open 열다	job 직업	application 지원서 position 직책
agenda 안건	meeting 회의	computer 컴퓨터	software 소프트웨어	market 시장	shopping 쇼핑
airport 공항	flight 항공 ticket 표	conference 학회	hold 개최하다	new 새로운	old 오래된
arrive 도착하다	by plane 비행기로	confirm 확인하다	check 확인하다	pharmacy 약국	medication 약
bank 은행	deposit 예금하다	earlier 더 일찍	later 나중에	prefer 선호하다	better 더 좋은
book 예약하다	reserve 예약하다	financial 재무의	budget 예산	shipment 배송	warehouse 창고
book 책	publish 출판하다	form 서식	fill out ~을 작성하다	today 오늘	tomorrow 내일
buy/purchase 사다	receipt 영수증	improve 개선하다	change 바꾸다	weather 날씨	warm 따뜻한 cold 추운

Yes/No 응답 함정

▶ 의문사 의문문은 구체적인 정보를 요구하는 질문 형태이기 때문에 Yes/No 또는 Sure/OK/Thanks 등으로 응답한 보기는 오답입니다.

Q. Where's the patient waiting room? 환자 대기실은 어디에 있나요?
A. On the second floor. ⭕ 2층에요.
No, the hospital's quite small. ❌ 아니요, 그 병원은 꽤 작아요.

▶ 단, 「Why don't you/we ~?」와 「How about ~?」은 '~하는 게 어때요?'라는 뜻의 제안 표현이기 때문에 Yes/Sure/OK 등의 수락 응답 또는 No 등의 거절 응답이 가능해요.

Q. Why don't you write up the meeting agenda for the team? 팀을 위해 회의 안건을 작성하는 게 어때요?
A. OK, I'll do that right away. ⭕ 네, 바로 할게요.

▶ 일반 의문에 Yes/No로 응답하고 그 뒤에 덧붙인 말이 질문의 내용과 일치하는지 꼭 확인하세요.

Q. You **haven't seen my laptop**, have you? 제 노트북 못 봤죠, 그렇죠?
A. Marcus probably knows where it is. ⭕ Marcus가 아마 어디 있는지 알 거예요.
No, I'm going to the lab tonight. ❌ 아니요, 오늘 밤에 연구실에 갈 거예요.
↳ 'No(못 봤다)'로 응답했지만 질문과는 어울리지 않는 부연 설명

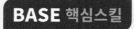 **BASE 핵심스킬** 🎧 CH04_04

문제 풀이 순서에 맞춰 녹음을 잘 듣고 질문에 가장 잘 어울리는 보기를 고르세요.

미국 ↔ 미국

STEP 1 🔑 질문의 키워드 잡기

녹음을 들으며 질문의 핵심 내용을 기억하세요.

> ✔ **What** are Renton Music Shop's **business hours**?
> Renton 음반 매장 영업시간이 어떻게 되나요?

내 머릿속에,

"영업시간이 몇 시야?"

를 남기고, 되뇌세요!

STEP 2 ❌ 오답 소거하기

O/X 표시를 하며 오답을 소거하고 정답을 남기세요.

(A) [o|x] (B) [o|x] (C) [o|x]

(A) Let's check their homepage. ⊙
홈페이지에서 확인해 봅시다.
 ⟶ 홈페이지에서 확인해 보자며, 자신도 모른다는 의미를 내포한 응답으로 질문에 적절히 답하고 있네요!

(B) **Yes**. They're still in business. ❌
네. 그곳은 아직 영업 중이에요.
 ⟶ 의문사 의문문은 Yes/No로 응답할 수 없어요!

(C) They have **guitars** and **drum** sets. ❌
그곳은 기타와 드럼 세트를 취급해요.
 ⟶ 질문의 Music을 듣고 연상할 수 있는 guitars, drum을 사용하여 오답을 유도하고 있어요!

BASE 집중훈련 🎧 CH04_05

녹음을 잘 듣고 질문에 가장 잘 어울리는 보기를 고른 후, 다시 들으며 빈칸을 채우세요. (대화는 3번 들려줍니다.)

해설서 p.12

1. (A) [o|x] (B) [o|x] (C) [o|x]

_____ _____ the bank _____?
(A) _____, at 8:30.
(B) Because it's being _____.
(C) Thousands of customer _____.

2. (A) [o|x] (B) [o|x] (C) [o|x]

_____ did you _____ that laptop computer?
(A) I got it on the _____.
(B) _____, I'm done with it now.
(C) Less than 200 _____.

3. (A) [o|x] (B) [o|x] (C) [o|x]

_____ _____ the musical _____ last night?
(A) The Madison _____ Hall.
(B) _____, that's at 6 P.M.
(C) It was quite _____.

다른 의문사 응답 함정

▶ 의문사 의문문에서는 다른 의문사에 어울리는 응답이 오답으로 등장하기 때문에 의문사를 절대 놓쳐서는 안 됩니다.

Q. How do you normally get to the office? 보통 어떻게 사무실에 가세요?
A. I take the subway. ⊙ 지하철을 타요.
　　By 8 A.M. ✕ 오전 8시까지요. ↝ When 의문에 어울리는 응답

▶ 특히, When과 Where는 발음상 혼동하기 쉬워서 When 의문문에는 Where에 어울리는 응답이, Where 의문문에는 When에 어울리는 응답이 오답으로 등장할 때가 많습니다. 둘의 발음 차이를 꼭 구별해서 들어야 해요.

Q. When will my ID card be issued? 제 신분증은 언제 발급되나요?
A. On March 1st. ⊙ 3월 1일에요.
　　Right **across the corridor**. ✕ 복도 바로 건너편이요. ↝ Where 의문문에 어울리는 응답

Q. Where will the color photocopier be set up? 컬러복사기는 어디에 설치될 건가요?
A. Next to the break room. ⊙ 휴게실 옆에요.
　　By the end of the week. ✕ 이번 주 말까지요. ↝ When 의문문에 어울리는 응답

주어/시제 불일치 함정

▶ 내용상 질문의 주어와 일치하지 않는 주어로 응답하는 보기는 오답입니다.

Q. Did **you** take the training course last week? 지난주에 교육 과정 들으셨어요?
A. No, I was out of town. ⊙ 아니요, 저는 출장 중이었어요.
　　She's planning on it. ✕ 그녀는 그걸 계획 중이에요. ↝ you – She 주어 불일치

▶ 내용상 질문의 시제와 일치하지 않는 시제로 응답하는 보기는 오답입니다.

Q. You**'ve seen** the final program, **haven't** you? 최종 프로그램을 보셨죠, 그렇지 않나요?
A. No, I was too busy. ⊙ 아니요, 너무 바빴어요.
　　Yes, I **will**. ✕ 네, 볼 거예요. ↝ have seen – will 시제 불일치

Q. Don't you **have** the same suitcase as this one? 이것과 같은 여행 가방을 가지고 있지 않아요?
A. Mine is in red, though. ⊙ 하지만, 제 것은 빨간색이에요. (같은 여행 가방이지만 색이 달라요)
　　No, I **haven't**. ✕ 아니요, 그런 적 없어요. ↝ Don't ~ have – haven't 시제 불일치

BASE 핵심스킬 🎧 CH04_06

문제 풀이 순서에 맞춰 녹음을 잘 듣고 질문에 가장 잘 어울리는 보기를 고르세요.

영국 ↔ 미국

STEP 1 💿 질문의 키워드 잡기	STEP 2 ❌ 오답 소거하기

STEP 1 💿 질문의 키워드 잡기

녹음을 들으며 질문의 핵심 내용을 기억하세요.

> ✓ **Where** can **we buy tickets** ✓ to the musical?
> 뮤지컬 티켓은 어디서 살 수 있을까요?

내 머릿속에,

"우리가 어디서 티켓을 살 수 있지?"

를 남기고, 되뇌세요!

STEP 2 ❌ 오답 소거하기

O/X 표시를 하며 오답을 소거하고 정답을 남기세요.

(A) ⓞⓧ   (B) ⓞⓧ   (C) ⓞⓧ

(A) Around **7 P.M.** ❌
오후 7시쯤이요.
┈▸ 티켓을 살 수 있는 장소를 물었는데, 시간으로 대답하는 것은 적절하지 않아요. When 의문문에 어울리는 대답이에요!

(B) I won't be able to join you. ⓞ
저는 같이 갈 수 없을 거예요.
┈▸ 같이 못 간다며, 어디서 살 수 있는지보다 애초에 같이 갈 수가 없다는 응답으로 질문에 어울리게 대답했네요!

(C) **She**'s a great singer. ❌
그녀는 훌륭한 가수예요.
┈▸ 우리(we)가 어디서 살 수 있냐고 물었는데 그녀(She)에 대해 이야기하는 건 내용도 주어도 적절하지 않아요. 주어 불일치 함정이에요!

BASE 집중훈련 🎧 CH04_07

녹음을 잘 듣고 질문에 가장 잘 어울리는 보기를 고른 후, 다시 들으며 빈칸을 채우세요. (대화는 3번 들려줍니다.)   해설서 p.13

1. (A) ⓞⓧ   (B) ⓞⓧ   (C) ⓞⓧ

_____ will you _____ for the client dinner?
(A) _____ a few minutes.
(B) _____ three hours.
(C) The _____ downtown.

2. (A) ⓞⓧ   (B) ⓞⓧ   (C) ⓞⓧ

_____ we _____ the department meeting _____?
(A) It _____ quite successful.
(B) No, I _____ ten more minutes.
(C) The _____ have already been lit.

3. (A) ⓞⓧ   (B) ⓞⓧ   (C) ⓞⓧ

_____ will you _____ the sales _____ for the last quarter?
(A) _____ just started it now.
(B) A 30 percent _____.
(C) _____ had the highest number of _____.

BASE 실전훈련

🎧 CH04_08_AT

해설서 p.13

녹음을 잘 듣고 질문에 가장 잘 어울리는 보기를 고른 후, 다시 들으며 빈칸을 채우세요. (대화는 3번 들려줍니다.)

1. Mark your answer.

(A) ○ x   (B) ○ x   (C) ○ x

_____ do you normally _____ at your office?

(A) _____ 8 o'clock.

(B) By _____.

(C) With a _____ of mine.

2. Mark your answer.

(A) ○ x   (B) ○ x   (C) ○ x

The break room has _____ _____, doesn't it?

(A) _____ would like some _____.

(B) A reservation for _____.

(C) No, it needs _____.

3. Mark your answer.

(A) ○ x   (B) ○ x   (C) ○ x

_____ can I get a membership _____?

(A) A 30 percent _____.

(B) We _____ a new shipment.

(C) _____ _____ this customer information sheet.

4. Mark your answer.

(A) ○ x   (B) ○ x   (C) ○ x

Are you _____ to the new software training _____?

(A) I'll be _____ _____.

(B) The _____ will depart soon.

(C) An inventory _____.

5. Mark your answer.

(A) ○ x   (B) ○ x   (C) ○ x

_____'s the user's _____ for the new air purifier?

(A) The _____ is really clean.

(B) On the _____.

(C) It _____ _____ this month.

6. Mark your answer.

(A) ○ x   (B) ○ x   (C) ○ x

Have you _____ the new promotional _____ yet?

(A) _____ for our _____ product.

(B) I'm doing it _____ _____.

(C) The _____ will go on _____ soon.

7. Mark your answer.

(A) o x   (B) o x   (C) o x

_____ _____ is Mr. Bryant _____ _____ to the hotel?

(A) Around 1 _____.

(B) I've already added my _____.

(C) They don't have that _____.

8. Mark your answer.

(A) o x   (B) o x   (C) o x

Do you _____ a pair of _____ I can use?

(A) I _____ mine to Kristy.

(B) How _____ was it?

(C) A _____ request form.

9. Mark your answer.

(A) o x   (B) o x   (C) o x

_____ do I _____ as a vendor for the trade _____?

(A) I signed up _____.

(B) For a _____ discount.

(C) I don't have a _____ set.

10. Mark your answer.

(A) o x   (B) o x   (C) o x

_____ is the keynote _____ at the convention this year?

(A) An industry _____.

(B) It was a great _____.

(C) _____ innovative designs.

11. Mark your answer.

(A) o x   (B) o x   (C) o x

_____ do you _____ the new _____?

(A) It's _____. I even get free Internet.

(B) OK, I can give you a _____.

(C) _____ Sunday morning at 10.

12. Mark your answer.

(A) o x   (B) o x   (C) o x

Doesn't _____ coffee shop _____ cake?

(A) There's a bakery _____ _____.

(B) A _____ of the sales report.

(C) _____'re meeting right now.

13. Mark your answer.

(A) o x　　(B) o x　　(C) o x

_____ will be the new Research Department _____?

(A) That's _____.

(B) It _____ been _____.

(C) _____. I'll talk to him.

14. Mark your answer.

(A) o x　　(B) o x　　(C) o x

_____'s your _____ about this _____?

(A) She's the most _____ so far.

(B) Here is my updated _____.

(C) _____, I don't know when the date is.

15. Mark your answer.

(A) o x　　(B) o x　　(C) o x

Do I have to _____ the tutorial _____?

(A) The downtown _____ theater.

(B) I studied with a _____.

(C) Yes, it is _____.

16. Mark your answer.

(A) o x　　(B) o x　　(C) o x

_____ did you _____ so _____ yesterday?

(A) _____ you _____ my _____?

(B) _____, I left it on the table.

(C) Actually, that's for _____.

17. Mark your answer.

(A) o x　　(B) o x　　(C) o x

How _____ is the new employee _____?

(A) About 50 _____ _____ members.

(B) _____ the large event hall.

(C) The _____'s just been _____.

18. Mark your answer.

(A) o x　　(B) o x　　(C) o x

Doesn't this bus _____ in front of the _____?

(A) Yes. We're almost _____.

(B) At _____ five.

(C) You can _____ behind the building.

19. Mark your answer.

(A) ☐o☐x   (B) ☐o☐x   (C) ☐o☐x

_____ _____ the musical performance _____?

(A) Yes, that _____ good.

(B) I'm a _____.

(C) Because the stage _____ _____ yet.

20. Mark your answer.

(A) ☐o☐x   (B) ☐o☐x   (C) ☐o☐x

_____ did the Sales Department _____ to?

(A) Right _____.

(B) I'm in that _____, too.

(C) The _____ is for _____.

21. Mark your answer.

(A) ☐o☐x   (B) ☐o☐x   (C) ☐o☐x

_____'s supposed to _____ the employment _____?

(A) That's _____ _____ team's _____.

(B) _____ next week.

(C) Excellent _____ benefits.

22. Mark your answer.

(A) ☐o☐x   (B) ☐o☐x   (C) ☐o☐x

I'm not sure _____ _____ _____ to the conference center from the hotel.

(A) At the _____ area.

(B) Kobe will email the _____.

(C) I already _____ our rooms.

23. Mark your answer.

(A) ☐o☐x   (B) ☐o☐x   (C) ☐o☐x

An _____ should be _____ to _____ our office soon.

(A) We are _____.

(B) The _____ reports.

(C) Yes, it _____ smoothly.

24. Mark your answer.

(A) ☐o☐x   (B) ☐o☐x   (C) ☐o☐x

Didn't the employees _____ a _____ to sign their new contract?

(A) No, Ms. Lee put up the _____.

(B) Five new _____ members.

(C) Not _____, but _____.

의문사 의문문

챕터 전체 듣기

BASE 27

Who 의문문의 돌직구 답변

▶ Who 의문문은 업무 담당자나 행사 참석자, 발표자 등의 신분을 물을 때 사용하는 질문 형태이기 때문에 사람 이름, 직위, 부서로 답변하는 것이 기본 답변 방식입니다.

Q. Who's in charge of the new employee orientation? 신입 사원 오리엔테이션을 누가 맡았나요?
A. Juan from Human Resources. 인사팀의 Juan이요. ↘ 이름

Q. Who invited us to the dinner party? 누가 저희를 저녁 파티에 초대해 주셨나요?
A. The **CEO** did. 대표님이 초대해 주셨어요. ↘ 직위

Q. Who participated in the workshop last week? 누가 지난주에 워크숍에 참가했나요?
A. The **Accounting Department**. 회계부서요. ↘ 부서

▶ I/You/We 등의 인칭대명사나 Someone/Everyone/No one/Nobody 등의 부정대명사도 Who 의문문의 답변으로 자주 출제되고 있으며, 그 비중이 증가하는 추세입니다.

Q. Who is going to organize the annual party? 누가 연례 파티를 준비할 건가요?
A. I'll take care of it. 제가 맡을 거예요. ↘ 인칭대명사

Q. Who's attending the awards ceremony? 시상식에 누가 참석하나요?
A. Everyone in the company. 회사 사람들 모두요. ↘ 부정대명사

BASE 28

Who 의문문의 꽈배기 답변

▶ 모른다는 것을 직간접적으로 말하거나 오히려 되묻는 우회적 답변, 한두 번의 대화를 건너뛴 듯한 생각을 요하는 꽈배기 답변이 많이 출제되니 아래의 비정형 답변 사례들을 통해 실전에 철저히 대비하세요.

Q. Who's closing the restaurant tonight? 오늘 밤 식당 마감을 누가 하나요?
A. Let me check the employee calendar. 직원 달력을 확인해 볼게요. (저도 잘 모르니 확인해 볼게요)

Q. Who's delivering the documents to the branch in Detroit? 누가 Detroit 지사로 문서를 전달하나요?
A. I'll see if Paula has time. Paula가 시간이 있는지 알아볼게요. (정해진 사람은 없고 Paula에게 물어볼게요)

Q. Who was scheduled to take inventory? 누가 재고 조사를 하기로 예정되어 있었나요?
A. Weren't you supposed to do it? 당신이 하기로 되어 있지 않았어요? (당신이 하는 줄 알았는데 아니었나요?)

Q. Who should I contact to fix my Internet? 인터넷을 고치려면 누구에게 연락해야 하나요?
A. The extension number is in the directory. 내선 번호는 주소록에 있어요. (주소록을 확인하면 알 수 있어요)

Q. Who's going to present the budget proposal? 누가 예산안을 발표할 예정인가요?
A. I thought it was already approved. 벌써 승인된 줄 알았는데요. (승인된 줄 알았는데 아닌가요?)

Q. Who can take Ms. Lim to the train station? 누가 Lim 씨를 기차역에 모셔다드릴 수 있나요?
A. I didn't bring my car. 저는 차를 안 가져왔어요. (저는 데려다줄 수 없어요)

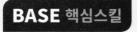 **BASE 핵심스킬** 🎧 CH05_01

문제 풀이 순서에 맞춰 녹음을 잘 듣고 질문에 가장 잘 어울리는 보기를 고르세요.

미국↔호주

STEP 1   🔴 질문의 키워드 잡기

녹음을 들으며 질문의 핵심 내용을 기억하세요.

> **Who**✓ is going to **reserve**✓ the conference room?
> 누가 회의실을 예약할 건가요?

내 머릿속에,

"누가 예약할 거냐?"

를 남기고, 되뇌세요!

STEP 2   ❌ 오답 소거하기

O/X 표시를 하며 오답을 소거하고 정답을 남기세요.

(A) [o x]   (B) [o x]   (C) [o x]

(A) Let's **go to** the lobby. ❌
우리 로비로 가요.
⤷ 질문에 쓰인 going to를 go to로 반복하여 오답을 유도하고 있어요!

(B) Lunch will be **served**. ❌
점심이 제공될 거예요.
⤷ 질문에 쓰인 reserve와 발음이 유사한 served를 사용하여 오답을 유도하고 있어요!

(C) I already did it. ⊙
제가 이미 했어요.
⤷ 자신이 이미 예약했다며, 인칭대명사 I를 사용하여 적절히 답변하고 있네요!

BASE 집중훈련 🎧 CH05_02

녹음을 잘 듣고 질문에 가장 잘 어울리는 보기를 고른 후, 다시 들으며 빈칸을 채우세요. (대화는 3번 들려줍니다.)

해설서 p.18

1. (A) [o x]   (B) [o x]   (C) [o x]

_____ _____ at the meeting this morning?

(A) At 10 _____.
(B) The marketing _____.
(C) Almost 15 _____.

2. (A) [o x]   (B) [o x]   (C) [o x]

_____ _____ of the building renovation?

(A) _____ from the management team.
(B) Less than 30 minutes _____.
(C) _____, about the reservation.

3. (A) [o x]   (B) [o x]   (C) [o x]

_____ needs to _____ their work _____?

(A) We need to _____ the shelves.
(B) The flower _____.
(C) _____ _____ with the employees.

When 의문문의 돌직구 답변

▶ When 의문문은 과거의 일 또는 앞으로의 계획이나 일정 등의 때/시점을 물을 때 사용하는 질문 형태로, 특정 시점을 나타내는 표현들로 답변하는 것이 기본 답변 방식입니다.

Q. When do you normally arrive at your office? 보통 사무실에 몇 시에 도착하세요?
A. Around 8 o'clock. 8시쯤에요.

Q. When did the mentoring program for new hires begin? 신규 채용자 멘토링 프로그램은 언제 시작했나요?
A. A few months ago. 몇 달 전에요.

Q. When will I receive a confirmation e-mail for my purchase? 구매 확정 이메일을 언제 받게 될까요?
A. In just a minute. 잠시 후에요.

▶ 「No later than/Not until/Sometime＋시점」이나 「기간＋from＋시점」, 「As soon as/Once/After＋주어＋동사」 등의 시간 표현도 When 의문문의 답변으로 자주 등장해요.

Q. When will the proposed merger be made public? 합병안이 언제 공표되나요?
A. Sometime next week. 다음 주쯤에요.

Q. When should we order lunch? 점심을 언제 주문할까요?
A. Right after the meeting. 회의 직후에요.

Q. When are the clients leaving for the airport? 고객들은 공항으로 언제 출발하나요?
A. As soon as their meeting finishes. 그분들 회의가 끝나는 대로요.

When 의문문의 꽈배기 답변

▶ 모른다는 것을 직간접적으로 말하거나 오히려 되묻는 우회적 답변, 한두 번의 대화를 건너뛴 듯한 생각을 요하는 꽈배기 답변이 많이 출제되니 아래의 비정형 답변 사례들을 통해 실전에 철저히 대비하세요.

Q. When are we moving our belongings to the new office? 새 사무실에 언제 저희 소지품을 옮기나요?
A. That's been postponed. 그거 연기됐어요. (연기돼서 언제 할지 모르겠어요)

Q. When is the electronics expo scheduled for? 전자 기술 박람회는 언제로 예정되어 있나요?
A. I marked it on your calendar. 제가 그걸 당신의 캘린더에 표시해 놨어요. (캘린더를 확인해 보세요)

Q. When are we making a reservation for the venue? 그 장소 예약을 언제 하죠?
A. We already made the call. 저희가 벌써 전화했어요. (이미 예약했어요!)

Q. When will the printer be repaired? 프린터는 언제 수리될 예정인가요?
A. I'll talk with the technician. 제가 기사와 이야기해 볼게요. (이야기해 보고 알려 줄게요)

Q. When will the orders be sent out? 주문품은 언제 발송될까요?
A. Our assembly machine is malfunctioning. 저희 조립 기계가 고장이 나서요. (조립조차 못하고 있어요)

Q. When will you return from the art show? 미술 전시회에서 언제 돌아오시나요?
A. I'm on my way now. 지금 가는 길이에요. (지금 가고 있어요!)

BASE 핵심스킬 🎧 CH05_03

문제 풀이 순서에 맞춰 녹음을 잘 듣고 질문에 가장 잘 어울리는 보기를 고르세요.

미국↔미국

STEP 1 🔑 질문의 키워드 잡기

녹음을 들으며 질문의 핵심 내용을 기억하세요.

> ✓ ✓ ✓
> **When will** Ms. Andrews **submit** the budget proposal?
> Andrews 씨는 언제 예산안을 제출할 건가요?

내 머릿속에,

"언제 제출할 거야?"

를 남기고, 되뇌세요!

STEP 2 ❌ 오답 소거하기

O/X 표시를 하며 오답을 소거하고 정답을 남기세요.

(A) ⓞ x   (B) ⓞ x   (C) ⓞ x

(A) It offers **financial** services. ❌
그건 금융 서비스를 제공해요.
⤷ 질문의 budget을 듣고 연상할 수 있는 financial을 사용하여 오답을 유도하고 있어요!

(B) **No**, I haven't accepted it yet. ❌
아니요, 제가 아직 수락하지 않았어요.
⤷ 의문사 의문문은 Yes/No로 응답할 수 없어요!

(C) By the end of the day. ⓞ
오늘 퇴근 전에요.
⤷ '오늘 퇴근 전'이라는 특정 시점을 언급하여 적절히 답변하고 있네요!

PART 2 CHAPTER 05

BASE 집중훈련 🎧 CH05_04

녹음을 잘 듣고 질문에 가장 잘 어울리는 보기를 고른 후, 다시 들으며 빈칸을 채우세요. (대화는 3번 들려줍니다.)

해설서 p.18

1. (A) ⓞ x   (B) ⓞ x   (C) ⓞ x

_____ will the road repair work be _____?
(A) For the highway _____.
(B) _____ the end of the year.
(C) A new _____ of safety glasses.

2. (A) ⓞ x   (B) ⓞ x   (C) ⓞ x

_____ will we _____ _____ from the journalist?
(A) A monthly business _____.
(B) _____ good to me.
(C) _____ tomorrow morning.

3. (A) ⓞ x   (B) ⓞ x   (C) ⓞ x

_____ does the workshop _____?
(A) New employee _____.
(B) More _____ and _____.
(C) _____, I'm not participating in it.

BASE 31

Where 의문문의 돌직구 답변

▶ Where 의문문은 장소나 위치, 방향 등을 물을 때 사용하는 질문 형태로, 이들을 나타내는 전치사나 부사 등을 사용해서 답변합니다.

Q. Where did Chaya put the filters for the coffee machine? Chaya가 커피 머신 필터를 어디에 두었나요?
A. On the top shelf. 맨 위 선반에요.

Q. Where did you take the clients for lunch? 점심 식사 하러 고객들을 어디로 데려갔나요?
A. We went **to the Italian restaurant downtown.** 저희는 시내에 있는 이탈리아 식당에 갔어요.

▶ Where 의문문에 대한 답변으로 물리적인 장소 외에도 정보의 소재나 출처를 나타낼 수 있는 온라인이나 사람을 언급한 보기도 정답으로 등장하고 있어요.

Q. Where is the manual for the new copier? 새 복사기 설명서는 어디에 있나요?
A. You can download one **online.** 온라인에서 다운로드 하실 수 있어요.

Q. Where's the air conditioner remote? 에어컨 리모컨이 어디에 있나요?
A. Marcus had it last. Marcus가 마지막으로 가지고 있었어요.

▶ '~로 가보세요'라는 뜻의 「Try + 장소」 표현도 최근 들어 정답으로 자주 등장하는 답변입니다.

Q. Where can I buy some office supplies? 사무용품을 어디서 구입할 수 있나요?
A. Try the next building. 옆 건물로 가보세요.

BASE 32

Where 의문문의 꽈배기 답변

▶ 모른다는 것을 직간접적으로 말하거나 오히려 되묻는 우회적 답변, 한두 번의 대화를 건너뛴 듯한 생각을 요하는 꽈배기 답변이 많이 출제되니 아래의 비정형 답변 사례들을 통해 실전에 철저히 대비하세요.

Q. Where will next month's industry convention be held? 다음 달 산업 컨벤션은 어디서 열리나요?
A. Here's the pamphlet. 여기 팸플릿이 있어요. (팸플릿에 나와 있으니 직접 확인하세요)

Q. Where can I sign up for the writing workshop? 글쓰기 워크숍은 어디서 등록할 수 있나요?
A. Did you check your e-mail? 이메일 확인하셨어요? (받은 이메일을 보면 알 수 있어요)

Q. Where did you buy those wireless headphones? 그 무선 헤드폰은 어디서 사셨어요?
A. I received it as a gift. 선물로 받았어요. (산 게 아니라 선물로 받은 거예요)

Q. Where should we go to talk about the upcoming projects?
곧 있을 프로젝트에 대해 얘기하러 어디로 갈까요?
A. It is crowded in here. 이 안은 붐비네요. (여기 말고 다른 곳으로 갑시다)

Q. Where do we keep the color ink cartridge? 컬러 잉크 카트리지는 어디에 보관해 두죠?
A. I think we need to order more. 더 주문해야 할 것 같네요. (지금은 보관 중인 카트리지가 없어요)

Q. Where should we go for the company's anniversary dinner next week?
다음 주 회사 기념일 만찬을 위해 어디로 갈까요?
A. We'll have a lot of people. 사람들이 많이 올 거예요. (사람들이 많이 올 거라서 넓은 장소여야 해요)

BASE 핵심스킬　🎧 CH05_05

문제 풀이 순서에 맞춰 녹음을 잘 듣고 질문에 가장 잘 어울리는 보기를 고르세요.

호주↔영국

STEP 1　🔑 질문의 키워드 잡기

녹음을 들으며 질문의 핵심 내용을 기억하세요.

> **Where did** you **leave** the presentation handouts?
> 발표 유인물을 어디에 두셨나요?

내 머릿속에,

"**어디에 두었니?**"

를 남기고, 되뇌세요!

STEP 2　❌ 오답 소거하기

O/X 표시를 하며 오답을 소거하고 정답을 남기세요.

(A) ⓞ ⓧ　(B) ⓞ ⓧ　(C) ⓞ ⓧ

(A) In the updated **handbook**. ❌
최신 안내서에요.
→ 질문에 쓰인 handouts와 발음이 유사한 handbook을 사용하여 오답을 유도하고 있어요!

(B) The manager was **present**. ❌
매니저가 참석했어요.
→ 질문에 쓰인 presentation과 발음이 유사한 present를 사용하여 오답을 유도하고 있어요!

(C) I put them on the table. ⭕
그것들을 테이블 위에 두었어요.
→ 테이블 위에 두었다며 유인물을 둔 장소로 적절히 답변하고 있네요!

BASE 집중훈련　🎧 CH05_06

녹음을 잘 듣고 질문에 가장 잘 어울리는 보기를 고른 후, 다시 들으며 빈칸을 채우세요. (대화는 3번 들려줍니다.)

해설서 p.19

1. (A) ⓞ ⓧ　(B) ⓞ ⓧ　(C) ⓞ ⓧ

_____'s the patient waiting _____?
(A) _____, the hospital's quite small.
(B) _____ the second _____.
(C) We'll be _____ now.

2. (A) ⓞ ⓧ　(B) ⓞ ⓧ　(C) ⓞ ⓧ

_____ can I _____ a program _____ for the exhibition?
(A) An ancient art _____.
(B) _____ you _____ the information desk?
(C) Some _____ errors.

3. (A) ⓞ ⓧ　(B) ⓞ ⓧ　(C) ⓞ ⓧ

_____ is this year's job fair going to be _____?
(A) The _____ is right _____.
(B) How about in _____?
(C) _____, I'm looking forward to it.

BASE 33 · What 의문문의 돌직구 답변

▶ 「What + 동사」 형태의 의문문은 동사와 그 뒤의 명사가 핵심 키워드이고, 「What + 명사」 형태의 의문문은 What 뒤의 명사에 따라 질문의 내용이 다양하기 때문에, 의문사 What과 함께 뒤에 이어지는 동사와 명사의 의미를 조합해서 정답을 찾으면 됩니다.

- 「What + 동사」 의문문

Q. **What was** our team **budget** for last year? 작년 저희 팀 예산은 얼마였나요? ↝ 금액
A. **Four thousand euros.** 4,000유로요.

Q. **What are your thoughts** on this handbook? 이 안내서에 대한 당신의 생각은 어떤가요? ↝ 의견
A. It was very **informative**. 매우 유용했어요.

Q. **What does the admission ticket** to the museum **include**? ↝ 세부 정보
박물관 입장 티켓에 무엇이 포함되나요?
A. **Access to all the exhibits.** 모든 전시회의 이용이요.

- 「What + 명사」 의문문

Q. **What date** is on the statement? 내역서 날짜가 어떻게 되나요? ↝ 시간/날짜
A. **August 28th.** 8월 28일이에요.

Q. **What type of car** are you planning to **buy**? 어떤 종류의 차량을 사려고 계획하시나요? ↝ 종류
A. **A four-door sedan.** 차 문이 네 개인 세단으로요.

Q. **What items are on sale** during our anniversary event? ↝ 세부 정보
저희 기념행사 기간에 어떤 물건들이 할인되나요?
A. **All home appliances.** 모든 가전제품이요.

BASE 34 · What 의문문의 꽈배기 답변

▶ 모른다는 것을 직간접적으로 말하거나 오히려 되묻는 우회적 답변, 한두 번의 대화를 건너뛴 듯한 생각을 요하는 꽈배기 답변이 많이 출제되니 아래의 비정형 답변 사례들을 통해 실전에 철저히 대비하세요.

Q. **What was the topic** of today's discussion? 오늘 토론 주제가 뭐였나요?
A. **I was at a doctor's appointment.** 저는 병원 진료가 있었어요. (진료 때문에 참석하지 못해 잘 모르겠어요)

Q. **What's the HR Department preparing** for now? 인사부에서 지금 무엇을 준비하고 있나요?
A. **I work in R&D.** 저는 R&D에서 일해요. (인사부 직원이 아니라서 모르겠어요)

Q. **What should I prepare** for tomorrow's anniversary party? 내일 기념일 파티에 무엇을 준비해야 될까요?
A. **Didn't you get a message?** 메시지 못 받으셨나요? (메시지를 보면 알 수 있어요)

Q. **What tools are needed** to fix the elevator? 엘리베이터를 고치는 데 어떤 도구들이 필요한가요?
A. **I haven't found the problem yet.** 아직 문제를 못 찾았어요. (문제점을 아직 발견하지 못해서 모르겠어요)

Q. **What days** does the Islander Boutique Shop **close**? Islander 부티크 매장은 어떤 날 문을 닫나요?
A. **You can check on their homepage.** 홈페이지에서 확인하실 수 있어요. (홈페이지에 있으니 직접 확인해 보세요)

Q. **What part** of the report should we **work on first**? 보고서의 어느 부분을 먼저 작업해야 할까요?
A. **It's not due until next month.** 그건 다음 달까지만 하면 돼요. (다음 달까지라서 아직 알 수 없어요)

BASE 핵심스킬 🎧 CH05_07

문제 풀이 순서에 맞춰 녹음을 잘 듣고 질문에 가장 잘 어울리는 보기를 고르세요.

미국 ↔ 미국

STEP 1 🔑 질문의 키워드 잡기

녹음을 들으며 질문의 핵심 내용을 기억하세요.

> **What's next** ✓ on today's workshop schedule?
> 오늘 워크숍 일정의 다음은 뭔가요?

내 머릿속에,

"다음은 뭐니?"

를 남기고, 되뇌세요!

STEP 2 ❌ 오답 소거하기

O/X 표시를 하며 오답을 소거하고 정답을 남기세요.

(A) ⓞ X   (B) ⓞ X   (C) ⓞ X

(A) **No**, she didn't register. ❌
아니요, 그녀는 등록하지 않았어요.
⤷ 의문사 의문문은 Yes/No로 응답할 수 없어요!

(B) I'll review some safety procedures. ◎
제가 몇 가지 안전 절차를 검토할 거예요.
⤷ 안전 절차를 검토할 거라며 다음 일정에 대해 적절히 답변하고 있네요!

(C) That's on the **last day**. ❌
그건 마지막 날에 해요.
⤷ 질문의 next를 듣고 연상할 수 있는 last와 질문에 쓰인 today와 발음이 유사한 day를 사용하여 오답을 유도하고 있어요!

BASE 집중훈련 🎧 CH05_08

녹음을 잘 듣고 질문에 가장 잘 어울리는 보기를 고른 후, 다시 들으며 빈칸을 채우세요. (대화는 3번 들려줍니다.)

해설서 p.19

1. (A) ⓞ X   (B) ⓞ X   (C) ⓞ X

_____ _____ should we _____?

(A) _____ mid-afternoon.
(B) Some _____ and bananas.
(C) For the _____ launch.

2. (A) ⓞ X   (B) ⓞ X   (C) ⓞ X

_____ was the final _____ _____ for last month?

(A) Two million _____.
(B) At the _____ center.
(C) Yes, the _____ of every _____.

3. (A) ⓞ X   (B) ⓞ X   (C) ⓞ X

_____ _____ need to be _____ on this sales _____?

(A) _____, I didn't _____ it.
(B) That's OK. I have enough _____.
(C) I _____ get to _____ it yet.

Which 의문문의 돌직구 답변

▶ Which 의문문은 정해진 선택 범위 내에서 '어느 것'인지를 묻는 질문으로, Which 뒤의 명사가 핵심 키워드이며, 보통 이 명사를 활용해서 답변합니다.

Q. Which room is the interview being conducted in? 어느 방에서 인터뷰가 진행되고 있나요?
A. In **room 307**. 307호에서요.

Q. Which movie do you want to watch? 어느 영화를 보고 싶으세요?
A. I prefer this **romantic comedy**. 저는 이 로맨틱 코미디가 좋아요.

▶ '~한/인 것'을 의미하는 「The one + 수식어」 표현은 정답으로 가장 많이 등장하는 답변이에요.

Q. Which proposals need to be approved? 어느 제안서들이 승인되어야 하나요?
A. The one in the brown folder. 갈색 폴더 안에 있는 거요.

▶ 「Which + 사람/부서/회사 등의 명사」는 Who와 같기 때문에 Who 의문문의 답변 방식을 따릅니다.

Q. Which paper distributor do you prefer? 어느 종이 유통업체를 선호하세요?
A. I like **Lander Company**. 저는 Lander사를 좋아해요.

Q. Which departments will be attending today's meeting? 오늘 회의에 어느 부서가 참석할 건가요?
A. Only the **Accounting Department**. 회계 부서만요.

Which 의문문의 꽈배기 답변

▶ 모른다는 것을 직간접적으로 말하거나 오히려 되묻는 우회적 답변, 한두 번의 대화를 건너뛴 듯한 생각을 요하는 꽈배기 답변이 많이 출제되니 아래의 비정형 답변 사례들을 통해 실전에 철저히 대비하세요.

Q. Which shipping company do you suggest? 어느 택배 회사를 추천하시나요?
A. I'm looking for one as well. 저도 찾아보고 있어요. (저도 필요해서 찾아보는 중이라 추천하기 어려워요)

Q. Which subway line will take me to City Hall? 어느 지하철 노선이 시청으로 가나요?
A. The map should be over there. 지도가 저기 있을 거예요. (지도를 봐야 알 수 있어요)

Q. Which room should I reserve for the meeting? 회의를 위해 어느 방을 예약해야 하나요?
A. How many people will be attending? 몇 명이 참석할 건가요? (참석 인원수에 따라 달라요)

Q. Which hotel are you staying at during the Seoul Expo? Seoul 박람회 기간에 어느 호텔에 머무실 건가요?
A. Actually, my company rented a house. 실은, 저희 회사가 집을 빌렸어요. (호텔을 이용할 필요가 없어요)

Q. Which ingredients should I use to make the soup? 수프를 만들 때 어느 재료를 사용해야 하나요?
A. You're the chef. 당신이 요리사잖아요. (당신이 저보다 더 잘 아실 거예요)

Q. Which electronic devices can you fix at your store? 당신 가게에서 어느 전자 제품을 수리할 수 있나요?
A. We only make sales. 저희는 판매만 해요. (수리할 수 있는 제품이 없어요)

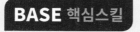 **BASE 핵심스킬** 🎧 CH05_09

 음원 바로 듣기

문제 풀이 순서에 맞춰 녹음을 잘 듣고 질문에 가장 잘 어울리는 보기를 고르세요.

영국 ↔ 호주

STEP 1 👉 질문의 키워드 잡기

녹음을 들으며 질문의 핵심 내용을 기억하세요.

> ✓ ✓
> **Which** accounting **software** do you
> ✓
> **recommend**?
> 어느 회계 소프트웨어를 추천하세요?

내 머릿속에,

"어느 소프트웨어를 추천해?"

를 남기고, 되뇌세요!

STEP 2 ❌ 오답 소거하기

O/X 표시를 하며 오답을 소거하고 정답을 남기세요.

(A) ⬚o⬚x⬚ (B) ⬚o⬚x⬚ (C) ⬚o⬚x⬚

(A) We use Fast Accounting. ◎
   저희는 Fast Accounting을 이용해요.
   ⟶ Fast Accounting을 이용한다는 말로 추천하는 소프트웨어를 우회적으로 얘기하고 있네요!

(B) **Updated** every month. ❌
   매월 업데이트돼요.
   ⟶ 질문의 software를 듣고 연상할 수 있는 Updated를 사용하여 오답을 유도하고 있어요!

(C) It **accounts** for 10 percent of sales. ❌
   그건 매출의 10퍼센트를 차지해요.
   ⟶ 질문에 쓰인 accounting과 발음이 유사한 accounts를 사용하여 오답을 유도하고 있어요!

 음원 바로 듣기

BASE 집중훈련 🎧 CH05_10

녹음을 잘 듣고 질문에 가장 잘 어울리는 보기를 고른 후, 다시 들으며 빈칸을 채우세요. (대화는 3번 들려줍니다.)

해설서 p.20

1. (A) ⬚o⬚x⬚ (B) ⬚o⬚x⬚ (C) ⬚o⬚x⬚

_____ _____ should I _____?
(A) Do you _____ _____ beans?
(B) I recommend _____ _____.
(C) _____, I can do that.

2. (A) ⬚o⬚x⬚ (B) ⬚o⬚x⬚ (C) ⬚o⬚x⬚

_____ _____ is _____?
(A) _____ _____ closest to the door.
(B) My _____'s broken.
(C) _____ 11 A.M. _____ Monday.

3. (A) ⬚o⬚x⬚ (B) ⬚o⬚x⬚ (C) ⬚o⬚x⬚

_____ _____ will bring me to New York?
(A) At the new _____.
(B) My _____ says seat number 12.
(C) There's the _____ office.

BASE 37

How 의문문의 돌직구 답변

▶ 「How+조동사+주어+동사 ~? (주어가 어떻게 ~하나요?)」 또는 「How+be동사+주어 ~? (주어가 어떤가요?)」
의 형태를 취하는 How 의문문은 주로 방법이나 의견, 상태를 묻는 질문 형태입니다.

Q. How do I get to the office from the train station? 기차역에서 사무실까지 어떻게 가나요? ↝ 방법
A. Someone will pick you up. 누군가 데리러 갈 거예요.

Q. How was the client lunch this afternoon? 오늘 오후 고객과의 점심은 어땠나요? ↝ 상태
A. It went very well. 매우 잘 진행됐어요.

▶ 의견을 묻는 「How do you like ~? (~은 어떤가요?)」나 결과를 묻는 「How did ~ go? (~은 어떻게 되었나요?)」
의 빈출 관용 표현을 하나의 단어처럼 들어야 질문 이해가 빨라집니다.

Q. How do you like the accommodation? 숙소는 마음에 드시나요? ↝ 의견
A. It's fantastic. It has a great view. 굉장해요. 전망이 매우 좋아요.

Q. How did your presentation **go** yesterday? 어제 당신의 발표 어떻게 됐어요? ↝ 결과
A. Better than I thought. 생각했던 것보다 잘됐어요.

▶ 「How+부사 ~? (얼마나 …하게 ~하나요?)」 또는 「How+형용사+명사 ~? (얼마나 …한 명사가 ~하나요?)」
형태의 How 의문문은 How 뒤의 부사나 형용사에 따라 수량, 가격, 기간, 빈도, 시간, 거리 등 다양한 정보를 물
을 수 있기 때문에 How 뒤에 오는 부사나 형용사를 놓치지 마세요.

Q. How many cups of coffee does the café sell? 그 카페는 커피를 몇 잔이나 판매하나요? ↝ 수량
A. About a hundred daily. 하루에 약 100잔이요.

Q. How much is this chair? 이 의자는 얼마인가요? ↝ 가격
A. It's being sold for 100 dollars. 100달러에 판매되고 있어요.

Q. How long will the movie last? 그 영화는 얼마나 오래 계속되나요? ↝ 기간
A. About an hour and a half. 약 한 시간 반정도요.

Q. How often does the city tour bus leave? 도시 관광버스는 얼마나 자주 출발하나요? ↝ 빈도
A. Once every hour. 한 시간에 한 번이요.

Q. How soon can you finish the revision of the report? 보고서 수정을 얼마나 빨리 끝낼 수 있나요? ↝ 소요 시간
A. Before lunch. 점심 전에요.

Q. How far is the office from here? 사무실이 여기서 얼마나 먼가요? ↝ 거리
A. Around two kilometers, I believe. 2킬로미터쯤 될 거예요.

BASE 38

How 의문문의 꽈배기 답변

▶ 모른다는 것을 직간접적으로 말하거나 오히려 되묻는 우회적 답변, 한두 번의 대화를 건너뛴 듯한 생각을 요하는
꽈배기 답변이 많이 출제되니 아래의 비정형 답변 사례들을 통해 실전에 철저히 대비하세요.

Q. How do you like your new car? 새 차는 어때요?
A. I'm picking it up next week. 다음 주에 가지러 갈 거예요. *(아직 받지 못해서 잘 모르겠네요)*

Q. How much food should I **order** for the workshop? 워크숍을 위해 음식을 얼마나 주문해야 할까요?
A. The entire company will be in attendance. 회사 전체가 참석할 거예요. *(회사 전체 인원을 위한 양이 필요해요)*

BASE 핵심스킬 🎧 CH05_11

문제 풀이 순서에 맞춰 녹음을 잘 듣고 질문에 가장 잘 어울리는 보기를 고르세요.

미국↔영국

STEP 1 🔑 질문의 키워드 잡기

녹음을 들으며 질문의 핵심 내용을 기억하세요.

✓✓
How do I sign up for a new credit card?
새 신용카드를 어떻게 신청하면 되나요?

내 머릿속에,

"어떻게 신청해?"

를 남기고, 되뇌세요!

STEP 2 ❌ 오답 소거하기

O/X 표시를 하며 오답을 소거하고 정답을 남기세요.

(A) [o｜x] (B) [o｜x] (C) [o｜x]

(A) I'll go get the forms. ⭘
양식을 가져다드릴게요.
⟶ 가서 양식을 가져다주겠다며 신청 방법을 우회적으로 알려주고 있네요!

(B) **No**, we don't accept them. ❌
아니요, 저희는 그것들을 받지 않습니다.
⟶ 의문사 의문문은 Yes/No로 응답할 수 없어요!

(C) We can give you store **credit**. ❌
저희는 매장 적립금을 드릴 수 있어요.
⟶ 질문에 쓰인 credit를 반복 사용해서 오답을 유도하고 있어요!

BASE 집중훈련 🎧 CH05_12

녹음을 잘 듣고 질문에 가장 잘 어울리는 보기를 고른 후, 다시 들으며 빈칸을 채우세요. (대화는 3번 들려줍니다.)

해설서 p.21

1. (A) [o｜x] (B) [o｜x] (C) [o｜x]

How _____ has this office space been _____ for rent?
(A) A little over a _____.
(B) _____ Adam's office.
(C) I don't have the _____.

2. (A) [o｜x] (B) [o｜x] (C) [o｜x]

_____ did you _____ _____ about our mall's _____?
(A) A collection of women's _____.
(B) A coworker _____ me.
(C) I _____ some space for that.

3. (A) [o｜x] (B) [o｜x] (C) [o｜x]

How _____ are these _____?
(A) Isn't _____ a _____ tag on it?
(B) It's a _____ 10.
(C) Not too much _____.

BASE 39 Why 의문문의 돌직구 답변

▶ Why 의문문은 이유나 목적을 물을 때 사용하는 질문 형태로, Because/Since(~ 때문에)나 For/To부정사/So that(~하기 위해서)으로 시작하는 답변이 기본 답변 방식입니다.

Q. Why are you working by yourself in the office? 왜 사무실에서 혼자 일하고 계세요?
A. Because everyone else is in a meeting. 다른 분들은 모두 지금 회의 중이셔서요. ↝ 이유

Q. Why are you going to Seoul this weekend? 이번 주말에 왜 서울에 가시나요?
A. To attend my colleague's wedding. 회사 동료의 결혼식에 참석하려고요. ↝ 목적

▶ Because 없이 문장만으로 이유를 설명하는 답변도 자주 출제되고 있어요.

Q. Why do you want to buy a computer? 왜 컴퓨터를 사고 싶어 하세요?
A. My old one broke down. 제 예전 것이 고장 났어요.

▶ 「Why didn't you ~?(왜 ~하지 않았나요?)」는 이유를 묻는 질문으로, 「Why don't you/we/I ~?(~하는 게 어때요?)」의 제안문과 구별할 수 있어야 합니다.

Q. Why didn't Steve turn off the air conditioner last night? 어젯밤에 Steve는 왜 에어컨을 끄지 않았나요?
A. Because he had to leave early. 그가 일찍 가야 했어서요.

Q. Why don't we schedule the client lunch for 12:30? 고객과 점심 일정을 12시 30분으로 잡는 게 어때요?
A. That sounds great. 그거 좋겠네요.

BASE 40 Why 의문문의 꽈배기 답변

▶ 모른다는 것을 직간접적으로 말하거나 오히려 되묻는 우회적 답변, 한두 번의 대화를 건너뛴 듯한 생각을 요하는 꽈배기 답변이 많이 출제되니 아래의 비정형 답변 사례들을 통해 실전에 철저히 대비하세요.

Q. Why was the sales meeting postponed? 영업 회의는 왜 연기됐나요?
A. Tim probably knows. Tim이 아마 알 거예요. (저는 몰라요)

Q. Why did our revenue decline this year? 저희 수익은 왜 이번 연도에 하락했나요?
A. Katie is researching it. Katie가 조사하고 있어요. (저는 몰라요)

Q. Why has our manufacturer increased the production cost? 우리 제조업체에서 왜 생산비를 올렸죠?
A. I'll contact them now. 제가 지금 그쪽에 연락해 볼게요. (잘 모르니 전화해서 물어볼게요)

Q. Why was the sports competition postponed? 스포츠 대회는 왜 연기됐나요?
A. Haven't you checked the weather report? 일기예보 확인 안 하셨어요? (날씨가 좋지 않대요)

Q. Why are so many people here this morning? 오늘 아침에 왜 이렇게 많은 사람들이 이곳에 있나요?
A. Isn't there a press conference at 10? 10시에 기자회견이 있지 않나요? (기자회견 때문일걸요?)

Q. Why don't we ask Mr. Kimball to join us for lunch? Kimball 씨에게 우리와 함께 점심 먹자고 물어보면 어때요?
A. I do have his phone number. 저한테 그분 전화번호가 있어요. (제가 한번 전화해 볼까요?)

 **BASE 핵심스킬** 🎧 CH05_13

문제 풀이 순서에 맞춰 녹음을 잘 듣고 질문에 가장 잘 어울리는 보기를 고르세요.

호주↔미국

STEP 1 👁 질문의 키워드 잡기

녹음을 들으며 질문의 핵심 내용을 기억하세요.

✓**Why** would you want to ✓**sell** your ✓**car**?
차를 왜 팔고 싶으세요?

내 머릿속에,

"차 왜 팔아?"

를 남기고, 되뇌세요!

STEP 2 ❌ 오답 소거하기

O/X 표시를 하며 오답을 소거하고 정답을 남기세요.

(A) ☐o ☐x (B) ☐o ☐x (C) ☐o ☐x

(A) We can go by **bus**. ❌
버스로 가면 돼요.
⤷ 질문의 car를 듣고 연상할 수 있는 bus를 사용하여 오답을 유도하고 있어요!

(B) At the **auto repair** shop. ❌
카센터에서요.
⤷ 질문의 car를 듣고 연상할 수 있는 auto, repair를 사용하여 오답을 유도하고 있어요!

(C) I work from home. 🎯.
전 재택근무를 해요.
⤷ 재택근무를 한다며 차가 필요 없다는 것을 우회적으로 말하고 있네요!

PART 2 CHAPTER 05

BASE 집중훈련 🎧 CH05_14

녹음을 잘 듣고 질문에 가장 잘 어울리는 보기를 고른 후, 다시 들으며 빈칸을 채우세요. (대화는 3번 들려줍니다.)

해설서 p.21

1. (A) ☐o ☐x (B) ☐o ☐x (C) ☐o ☐x

_____ did Heidi _____ to Los Angeles?
(A) _____ _____ a conference.
(B) Every other _____.
(C) I believe she _____.

2. (A) ☐o ☐x (B) ☐o ☐x (C) ☐o ☐x

_____ _____ the packages been _____?
(A) It has been _____.
(B) A _____ of candles.
(C) Because the labels _____ _____.

3. (A) ☐o ☐x (B) ☐o ☐x (C) ☐o ☐x

_____ is this store _____ its name?
(A) Have you _____ _____ the news?
(B) Sorry, I forgot your _____.
(C) The _____ room is over there.

녹음을 잘 듣고 질문에 가장 잘 어울리는 보기를 고른 후, 다시 들으며 빈칸을 채우세요. (대화는 3번 들려줍니다.)

1. Mark your answer.

(A) o x   (B) o x   (C) o x

_____ _____ the additional workshop _____?

(A) You can attend today's _____.

(B) _____, I can print more.

(C) _____ Iglesias does.

2. Mark your answer.

(A) o x   (B) o x   (C) o x

_____'s the total _____ of the groceries?

(A) It _____ at 9.

(B) _____, it doesn't.

(C) Seventy-five _____.

3. Mark your answer.

(A) o x   (B) o x   (C) o x

_____ do I _____ for the job position?

(A) _____ _____ our business.

(B) I _____ in human resource management.

(C) _____ our _____ _____.

4. Mark your answer.

(A) o x   (B) o x   (C) o x

_____ will the plane _____ _____?

(A) _____ 26.

(B) To a trade show in _____.

(C) _____ just a _____.

5. Mark your answer.

(A) o x   (B) o x   (C) o x

_____ _____ _____ needs to be _____?

(A) _____ _____ on your right.

(B) Use a _____ _____.

(C) No, it's not that _____.

6. Mark your answer.

(A) o x   (B) o x   (C) o x

_____ can I _____ the user's _____ for the photocopier?

(A) _____ the company's _____ _____.

(B) I _____ the _____ number.

(C) We made several color _____.

7. Mark your answer.

(A) ⬚o x⬚   (B) ⬚o x⬚   (C) ⬚o x⬚

_____ are the operational _____ so _____ this quarter?

(A) That's too _____.

(B) The numbers are too _____.

(C) Because we _____ _____ staff.

8. Mark your answer.

(A) ⬚o x⬚   (B) ⬚o x⬚   (C) ⬚o x⬚

How _____ do _____ to Canberra cost?

(A) _____, I live in Sydney.

(B) Our _____ don't go there.

(C) For two _____, thanks.

9. Mark your answer.

(A) ⬚o x⬚   (B) ⬚o x⬚   (C) ⬚o x⬚

_____'s the Maintenance _____?

(A) The _____ desk is _____ _____.

(B) We'll _____ at 10 A.M.

(C) Because the pipes are _____.

10. Mark your answer.

(A) ⬚o x⬚   (B) ⬚o x⬚   (C) ⬚o x⬚

_____ _____ are we _____ at the trade expo?

(A) _____ an hour or two.

(B) _____, we sent them out.

(C) The new _____.

11. Mark your answer.

(A) ⬚o x⬚   (B) ⬚o x⬚   (C) ⬚o x⬚

_____ wants to _____ the new employee _____ this weekend?

(A) They'll be _____ early.

(B) I have a _____ to attend.

(C) Around 30 _____.

12. Mark your answer.

(A) ⬚o x⬚   (B) ⬚o x⬚   (C) ⬚o x⬚

_____ are these _____ _____?

(A) The _____ store down the street.

(B) Forty _____ for one.

(C) I'll _____ them up in a _____.

13. Mark your answer.

(A) ⊙ ☓   (B) ⊙ ☓   (C) ⊙ ☓

_____'s _____ _____ the clients at the airport?

(A) _____ _____ they arrived yesterday.

(B) A direct _____.

(C) It's quite _____.

14. Mark your answer.

(A) ⊙ ☓   (B) ⊙ ☓   (C) ⊙ ☓

_____ _____ should I _____ to ship these plates?

(A) Are you _____ them _____?

(B) _____, I'll need those.

(C) A new _____ company.

15. Mark your answer.

(A) ⊙ ☓   (B) ⊙ ☓   (C) ⊙ ☓

_____'s the upcoming team training _____?

(A) _____ _____ _____ the managers.

(B) A 15-minute _____.

(C) _____. Please let me know.

16. Mark your answer.

(A) ⊙ ☓   (B) ⊙ ☓   (C) ⊙ ☓

_____ _____ you _____ the coffee mugs yet?

(A) We've had too many _____ today.

(B) Three dollars for a _____.

(C) The _____ also sells cake.

17. Mark your answer.

(A) ⊙ ☓   (B) ⊙ ☓   (C) ⊙ ☓

_____ do I need to _____ for the client _____?

(A) _____, I had a ham and cheese sandwich.

(B) _____ you _____ the _____?

(C) _____'s a very important _____.

18. Mark your answer.

(A) ⊙ ☓   (B) ⊙ ☓   (C) ⊙ ☓

_____ did you _____ the chef's special?

(A) _____, not really.

(B) I _____ the _____.

(C) A _____ critic.

19. Mark your answer.

(A) o x   (B) o x   (C) o x

_____ will the company retreat be
_____?

(A) _____ the community _____
downtown.

(B) HR _____ _____ the details.

(C) I can _____ it for you.

20. Mark your answer.

(A) o x   (B) o x   (C) o x

How _____ will I need to _____
these _____?

(A) They're _____-_____.

(B) Here's your _____.

(C) Please confirm my _____
schedule.

21. Mark your answer.

(A) o x   (B) o x   (C) o x

_____ _____ of air conditioners
do you _____ here?

(A) We _____ _____ them.

(B) _____, it's been pretty hot today.

(C) At the home _____ store.

22. Mark your answer.

(A) o x   (B) o x   (C) o x

_____ can I _____ a _____
for our presentation?

(A) _____, for the new employee
orientation.

(B) The sales _____ is very _____.

(C) The meeting room _____
_____ one.

23. Mark your answer.

(A) o x   (B) o x   (C) o x

_____ can I _____ _____ to
help organize the anniversary dinner?

(A) Kazuhiro is _____ _____
_____ it.

(B) I'll have the _____. Thanks.

(C) We all _____ a great _____.

24. Mark your answer.

(A) o x   (B) o x   (C) o x

_____ _____ would you
_____ for your Internet service?

(A) She submitted it _____ yesterday.

(B) These options all seem very
_____.

(C) We were _____ to do that.

일반 의문문

챕터 전체 듣기

BASE 41 Be동사 의문문의 돌직구 답변

▶ 「Is/Are+주어 ~?(~인가요?, ~하고 있나요?)」 또는 「Was/Were+주어 ~?(~였나요?, ~하고 있었나요?)」 등의 Be동사로 시작하는 의문문은 대개 사실 여부를 확인하기 위한 질문입니다.

▶ Be동사 의문문은 Yes/No로 답하고 그 뒤에 부연 설명을 덧붙인 형태가 일반적이지만, Yes/No를 생략할 수도 있다는 점에 주의해야 돼요.

Q. Is this **photocopier working**? 이 복사기는 작동되나요?
A. No, it ran out of toner. 아니요, 토너가 떨어졌어요. ↵ Yes/No로 시작하는 답변

Q. Is it possible to have my painting framed now? 제 그림을 지금 액자에 넣는 게 가능한가요?
A. I'll get to it in a few minutes. 몇 분 안에 시작할게요. ↵ Yes/No를 생략한 답변

BASE 42 Be동사 의문문의 꽈배기 답변

▶ 모른다는 것을 직간접적으로 말하거나 오히려 되묻는 우회적 답변, 한두 번의 대화를 건너뛴 듯한 생각을 요하는 꽈배기 답변이 많이 출제되니 아래의 비정형 답변 사례들을 통해 실전에 철저히 대비하세요.

Q. Is Mr. Hwang being **assigned** to the Sales Department? Hwang 씨가 영업부로 발령받을 건가요?
A. I haven't heard anything. 전 아무것도 못 들었어요. *(저는 잘 몰라요)*

Q. Is it too early to order lunch? 점심을 주문하기에는 너무 이른가요?
A. Our kitchen isn't open yet. 저희 식당은 아직 안 열었어요. *(너무 일러요)*

Q. Is the library going to be **renovated** soon? 도서관이 곧 수리될 건가요?
A. Actually, work has already begun. 사실, 공사가 벌써 시작됐어요. *(이미 수리가 진행 중이에요)*

▶ 답변이 Yes/No로 시작한다고 해서 무조건 답으로 생각하면 안 돼요. 뒤에 따라오는 부연 설명이 질문의 내용과 일치하는지 꼭 확인해야 합니다.

Q. Is the science museum closed this Sunday? 이번 주 일요일에 과학 박물관이 문을 닫나요?
A. Yes, I'll finish by the end of the day. ❌ 네, 오늘까지 끝낼 거예요. *(Yes 문을 닫아요 ≠ 오늘까지 끝낼 거예요)*
　 I don't work there anymore. ⭕ 저는 이제 더 이상 거기서 근무하지 않아요. *(더 이상 일하지 않아 모르겠어요)*

BASE 핵심스킬 🎧 CH06_01

문제 풀이 순서에 맞춰 녹음을 잘 듣고 질문에 가장 잘 어울리는 보기를 고르세요.

미국↔미국

STEP 1 ⚫ 질문의 키워드 잡기

녹음을 들으며 질문의 핵심 내용을 기억하세요.

Are you available ✓ for a meeting?
회의할 시간 있으세요?

내 머릿속에,

"너 시간 있어?"

를 남기고, 되뇌세요!

STEP 2 ❌ 오답 소거하기

O/X 표시를 하며 오답을 소거하고 정답을 남기세요.

(A) ⓞ ⓧ   (B) ⓞ ⓧ   (C) ⓞ ⓧ

(A) I'm **capable** of **leading** the team. ❌
제가 팀을 이끌 수 있어요.
⋯▸ 질문에 쓰인 available, meeting과 발음이 유사한 capable, leading을 사용하여 오답을 유도하고 있어요!

(B) I have to complete this document. ⓞ
이 서류를 작성해야 해요.
⋯▸ 서류를 작성해야 한다며 시간이 없음을 밝히고 있네요. No를 생략한 답변이라 할 수 있어요!

(C) A **project proposal**. ❌
프로젝트 제안서요.
⋯▸ 질문의 meeting을 듣고 연상할 수 있는 project proposal을 사용하여 오답을 유도하고 있어요!

BASE 집중훈련 🎧 CH06_02

녹음을 잘 듣고 질문에 가장 잘 어울리는 보기를 고른 후, 다시 들으며 빈칸을 채우세요. (대화는 3번 들려줍니다.) 해설서 p.26

1. (A) ⓞ ⓧ   (B) ⓞ ⓧ   (C) ⓞ ⓧ

Is the Internet _____ _____?
(A) Yes, I _____ get _____.
(B) My _____ flight.
(C) No, the _____ room is upstairs.

2. (A) ⓞ ⓧ   (B) ⓞ ⓧ   (C) ⓞ ⓧ

Was the noon client _____ _____?
(A) That's what the _____ _____.
(B) At the _____ down the street.
(C) He's been _____ this morning.

3. (A) ⓞ ⓧ   (B) ⓞ ⓧ   (C) ⓞ ⓧ

Is it too _____ to _____ for the finance position?
(A) The _____ was yesterday.
(B) An online _____.
(C) A very impressive _____.

Do동사 의문문의 돌직구 답변

BASE 43

▶ 의문문을 만들어주는 역할을 하는 조동사 Do는 현재의 일을 물을 때는 Do/Does로, 과거의 일을 물을 때는 Did 로 시작합니다.

▶ Do동사 의문문은 Yes/No로 답하고 그 뒤에 부연 설명을 덧붙인 형태가 일반적이지만, Yes/No를 생략할 수도 있다는 점에 주의해야 돼요.

Q. Did anyone show you how to use this software? 이 소프트웨어 사용법을 누군가가 알려줬나요?
A. No, but I can figure it out myself. 아니요, 하지만 저 혼자 파악할 수 있어요. ↝ Yes/No로 시작하는 답변

Q. Does your store carry any chili **sauce**? 당신 가게에서는 칠리소스를 취급하나요?
A. Have a look in aisle 7. 7번 통로를 한번 보세요. ↝ Yes/No를 생략한 답변

Do동사 의문문의 꽈배기 답변

BASE 44

▶ 모른다는 것을 직간접적으로 말하거나 오히려 되묻는 우회적 답변, 한두 번의 대화를 건너뛴 듯한 생각을 요하는 꽈배기 답변이 많이 출제되니 아래의 비정형 답변 사례들을 통해 실전에 철저히 대비하세요.

Q. Did the maintenance team clean our office last night? 어젯밤에 관리팀이 저희 사무실을 청소했나요?
A. I left early yesterday. 저는 어제 일찍 퇴근했어요. (일찍 가서 모르겠어요)

Q. Do you want to have the luncheon at Garden Plaza Hotel?
Garden Plaza 호텔에서 오찬을 갖길 원하세요?
A. Will their Grand Hall be available?
그곳의 그랜드 홀 사용이 가능할까요? (그랜드 홀을 이용할 수 있다면 그러고 싶어요)

Q. Does this graphic designer have experience creating logos?
이 그래픽 디자이너는 로고 제작 경험이 있나요?
A. I have his portfolio here. 그 사람 포트폴리오가 여기 있어요. (포트폴리오를 확인해 보세요)

▶ 답변이 Yes/No로 시작한다고 해서 무조건 답으로 생각하면 안 돼요. 뒤에 따라오는 부연 설명이 질문의 내용과 일치하는지 꼭 확인해야 합니다.

Q. Does this shopping mall have a movie theater? 이 쇼핑몰에 영화관이 있나요?
A. No, we can give you a 10 percent discount. ❌
아니요, 10퍼센트 할인을 제공해 드릴 수 있어요. (No 영화관이 없어요 ≠ 할인해 드릴 수 있어요)
Let's ask the information desk. ⭕ 안내 데스크에 물어보죠. (저도 잘 모르니 물어봅시다)

BASE 핵심스킬 🎧 CH06_03

문제 풀이 순서에 맞춰 녹음을 잘 듣고 질문에 가장 잘 어울리는 보기를 고르세요.

미국↔미국

STEP 1 🔘 질문의 키워드 잡기

녹음을 들으며 질문의 핵심 내용을 기억하세요.

Does your café sell egg sandwiches? ✓ ✓
당신의 카페는 에그 샌드위치를 판매하나요?

내 머릿속에,

"카페에서 샌드위치 팔아?"

를 남기고, 되뇌세요!

STEP 2 ❌ 오답 소거하기

O/X 표시를 하며 오답을 소거하고 정답을 남기세요.

(A) [o|x]   (B) [o|x]   (C) [o|x]

(A) I already had **lunch**, thanks. ❌
전 이미 점심을 먹었어요, 고마워요.
⤷ 질문의 sandwiches를 듣고 연상할 수 있는 lunch를 사용하여 오답을 유도하고 있어요!

(B) Yes, we have them right here. ⭕
네, 바로 여기 있습니다.
⤷ 'Yes(팔아요)'로 대답하고 바로 여기 있다며 적절히 덧붙여 말하고 있네요!

(C) Would you like some **coffee**? ❌
커피를 드시겠어요?
⤷ 질문의 café를 듣고 연상할 수 있는 coffee를 사용하여 오답을 유도하고 있어요!

BASE 집중훈련 🎧 CH06_04

녹음을 잘 듣고 질문에 가장 잘 어울리는 보기를 고른 후, 다시 들으며 빈칸을 채우세요. (대화는 3번 들려줍니다.)

해설서 p.27

1. (A) [o|x]   (B) [o|x]   (C) [o|x]

Do you _____ _____ for your smartphone?
(A) A six-inch _____.
(B) It was _____ last month.
(C) No, I didn't _____ _____.

2. (A) [o|x]   (B) [o|x]   (C) [o|x]

Did we _____ our _____ of office supplies this morning?
(A) My client will be _____ _____.
(B) I just got to _____ _____.
(C) What was the _____ about?

3. (A) [o|x]   (B) [o|x]   (C) [o|x]

Do you want to _____ the anniversary dinner at the banquet _____?
(A) My _____ and his family.
(B) How _____ people can be _____?
(C) No, on the _____.

Have동사 의문문의 돌직구 답변

BASE 45

▶ 완료 시제를 만들어 주는 조동사 Have는 Have/Has로 시작하며 지금까지의 경험(~한 적이 있나요?)이나 완료 여부(~했나요?)를 물을 때 사용합니다.

▶ Have동사 의문문은 Yes/No로 답하고, 그 뒤에 부연 설명을 덧붙인 형태가 일반적이지만 Yes/No를 생략할 수도 있다는 점에 주의해야 돼요.

Q. Has Karen been to our new branch? Karen이 우리의 새 지점에 가 본 적이 있나요?
A. No, she hasn't. 아니요, 그녀는 가 본 적이 없어요. ↜ Yes/No로 시작하는 답변

Q. Have you seen Dr. Brown by any chance? 혹시 Brown 박사님을 보셨어요?
A. He was here a couple of minutes ago. 몇 분 전에 여기 계셨어요. ↜ Yes/No를 생략한 답변

Have동사 의문문의 꽈배기 답변

BASE 46

▶ 모른다는 것을 직간접적으로 말하거나 오히려 되묻는 우회적 답변, 한두 번의 대화를 건너뛴 듯한 생각을 요하는 꽈배기 답변이 많이 출제되니 아래의 비정형 답변 사례들을 통해 실전에 철저히 대비하세요.

Q. Have you read the last quarter's sales **report?** 지난 분기 판매 보고서 읽으셨나요?
A. Actually, I didn't have the chance yet. 사실은, 아직 기회가 없었어요. (아직 못 읽었어요)

Q. Have you bought more paper for the copy room yet? 복사실용 종이를 아직 더 안 사셨나요?
A. Robin's responsible for supplies. Robin이 사무용품 담당자예요. (Robin에게 물어보세요)

Q. Have you trained the interns to use the teleconference **system?**
인턴들이 화상 회의 시스템을 사용할 수 있도록 교육하셨나요?
A. I don't think they'll need to use it. 그들이 그걸 사용할 필요가 없을 것 같아요. (교육하지 않았어요)

▶ 답변이 Yes/No로 시작한다고 해서 무조건 답으로 생각하면 안 돼요. 뒤에 따라오는 부연 설명이 질문의 내용과 일치하는지 꼭 확인해야 합니다.

Q. Have you ordered more chairs for the meeting room yet? 회의실 의자를 더 주문하셨나요?
A. Yes, the chairperson. ✕ 네, 회장님이요. (Yes 더 주문했어요 ≠ 회장님)
　　Jeff is in Purchasing. ◯ Jeff가 구매부에서 일해요. (Jeff 담당이니 그에게 물어보세요)

BASE 핵심스킬 🎧 CH06_05

문제 풀이 순서에 맞춰 녹음을 잘 듣고 질문에 가장 잘 어울리는 보기를 고르세요.

미국↔영국

STEP 1 🔑 질문의 키워드 잡기

녹음을 들으며 질문의 핵심 내용을 기억하세요.

Have you seen the new **artwork** at the gallery yet? ✓ ✓
미술관에서 새 작품을 벌써 보셨어요?

내 머릿속에,

"그 작품 봤어?"

를 남기고, 되뇌세요!

STEP 2 ❌ 오답 소거하기

O/X 표시를 하며 오답을 소거하고 정답을 남기세요.

(A) ⬚o x⬚　(B) ⬚o x⬚　(C) ⬚o x⬚

(A) By the world-famous **artist**. ❌
세계적으로 유명한 화가가요.
⟶ 질문의 artwork, gallery를 듣고 연상할 수 있는 artist를 사용하여 오답을 유도하고 있어요!

(B) To visit the **photography** studio. ❌
사진 스튜디오에 가보려고요.
⟶ 질문의 artwork, gallery를 듣고 연상할 수 있는 photography를 사용하여 오답을 유도하고 있어요!

(C) No, I'll check it out over the weekend. ⭕
아니요, 주말에 가서 볼 거예요.
⟶ 'No'로 답하고, 주말에 가서 볼 거라며 질문에 적절히 덧붙여 말하고 있네요!

BASE 집중훈련 🎧 CH06_06

녹음을 잘 듣고 질문에 가장 잘 어울리는 보기를 고른 후, 다시 들으며 빈칸을 채우세요. (대화는 3번 들려줍니다.)

해설서 p.27

1. (A) ⬚o x⬚　(B) ⬚o x⬚　(C) ⬚o x⬚

Have you _____ _____ the _____ from the bookstore?
(A) I read that _____ last week, too.
(B) Yes, I _____ it on your desk.
(C) A special offer on yearly _____.

2. (A) ⬚o x⬚　(B) ⬚o x⬚　(C) ⬚o x⬚

Have you _____ the _____ of yesterday's workshop?
(A) It's _____.
(B) I didn't _____ my computer yet.
(C) The _____ are on my desk.

3. (A) ⬚o x⬚　(B) ⬚o x⬚　(C) ⬚o x⬚

Have you _____ _____ the anniversary event?
(A) We've been _____ _____ for 30 years.
(B) It's still several _____ _____.
(C) An attractive _____ Web site.

부정 의문문의 돌직구 답변

BASE 47

▶ 부정 의문문은 앞에서 배운 Be/Do/Have동사 의문문에 not을 붙여 부정형을 만들어 '~이지 않나요?, ~하지 않나요?'로 물어보는 의문문입니다. 그런데, 부정 의문문은 그 이름처럼 무언가를 부정하려는 것이 아니라 자신의 말이 맞는지 확인하기 위해 사용하는 의문문입니다. 따라서 부정 의문문을 들을 때는 not을 무시하고 긍정으로 재빨리 해석하여 긍정하면 Yes, 부정하면 No에 해당하는 답변을 선택하면 됩니다.

▶ Be/Do/Have동사 의문문과 마찬가지로 부정 의문문 역시 Yes/No로 답하는 게 일반적이지만, Yes/No를 생략한 답변에 주의해야 돼요.

Q. Aren't you scheduled to work the closing shift? 당신은 마감 근무를 하기로 예정되어 있지 않나요 [→ 있죠]?
A. Yes, Martin and I will be. 네, Martin과 제가 할 거예요. ↳ Yes로 답변

Q. Didn't we read all the project **proposals**? 우리가 모든 프로젝트 제안서를 읽지 않았나요 [→ 읽었죠]?
A. No, we have a few more remaining. 아니요, 아직 몇 개 더 남았어요. ↳ No로 답변

Q. Aren't we meeting with the **New York branch** at 3?
우리 3시에 New York 지사와 만나지 않나요 [→ 만나죠]?
A. (No,) It's not on my schedule. (아니요,) 제 일정표에는 없어요. ↳ Yes/No를 생략한 답변

부정 의문문의 꽈배기 답변

BASE 48

▶ 모른다는 것을 직간접적으로 말하거나 오히려 되묻는 우회적 답변, 한두 번의 대화를 건너뛴 듯한 생각을 요하는 꽈배기 답변이 많이 출제되니 아래의 비정형 답변 사례들을 통해 실전에 철저히 대비하세요.

Q. Isn't it cold over there? 거기 춥지 않나요 [→ 춥죠]?
A. The heater is right next to me. 히터가 바로 제 옆에 있어요. (히터가 있어서 안 추워요)

Q. Haven't you had your phone repaired yet? 핸드폰 수리 아직 안 했나요 [→ 수리했죠]?
A. I'll just get a new one. 그냥 하나 새로 사게요. (살 거라 수리 안 할 거예요)

Q. Aren't we supposed to send the contract to the client?
고객에게 계약서를 보내야 하지 않나요 [→ 보내야 하죠]?
A. It's still being revised. 아직 수정하고 있어요. (수정이 끝나야 보낼 수 있어요)

Q. Don't you have an interview at 1? 1시에 인터뷰가 있지 않나요 [→ 있죠]?
A. That's just for the team manager. 그건 팀 매니저만 해당돼요. (저랑은 상관없어요)

Q. Isn't the coffee machine in the break room **new**?
탕비실에 있는 커피 머신은 새것 아닌가요 [→ 새것이죠]?
A. The HR team decided to get one. 인사팀에서 하나 사기로 결정했어요. (아직 헌 것이에요)

BASE 핵심스킬 🎧 CH06_07

문제 풀이 순서에 맞춰 녹음을 잘 듣고 질문에 가장 잘 어울리는 보기를 고르세요.

미국 ↔ 호주

STEP 1 ➡ 질문의 키워드 잡기

녹음을 들으며 질문의 핵심 내용을 기억하세요.

> **Didn't** TJ **stay late** in the **office** yesterday?
> TJ는 어제 늦게까지 사무실에 있지 않았나요?

내 머릿속에,

"사무실에 늦게 있었니?"

를 남기고, 되뇌세요!

STEP 2 ❌ 오답 소거하기

O/X 표시를 하며 오답을 소거하고 정답을 남기세요.

(A) [o][x]   (B) [o][x]   (C) [o][x]

(A) **In the meeting room.** ❌
회의실에서요.
⤷ 질문의 in the office를 듣고 연상할 수 있는 In the meeting room 을 사용하여 오답을 유도하고 있어요!

(B) **I** have to finish a report by today. ❌
저는 오늘까지 보고서를 끝내야 해요.
⤷ TJ가 사무실에 늦게까지 있었냐고 물었는데, 내가(I) 보고서를 오늘 까지 끝내야 한다고 했으므로 주어가 일치하지 않아요!

(C) No. He left at 3 to meet a client. ⭕
아니요. 그는 고객을 만나기 위해 3시에 떠났어요.
⤷ 'No'라고 답하여 늦게까지 있지 않았다고 하면서 뒤에 적절한 부연 설 명을 덧붙여 말하고 있네요!

PART 2 CHAPTER 06

BASE 집중훈련 🎧 CH06_08

녹음을 잘 듣고 질문에 가장 잘 어울리는 보기를 고른 후, 다시 들으며 빈칸을 채우세요. (대화는 3번 들려줍니다.)

해설서 p.28

1. (A) [o][x]   (B) [o][x]   (C) [o][x]

Didn't you _____ Ms. LaPointe's _____?
(A) Yes, I saw it _____ _____.
(B) The musical _____.
(C) _____ was there last Monday.

2. (A) [o][x]   (B) [o][x]   (C) [o][x]

Don't you _____ a _____ call at 2?
(A) We'll need a few _____, please.
(B) That's just _____ the _____.
(C) Some _____ in the storage closet.

3. (A) [o][x]   (B) [o][x]   (C) [o][x]

Aren't we _____ with Mr. Lee in the conference room at 5?
(A) When was this _____?
(B) The opening _____ of the event.
(C) I only need _____. Thanks.

BASE 49 · 부가 의문문의 돌직구 답변

▶ 부가 의문문은 부정 의문문의 의도와 마찬가지로, 자신의 말이 맞는지 확인하고 싶을 때 또는 상대방의 동의를 구할 때 사용하는 의문문입니다.

▶ 「평서문, 부가 의문문」의 형태에서 평서문이 긍정문일 때는 부정의 부가 의문문을, 평서문이 부정문일 때는 긍정의 부가 의문문을 쓰는데, not이 어디에 오든 상관없이 not을 무시하고 긍정으로 해석하여 긍정하면 Yes, 부정하면 No에 해당하는 답변을 선택하면 됩니다.

Q. **You've already sent the form** to Ms. Lockett, **haven't you**?
Lockett 씨에게 벌써 양식을 보냈죠, 그렇지 않나요[→ 그렇죠]?

A. **Yes, right before lunch.** 네, 점심 바로 전에요. ↪ Yes로 답변

Q. **You haven't been to this city** before, **have you**? 전에 이 도시에 온 적이 없죠[→ 있죠], 그렇죠?

A. **No. It's my first time.** 아니요. 처음이에요. ↪ No로 답변

Q. **There are a lot of people** at the theater tonight, **aren't there**?
오늘 밤 극장에 사람들이 많네요, 그렇지 않나요[→ 그렇죠]?

A. **(Yes,) Weekends tend to be busy.** (네,) 주말은 주로 바빠요. ↪ Yes/No를 생략한 답변

▶ aren't you?, did you? 등과 같은 일반적인 부가 의문문 대신, right? (맞죠?, 그렇죠?)를 쓰기도 합니다.

Q. **The printer was repaired** by the maintenance team, **right**? 유지 보수팀이 프린터를 수리했죠, 그렇죠?

A. **Yes, this morning.** 네, 오늘 아침에요.

BASE 50 · 부가 의문문의 꽈배기 답변

▶ 모른다는 것을 직간접적으로 말하거나 오히려 되묻는 우회적 답변, 한두 번의 대화를 건너뛴 듯한 생각을 요하는 꽈배기 답변이 많이 출제되니 아래의 비정형 답변 사례들을 통해 실전에 철저히 대비하세요.

Q. The film **festival is in Athens this year**, **isn't it**?
올해 영화제가 Athens에서 열리죠, 그렇지 않나요[→ 그렇죠]?

A. **Here's the invitation.** 여기 초대장이요. (맞아요)

Q. The company **sports day isn't set yet, is it**?
회사 체육대회 날짜가 아직 정해지지 않았죠[→ 정해졌죠], 그렇죠?

A. **I can send you the schedule.** 제가 일정표를 보내드릴게요. (날짜가 정해졌어요)

Q. The new manufacturing **facility is recruiting** people, **isn't it**?
새 제조 시설에서 사람들을 채용 중이죠, 그렇지 않나요[→ 그렇죠]?

A. **I just sent in my application.** 방금 제 지원서를 보냈어요. (채용 중이길래 보냈어요)

Q. **You're launching** your new **mobile app this Wednesday, right**?
이번 주 수요일에 새로운 모바일 앱을 출시하죠, 그렇죠?

A. **There have been some issues.** 몇몇 문제들이 있었어요. (아마 이번 주 수요일 출시는 힘들 거예요)

Q. **Whitney is attending** Bill's birthday **party, isn't she**?
Whitney는 Bill의 생일 파티에 참석하죠, 그렇지 않나요[→ 그렇죠]?

A. **They've never worked with each other.** 그들은 같이 일한 적이 없어요. (참석하지 않을 거예요)

BASE 핵심스킬 🎧 CH06_09

문제 풀이 순서에 맞춰 녹음을 잘 듣고 질문에 가장 잘 어울리는 보기를 고르세요.

미국↔미국

STEP 1 😮 질문의 키워드 잡기

녹음을 들으며 질문의 핵심 내용을 기억하세요.

> **You've seen the physician** already, haven't you?
> 당신은 이미 의사를 만났죠, 그렇지 않나요[→ 그렇죠]?

내 머릿속에,

"의사 만났지?"

를 남기고, 되뇌세요!

STEP 2 ❌ 오답 소거하기

O/X 표시를 하며 오답을 소거하고 정답을 남기세요.

(A) ⎡o⎤⎡x⎤ (B) ⎡o⎤⎡x⎤ (C) ⎡o⎤⎡x⎤

(A) At a **medical center**. ❌
의료원에서요.
⤷ 질문의 physician을 듣고 연상할 수 있는 medical center를 사용하여 오답을 유도하고 있어요!

(B) The **sightseeing** tour has been postponed. ❌
관광이 연기되었어요.
⤷ 질문에 쓰인 seen과 발음이 유사한 sightseeing을 사용하여 오답을 유도하고 있어요!

(C) I'm still waiting for my checkup. ⭕
아직 검진을 기다리고 있어요.
⤷ 아직 검진을 기다리고 있다는 것은 의사를 아직 못 만났다는 의미이니 앞에 'No'가 생략된 답변이네요!

BASE 집중훈련 🎧 CH06_10

녹음을 잘 듣고 질문에 가장 잘 어울리는 보기를 고른 후, 다시 들으며 빈칸을 채우세요. (대화는 3번 들려줍니다.)

해설서 p.28

1. (A) ⎡o⎤⎡x⎤ (B) ⎡o⎤⎡x⎤ (C) ⎡o⎤⎡x⎤

You're a big _____ _____, aren't you?
(A) The _____ is 35 dollars.
(B) At Midtown _____ Hall.
(C) Yes, I particularly _____ _____.

2. (A) ⎡o⎤⎡x⎤ (B) ⎡o⎤⎡x⎤ (C) ⎡o⎤⎡x⎤

The train will _____ _____ the next 10 minutes, right?
(A) The _____ fixed the light.
(B) It's a non-stop _____.
(C) I _____ _____.

3. (A) ⎡o⎤⎡x⎤ (B) ⎡o⎤⎡x⎤ (C) ⎡o⎤⎡x⎤

You've _____ _____ the reimbursement _____, haven't you?
(A) I already _____ it _____.
(B) All the _____ on the table.
(C) Transportation _____.

BASE 실전훈련

🎧 CH06_11_AT

해설서 p.29

녹음을 잘 듣고 질문에 가장 잘 어울리는 보기를 고른 후, 다시 들으며 빈칸을 채우세요. (대화는 3번 들려줍니다.)

1. Mark your answer.

(A) ○ x   (B) ○ x   (C) ○ x

Is Gerald in his _____ _____?

(A) Yes, he just _____ _____.

(B) I'll look at it _____ this afternoon.

(C) They're in the _____.

2. Mark your answer.

(A) ○ x   (B) ○ x   (C) ○ x

Don't you _____ in the _____ area?

(A) No, I _____ in the _____.

(B) He's from out of _____.

(C) I don't _____ very often.

3. Mark your answer.

(A) ○ x   (B) ○ x   (C) ○ x

Have you _____ _____ the blueprint for the clinic?

(A) No, but it won't _____ _____.

(B) I thought the _____ was available.

(C) That's a very detailed _____.

4. Mark your answer.

(A) ○ x   (B) ○ x   (C) ○ x

You have more _____, don't you?

(A) I _____ for the inconvenience.

(B) Yes. _____'re in my _____.

(C) I don't think I _____.

5. Mark your answer.

(A) ○ x   (B) ○ x   (C) ○ x

Didn't _____ make an _____ online?

(A) _____ did last month.

(B) Our Internet _____ is quite stable.

(C) That will be 250 _____.

6. Mark your answer.

(A) ○ x   (B) ○ x   (C) ○ x

Does this space _____ come with a _____?

(A) _____ a week.

(B) Yes, I think _____ _____.

(C) Thanks, but I'm not _____.

7. Mark your answer.

(A) o x   (B) o x   (C) o x

Has the _____ been _____ for our part-time workers?

(A) The _____ by the copying machine.

(B) No, they'll be _____ for _____ month.

(C) The new _____ orientation _____ at 9.

8. Mark your answer.

(A) o x   (B) o x   (C) o x

Kenny is _____ the _____, right?

(A) I prefer an online _____.

(B) I'll send you the _____ information.

(C) Yes, he'll be _____ _____.

9. Mark your answer.

(A) o x   (B) o x   (C) o x

Were you able to _____ some _____?

(A) _____ _____ on Mapleton Road.

(B) Yes, I _____ the company credit _____.

(C) It doesn't stop at this _____.

10. Mark your answer.

(A) o x   (B) o x   (C) o x

Haven't you _____ a new _____ yet?

(A) I just _____ mine _____.

(B) He prefers to use his _____.

(C) Download the _____.

11. Mark your answer.

(A) o x   (B) o x   (C) o x

Did the safety training _____ get _____?

(A) Maintaining Internet _____.

(B) The _____ Facilities Department.

(C) No, it'll start _____ _____.

12. Mark your answer.

(A) o x   (B) o x   (C) o x

Stan's _____ the new employee _____, isn't he?

(A) The _____ from the last _____.

(B) No. He's been _____ to the Boston branch.

(C) We _____ the _____ team _____.

13. Mark your answer.

(A) o x   (B) o x   (C) o x

> Didn't we _____ all the information
> _____?
>
> (A) I'll be in the _____ lobby.
>
> (B) No, we still have to _____ a few
> _____.
>
> (C) The _____ has been set.

14. Mark your answer.

(A) o x   (B) o x   (C) o x

> We can _____ some fruits to the
> dessert _____, can't we?
>
> (A) We can _____ that's what you
> _____.
>
> (B) Strawberry _____, please.
>
> (C) Five dollars _____ tax.

15. Mark your answer.

(A) o x   (B) o x   (C) o x

> Is Leona going to _____ _____
> the company _____?
>
> (A) She's _____ _____ this week.
>
> (B) At the Palisade _____.
>
> (C) I prefer the gold and white color
> _____.

16. Mark your answer.

(A) o x   (B) o x   (C) o x

> Does the _____ seem too _____
> for the services we requested?
>
> (A) No, I think it's _____.
>
> (B) _____, the service was excellent.
>
> (C) They're on the _____ shelf.

17. Mark your answer.

(A) o x   (B) o x   (C) o x

> Didn't Heather _____ the _____
> yesterday?
>
> (A) Why don't we take a _____
> break?
>
> (B) I already have a _____.
>
> (C) She did, but it's _____ _____
> again.

18. Mark your answer.

(A) o x   (B) o x   (C) o x

> Is the water _____ _____ in your
> apartment?
>
> (A) I read over the report for _____.
>
> (B) She is an _____.
>
> (C) A _____ is _____ now.

19. Mark your answer.

(A) ⊙ ⊗   (B) ⊙ ⊗   (C) ⊙ ⊗

> The automobile technology _____ is _____, isn't it?
>
> (A) A new eco-friendly _____.
>
> (B) The _____ tank is almost _____.
>
> (C) You can _____ to be put on the _____.

20. Mark your answer.

(A) ⊙ ⊗   (B) ⊙ ⊗   (C) ⊙ ⊗

> Have you _____ about _____ a certified accountant?
>
> (A) I did, but that'll _____ too _____.
>
> (B) Around _____ _____.
>
> (C) Oh, it's for the savings _____.

21. Mark your answer.

(A) ⊙ ⊗   (B) ⊙ ⊗   (C) ⊙ ⊗

> Do you think it's _____ to _____ the report's _____ _____?
>
> (A) We'll have to _____ to our _____.
>
> (B) The weather will be rainy _____.
>
> (C) At the _____ of the show.

22. Mark your answer.

(A) ⊙ ⊗   (B) ⊙ ⊗   (C) ⊙ ⊗

> Haven't you _____ the company-wide _____?
>
> (A) I've been _____ _____ _____.
>
> (B) About _____ culture.
>
> (C) Let's _____ up then.

23. Mark your answer.

(A) ⊙ ⊗   (B) ⊙ ⊗   (C) ⊙ ⊗

> Are you _____ in the _____ at the company's sports day?
>
> (A) Didn't you _____ the updated event _____?
>
> (B) The new _____ _____.
>
> (C) The food is going to be _____.

24. Mark your answer.

(A) ⊙ ⊗   (B) ⊙ ⊗   (C) ⊙ ⊗

> Don't I _____ _____ _____ the employees about the new company policy?
>
> (A) We asked the _____ Department.
>
> (B) I misplaced the _____ forms.
>
> (C) All of the staff has been _____.

특수 의문문

BASE 51 간접 의문문의 돌직구 답변

▶ 간접 의문문은 일반 의문문에 의문사 의문문이 연결된 형태를 말합니다. 의문사가 핵심 키워드로, 해당 의문사에 어울리는 답변을 선택하는 것이 중요 포인트입니다.

▶ 간접 의문문은 대부분 「Do you know ~? (~인지 아세요?)」, 「Can you tell me ~? (~인지 알려 주시겠어요?)」로 시작하기 때문에 앞부분은 들리자마자 건너뛰고 그 뒤에 오는 의문사를 집중해서 들어야 합니다.

Q. Do you know **when** the managing director is expected to visit the office?
전무 이사님께서 언제 사무실에 오실지 아세요?
A. **In two days.** 이틀 후에요.

Q. Can you tell me **who** is supposed to design the Thomas Bridge?
누가 Thomas Bridge를 설계하기로 되어 있는지 알려 주시겠어요?
A. **One of the famous engineers** from South Korea. 한국의 유명한 기술자 중 한 분이에요.

▶ 의문사를 가지고는 있지만 일반 의문문이기 때문에 Yes/No로 답변할 수 있어요. 다른 일반 의문문과 마찬가지로 Yes/No가 생략되기도 합니다.

Q. Can you tell me **where** I can find a pharmacy? 약국을 어디서 찾을 수 있는지 알려 주시겠어요?
A. (Yes,) There's one **across the street**. (네,) 길 건너편에 하나 있어요.

▶ 의문사 대신 대명사나 if, whether, that과 같은 접속사를 넣어서 질문하기도 해요. 이때도 대명사나 접속사 뒤의 내용을 듣는 것이 중요합니다.

Q. Do you know **anyone** who can speak Chinese? 중국어를 할 줄 아는 사람을 아세요?
A. **My brother does.** 제 남동생이요.

BASE 52 간접 의문문의 꽈배기 답변

▶ 모른다는 것을 직간접적으로 말하거나 오히려 되묻는 우회적 답변, 한두 번의 대화를 건너뛴 듯한 생각을 요하는 꽈배기 답변이 많이 출제되니 아래의 비정형 답변 사례들을 통해 실전에 철저히 대비하세요.

Q. Do you know **where I can find the** dentist's **office**? 치과를 어디서 찾을 수 있는지 아세요?
A. **They've relocated, but I don't know where.** 이전했지만, 어디로 했는지는 모르겠어요. (저도 잘 몰라요)

Q. Could you tell me **what happened during** last Friday's **training session**?
지난주 금요일 교육에서 무슨 일이 있었는지 알려 주시겠어요?
A. **I was away from work.** 저는 출근 안 했어요. (저도 잘 몰라요)

Q. Could you tell me **who's invited** to the **lecture** tomorrow?
누가 내일 강연에 초청되었는지 알려 주시겠어요?
A. **Actually, it's open to the public.** 사실은, 대중에게 개방되어 있어요. (초청받은 사람이 지정되어 있지 않아요)

Q. Do you know **if the new fitness center has opened**? 새 피트니스 센터가 문을 열었는지 아세요?
A. **I've already worked out there.** 저는 벌써 거기서 운동했어요. (이미 운영 중이에요)

BASE 핵심스킬 🎧 CH07_01

문제 풀이 순서에 맞춰 녹음을 잘 듣고 질문에 가장 잘 어울리는 보기를 고르세요.

영국 ↔ 미국

STEP 1 🔑 질문의 키워드 잡기

녹음을 들으며 질문의 핵심 내용을 기억하세요.

> Do you know **who contacted** the Maintenance Department?
> 누가 유지 보수부에 연락했는지 아세요?

내 머릿속에,

"누가 연락했어?"

를 남기고, 되뇌세요!

STEP 2 ❌ 오답 소거하기

O/X 표시를 하며 오답을 소거하고 정답을 남기세요.

(A) ⓞ ⓧ (B) ⓞ ⓧ (C) ⓞ ⓧ

(A) It **departs** in 10 minutes. ❌
그것은 10분 후에 출발해요.
⟶ 질문에 쓰인 Department와 발음이 유사한 departs를 사용하여 오답을 유도하고 있어요!

(B) I've been out all morning. ⓞ
저는 오전 내내 밖에 있었어요.
⟶ 오전 내내 밖에 있었다며 누가 연락했는지 모른다는 의미의 우회적 답변이네요!

(C) The **contract** is for one year. ❌
그 계약은 1년짜리예요.
⟶ 질문에 쓰인 contacted와 발음이 유사한 contract를 사용하여 오답을 유도하고 있어요!

BASE 집중훈련 🎧 CH07_02

녹음을 잘 듣고 질문에 가장 잘 어울리는 보기를 고른 후, 다시 들으며 빈칸을 채우세요. (대화는 3번 들려줍니다.)

해설서 p.34

1. (A) ⓞ ⓧ (B) ⓞ ⓧ (C) ⓞ ⓧ

Do you remember _____ _____ _____ the presentation notes?
(A) I _____ _____ it _____.
(B) Mr. Ken might _____.
(C) Much _____ than I thought.

2. (A) ⓞ ⓧ (B) ⓞ ⓧ (C) ⓞ ⓧ

Did you know that Dr. Fran Lenter will be _____ _____ _____ next week?
(A) It was very _____.
(B) _____.
(C) No. Do you _____ _____?

3. (A) ⓞ ⓧ (B) ⓞ ⓧ (C) ⓞ ⓧ

Can you show me _____ Ms. Lim's _____ is?
(A) I _____ right _____ _____ her.
(B) The next _____ is at 5.
(C) No, _____ is not.

선택 의문문의 돌직구 답변

▶ 선택 의문문은 「A or B?」의 형태로, 두 가지 선택지 중 어느 것을 선택할 것인지 묻는 질문입니다.

▶ 둘 중 하나를 선택하는 것이 기본 답변 방식이며, 이때는 질문의 표현을 그대로 사용하거나 다른 말로 바꿔서 답변합니다.

▶ 선택지 A나 B 중 하나를 선택하는 답변이 일반적이지만, 새로운 선택지 C를 내놓기도 하니 주의가 필요해요.

• A를 선택한 답변

Q. Could we **start** the inspection **next week, or** should we reschedule the plant visit?
점검을 다음 주에 시작해도 될까요, 아니면 공장 방문 일정을 변경해야 할까요?

A. It would be better to **begin next Monday.** 다음 주 월요일에 시작하는 게 낫겠어요.

Q. Do you want to **meet me at the client's office, or** should I wait for you here?
고객의 사무실에서 만나기를 원하세요, 아니면 제가 여기서 당신을 기다릴까요?

A. I'll have to **meet you there.** 당신을 거기서 만나야겠네요.

• B를 선택한 답변

Q. Can I access this file on a mobile phone **or only on a computer?**
이 파일을 핸드폰에서 이용할 수 있나요, 아니면 컴퓨터에서만 가능한가요?

A. It's **only for computers.** 그것은 컴퓨터 전용이에요.

Q. Do you want me to pick up the clients from the airport, **or could you do that?**
제가 공항으로 고객들을 데리러 갈까요, 아니면 당신이 해줄 수 있나요?

A. **I'll do it** since you did last week. 지난주에 하셨으니 제가 할게요.

• C를 선택한 답변

Q. Did you paint this picture, **or** did you get it from a store? 이 그림 그리셨어요, 아니면 가게에서 사셨어요?
A. **Actually, it was a present.** 사실, 그것은 선물이었어요.

Q. Do you want to watch the movie at 5 **or** 8 o'clock? 영화를 5시에 보시겠어요, 아니면 8시에 보시겠어요?
A. **Aren't we going to dinner first?** 저녁 먼저 먹으러 안 가나요?

선택 의문문의 꽈배기 답변

▶ 선택지 A나 B를 그대로 말하지 않고 완곡하게 돌려서 말할 수도 있으니 아래의 비정형 답변 사례들을 통해 실전에 철저히 대비하세요.

• A를 완곡하게 선택한 답변

Q. Do you want to **get one or** two booths for the convention?
컨벤션에서 부스를 한 개 하시겠어요, 아니면 두 개 하시겠어요?

A. **Our budget is tight this year.** 올해는 저희 예산이 빠듯하네요. (한 개만 할게요)

• B를 완곡하게 선택한 답변

Q. Do you want me to book the room through the app **or over the phone?**
앱으로 방을 예약할까요, 아니면 전화로 할까요?

A. **The application isn't working right now.** 지금 애플리케이션이 작동을 안 해요. (전화로 해요)

BASE 핵심스킬 🎧 CH07_03

문제 풀이 순서에 맞춰 녹음을 잘 듣고 질문에 가장 잘 어울리는 보기를 고르세요.

호주↔영국

STEP 1 🔑 질문의 키워드 잡기

녹음을 들으며 질문의 핵심 내용을 기억하세요.

> Can I use this **coupon online or** only **at the store**?
>
> 이 쿠폰을 온라인에서 사용할 수 있나요, 아니면 상점에서만 가능한가요?

내 머릿속에,

"쿠폰이 온라인용이야, 상점용이야?"

를 남기고, 되뇌세요!

STEP 2 ❌ 오답 소거하기

O/X 표시를 하며 오답을 소거하고 정답을 남기세요.

(A) ⬜o ⬜x   (B) ⬜o ⬜x   (C) ⬜o ⬜x

(A) It's only for online use. ⭕
그것은 온라인에서만 사용할 수 있어요.
⟶ 온라인에서만 사용할 수 있다며 선택지 A를 직접 선택한 답변이네요!

(B) I haven't seen him. ❌
저는 그를 보지 못했어요.
⟶ 질문과 무관한 답변이에요!

(C) She **shopped** with us last week. ❌
그녀는 지난주에 우리와 쇼핑했어요.
⟶ 질문의 store를 듣고 연상할 수 있는 shopped를 사용하여 오답을 유도하고 있네요!

BASE 집중훈련 🎧 CH07_04

녹음을 잘 듣고 질문에 가장 잘 어울리는 보기를 고른 후, 다시 들으며 빈칸을 채우세요. (대화는 3번 들려줍니다.)   해설서 p.34

1. (A) ⬜o ⬜x   (B) ⬜o ⬜x   (C) ⬜o ⬜x

Should we _____ or take the _____ to get to Cross Street?
(A) _____ take the subway.
(B) I don't think it will _____.
(C) Across the _____.

2. (A) ⬜o ⬜x   (B) ⬜o ⬜x   (C) ⬜o ⬜x

Do _____ _____ the office supplies, or will _____ _____ order them?
(A) _____ can _____ it.
(B) Check the _____.
(C) In the _____ cabinet.

3. (A) ⬜o ⬜x   (B) ⬜o ⬜x   (C) ⬜o ⬜x

Are you going to _____ the training session _____ or _____?
(A) Use the large _____ room.
(B) Tomorrow is my _____ _____.
(C) Quite a few _____.

BASE 55 — 제안문·요청문의 돌직구 답변

▶ 제안문은 상대방에게 무언가를 제안하거나 무엇을 해주겠다고 말할 때 사용하며, 요청문은 상대방에게 무언가를 부탁하거나 허락을 구할 때 사용합니다.

▶ 제안문과 요청문은 대개 정형화된 표현이 있어서, 자주 등장하는 제안·요청 표현을 미리 익혀두면 축지법을 쓰듯이 질문을 이해할 수 있어요.

▶ 제안문과 요청문은 대부분 수락 또는 거절의 답변이 일반적이며, 이 또한 답변 패턴이 정형화되어 있기 때문에 미리 익혀 두면 정답을 쉽게 찾을 수 있습니다.

제안문
Why don't you join us for lunch today? 오늘 저희와 함께 점심 드시는 게 어때요?
Why don't we schedule the client lunch for 12:30? 고객과 점심 일정을 12시 30분으로 잡는 게 어때요?
How about meeting a bit earlier? 좀 더 일찍 만나는 게 어때요?
You should apply for an internship at the firm. 그 회사 인턴십에 지원하시는 게 좋겠어요.
Would you like to join a tour of the art museum? 미술관 투어에 함께하시겠어요?
Would you like me to order dinner? 제가 저녁 식사를 주문해 드릴까요?

수락 답변	거절 답변
That sounds great. 그거 좋겠네요. **Sounds good to me.** 전 좋아요. **That's a good idea.** 좋은 생각이에요. **Yes, please.** 네, 그렇게 해주세요.	**Sorry, I have other plans.** 죄송해요, 제가 다른 일이 있어서. **Actually, I won't be attending.** 사실, 저는 참석하지 않을 거예요.

요청문
Please message me the directions to the festival. 축제 가는 길을 제게 메시지로 보내주세요.
Can you pick up our clients from the airport? 공항으로 고객들을 데리러 가 주실 수 있나요?
Could you give me a hand with this shelving unit? 이 선반 작업 좀 도와주시겠어요?
Would you mind cleaning up the research lab? 연구소를 청소해 주시겠어요?
May I see your passport? 여권 좀 볼 수 있을까요?
I'd like to run the manager's workshop next week. 다음 주에 매니저 워크숍을 열고 싶어요.
Do you mind if I leave early today? 오늘 일찍 퇴근해도 될까요?

수락 답변	거절 답변
Sure (thing). / Of course. / Certainly. 물론이죠. **No problem.** 문제없어요. **I'd be happy/glad to ~.** 기꺼이 ~해드릴게요.	**I'm afraid ~. / Unfortunately ~.** 유감이지만 ~예요. **I'm sorry (but) ~.** 죄송합니다만 ~예요. **But, ~.** 하지만 ~예요.

BASE 56 — 제안문·요청문의 꽈배기 답변

▶ 수락 또는 거절을 표하는 우회적 답변, 한두 번의 대화를 건너뛴 듯한 생각을 요하는 꽈배기 답변 등이 많이 출제되니 아래의 비정형 답변 사례들을 통해 실전에 철저히 대비하세요.

Q. Would you like to join us for dinner later this evening? 오늘 저녁 늦게 저희랑 같이 저녁 드실래요?
A. I have to attend an early morning meeting. 아침 일찍 회의에 참석해야 해요. (회의가 있어서 못 가요)

Q. Could you give me a lift to the convention center? 컨벤션 센터에 태워다 주실 수 있나요?
A. I came by subway today. 저 오늘 지하철을 타고 왔어요. (차가 없어서 태워다 줄 수 없어요)

BASE 핵심스킬 🎧 CH07_05

문제 풀이 순서에 맞춰 녹음을 잘 듣고 질문에 가장 잘 어울리는 보기를 고르세요.

미국↔미국

STEP 1 🔂 질문의 키워드 잡기 | **STEP 2** ❌ 오답 소거하기

녹음을 들으며 질문의 핵심 내용을 기억하세요.

> **Could you demonstrate** our **product** ✓ ✓
> at the convention?
> 박람회에서 우리 제품을 시연해 주시겠어요?

내 머릿속에,

"시연해 주겠니?"

를 남기고, 되뇌세요!

O/X 표시를 하며 오답을 소거하고 정답을 남기세요.

(A) o x (B) o x (C) o x

(A) The **production** facility in Berlin. ❌
Berlin에 있는 생산 시설이요.
⇢ 질문에 쓰인 product와 같은 어근의 단어 production을 이용한 동어 반복 함정이네요!

(B) Around **500**. ❌
약 500개요.
⇢ 질문의 product를 듣고 연상할 수 있는 제품의 개수, 즉 숫자를 이용한 함정이네요!

(C) Of course. I'd be glad to. ◉
물론이죠. 기꺼이 하겠습니다.
⇢ 'Of course.'는 요청문의 대표적인 수락 표현이에요!

BASE 집중훈련 🎧 CH07_06

녹음을 잘 듣고 질문에 가장 잘 어울리는 보기를 고른 후, 다시 들으며 빈칸을 채우세요. (대화는 3번 들려줍니다.)

해설서 p.35

1. (A) o x (B) o x (C) o x

Do you mind _____ the patient intake _____?
(A) I'll be _____ some time off next week.
(B) The extension is _____.
(C) _____. _____ do that right now.

2. (A) o x (B) o x (C) o x

May I _____ with Ms. Garcia, please?
(A) She's at a marketing _____ today.
(B) It's a _____ street.
(C) Yes, she can _____ it.

3. (A) o x (B) o x (C) o x

Would you like me to _____ you a _____?
(A) Thank you for _____ us today.
(B) Around 10 _____.
(C) My apartment is _____ a block _____.

BASE 57 · 평서문의 돌직구 답변

▶ 평서문은 특정 사실이나 의견, 감정을 전달하거나, 제안이나 요청, 문제점을 얘기할 때 사용합니다.

▶ 평서문은 주로 화자의 말에 의견이나 감정을 드러내어 호응하는 답변이 일반적이며, 새로운 정보를 전달하거나 추가 정보를 요구하기도 합니다.

Q. I'm sorry but **I can't attend the client meeting** tomorrow.
죄송하지만 내일 고객과의 회의에 참석하지 못할 거 같아요.

A. **Don't worry about it.** 그것은 걱정 마세요.

Q. I forgot to bring my wallet out for lunch. 점심에 제 지갑을 깜빡하고 안 갖고 나왔어요.

A. **That's OK.** I can cover you. 괜찮아요. 제가 낼게요.

Q. There's a new documentary film at the cinema. 영화관에서 새 다큐멘터리 영화를 하네요.

A. **Yes, I heard positive things** about it. 네, 그것에 관한 긍정적인 얘기들을 들었어요.

Q. The board of directors will be visiting the head office soon. 이사회가 곧 본사를 방문할 거예요.

A. **Everything has been set.** 모든 것들이 준비되어 있어요.

Q. I heard that **Adriano will be giving a presentation** this morning.
Adriano가 오늘 아침에 프레젠테이션을 한다고 들었어요.

A. **Oh, I didn't know that was today.** 아, 그게 오늘인 줄 몰랐어요.

Q. I think **we need to buy a new scanner**. 우리가 새 스캐너를 하나 사야 될 것 같아요.

A. **That would be a good idea.** 그거 좋은 생각이네요.

BASE 58 · 평서문의 꽈배기 답변

▶ 꽈배기 답변 중 새로운 정보를 전달하거나 추가 정보를 요구하는 등의 우회적 답변도 많이 출제되니 아래의 비정형 답변 사례들을 통해 실전에 철저히 대비합시다.

• 새로운 정보를 완곡하게 전달한 답변

Q. I keep getting this error screen on my computer. 계속 제 컴퓨터에 이 오류 화면이 떠요.
A. **Claire works for IT.** Claire가 IT에서 일해요. (Claire가 도움을 줄 수 있을 거예요)

Q. I can't figure out how to calculate the monthly budget.
월간 예산을 어떻게 계산해야 되는지 이해가 안 가요.
A. **Lena's good with numbers.** Lena가 숫자에 강해요. (Lena가 도움을 줄 수 있을 거예요)

Q. I wish the new science museum will open soon. 새 과학 박물관이 빨리 개장했으면 좋겠어요.
A. **I just took a tour there.** 저 방금 거기 돌아보고 왔어요. (이미 개장했어요)

• 추가 정보를 완곡하게 요구한 답변

Q. I'm going to order some office supplies if you need anything.
필요한 사무용품이 있으시면 제가 주문하도록 하겠습니다.
A. **Can I see the catalog?** 카탈로그를 볼 수 있을까요? (필요한 게 카탈로그에 있는지 확인하고 싶어요)

Q. I'm planning to grab coffee now if you'd like one. 지금 커피 사러 갈 건데 원하면 하나 사다 드릴게요.
A. **Do they have any other drinks?** 거기 다른 음료도 있나요? (다른 음료로 사다 줄 수 있어요?)

Q. I won't be able to visit our clients this Friday. 이번 주 금요일에 저희 고객들을 방문하지 못할 것 같아요.
A. **Who will do the presentation?** 발표는 누가 할 건가요? (그럼 누가 대신 고객들에게 발표를 할 건가요?)

BASE 핵심스킬 🎧 CH07_07

문제 풀이 순서에 맞춰 녹음을 잘 듣고 질문에 가장 잘 어울리는 보기를 고르세요.

영국 ↔ 호주

STEP 1 🔑 질문의 키워드 잡기

녹음을 들으며 질문의 핵심 내용을 기억하세요.

> **I'm attending a concert** ✓ in the park this Sunday.
> 저는 이번 주 일요일에 공원에서 하는 콘서트에 가요.

내 머릿속에,

"나 콘서트에 갈 거야"

를 남기고, 되뇌세요!

STEP 2 ❌ 오답 소거하기

O/X 표시를 하며 오답을 소거하고 정답을 남기세요.

(A) [o][x]   (B) [o][x]   (C) [o][x]

(A) Isn't it going to snow? ⓞ
눈이 올 예정이지 않아요?
⟶ 그때 눈이 올 예정이지 않냐고 반문하여 질문에 어울리게 호응하고 있네요!

(B) Some **outdoor activities**. ❌
일부 야외 활동이요.
⟶ 질문의 park를 듣고 연상할 수 있는 outdoor activities를 사용하여 오답을 유도하고 있어요!

(C) I didn't **drive** today. ❌
저는 오늘 차를 몰고 오지 않았어요.
⟶ 질문의 attend를 듣고 '가는 방법'을 떠올렸거나, park를 '주차하다'란 뜻으로 잘못 이해했을 때 연상하기 쉬운 drive를 이용한 함정이네요!

BASE 집중훈련 🎧 CH07_08

녹음을 잘 듣고 질문에 가장 잘 어울리는 보기를 고른 후, 다시 들으며 빈칸을 채우세요. (대화는 3번 들려줍니다.)

해설서 p.35

1. (A) [o][x]   (B) [o][x]   (C) [o][x]

There's a special _____ series at the city _____.
(A) At the _____ hall.
(B) Yes, I _____ about it on the news.
(C) You should ask the _____.

2. (A) [o][x]   (B) [o][x]   (C) [o][x]

I hope Ms. Lo will _____ our _____ to the budget report.
(A) She _____ them already.
(B) The _____ Department.
(C) How can I get to the _____?

3. (A) [o][x]   (B) [o][x]   (C) [o][x]

I haven't _____ the transfer request _____ to HR yet.
(A) All department _____.
(B) It can be _____ overseas.
(C) The deadline has _____.

BASE 실전훈련

🎧 CH07_09_AT

해설서 p.36

녹음을 잘 듣고 질문에 가장 잘 어울리는 보기를 고른 후, 다시 들으며 빈칸을 채우세요. (대화는 3번 들려줍니다.)

1. Mark your answer.

(A) o x　　(B) o x　　(C) o x

Are you applying for a _____ or a _____ credit card?

(A) Probably _____ of _____.

(B) Please fill out the _____ _____.

(C) Sorry, we only take _____.

2. Mark your answer.

(A) o x　　(B) o x　　(C) o x

I've _____ the _____ to the company's Web page.

(A) A 30-page _____.

(B) On my _____ at work.

(C) We'll _____ it for you.

3. Mark your answer.

(A) o x　　(B) o x　　(C) o x

Would you like me to read your _____ before you _____ it?

(A) Sure. If you don't _____.

(B) It's for the _____ gallery.

(C) We met at a _____ company.

4. Mark your answer.

(A) o x　　(B) o x　　(C) o x

I haven't _____ the hotel _____ yet.

(A) My suitcase is in the _____.

(B) _____ might _____ later.

(C) What time does the kitchen _____?

5. Mark your answer.

(A) o x　　(B) o x　　(C) o x

Why don't you _____ with us for dinner?

(A) No one could _____.

(B) Didn't you _____ already?

(C) I'm _____ on this presentation.

6. Mark your answer.

(A) o x　　(B) o x　　(C) o x

I'd like to _____ the service _____ before the end of the week.

(A) The _____ party.

(B) Yes, I _____ the clients.

(C) I'll let you know when I'm _____.

7. Mark your answer.

(A) o x   (B) o x   (C) o x

Would you like to _____ a table or a private room for your party?

(A) I read the _____.

(B) For 10 _____, please.

(C) A _____ sounds good.

8. Mark your answer.

(A) o x   (B) o x   (C) o x

I'm _____ to _____ the rental property.

(A) Don't forget to take _____.

(B) No, it took too _____.

(C) Yes, for one _____.

9. Mark your answer.

(A) o x   (B) o x   (C) o x

I thought I _____ my phone on this table.

(A) I gave it to the _____.

(B) Don't forget to _____ Kim.

(C) Do you have _____ this afternoon?

10. Mark your answer.

(A) o x   (B) o x   (C) o x

Why don't we _____ staff members with a discount to our _____?

(A) They have a _____ range of _____.

(B) That _____ _____ a great plan.

(C) A few days _____ _____.

11. Mark your answer.

(A) o x   (B) o x   (C) o x

Are the workers installing ceramic tiles or carpets in the new _____?

(A) It's on the 10th _____.

(B) _____, I think.

(C) I didn't _____ one.

12. Mark your answer.

(A) o x   (B) o x   (C) o x

This report analyzes the _____ of our recent survey.

(A) I'd be _____ in looking at it.

(B) I submitted my _____ last week.

(C) From our _____ team.

13. Mark your answer.

(A) o x　　(B) o x　　(C) o x

I can't _____ _____ to Monday's morning meeting.

(A) _____ will _____ _____ the room?

(B) Yes, I've _____ _____ before.

(C) Well, the _____ are on my desk.

14. Mark your answer.

(A) o x　　(B) o x　　(C) o x

Is _____ _____ for your presentation, or do you _____ _____ else?

(A) Here's my _____ card.

(B) I _____ _____ a laser pointer.

(C) You _____ about 15 minutes.

15. Mark your answer.

(A) o x　　(B) o x　　(C) o x

Could you _____ me on _____ _____ during yesterday's meeting?

(A) I was _____ _____.

(B) The door to the _____ is broken.

(C) It's on every _____.

16. Mark your answer.

(A) o x　　(B) o x　　(C) o x

Your receipt says you _____ a small coffee.

(A) Is this not my _____?

(B) For a few _____ only.

(C) That'll be 5 _____.

17. Mark your answer.

(A) o x　　(B) o x　　(C) o x

Would you mind _____ this _____ before I turn it in?

(A) _____, I was just about to leave.

(B) The _____ quarterly budget.

(C) _____ left at the next street.

18. Mark your answer.

(A) o x　　(B) o x　　(C) o x

Did we reserve a _____ banquet hall or the _____ one?

(A) _____ people are expected to _____.

(B) That was a delicious _____.

(C) Out in the _____.

19. Mark your answer.

(A) ○ ×   (B) ○ ×   (C) ○ ×

Let's _____ the standing desks that Ms. Choi suggested.

(A) They're _____ _____.

(B) Yes, it's on the _____.

(C) A _____ of chairs.

20. Mark your answer.

(A) ○ ×   (B) ○ ×   (C) ○ ×

_____ you like having lunch at the company _____ or at a nearby _____?

(A) It normally _____.

(B) I prefer to _____ _____.

(C) It should be in the _____.

21. Mark your answer.

(A) ○ ×   (B) ○ ×   (C) ○ ×

Do you mind if I _____ a late _____?

(A) An earlier _____ date.

(B) Fifteen percent off your _____.

(C) Have you _____ _____ your proposal?

22. Mark your answer.

(A) ○ ×   (B) ○ ×   (C) ○ ×

Could you _____ Eastman's _____ to reserve a table for us?

(A) An _____ number.

(B) They have a two-month _____ list.

(C) A world-famous _____.

23. Mark your answer.

(A) ○ ×   (B) ○ ×   (C) ○ ×

I'm afraid I won't be _____ to speak at the _____ next month.

(A) No, it's quite _____.

(B) I see. _____ for telling me.

(C) There will be a series of _____.

24. Mark your answer.

(A) ○ ×   (B) ○ ×   (C) ○ ×

Do you want me to post the schedule _____ or on the bulletin _____?

(A) She _____ the plane already.

(B) The Internet doesn't _____ right now.

(C) Please _____ the appointment.

PART 3

SHORT CONVERSATIONS
짧은 대화 문제

🗒 문제 OVERVIEW

PART 3은 총 13개의 대화문과 이에 속한 39문항이 출제됩니다. 대화를 들으며, 문제지에 주어진 3개의 문제에 답하는 형식입니다.

문항 수	13개 대화문, 39문항(32~70번에 해당하며, 문제와 보기는 문제지에 제공되고, 대화문은 방송으로 나옵니다. 하나의 대화문에 세 개의 문제가 출제됩니다.)
Direction 소요 시간	약 30초
문제 3개를 읽어주는 시간	약 30~40초
다음 문제까지의 휴지 시간	약 8초
지문 유형	- 회사 생활, 일상생활, 회사와 일상의 혼합 - 총 13개 대화문 중 '2인 대화문 11개, 3인 대화문 2개'로 고정 출제 - 주고받는 대화 수: 3~10번
문제 유형	- 일반 정보 문제: 주제·목적, 화자의 신분, 대화 장소 - 세부 정보 문제: 키워드, 제안·요청, 다음에 할 일/일어날 일 - 화자가 그렇게 말한 의도를 묻는 문제(2문제 고정 출제) - 시각 자료 연계 문제(62~70번 사이에서 3문제 고정 출제)
보기 구성	4개의 보기(모두 어구이거나 모두 짧은 문장으로 나옵니다.)

🕐 출제 TREND

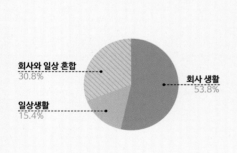

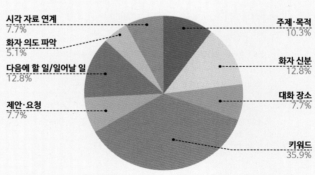

- PART 3은 대부분 회사 생활과 관련된 대화가 주를 이루고, 대화의 주제는 업무 요청, 행사 준비, 판매 실적 공유, 고장이나 배송 문의 등 사회생활 속 보편적인 일을 가장 많이 다룹니다.

- 지문의 난이도는 대개 지문의 언어적 구조나 발화 속도보다는 주제의 친숙도와 어휘 보유량에 의해 결정됩니다.

- 문제 유형은 주제·목적, 화자의 신분, 대화 장소 등 대화의 전체 내용과 관련된 문제가 평균 12문제, 대화의 맥락상 화자가 주어진 말을 한 의도를 묻는 문제가 2문제, 마지막 3개의 지문(62~70번) 내 시각 자료 연계 문제 각 한 개씩 총 3문제가 매회 고정적으로 출제됩니다. 나머지 약 22문제는 문제점이나 구체적인 이유, 방법, 제안·요청, 화자가 다음에 할 일 등 대화의 세부적인 내용을 묻는 문제로 구성됩니다.

- PART 3의 난이도는 거의 변함없이 안정적입니다. 약간의 편차는 존재하지만 PART 2에서 3개 내외로 틀리는 수험생이라면 PART 3에서 만점을 기대할 수 있어요!

◈ 시험 PREVIEW

You will read:

32. What service does the woman provide?
- (A) Furniture delivery
- (B) Internet installation
- (C) Lawn maintenance
- (D) House painting

33. Why does the man apologize?
- (A) He forgot to make spare keys.
- (B) He must depart for the office.
- (C) He did not clean an area.
- (D) He gave an expired credit card number.

34. What will the woman do tonight?
- (A) Send a product catalog
- (B) Pick up some supplies
- (C) Revise a contract
- (D) Email a billing statement

You will hear:

Questions 32-34 refer to the following conversation.

[W]   Hello, I'm Laila from Turko Painting Co. My team and I are here to paint the walls in your home.

[M]   Ah yes, thank you for coming. I moved all of my furniture away from the walls. But I'm sorry—I need to head to the office now. I'm not sure if I'll be back before you finish, so can I pay you now?

[W]   Actually, you can just submit your payment later. I'll forward the bill to your e-mail address tonight. Just make sure to pay it by this Friday.
(3초 pause)

32. What service does the woman provide? (8초 pause)
33. Why does the man apologize? (8초 pause)
34. What will the woman do tonight? (8초 pause)

📋 문제 풀이 FLOW

1. PART 3 디렉션이 나올 때 첫 3문제를 봅니다.

- 문제지에 적힌 PART 3 디렉션을 읽어주는데, 이 시간이 약 30초 정도 됩니다. 효율적인 시간 활용을 위해 PART 2의 마지막 문제에 마킹을 끝내는 대로 PART 3의 첫 번째 지문, 즉 32~34번의 문제를 보세요.

- 질문의 키워드, 즉 핵심 내용을 파악하고 키워드에 표시해 둡니다. 대화를 들으면서 질문의 요지가 무엇이었는지 바로 파악할 수 있도록 하기 위함이에요.

> **32. What service** does the **woman provide**? 여자가 제공하는 서비스
> **33. Why** does the **man apologize**? 남자가 사과하는 이유
> **34. What** will the **woman do tonight**? 여자가 오늘 밤에 할 일

- 토익이 아직 낯설거나 버겁다면 질문만 제대로 파악하고, 시간의 여유가 있다면 보기도 함께 보세요. 3개의 질문을 정확히 머릿속에 꽉 붙들어 놓은 상태에서 대화를 들을 준비를 합니다.

2. 대화를 들으면서 정답을 고릅니다.

- PART 1, 2에서는 소거법을 활용하여 오답을 걸러서 정답을 찾았다면, PART 3은 대화문을 들으면서 동시에 세 문제의 정답을 선택합니다.

- 문제의 순서와 대화문에 담긴 정답 단서의 순서는 거의 일치해요. 머릿속에 세 문제의 핵심 내용이 담긴 상태에서 귀로 대화를 듣고 눈으로는 문제지에 인쇄된 질문과 보기를 보며 순서대로 정답에 마킹하겠다는 자세로 임하세요.

> **32번의 정답 단서:** My team and I are here to paint the walls in your home.
> 　　　　　　　당신의 집에 페인트칠하러 왔어요. → **(D) House painting**
> **33번의 정답 단서:** But I'm sorry—I need to head to the office now.
> 　　　　　　　미안해요. 지금 사무실로 가야 해요. → **(B) He must depart for the office.**
> **34번의 정답 단서:** I'll forward the bill to your e-mail address tonight.
> 　　　　　　　오늘 밤에 청구서를 이메일로 보낼게요. → **(D) Email a billing statement**

3. 문제를 읽어줄 때 다음 3문제를 봅니다.

- 대화를 들으면서 문제를 바로 풀어야 하는 이유가 바로 여기에 있습니다. 방송으로 세 문제를 읽어주는 시간에 다음 대화문의 3문제를 미리 읽음으로써 정답률을 높일 수 있어요.

📐 학습 ADVICE

1. PART 3의 문제 풀이 Flow 외 추가적인 공략법 1

질문에 언급된 화자(the woman, the man)의 말에서 정답이 나올 확률이 높습니다. 그러므로 해당 화자가 말할 때 좀 더 귀를 기울이세요.

2. PART 3의 문제 풀이 Flow 외 추가적인 공략법 2

패러프레이징(paraphrasing, 같은 의미의 다른 말로 바꿔 쓰는 것) 된 정답에 익숙해져야 해요. 대화 내용에서 들렸던 표현이 보기에 그대로 나와 정답이 되는 경우도 많지만, 대화 속 표현이 패러프레이징 되어 답으로 나오는 경우도 많습니다. (왼쪽 문제에서 sorry는 apologize로, need to head to the office는 must depart for the office로 바꿔 쓴 것을 볼 수 있습니다) 그렇기 때문에 단어 공부를 열심히 하면서 다양한 문제를 많이 풀어봐야 합니다.

PART 3&4 문제 유형

챕터 전체 듣기

BASE 59
CH08_01

일반 정보 문제

▶ 대화/담화의 주제·목적, 화자/청자의 신분, 대화/담화 장소 등 지문의 골격에 해당하는 일반 정보 문제 유형은 주로 각 지문의 첫 번째 문제로 출제됩니다.

▶ 주제·목적을 묻는 문제는 대개 지문 전반부에 정답 단서가 등장하기 때문에 첫 한두 문장을 잘 들어야 해요.

음원 바로 듣기

> **질문 유형**
>
> **What** are the speakers **discussing**? 화자들은 무엇에 대해 이야기하는가?
>
> **What** is the conversation **mainly about**? 대화의 주제는 무엇인가?
>
> **What** is the **purpose of the call**? 전화 건 목적은 무엇인가?

미국 ↔ 호주

Q. What are the speakers discussing?
 └ 주제·목적을 알 수 있는 시그널 표현
Ⓦ **I'm looking forward to** meeting our coworkers from our Asian branches.

Ⓜ Same here. We're expecting them around 5 P.M. tomorrow. There'll be a welcoming dinner at the restaurant across the street.

A. The arrival of some coworkers

화자들은 무엇에 대해 이야기하는가?

아시아 지사에서 오는 동료들을 만나는 게 기대돼요.

저도 그래요. **내일 오후 5시쯤에 오실 거로 예상해요.** 길 건너 식당에서 환영 만찬이 있을 거예요.

동료들의 도착

---

* 주제·목적을 알 수 있는 시그널 표현

I'm looking forward to / I hope to ~하기를 바라고 있어요
I'd like to / I want to ~하고 싶습니다
I'll / I'm going to / I'm planning to ~할 예정이에요
I'm here to / I came to ~하려고 왔어요
I'm calling to [about / because] ~하려고 [~에 관하여 /~ 때문에] 전화드립니다

▶ 화자/청자의 신분을 묻는 문제는 직업적 특성을 드러내는 단어나 표현을 통해 정답을 유추해야 합니다.

Who most likely is the **man**? 남자는 누구이겠는가?

Where do the **speakers** most likely **work**? 화자들은 어디서 일하겠는가?

Who most likely are the **listeners**? 청자들은 누구이겠는가?

호주

Q. Who most likely is the man?
　　화자/청자의 신분을 알 수 있는 시그널 표현 ↵

Ⓜ Hello, Ms. Clover. **Thanks for joining** us today here on Channel 8's sports evening news. First, let me congratulate you and your team on winning the national softball championship.

A. A sports reporter

남자는 누구이겠는가?

안녕하세요, Clover 씨. **8번 채널의 저녁 스포츠 뉴스에 함께 해 주셔서 감사합니다.** 우선, 전국 소프트볼 선수권 대회에서 우승하신 것에 대해 당신과 당신의 팀에 축하드립니다.

스포츠 기자

* 화자/청자의 신분을 알 수 있는 시그널 표현

Thanks for joining ~와 함께해 주셔서 감사합니다
here at + 회사 이곳 ~에
This is + 이름 + from + 회사 저는 …의 ~입니다
I'm calling from + 회사 ~에서 전화드립니다

▶ 대화/담화 장소를 묻는 문제는 특정 장소에서 쓸 수 있는 단어나 표현을 통해 정답을 유추해야 합니다.

Where most likely are the **speakers**? 화자들은 어디에 있겠는가?

Where most likely does the **conversation** take place? 대화가 이루어지고 있는 곳은 어디겠는가?

Where is the **announcement** being made? 안내 방송이 되고 있는 장소는 어디인가?

미국

Q. Where most likely are the speakers?

Ⓦ Jordan, I enjoyed our consultation today, and I'm happy that you decided to sign up for our six-month personal fitness program. My colleague, Christie, will now process your registration payment.

A. At a gym

화자들은 어디에 있겠는가?

Jordan, 오늘 상담 즐거웠어요, 그리고 **저희의 6개월 개인 피트니스 프로그램에 등록하기로 결정해 주셔서 기뻐요.** 제 동료 Christie가 이제 곧 등록비를 처리할 거예요.

체육관에

BASE 핵심스킬　🎧 CH08_02

질문의 키워드를 미리 파악한 후 대화/담화를 들으며 알맞은 답을 고르세요.

STEP 1　🔑 듣기 전 키워드 잡기

대화/담화를 듣기 전 질문을 미리 읽으면서 키워드에 표시하고, 대화/담화의 흐름을 예상하세요.

Who most likely is **the man**?

(A) A government official
(B) A maintenance worker
(C) A complex manager
(D) A delivery person

내 머릿속에,

"남자의 신분"

을 저장하고, 첫 한두 문장을 집중해서 들으며, 남자의 직업을 드러내는 단어나 표현을 포착하여 정답을 유추하세요!

STEP 2　✅ 들으며 정답 찾기

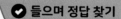 영국 ↔ 호주

대화/담화를 들으면서 동시에 정답을 고르세요.

Ⓦ Scanlan's Fried Chicken, how may I help you?

Ⓜ Hi, Violet. It's Andrew. I'm on Serca Avenue by Watson Subway Station. I have one more place to deliver food to, but it doesn't list the address.

Who most likely is the man?

(A) A government official
(B) A maintenance worker
(C) A complex manager
(D) A delivery person

Scanlan's Fried Chicken입니다, 무엇을 도와드릴까요?

안녕하세요, Violet. 저 Andrew예요. 저는 Watson 전철역 옆 Serca가에 있는데요. **음식을 배달할 곳이 한 곳 더 있는데**, 주소가 명시되어 있지 않네요.

남자는 누구이겠는가?

(A) 국가 공무원
(B) 유지 관리 근로자
(C) 건물 관리인
(D) **배달원**

⟶ 남자가 음식을 배달할 곳이 한 곳 더 있다고 말했으므로, 남자가 배달원이라는 것을 알 수 있네요!

✔ 어휘
list 목록에 올리다, 포함시키다 | **official** 공무원 | **maintenance** (유지) 관리 | **complex** 복합 건물

CH08_03

해설서 p.41

대화/담화를 잘 듣고 질문에 알맞은 답을 고른 후, 다시 들으며 빈칸을 채우세요. (대화/담화는 3번 들려줍니다.)

1. What event is being discussed?

(A) A product demonstration
(B) A management conference
(C) An employee orientation
(D) An academic lecture

> W: Hey, Kirk. How are _____ coming along? I _____ for our new product.
>
> M: We're nearly _____ the event hall. The screen and the seating look fine, but we'll have to contact the maintenance team. I told them we needed _____.
>
> W: Ah, let me handle that. Why don't you go to the security office? The _____ _____ cards for the _____ can be picked up now.

2. Where most likely is the announcement taking place?

(A) At a cooking contest
(B) At a museum opening
(C) At a fashion show
(D) At a music festival

> W: We've seen a lot of amazing _____ so far. Remember to support this _____ by purchasing some memorabilia. Stop by our _____ before you leave to purchase a special _____ T-shirt for only $10. But hurry, as this deal will only be offered today. Also, remember that several artists will be _____ starting at 9 P.M. in the _____. Just be aware that the tent will be very crowded, so you might want to arrive a little early.

BASE 60

음원 바로 듣기

세부 정보 문제

▶ 키워드, 제안·요청, 다음에 할 일/일어날 일 등 세부적인 내용을 묻는 문제 유형은 주로 각 지문의 두 번째나 세 번째 문제로 출제됩니다.

▶ 키워드 문제는 주로 문제점, 이유, 방법, 시점, 장소를 물어봅니다. 반드시 질문에서 키워드를 포착하여, 지문의 단서와 질문의 키워드가 일치하는 보기를 답으로 선택하면 됩니다.

질문 유형

Why is the **man disappointed** with the **product**? 남자는 왜 제품에 실망했는가?

What does the **woman say** will **take place tomorrow**? 여자는 내일 무슨 일이 있을 것이라고 하는가?

What is the **woman's complaint** about the **product**? 제품에 관한 여자의 불만은 무엇인가?

영국 ↔ 미국

Q. Why is the man disappointed with the product?

W Hi, Oliver. I heard you recently purchased the new Spin-O washer! I was planning to get one myself. How is it?

M Well, I've used it for a week now. It's very fast and effective, which is nice. **But** it's really loud, and that gets a little annoying, sometimes. 문제점이 등장하는 시그널 표현

A. It is too noisy.

남자는 왜 제품에 실망했는가?

안녕하세요, Oliver. 최근에 새로 나온 Spin-O 세탁기를 구매하셨다고 들었어요! 저도 하나 사려던 참이었어요. 어때요?

음, 이제 일주일 동안 사용했어요. 매우 빠르고 효과적이라, 그 부분은 좋아요. 그런데 **정말 시끄러워서, 그게 조금 짜증 날 때도 있어요.**

너무 시끄럽다.

➡ 남자의 말 후반부에 정말 시끄러워서 짜증 날 때도 있다고 한 말에서 답을 알 수 있어요. loud가 noisy로, annoying이 disappointed로 패러프레이징 되었네요!

* 문제점이 등장하는 시그널 표현

But/However 하지만

Unfortunately 안타깝게도

I'm worried about/I'm concerned about ~가 걱정이 돼요

I have a problem with/I'm having trouble with ~하는 데 문제가 있어요

▶ 제안·요청을 묻는 문제는 제안이나 요청 표현이 정답의 결정적인 단서가 됩니다.

질문 유형

What does the **man recommend**? 남자가 추천하는 것은 무엇인가?

What does the **man suggest** the woman do? 남자는 여자에게 무엇을 하라고 제안하는가?

What are the **listeners asked to do**? 청자들은 무엇을 하라고 요구받는가?

Q. What does Nelson suggest the woman do?

W I bought this vacuum cleaner back in January, but the power button isn't working. Can I get a replacement?

M I'm afraid not. We can only exchange products within 60 days of purchase. But **you should** contact the manufacturer and use their warranty. It lasts for five years.

제안·요청 사항이 등장하는 시그널 표현

A. Use a factory warranty

Nelson은 여자에게 무엇을 하라고 제안하는가?

제가 지난 1월에 이 진공청소기를 샀는데요, 전원 버튼이 작동하지 않아요. 교환 받을 수 있을까요?

죄송하지만 안 될 것 같습니다. 구매 후 60일 이내에만 제품 교환을 해드릴 수 있습니다. **하지만 제조사에 연락해서 그쪽의 품질 보증서를 사용해 보세요.** 그건 5년 동안 유지돼요.

제조사 품질 보증서를 사용하라고

→ 남자의 말 후반부에 제조사에 연락해서 그쪽의 품질 보증서를 사용해 보라고 한 말에서 답을 알 수 있어요. manufacturer가 factory로 패러프레이징 되었네요!

---

* 제안·요청 사항이 등장하는 시그널 표현

제안
You should ~하셔야 합니다
Let me 제가 ~할게요
Let's ~합시다
I can 제가 ~할 수 있어요
Would you like to ~? ~하기를 원하세요?
Why don't you ~? (당신이) ~하는 게 어때요?
Why don't we ~? (우리가) ~하는 게 어때요?

요청
Can you ~?/Could you ~?/Would you ~?
~해 주시겠어요?
I ask you to 당신이 ~해 주기를 바랍니다
I want you to 당신이 ~하기를 바랍니다
I'd like you to 당신이 ~해 주시면 좋겠어요
Please ~해 주세요
Make sure 꼭 ~해 주세요
Do not ~하지 마세요
I was wondering if you could
당신이 ~해 줄 수 있는지 궁금하던 참이었어요

▶ 다음에 할 일/일어날 일을 묻는 문제는 미래 시제나 제안·요청 표현을 주의해서 들어야 합니다.

질문 유형

What will the **man do next**? 남자는 다음에 무엇을 할 것인가?

What will the **listeners** most likely **do next**? 청자들은 다음에 무엇을 하겠는가?

Q. What will the listeners most likely do next?

M As I'm sure you're aware, the new contact management application was installed last night. This is going to allow us to learn a lot more about our clients. But it also means that you're going to need to ask clients several questions that you haven't asked them before, so **I want you all to** complete a short training exercise before going back to your desks.

제안·요청 사항이 등장하는 시그널 표현

A. Participate in an exercise

청자들은 다음에 무엇을 하겠는가?

여러분들도 아시다시피, 새로운 연락처 관리 응용프로그램이 어젯밤에 설치되었습니다. 이를 통해 고객들에 대해 더 많은 것을 알 수 있게 될 것입니다. 하지만 이는 여러분이 고객들에게 이전에는 묻지 않았던 몇 가지 질문을 더 해야 할 필요가 있다는 것을 의미하므로, 모두가 자리로 돌아가기 전에 **짧은 교육 훈련을 완료하길 바랍니다.**

훈련에 참가할 것이다

→ 화자의 말 마지막에 청자들이 짧은 교육 훈련을 완료하길 바란다고 한 말에서 답을 알 수 있어요. complete가 Participate in으로 패러프레이징 되었네요!

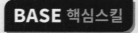 **BASE** 핵심스킬   🎧 CH08_05

질문의 키워드를 미리 파악한 후 대화/담화를 들으며 알맞은 답을 고르세요.

STEP 1   🔑 듣기 전 키워드 잡기

대화/담화를 듣기 전 질문을 미리 읽으면서 키워드에 표시하고, 대화/담화의 흐름을 예상하세요.

What does the speaker say will **happen this afternoon**?
(A) The business will close for the day.
(B) A timed sales event will take place.
(C) A building inspector will make a visit.
(D) A new machine will be set up.

내 머릿속에,

"오늘 오후에 일어날 일"

을 저장하고, '키워드' 문제이므로 지문에서 질문의 키워드와 의미상 일치하는 보기를 선택하세요.

STEP 2   ✅ 들으며 정답 찾기

미국

대화/담화를 들으면서 동시에 정답을 고르세요.

Ⓜ I know that we have all experienced inconvenience with our boutique's printer malfunctioning for the past few days. We've had to handwrite the mailing labels for every one of our online orders. Because this has become increasingly frustrating, I have made a decision. A new printer will arrive this afternoon. This model is much more efficient than others, so we won't need to replace the toner cartridges as often.

What does the speaker say will happen this afternoon?

(A) The business will close for the day.
(B) A timed sales event will take place.
(C) A building inspector will make a visit.
(D) A new machine will be set up.

지난 며칠간 우리 부티크의 프린터 고장으로 인해 모두가 불편을 겪은 것으로 알고 있습니다. 온라인 주문의 우편물 발송 라벨을 하나하나 다 손으로 써야 했습니다. 이것이 점점 더 좌절감을 주고 있어서, 저는 결단을 내렸습니다. **오늘 오후에 새 프린터가 도착할 것입니다.** 이 모델은 다른 제품들보다 훨씬 더 효율적이어서, 토너 카트리지를 자주 교체할 필요가 없을 것입니다.

화자는 오늘 오후에 무슨 일이 있을 것이라고 하는가?

(A) 업체가 문을 닫을 것이다.
(B) 정기 할인 행사가 열릴 것이다.
(C) 건물 검사원이 방문할 것이다.
(D) 새로운 기계가 설치될 것이다.
↪ 담화의 중후반부에 화자가 오늘 오후에 새 프린터가 도착할 것이라고 말했으므로 (D)가 정답이에요. A new printer will arrive가 A new machine will be set up으로 패러프레이징 되었네요!

✅ **어휘**
inconvenience 불편 | boutique 부티크, 양품점 | malfunction (기계가) 제대로 작동하지 않다 | handwrite 손으로 쓰다 | mailing label 우편물 발송 라벨 | increasingly 점점 더 | frustrating 좌절감을 주는 | efficient 효율적인 | replace 교체하다 | toner cartridge 토너 카트리지

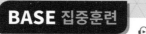

🎧 CH08_06

해설서 p.41

대화/담화를 잘 듣고 질문에 알맞은 답을 고른 후, 다시 들으며 빈칸을 채우세요. (대화/담화는 3번 들려줍니다.)

1. What does the woman recommend doing?

(A) Contacting a vendor
(B) Checking a Web site
(C) Holding a promotional event
(D) Speaking with a banker

M: Grace, we need to brainstorm ways to _____ at our catering business.

W: Hmm… We provide both _____ and quick delivery. What else can we do to _____ sales?

M: Well, I recently read some _____ in an online newspaper about a new caterer that is open until 11 P.M. A lot of customers like the fact that they can _____ food for late-night parties.

W: Ah, that would probably _____ more business. But we'd have to hire more workers. Why don't we _____ and see if this plan is _____?

2. What will the speaker do next?

(A) Submit a receipt
(B) Read a user guide
(C) Gather some customers
(D) Check some inventory

M: Hello, Patrick. It's Wes from the Harmont branch giving you an _____ about our newest product. We sold all of the Pro-Slice _____ in less than three hours! The only _____ was that customers were _____ about long wait times. I remembered you suggesting _____ some part-time sales _____, and well, processing purchases has been taking a while. OK, I'll see you at tomorrow's managers' meeting. The store's closing soon, so I have to go _____.

화자 의도 파악 문제

▶ 화자의 의도를 묻는 문제 유형은 지문 속에서 화자가 말한 표현을 인용하여 그 의도가 무엇인지를 물으며, 단순히 표면적인 의미가 아닌 지문의 맥락을 이해하면서 화자가 그렇게 말한 숨겨진 의미를 파악해야 합니다.

▶ 주어진 인용 표현 앞뒤에 결정적인 단서가 제공되는 경우가 많기 때문에 지문의 흐름을 놓치지 않는 것이 중요해요.

음원 바로 듣기

질문 유형

What does the man mean when he says, "I don't have anything planned at that time"?
남자가 "그때 일정 잡힌 건 없네요"라고 말할 때, 그가 의미한 것은?

What does the speaker imply when he says, "processing purchases has been taking a while"?
화자가 "구매를 처리하는 데 시간이 오래 걸리더라고요"라고 말할 때, 그가 내비친 것은?

Why does the woman say, "that's what I did when I interned here"?
여자는 왜 "제가 이곳에서 인턴으로 근무했을 때는 그렇게 했었어요"라고 말하는가?

영국↔호주

Q. What does the man mean when he says, **"I don't have anything planned at that time"?**

W Hi, Gerald. I'm scheduled to meet with our shareholders at 10:00 tomorrow to talk about our expansion plans. Since you're Vice President of Sales, I was wondering if you could come in to discuss our business development strategies for the coming year.

M Let's see here... **I don't have anything planned at that time.**

W Good. Talking to you will really help them understand our goals. Several shareholders had specific questions, so I'll send you a list of those right now.

A. He can join a meeting.

남자가 "그때 일정 잡힌 건 없네요"라고 말할 때, 그가 의미한 것은?

안녕하세요, Gerald. 제가 내일 10시에 확장 계획을 논의하기 위해 주주들과 만나기로 되어 있는데요. 영업 부사장님이시니, **내년 사업 개발 전략을 논의하는 자리에 오실 수 있으신지** 궁금해서요.

어디 봅시다... 그때 일정 잡힌 건 없네요.

다행입니다. 부사장님과 이야기를 나누면 그분들이 저희 목표를 이해하는 데 아주 도움이 될 거예요. 주주 몇 분은 구체적인 질문을 하셨는데요, 제가 지금 바로 그 목록을 보내드리겠습니다.

회의에 참석할 수 있다.
⟶ 여자가 내년 사업 개발 전략을 논의하는 자리에 올 수 있는지 궁금하다고 하자, 남자가 그때 일정 잡힌 게 없다고 한 것이니 남자가 회의에 참석할 수 있다는 걸 우회적으로 말한 것임을 알 수 있어요!

BASE 62

CH08_08

음원 바로 듣기

시각 자료 연계 문제

▶ 시각 자료 연계 문제 유형은 일정표, 약도, 수치 등의 시각 정보와 지문의 내용을 종합해서 풀어야 합니다.

▶ 다른 문제들과 마찬가지로, 문제를 먼저 읽고 키워드를 확인한 후에 시각 자료에 시선을 고정한 채 지문을 들으며 답을 골라야 합니다.

질문 유형

Look at the graphic. Which table will the woman place the snacks on?

시각 자료를 보시오. 여자는 어느 테이블에 간식을 놓을 것인가?

Look at the graphic. Who can advise on money management?

시각 자료를 보시오. 누가 자산 관리에 관하여 조언할 수 있는가?

미국

Employee Directory	
Name	**Ext. Number**
Trish Polumbus	185
Victor Scarborough	491
Mandy White	253
Omar Alami	670

Q. Look at the graphic. Who can advise on money management?

M You have reached Foxworthy Bank. Our business hours are Monday through Friday from 9 A.M. to 6 P.M. If you have questions or issues regarding your account or would like to cancel your account, please hold until one of our representatives becomes available. If you'd like to speak to one of our financial management experts, please dial extension 253 to speak with our lead advisor. In addition, we are holding a special promotion for all current account holders. To sign up, visit www.foxworthybank.com. Thank you for calling.

A. Mandy White

직원 전화번호부	
이름	**내선 번호**
Trish Polumbus	185
Victor Scarborough	491
Mandy White	253
Omar Alami	670

시각 자료를 보시오. 누가 자산 관리에 관하여 조언할 수 있는가?

Foxworthy 은행입니다. 저희 영업시간은 월요일부터 금요일, 오전 9시부터 오후 6시까지입니다. 계좌에 관한 질문 또는 문제가 있거나 계좌를 해지하고 싶으시다면, 저희 직원이 통화가 가능할 때까지 기다려 주십시오. **저희 재무 관리 전문가와 통화하길 원하시면, 내선 번호 253번을 누르셔서 저희 수석 고문과 통화하십시오.** 또한, 현재 계좌를 소유하신 모든 분들을 대상으로 특별 프로모션을 진행 중입니다. 신청하시려면, www.foxworthybank.com을 방문해 주세요. 전화 주셔서 감사합니다.

Mandy White

→ 화자가 청자에게 재무 관리 전문가와 통화하길 원하면 내선 번호 253번을 누르라고 하였고, 시각 자료에서 내선 번호 253번은 Mandy White임을 알 수 있어요!

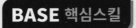 🎧 CH08_09

질문의 키워드를 미리 파악한 후 대화/담화를 들으며 알맞은 답을 고르세요.

STEP 1 🔘 듣기 전 키워드 잡기

대화/담화를 듣기 전 질문을 미리 읽으면서 키워드에 표시하고, 대화/담화의 흐름을 예상하세요.

> Why does the speaker say, **"I'll be in the office all afternoon today"**?
> (A) To acknowledge an appointment
> (B) To agree with a proposal
> (C) To recognize an issue
> (D) To resolve a scheduling error

내 머릿속에,

"저는 오늘 오후 내내 사무실에 있을 거예요"

를 저장하고, '화자 의도 파악' 문제이므로 문제에 언급된 인용 문장과 함께 앞뒤의 핵심 단서를 파악하세요.

STEP 2 ✅ 들으며 정답 찾기

미국

대화/담화를 들으면서 동시에 정답을 고르세요.

> W Good morning, Maryam. It's Sun-Mi. I wanted to talk to you about the Interior Design Exposition, where we'll be showcasing our goods tomorrow. We were planning to take the train there, but I've just been informed of its cancellation; one of the trains needs maintenance. Fortunately, there was a rental car available. Finally, you said you wanted to review some of the items we'll be showing. **I'll be in the office all afternoon today**. Talk to you in a bit.
>
> Why does the speaker say, "I'll be in the office all afternoon today"?
> (A) To acknowledge an appointment
> (B) To agree with a proposal
> (C) To recognize an issue
> (D) To resolve a scheduling error

안녕하세요, Maryam. 저는 선미입니다. 내일 우리 제품을 선보일 인테리어 디자인 박람회와 관련하여 당신과 이야기를 나누고 싶었는데요. 그곳에 기차를 타고 갈 예정이었으나, 기차 중 하나가 점검이 필요하여 기차 편이 취소되었다고 방금 막 제게 통지가 왔습니다. 다행히, 이용 가능한 렌터카가 있었어요. 마지막으로, **우리가 선보일 제품들을 좀 검토하고 싶다고 말씀하셨는데요. 저는 오늘 오후 내내 사무실에 있을 거예요.** 잠시 후에 이야기 나눠요.

화자는 왜 "저는 오늘 오후 내내 사무실에 있을 거예요"라고 말하는가?

(A) 임명을 받아들이기 위해서
(B) 제안에 동의하기 위해서
(C) 문제를 인정하기 위해서
(D) 일정상 착오를 해결하기 위해서

→ 선보일 제품 몇 개를 검토해 보고 싶다고 한 청자의 말을 확인하며 자신은 오늘 오후 내내 사무실에 있을 거라고 한 화자의 말은 청자가 제안한 것에 응하겠다는 의미이므로 (B)가 정답이에요!

대화/담화를 잘 듣고 질문에 알맞은 답을 고른 후, 다시 들으며 빈칸을 채우세요. (대화/담화는 3번 들려줍니다.)

1. What does the man imply when he says, "I tried five minutes ago"?

(A) An explanation is not needed.
(B) An office has closed early.
(C) An issue has not been fixed.
(D) A supervisor could not be reached.

> M: Ellen, do you have a moment? There seems to be a _____ in the Marketing Department. When you try to print a document, a _____ piece of paper _____.
>
> W: Are you sure? I thought we'd _____ that. Mossi called me about it early this morning, and I had a couple of people from my Technical Support Department _____.
>
> M: I tried five minutes ago. Could you _____ our department and _____ _____ this afternoon?

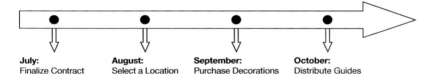

July:	August:	September:	October:
Finalize Contract	Select a Location	Purchase Decorations	Distribute Guides

2. Look at the graphic. In which month is this meeting taking place?

(A) July
(B) August
(C) September
(D) October

> M: Good morning and thank you for coming to today's meeting. I _____ all the hard work you have put in during these last few months _____ the International Auto Exposition that we're _____. I've just received word, however, that the caterer we _____. Therefore, a _____ needs to be found right away so that this information can be in our guides. If all goes well, we should be able to _____ and have the guides _____ this month.

대화/담화를 잘 듣고 질문에 알맞은 답을 고른 후, 다시 들으며 빈칸을 채우세요. (대화/담화는 3번 들려줍니다.)

1. What product is being discussed?

(A) An electronic device
(B) A medical instrument
(C) A kitchen appliance
(D) A computer software

2. What caused a delay?

(A) A lack of materials
(B) A staffing shortage
(C) A reduced budget
(D) A design change

3. What will happen early next year?

(A) An inspection will be performed.
(B) An upgrade will be available.
(C) A product will be launched.
(D) A store will open.

4. Why does the man say, "That's not next week"?

(A) To delay a task
(B) To express surprise
(C) To deny responsibility
(D) To remind the woman

5. What problem does the man have?

(A) He has not received approval from the management.
(B) He cannot estimate a completion date.
(C) He might not have enough employees.
(D) He has not received some figures.

6. What will the woman do next?

(A) Sign a contract
(B) Confirm an amount
(C) Speak with a colleague
(D) Contact a vendor

[1-3]

M: Is the development of the GN-25 _____ proceeding as planned?

W: _____, the work is taking _____ than we hoped. We had to _____ _____. The original worked _____, but the new version runs well.

M: That's good. _____ will it be _____ to the public?

W: Well, _____ just started last week, so we should be _____ early next year.

[4-6]

W: Raul, do you have the _____? It's almost _____ with Dominic.

M: That's not next week?

W: There was a group e-mail about it yesterday. The meeting had to _____ because he needs to _____ to our investors.

M: Oh. The thing is, I couldn't prepare the budget yet. I'm still _____ from the Finance Department. I don't know the _____ we'll have available.

W: I see. In that case, I'll _____ Dominic now and try to _____ the meeting for tomorrow.

7. Where is the announcement most likely taking place?

(A) At a ferry terminal
(B) At an airport
(C) In a train
(D) On a bus

8. What are some of the listeners advised to do?

(A) Go to the counter
(B) Call a hotline
(C) Purchase a ticket
(D) Take the subway

9. What does the speaker say he will do?

(A) Distribute maps
(B) Give updates
(C) Speak to a supervisor
(D) Offer a refund

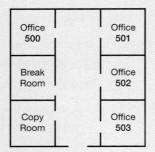

10. Which department does the speaker probably work in?

(A) Accounting
(B) Sales and marketing
(C) Content development
(D) Personnel

11. Why does the speaker want to meet with the listener?

(A) To go over a project
(B) To discuss an office move
(C) To install some equipment
(D) To negotiate a price

12. Look at the graphic. Which office is the speaker located in?

(A) Office 500
(B) Office 501
(C) Office 502
(D) Office 503

[7-9]

M: Attention, _____. This _____ will be making Kirkland Station its _____ _____ because of unexpected _____ on Dryer Road. If you need to travel farther north, please _____ at Kirkland Station and _____ _____ there. The line 5 subway will take you into the city. Currently, there is no _____ of when the road work is set to finish, but I'll _____ _____ I receive as soon as I can.

[10-12]

M: Hello, Ron. This is Mehmet. I just _____ I'm going to be _____ for _____ for the new _____ course we're creating. I'm making a _____ schedule for this project, but I'm still not sure about how long it should take. I know you _____ like this last year, so could you _____ my office today? I'd like to hear about your _____. Oh, by the way, I'm in a _____ office now, _____ the break room. Talk to you soon.

회사 생활 1

챕터 전체 듣기

BASE 63 보고서 작성

대화 유형

- **대화 내용 유형:** 전기차 발표 자료 준비, 공예품 박람회 매출 보고서, 자전거 대여 프로그램에 관한 기사 작성
- **빈출 문제 유형**
  화자의 직업(What is the woman's job?)
  기사의 주제(What will be the subject of the man's article?)
  문의하는 것(What does the woman ask about?)
  제안하는 것(What does the woman suggest?)
  다음에 할 일(What does the woman say she will do?)

▶ '보고서 작성' 관련 필수 어휘

account 계정, 계좌, 단골 고객	**go well** 잘되어 가다	**response** 반응, 응답
add 더하다, 덧붙이다	**list** 명단, 목록; 명단을 작성하다	**revise** 변경하다, 개정하다
addition 추가, 부가물	**look over** ~을 훑어보다, 살펴보다	**revision** 변경, 수정
description 기술, 서술	**proofread** 교정을 보다	**send out** ~을 발송하다
detailed 상세한, 세부적인	**proposal** 제안, 제안서	**submit** 제출하다 (= turn in)
document 서류, 문서; 상세히 기록하다	**questionnaire** 설문지	**summary** 요약, 개요
edit 편집하다	**report** 보고, 보고서; 보고하다	**survey** 설문 조사
fill out ~을 작성하다	**respond** 응답하다	

BASE 64 자료 분석

대화 유형

- **대화 내용 유형:** 하이킹 장비 매출 부진 분석, 목걸이 액세서리 매출 증가 원인, 시청 리모델링 기사에 대한 의견
- **빈출 문제 유형**
  화자들이 일하는 장소(Where do the speakers most likely work?)
  문제점(What problem does the man mention?)
  고객 기반 확장 방법(How does the man hope to expand a customer base?)
  권유하는 것(What does the woman recommend the man do?)
  다음에 할 일(What will the man probably do next?)

▶ '자료 분석' 관련 필수 어휘

access 이용하다, 접속하다	**figure** 수치, 숫자, 인물	**quarterly** 분기별의
accounting 회계	**focus on** ~에 집중하다	**research** 연구, 조사; 조사하다
analyst 분석가	**go over** ~을 검토하다	**result** 결과
analyze 분석하다	**look into** ~을 조사하다	**review** 검토, 논평; 검토하다, 논평하다
brief 짧은, 간단한	**look like** ~처럼 보이다 (= seem)	**secure** 획득하다, 고정시키다; 안전한
budget 예산	**notice** 안내문; 알아차리다, 주목하다	**take a look at** ~을 보다
data 자료, 정보	**positive** 긍정적인	
details 세부 사항, 정보	**quarter** 사분기(1년의 1/4)	

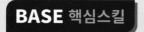 **BASE 핵심스킬** 🎧 CH09_01

질문의 키워드를 미리 파악한 후 대화를 들으며 알맞은 답을 고르세요.

STEP 1 ▶ 듣기 전 키워드 잡기

대화를 듣기 전 질문을 미리 읽으면서 키워드에 표시하고, 대화의 흐름을 예상하세요.

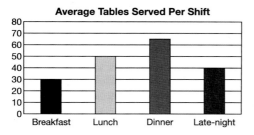

Average Tables Served Per Shift

1. Look at the graphic. **Which shift** are the speakers **discussing**?

(A) Breakfast
(B) Lunch
(C) Dinner
(D) Late-night

내 머릿속에,

"화자들이 이야기하고 있는 근무조"

를 저장하고, '시각 자료 연계' 문제이므로 키워드를 확인한 후 재빨리 시각 자료에 시선을 고정한 채 대화에 언급된 단서를 파악하세요.

2. According to the **man, what needs to improve**?

(A) Food options
(B) Customer service
(C) Profit
(D) Hygiene

내 머릿속에,

"개선되어야 하는 것"

을 저장하고, '키워드' 문제이므로 남자의 말에서 질문의 키워드와 의미상 일치하는 보기를 선택하세요.

3. What does the **woman** say **will happen this summer**?

(A) The business hours will be extended.
(B) The menu will be updated.
(C) The manager will be replaced.
(D) The restaurant will be reviewed.

내 머릿속에,

"이번 여름에 일어날 일"

을 저장하고, '키워드' 문제이므로 여자의 말에서 질문의 키워드와 의미상 일치하는 보기를 선택하세요.

대화를 들으면서 동시에 정답을 고르세요.

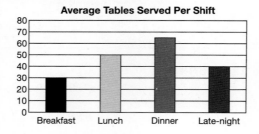

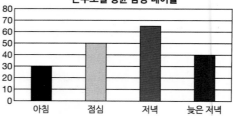

Questions 1-3 refer to the following conversation and graph.

M Janet, could you take a look at this data with me for a second? We may need some training sessions for the employees on this shift.

W Really? **1**We only serve about 30 tables during that period, so they shouldn't be having much difficulty.

M Well, **2**our survey shows that customers are much less satisfied with the service they receive at that time of the day compared to the other shifts.

W Hmm. **3**We'll need to straighten that out before the local newspaper's restaurant critics visit this summer. They are going to be publishing a detailed review of the food and service here.

1. Look at the graphic. Which shift are the speakers discussing?

(A) Breakfast   (B) Lunch
(C) Dinner   (D) Late-night

2. According to the man, what needs to improve?

(A) Food options   (B) Customer service
(C) Profit   (D) Hygiene

3. What does the woman say will happen this summer?

(A) The business hours will be extended.
(B) The menu will be updated.
(C) The manager will be replaced.
(D) The restaurant will be reviewed.

1-3번은 다음 대화와 그래프에 관한 문제입니다.

Janet, 잠깐 이 자료 좀 같이 봐줄래요? 이 근무조 직원들을 위한 교육이 필요할지도 모르겠어요.

그래요? **1**그 시간에는 30개 정도 테이블만 담당해서, 크게 힘들지 않을 건데요.

글쎄요, **2**저희가 조사한 바로는 다른 근무조와 비교해서 고객들은 하루 중 그 시간대에 받는 서비스에 대해 훨씬 덜 만족하고 있다고 나타났어요.

흠. **3**이번 여름에 지역 신문의 식당 비평가들이 방문하기 전에 그걸 해결해야 할 거예요. 그들이 이곳의 음식과 서비스에 관한 자세한 평가를 게재할 거예요.

시각 자료를 보시오. 화자들은 어떤 근무조에 관해 이야기하는가?

(A) 아침   (B) 점심
(C) 저녁   (D) 늦은 저녁

→ 여자가 그 시간에는 30개 정도 테이블만 담당한다고 말했고, 시각 자료에서 평균 담당 테이블이 30개인 근무조가 Breakfast(아침)임을 확인할 수 있으므로 (A)가 정답이에요!

남자에 따르면, 무엇이 개선되어야 하는가?

(A) 음식 옵션   **(B) 고객 서비스**
(C) 수익   (D) 위생

→ 남자의 두 번째 말에서 자체적으로 조사한 바로는 다른 근무조와 비교해서 고객들은 하루 중 그 시간대에 받는 서비스에 대해 훨씬 덜 만족하고 있는 것으로 나타났다고 말했으므로 (B)가 정답이에요!

여자는 이번 여름에 무슨 일이 있을 거라고 하는가?

(A) 영업시간이 연장될 것이다.
(B) 메뉴가 업데이트될 것이다.
(C) 매니저가 교체될 것이다.
(D) 식당이 평가를 받을 것이다.

→ 대화 마지막에 여자가 이번 여름에 지역 신문의 식당 비평가들이 방문하기 전에 그걸 해결해야 할 것이고, 그들이 이곳의 음식과 서비스에 관한 자세한 평가를 게재할 거라고 말했으므로 (D)가 정답이에요!

✔ **어휘**

shift 교대 근무(조) | **difficulty** 어려움 | **satisfied** 만족한 | **compared to** ~와 비교하여 | **straighten out** ~을 해결하다, 수습하다 | **critic** 비평가 | **publish** 게재하다, 출간하다 | **detailed** 자세한, 상세한 | **review** 평가, 비평

대화를 잘 듣고 질문에 알맞은 답을 고른 후, 다시 들으며 빈칸을 채우세요. (대화는 3번 들려줍니다.)

Satisfaction Survey		
Category	Satisfied	Dissatisfied
1. Creative tools		
2. Easy navigation		
3. Picture quality		
4. Please explain any areas you were dissatisfied with:		

1. Who is the survey intended for?

(A) Graphic designers
(B) Tax accountants
(C) Software developers
(D) Magazine editors

2. How did the man select the categories listed in the survey?

(A) He listened to recommendations from friends.
(B) He reviewed a user guide.
(C) He looked at online testimonials.
(D) He met with a consultant.

3. Look at the graphic. Which category will be taken out of the survey?

(A) Category 1
(B) Category 2
(C) Category 3
(D) Category 4

W: Gavin, did you finish making the survey for our latest _____ program? You know, the one for professional _____.

M: Yes, I did. Do you mind _____ it?

W: No problem. Let's see… Alright, it looks good. I'm curious: how did you _____ _____ to include in the survey?

M: I _____ through various _____ for illustration programs on the Internet. And I went with the ones that were mentioned most often by _____.

W: That was pretty smart. There is one thing I'd like to suggest, though. Usually, customers don't _____ portions of a survey that want them to _____ an explanation.

M: That is true… OK, I'll go ahead and _____ that category from the survey.

BASE 65

업무 요청

대화 유형

- **대화 내용 유형:** 개업하기 좋은 위치, 꽃을 심기에 좋은 장소, 딸기잼 추가 주문, 안전 워크숍에서 다룰 내용
- **빈출 문제 유형**

대화의 주제(What is the main topic of the conversation?)
대화 장소(Where is the conversation most likely taking place?)
제안하는 것(What does George offer to do?)
요청하는 것(What does the woman ask the man to do?)
화자가 갈 곳(Where does the man say he will be going?)

▶ '업무 요청' 관련 필수 어휘

accept 수용하다, 받아들이다	**contact** 연락; 연락하다	**matter** 사안, 문제; 중요하다
assign 맡기다, 배정하다	**contact information** 연락처	**provide** 제공하다
assistance 지원, 도움	**get in touch with** ~와 연락을 취하다	**secretary** 비서
available 이용 가능한, 시간이 있는	**input** 조언, 입력	**shift** 교대, 교대조, 교대 근무 시간
be willing to do 기꺼이 ~하다	**issue** 문제, 쟁점	**task** 일, 과제
colleague 동료	**leave for the day** 퇴근하다	
conduct 수행하다	**make a request** 요청하다 (= request)	
confirm 확인해 주다, 확정하다	**make an adjustment** 조정하다 (= adjust)	

BASE 66

업체 방문

대화 유형

- **대화 내용 유형:** 해외 지사 동료들의 방문, 정원 장식 업체의 매장 방문
- **빈출 문제 유형**

대화 장소(Where is the conversation being held?)
논의되고 있는 것(What is being discussed?)
방문이 연기된 이유(Why has the visit been postponed?)
권유하는 것(What does Bernard recommend that the woman do?)
상기시키는 것(What does the man remind the woman to do?)

▶ '업체 방문' 관련 필수 어휘

appointment 약속, 예약	**invitation** 초대, 초대장	**setting** 환경, 설정
be supposed to do ~하기로 되어 있다	**itinerary** 여행 일정표	**supplier** 공급 업체
business 업체, 사업	**make a call** 전화를 걸다 (= call)	**travel** 여행하다, 이동하다
client 고객	**manufacture** 제조하다	**upcoming** 다가오는, 곧 있을
firm 회사	**manufacturer** 제조업체	**visit** 방문하다; 방문
get off the phone 전화를 끊다, 통화를 끝내다	**overseas** 해외의	
industry 산업, 업계	**provider** 제공 업체	
institute 기관, 협회	**representative** 대표, 대표자, 담당자	

BASE 핵심스킬 🎧 CH09_03

질문의 키워드를 미리 파악한 후 대화를 들으며 알맞은 답을 고르세요.

STEP 1 🫧 듣기 전 키워드 잡기

대화를 듣기 전 질문을 미리 읽으면서 키워드에 표시하고, 대화의 흐름을 예상하세요.

1. What kind of business do the speakers work for?
   (A) A cosmetics firm
   (B) A printing shop
   (C) An employment agency
   (D) An educational institute

내 머릿속에,

"화자들의 업종"

을 저장하고, '화자의 신분'을 묻는 문제이므로 직업적 특성을 드러내는 단어나 표현을 통해 정답을 유추하세요.

2. What does the woman need assistance with?
   (A) Editing some content
   (B) Transporting some files
   (C) Contacting some clients
   (D) Developing some products

내 머릿속에,

"여자가 필요로 하는 도움"

을 저장하고, '키워드' 문제이므로 여자의 말에서 질문의 키워드와 의미상 일치하는 보기를 선택하세요.

3. Why does the woman say, **"that's what I did when I interned here"**?
   (A) She would like to oversee a training program.
   (B) She thinks a task might be too simple.
   (C) She disagrees with the man's opinion.
   (D) She wants to congratulate the man.

내 머릿속에,

"제가 이곳에서 인턴으로 근무했을 때는 그렇게 했었어요"

를 저장하고, '화자 의도 파악' 문제이므로 문제에 언급된 인용 문장과 함께 앞뒤의 핵심 단서를 파악하세요.

대화를 들으면서 동시에 정답을 고르세요.

Questions 1-3 refer to the following conversation.

W Hey, James. **1**I heard you're heading the internship program at our cosmetics company. It looks like we don't have anyone assigned to the legal team.

M Well, we are mainly focusing on getting people for the marketing and sales teams. **2**But I can get someone for you if you need assistance.

W As you know, we look over many legal documents. And **2**it'd be nice to have an intern proofread the language of some contracts.

M Hmm… **3**I don't know if that kind of work is suitable for an intern.

W Well, **3**that's what I did when I interned here.

M I see. Well, why don't you first send me a brief description of the tasks involved for the position?

1. What kind of business do the speakers work for?

   (A) A cosmetics firm
   (B) A printing shop
   (C) An employment agency
   (D) An educational institute

2. What does the woman need assistance with?

   (A) Editing some content
   (B) Transporting some files
   (C) Contacting some clients
   (D) Developing some products

3. Why does the woman say, "that's what I did when I interned here"?

   (A) She would like to oversee a training program.
   (B) She thinks a task might be too simple.
   (C) She disagrees with the man's opinion.
   (D) She wants to congratulate the man.

1-3번은 다음 대화에 관한 문제입니다.

안녕하세요, James. **1**우리 화장품 회사의 인턴십 프로그램을 담당하신다고 들었어요. 법무팀은 아무도 배정받지 못한 것 같네요.

음, 마케팅팀과 영업팀에 인력을 투입하는 데 주력하고 있어요. **2**하지만 도움이 필요하다면 누군가를 배정해 드릴 수 있어요.

아시다시피, 우리 법률 서류를 많이 검토해요. 그래서 **2**계약서 어투를 교정해 줄 인턴이 있으면 좋겠어요.

흠… **3**그런 업무가 인턴에게 적절한지 잘 모르겠네요.

음, **3**제가 이곳에서 인턴으로 근무했을 때는 그렇게 했었어요.

그렇군요. 그럼, 우선 그 직책의 담당 업무에 관한 간략한 설명을 제게 보내주시겠어요?

화자들은 어떤 업체에서 근무하는가?

(A) 화장품 회사
(B) 인쇄소
(C) 직업소개소
(D) 교육 기관
→ 대화 초반부에 여자가 우리 화장품 회사의 인턴십 프로그램을 남자가 담당한다는 걸 들었다고 했으므로 (A)가 정답이에요!

여자는 무엇에 도움이 필요한가?

(A) 내용 교정하기
(B) 파일 옮기기
(C) 고객에게 연락하기
(D) 제품 개발하기
→ 대화 중반부에 남자가 도움이 필요하다면 누군가를 배정해 줄 수 있다고 하자, 여자가 계약서 어투를 교정해 줄 인턴이 있으면 좋겠다고 말했으므로 (A)가 정답이에요!

여자는 왜 "제가 이곳에서 인턴으로 근무했을 때는 그렇게 했었어요"라고 말하는가?

(A) 교육 프로그램을 감독하고 싶어 한다.
(B) 업무가 너무 단순할 수도 있다고 생각한다.
(C) 남자의 의견에 동의하지 않는다.
(D) 남자를 축하해 주고 싶어 한다.
→ 남자가 그 업무가 인턴에게 적절한지 잘 모르겠다고 하자, 여자가 자신이 이곳에서 인턴으로 근무했을 때는 그렇게 했었다며 반박하는 의미로 말했으므로 (C)가 정답이에요!

✓어휘
head 이끌다 ǀ assign 배정하다 ǀ legal 법률과 관련된 ǀ mainly 주로 ǀ focus on ~에 주력하다 ǀ assistance 도움 ǀ proofread 교정하다 ǀ contract 계약서 ǀ suitable 적절한 ǀ brief 간략한 ǀ description 기술, 설명 ǀ task 업무

BASE 집중훈련

🎧 CH09_04

해설서 p.47

대화를 잘 듣고 질문에 알맞은 답을 고른 후, 다시 들으며 빈칸을 채우세요. (대화는 3번 들려줍니다.)

1. Where do the men work?

  (A) At a relocation firm
  (B) At an interior decorating business
  (C) At a real estate agency
  (D) At a furniture manufacturer

2. Why does the woman want to make a change?

  (A) To draw more customers
  (B) To comply with new laws
  (C) To reduce expenses
  (D) To create more space

3. What does Pablo say he will do?

  (A) Visit the woman's office
  (B) Draft an agreement form
  (C) Review a project timeline
  (D) Present a cost estimate

W: Hello. I'm Tammy Shin, and I have a 2 o'clock appointment.

M1: Hi, yes, welcome to Grand _____. Over the phone, you said that you wanted to _____ your office and replace some _____. Is that correct?

W: Yes. A lot of employees have _____ that there is too much _____ in the office. I'd like to reorganize everything and replace some items in order to _____ _____ for the staff.

M1: Alright. I'd like to _____ you to our most experienced decorator, Pablo.

M2: Hello, I'm Pablo. I have a folder with a _____ of your new office. Let's _____ and talk about _____ it would take to reorganize your office.

PART 3 CHAPTER 09

BASE 67 회의 준비

대화 유형

- **대화 내용 유형:** 직원 유니폼 디자인, 의학 기술 논의를 위한 오찬, 근무 시간 조정안
- **빈출 문제 유형**
  화자들의 신분(Who most likely are the speakers?)
  담당하는 일(What is the man responsible for?)
  지시받은 것(What is the man instructed to do for next week's meeting?)
  제안하는 것(What does the woman offer to do?)
  업체에 요청할 것(What will the woman request from JSA Corp.?)

▶ '회의 준비' 관련 필수 어휘

acquisition 인수, 획득	finalize 마무리 짓다, 완결하다	prepare 준비하다
acquire 인수하다, 획득하다	head 이끌다, 책임지다, (~로) 향하다	present 제시하다, 발표하다
allow 허용하다, 허락하다	in person 직접	presentation 발표, 프레젠테이션
arrange 마련하다, 준비하다	manage to do 용케 ~을 해내다	set up ~을 준비하다, 설립하다, 설치하다
attend 참석하다	merge 합병하다	show up 나타나다
conference 회의, 학회	merger 합병	urgent 긴급한
contract 계약, 계약서	plan to do ~할 계획이다	work on ~을 작업하다
direct 안내하다, 총괄하다	preparation 준비, 대비	work out 잘 해결되다

BASE 68 행사 준비

대화 유형

- **대화 내용 유형:** 매니저 워크숍, 창립 기념일 파티, 연례 시상 연회
- **빈출 문제 유형**
  화자들이 있는 장소(Where are the speakers?)
  준비하고 있는 행사(What event are the speakers organizing?)
  제공될 것(According to the man, what will be offered?)
  원하는 것(What does the woman say she wants to do?)
  추천하는 것(What does the man recommend?)

▶ '행사 준비' 관련 필수 어휘

activity 활동	charity 자선, 자선단체	outing 야유회
anniversary 기념일	competition 대회	participate in ~에 참가하다
award ceremony 시상식	contest 경연, 시합	reservation 예약
banquet 연회	currently 현재	reserve 예약하다
be all set 모두 준비되다	gather 모이다	take care of ~을 처리하다
caterer 음식 공급 업체	gathering 모임	take place 열리다, 개최되다
catering 음식 공급, 케이터링	handle 다루다, 처리하다	venue 장소
celebration 기념행사	hold 열다, 개최하다	

BASE 핵심스킬 🎧 CH09_05

질문의 키워드를 미리 파악한 후 대화를 들으며 알맞은 답을 고르세요.

STEP 1 🔑 듣기 전 키워드 잡기

대화를 듣기 전 질문을 미리 읽으면서 키워드에 표시하고, 대화의 흐름을 예상하세요.

Renay Resort: Event Halls		
Bronze Hall	$2,000	Fits up to 100 guests
Silver Hall	$4,000	Fits up to 300 guests
Gold Hall	$5,000	Fits up to 500 guests
Diamond Hall	$6,000	Fits up to 600 guests

1. What kind of **event** is the **woman organizing**?

(A) A marketing conference
(B) A retirement party
(C) An anniversary celebration
(D) A product demonstration

내 머릿속에,

"여자가 준비하고 있는 행사"

를 저장하고, '키워드' 문제이므로 여자의 말에서 질문의 키워드와 의미상 일치하는 보기를 선택하세요.

2. Look at the graphic. **Which event hall** will the **speakers** most likely **use**?

(A) Bronze Hall
(B) Silver Hall
(C) Gold Hall
(D) Diamond Hall

내 머릿속에,

"화자들이 사용할 행사장"

을 저장하고, '시각 자료 연계' 문제이므로 키워드를 확인한 후 재빨리 시각 자료에 시선을 고정한 채 대화에 언급된 단서를 파악하세요.

3. What does the **woman** say she will **do next**?

(A) Download a program
(B) Revise an itinerary
(C) Make a booking
(D) Print a map

내 머릿속에,

"여자가 다음에 할 일"

을 저장하고, '다음에 할 일'을 묻는 문제이므로 대화 후반부 여자의 말에서 미래 시제나 제안·요청 표현을 주의해서 들으세요.

대화를 들으면서 동시에 정답을 고르세요.

Renay Resort: Event Halls		
Bronze Hall	$2,000	Fits up to 100 guests
Silver Hall	$4,000	Fits up to 300 guests
Gold Hall	$5,000	Fits up to 500 guests
Diamond Hall	$6,000	Fits up to 600 guests

Renay 리조트: 행사장		
Bronze Hall	2,000달러	최대 100명 수용
Silver Hall	4,000달러	최대 300명 수용
Gold Hall	5,000달러	최대 500명 수용
Diamond Hall	6,000달러	최대 600명 수용

Questions 1-3 refer to the following conversation and price list.

W Steven, if you're free right now, **1**I'd like to talk about the celebration I'm planning for our company's 50th anniversary.

M Alright. You wanted to discuss potential event spaces at the Renay Resort, right?

W Yes. This is the first time we're using the resort, and I wanted to go over the prices for each of the event halls.

M Well, the Diamond Hall is the biggest, but $6,000 is too expensive.

W Yeah, but **2**$4,000 is within our budget.

M **2**Right. And that space should be able to accommodate all of our guests.

W Alright. **3**I'll get in touch with the resort manager to reserve the hall.

1. What kind of event is the woman organizing?

(A) A marketing conference
(B) A retirement party
(C) An anniversary celebration
(D) A product demonstration

2. Look at the graphic. Which event hall will the speakers most likely use?

(A) Bronze Hall   (B) Silver Hall
(C) Gold Hall   (D) Diamond Hall

3. What does the woman say she will do next?

(A) Download a program
(B) Revise an itinerary
(C) Make a booking
(D) Print a map

1-3번은 다음 대화와 가격표에 관한 문제입니다.

Steven, 지금 시간 있으시면, **1**제가 기획하고 있는 회사 50주년 창립 기념일 축하 행사 관련해서 이야기 나눴으면 해요.

알았어요. Renay 리조트에 있는 행사장 후보에 대해 논의하고 싶으셨던 거죠, 맞죠?

네. 저희가 그 리조트를 이용하는 게 이번이 처음이라, 저는 각 행사장 가격을 살펴보고 싶었어요.

음, Diamond Hall이 가장 큰데, 6,000달러는 너무 비싸네요.

네, 하지만 **2**4,000달러는 저희 예산 범위 안이에요.

2맞아요. 그리고 그 장소라면 저희 손님 전체를 수용할 수 있을 거예요.

알았어요. **3**제가 리조트 매니저에게 연락해서 그 홀을 예약할게요.

여자는 어떤 종류의 행사를 준비하고 있는가?

(A) 마케팅 콘퍼런스   (B) 은퇴 기념 파티
(C) 기념일 축하 행사   (D) 상품 시연회

⤷ 여자가 첫 번째 말에서 자신이 기획하고 있는 회사 50주년 창립 기념일 축하 행사 관련해서 이야기 나눴으면 한다고 말했으므로 (C)가 정답이에요. planning for가 organizing으로 패러프레이징 되었네요!

시각 자료를 보시오. 화자들은 어떤 행사장을 사용하겠는가?

(A) Bronze Hall   (B) Silver Hall
(C) Gold Hall   (D) Diamond Hall

⤷ 여자가 4,000달러는 예산 범위 안이라고 하자, 남자가 그 장소라면 자신들의 손님 전체를 수용할 수 있을 거라고 말했고, 시각 자료에서 4,000달러에 이용할 수 있는 행사장이 Silver Hall임을 확인할 수 있으므로 (B)가 정답이에요!

여자는 다음에 무엇을 할 거라고 하는가?

(A) 프로그램을 다운로드할 거라고
(B) 여행 일정을 수정할 거라고
(C) 예약을 할 거라고
(D) 지도를 출력할 거라고

⤷ 여자가 마지막 말에서 자신이 리조트 매니저에게 연락해서 그 홀을 예약하겠다고 말했으므로 (C)가 정답이에요. reserve가 Make a booking으로 패러프레이징 되었네요!

✅ 어휘

free 시간이 있는 | discuss 논의하다 | go over ~을 살펴보다 | expensive 비싼 | within ~이내에 | accommodate 수용하다 | get in touch with ~와 연락하다 | fit 들어맞다 | up to (최대)~까지

CH09_06

해설서 p.48

대화를 잘 듣고 질문에 알맞은 답을 고른 후, 다시 들으며 빈칸을 채우세요. (대화는 3번 들려줍니다.)

1. What are the speakers getting ready for?

(A) A product launch
(B) A retirement party
(C) A company workshop
(D) A client visit

2. What problem does the woman mention?

(A) A document is wrong.
(B) Some equipment is broken.
(C) A manager is too busy.
(D) Some supplies are missing.

3. What does the man ask the woman to do?

(A) Reserve a larger room
(B) Carry some boxes
(C) Print a form
(D) Arrange some furniture

M: Hey, Cindy. Are we all _____ on the new _____ procedures? It begins in half an hour.

W: I actually just found _____ in the _____. Some words are _____.

M: Ah, I _____ to tell you, but I already took care of that _____. I'll go to the media room and _____ of the new version right now. In the meantime, can you _____ the chairs and desks in the conference room?

W: Of course, I'll see you soon.

🎧 CH09_07_AT

해설서 p.48

대화를 잘 듣고 질문에 알맞은 답을 고른 후, 다시 들으며 빈칸을 채우세요. (대화는 3번 들려줍니다.)

1. What is the woman planning?

(A) A company dinner
(B) An anniversary party
(C) A team outing
(D) An industry conference

2. What issue does the man mention about the tour?

(A) It is expensive.
(B) It is not offered on weekends.
(C) It takes a long time.
(D) It is hard to understand.

3. What does the woman say she needs to do?

(A) Confirm a schedule
(B) Purchase some tickets
(C) Reserve a venue
(D) Make some phone calls

4. What are the speakers mainly discussing?

(A) A hiring process
(B) A budget report
(C) A charity event
(D) A holiday sale

5. What does the woman inform the man about?

(A) A potential investor
(B) A local law
(C) An upcoming inspection
(D) A renovation project

6. What does the woman say she will do?

(A) Review some applications
(B) Inquire about a date
(C) Compare some costs
(D) Attend a conference

[1-3]

W: I've got a question for you, Roger. Do you have any ideas for a good _____? I'm supposed to take my _____ members on an _____ next Saturday, and I want to do something interesting.

M: Well, a tour of the art gallery could be fun. But what's your _____? It takes quite some _____ the whole tour.

W: We _____ the schedule yet, but I'll do that now and _____ that we can _____ several hours at the gallery.

[4-6]

M: As you know, our gallery's end-of-the-year _____ is coming up in December. So we should begin _____ soon.

W: Right. By the way, the East Wing is going to be _____ during the winter. We have to _____ that the work is _____ before the charity ball takes place.

M: Thanks for letting me know. Can you _____ the facility manager to find out _____ the _____'s completion _____ is?

W: Of course. I'll _____ after lunch.

7. What is the main topic of the discussion?

(A) Changing a restaurant's menu
(B) Repairing some kitchen equipment
(C) Hiring a new head chef
(D) Ordering some cooking supplies

8. What does the woman say she had to do?

(A) Revise some recipes
(B) Remake some food
(C) Adjust her working hours
(D) Wash some dishes

9. What does the woman imply when she says, "I have an urgent errand to run"?

(A) She will see the man again shortly.
(B) She plans to participate in a sports competition.
(C) She will not attend a presentation.
(D) She has rearranged an appointment.

10. What is the woman planning?

(A) A product launch
(B) A farewell party
(C) An investor conference
(D) An anniversary dinner

11. Look at the graphic. How much will the woman's reservation cost?

(A) $300
(B) $400
(C) $450
(D) $510

12. Why does the man say a caterer is popular?

(A) It uses organic ingredients.
(B) It employs a well-known chef.
(C) It offers the most affordable prices.
(D) It has many dessert options.

[7-9]

M: Hey, Regina. Can you check this _____ I made for our restaurant? I know the kitchen has been running _____.

W: That's true. Let's see… Your list _____ almost everything. But you might want to _____ a few bags of flour. After the refrigerator _____ last weekend, I had to _____ all of our _____.

M: Good point. I'll _____ and then send the list to our wholesale food _____. Anyway, are you _____ the special _____ by management this afternoon?

W: I have an urgent errand to run. Can you _____ what was discussed tomorrow?

[10-12]

M: You've reached Straum Convention Center. How may I be of service?

W: Hello, I'm _____ a _____ for my firm's 20th _____. I'd like to book the Gold Room, for December 8.

M: Alright, I'll see if it's _____. Hmm… _____, the Gold Room is _____ for that date. But if you're _____ pay $60 _____, I can get an even _____ space for you—the _____ Room.

W: Oh, that's not too bad. OK, I'll _____ the _____ Room, then. Also, I need some advice about the menu. Do you know of any good catering companies?

M: I _____ Magic Catering. They're very popular _____ their _____ items.

BASE 69 인사 업무

대화 유형

- **대화 내용 유형:** 그래픽 디자인 직무 개발 세미나, 편집장 구인 공고, 신입 사원 오리엔테이션
- **빈출 문제 유형**
  화자의 직업(What most likely is the woman's job?)
  세미나의 주제(What is the subject of the seminar?)
  전화 건 목적(What is the purpose of the call?)
  일하는 장소(Where do the women work?)
  문의하는 것(What does the woman inquire about?)

▶ '채용·면접' 관련 필수 어휘

applicant 지원자	hire 고용하다	prospect 가능성
application 지원서	impressed 깊은 인상을 받은	prospective 장래의, 유망한
apply 지원하다	interested 관심이 있는 (*cf. interesting* 흥미로운)	recruit 모집하다
duties 직무	interview 면접	recruiting 채용 활동
employ 고용하다	interviewee 면접자 (*cf. interviewer* 면접관)	responsibility 책무, 맡은 일
employment 고용	opening 공석 (= job opening, job vacancy)	résumé 이력서
executive 경영 간부	overtime work 잔업, 시간 외 근무	role 역할
experience 경험; 겪다, 경험하다	position 자리, 직책	suitable for ~에 적합한
highly qualified 충분한 자격을 갖춘	potential 잠재력; 가능성이 있는	

▶ '승진·전근·퇴직' 관련 필수 어휘

abroad 해외로	farewell party 송별회	replace 대신하다, 교체하다
appoint 임명하다	management 경영, 경영진	replacement 후임자
be able to do ~을 할 수 있다 (= be capable of)	negotiate 협상하다	retire 은퇴하다
benefit 혜택, 수당	negotiation 협상	retirement 은퇴
board of directors 이사회	praise 칭찬하다	salary 급여
branch 지사, 지점	promote 승진시키다, 홍보하다	take on ~을 떠맡다
competitor 경쟁사 (= rival company)	relocate 이전하다	transfer 이동하다, 전근 가다
cover 다루다, 포함시키다, 대신하다	relocation 이전	welcome 환영하다, 맞이하다

▶ '직원 교육' 관련 필수 어휘

catch up on ~을 따라가다, ~을 보충하다	internship 인턴직, 인턴 근무	seminar 세미나
course 과정, 강좌	lesson plan 학습 계획안	sign 서명하다
coworker 동료	manage 관리하다, 감당하다	signature 서명
encourage 격려하다, 권장하다	manager 관리자	supervisor 관리자, 감독관
enroll 등록하다	orientation 오리엔테이션, 예비 교육	training session 교육
enrollment 등록	oversee 감독하다	tuition 수업료
handbook 안내서	public speaking 공개 연설	workshop 워크숍, 연수회
head office 본사 (= headquarters)	register 등록하다, 신고하다	

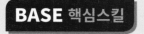 CH10_01

질문의 키워드를 미리 파악한 후 대화를 들으며 알맞은 답을 고르세요.

STEP 1 ☑ 듣기 전 키워드 잡기

대화를 듣기 전 질문을 미리 읽으면서 키워드에 표시하고, 대화의 흐름을 예상하세요.

Team 3 Member Sales Breakdown

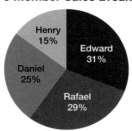

1. According to the **woman**, **what** will **happen in two weeks**?

(A) A new product will be introduced.
(B) A new policy will be announced.
(C) An employee will leave a position.
(D) A merger will be approved.

내 머릿속에,

"2주 후에 일어날 일"

을 저장하고, '키워드' 문제이므로 여자의 말에서 질문의 키워드와 의미상 일치하는 보기를 선택하세요.

2. Where do the speakers **work**?

(A) At an electronics store
(B) At a bank
(C) At a real estate agency
(D) At a factory

내 머릿속에,

"화자들의 근무 장소"

를 저장하고, '화자의 신분'을 묻는 문제이므로 직업적 특성을 드러내는 단어나 표현을 통해 정답을 유추하세요.

3. Look at the graphic. **What** is the **man's name**?

(A) Henry
(B) Daniel
(C) Rafael
(D) Edward

내 머릿속에,

"남자의 이름"

을 저장하고, '시각 자료 연계' 문제이므로 2번 문제에 정답 체크하고 재빨리 시각 자료에 시선을 고정한 채 대화에 언급된 단서를 파악하세요.

대화를 들으면서 동시에 정답을 고르세요.

Team 3 Member Sales Breakdown

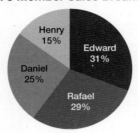

3팀 팀원 매출 분석

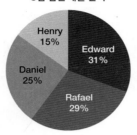

Questions 1-3 refer to the following conversation and pie chart.

M Here is the report showing each team member's contribution to this quarter's sales.

W Thanks. **1**You've probably heard that Director of Marketing, Ricky Yang, has taken a different job and will be leaving in two weeks.

M Yes, he told me yesterday.

W **2**Considering your team opens the most new savings and checking accounts, I think you could really do well in that role. Would you like to apply?

M Of course. **3**As you know, another employee on my team had the highest sales this quarter— actually slightly higher than mine, but I do think that I would be perfect for leading the Marketing Department.

1. According to the woman, what will happen in two weeks?

(A) A new product will be introduced.
(B) A new policy will be announced.
(C) An employee will leave a position.
(D) A merger will be approved.

2. Where do the speakers work?

(A) At an electronics store
(B) At a bank
(C) At a real estate agency
(D) At a factory

3. Look at the graphic. What is the man's name?

(A) Henry　　　　　　(B) Daniel
(C) Rafael　　　　　　(D) Edward

1-3번은 다음 대화와 원그래프에 관한 문제입니다.

여기 각 팀원의 이번 분기 기여도를 보여주는 보고서입니다.

고마워요. **1**마케팅 이사인 Ricky Yang이 이직을 해서 2주 후에 떠난다는 소식 들었을 거예요.

네, 어제 그가 저에게 말했어요.

2당신의 팀이 가장 많은 신규 예금과 당좌예금을 개설하는 걸 감안하면, 당신이 그 역할을 정말 잘 할 수 있을 것 같은데요. 지원하고 싶으세요?

물론이죠. **3**아시다시피, 저희 팀에 있는 다른 직원이 이번 분기에 가장 높은 매출, 사실 저보다 약간 더 높은 매출을 올렸습니다, 하지만 제가 마케팅 부서를 이끌기에 적합하다고 생각합니다.

여자에 따르면, 2주 후에 무슨 일이 있을 것인가?

(A) 신제품이 출시될 것이다.
(B) 새로운 정책이 발표될 것이다.
(C) 직원이 자리를 떠날 것이다.
(D) 합병이 승인될 것이다.

⇢ 여자의 첫 번째 말에서 여자가 남자에게 마케팅 이사인 Ricky Yang이 이직을 해서 2주 후에 떠난다는 소식 들었을 거라고 말했으므로 (C)가 정답이에요. Director of Marketing이 a position으로 패러프레이징 되었네요!

화자들은 어디에서 근무하는가?

(A) 전자 제품 매장에서　　**(B) 은행에서**
(C) 부동산 중개소에서　　(D) 공장에서

⇢ 대화 중반부에 여자가 남자의 팀이 가장 많은 신규 예금과 당좌예금을 개설한다고 말했으므로 (B)가 정답이에요!

시각 자료를 보시오. 남자의 이름은 무엇인가?

(A) Henry　　　　　　(B) Daniel
(C) Rafael　　　　　(D) Edward

⇢ 대화 후반부에 남자가 자신의 팀에 있는 다른 직원이 이번 분기에 가장 높은(자신보다 약간 더 높은) 매출을 올렸다고 말했고, 시각 자료에서 매출 비율이 가장 높은 Edward 다음으로 Rafael이 높음을 확인할 수 있으므로 (C)가 정답이에요!

✔ 어휘

contribution 기여 | quarter 분기 | leave 떠나다 | savings 예금 | checking account 당좌예금 | role 역할 | apply 지원하다 | slightly 약간

BASE 집중훈련 🎧 CH10.02

해설서 p.51

대화를 잘 듣고 질문에 알맞은 답을 고른 후, 다시 들으며 빈칸을 채우세요. (대화는 3번 들려줍니다.)

1. Where do the women work?

(A) At an educational institute
(B) At a graphic design firm
(C) At a bookstore
(D) At a publishing company

2. What is the purpose of the call?

(A) To discuss a recent purchase
(B) To reschedule a delivery
(C) To set an interview date
(D) To address a complaint

3. What will be sent to the man?

(A) Warranty information
(B) A product catalog
(C) A legal document
(D) Driving directions

W1: Hi, Mr. Patel. It's Keisha Ferguson from Wagner _____. I've looked over the résumé you sent in response to the _____, and I'd like to _____ further with you in person.

M: That would be great. Thank you!

W1: Alright. I'll _____ this call to our _____ manager. She'll _____ you for an _____.

M: OK.

W2: Good afternoon, Mr. Patel. I'm Whitney, the HR manager. How does next Monday at 2 P.M. sound?

M: That'll work! Also, this will be my first visit to your office. Can you tell me how to _____?

W2: I'll _____ you the details.

BASE 70 제품 개발 업무

대화 유형

- **대화 내용 유형:** 무선 충전기 신제품 관련 인터뷰, 새 운동화 출시, 주방 가전제품 발표, 스마트 텔레비전 시연
- **빈출 문제 유형**
  화자들이 종사하는 업종(What industry do the speakers work in?)
  회사가 최근에 한 일(What has the company recently done?)
  제품에 대해 강조되고 있는 것(What is emphasized about a product?)
  바이어들이 보러 오는 상품(What product are the buyers coming to see?)
  해야 할 일(According to the man, what will the woman have to do?)

▶ '제품 개발' 관련 필수 어휘

calculate 계산하다	download (데이터를) 내려받다	planning 기획, 계획 세우기
compare 비교하다	figure out ~을 알아내다, ~을 계산하다	plant 공장
confidential 비밀의, 기밀의	improve 개선하다, 향상시키다	process 절차, 공정; 처리하다
design 설계하다	inspection 점검, 검사	production 생산
develop 개발하다	install 설치하다	productivity 생산성
device 기구, 장치	investigate 조사하다	quality 품질; 고급의
devise 고안하다	laboratory 실험실	

▶ '제품 발표' 관련 필수 어휘

affordable 가격이 알맞은	explain 설명하다	publish 발표하다, 출판하다
agenda 안건, 의제	high-quality 고품질의, 고급의	release 공개하다, 발표하다
announce 발표하다	introduce 도입하다, 소개하다	reveal 드러내다
announcement 발표	latest 최신의	section 부문, 구역
copy 사본; 복사하다	launch 출시하다	the public 일반 대중
demonstrate 시연하다	make sure 반드시 ~하다	update 업데이트하다, 최신 정보를 제공하다
demonstration 시연	market 시장; (시장에 상품을) 내놓다	
distribute 배포하다	press conference 기자회견	

▶ '영업·마케팅' 관련 필수 어휘

aggressively 공격적으로	investment 투자	sales (figures) 매출액, 판매량
boost 끌어올리다, 신장시키다	investor 투자자	sales representative 영업 사원
buyer 구매자, 바이어	merchandise 상품; 판매하다	sell 판매하다, 매도하다
dealership 대리점	portion 부분	special deal 특가 상품
exceed 초과하다	profit 수익, 이윤	vendor 판매 회사, 행상
expand 확대하다, 확장하다	promotion 홍보 (활동)	wholesale 도매의
feasible 실현 가능한	promotional 홍보의	wholesaler 도매업자
for free 무료로	retail outlet 소매점	
free 무료의	retailer 소매업자	

BASE 핵심스킬

🎧 CH10_03

질문의 키워드를 미리 파악한 후 대화를 들으며 알맞은 답을 고르세요.

STEP 1 　🔑 듣기 전 키워드 잡기

대화를 듣기 전 질문을 미리 읽으면서 키워드에 표시하고, 대화의 흐름을 예상하세요.

1. What did the woman do yesterday?

(A) She took a customer survey.
(B) She investigated some competitors.
(C) She made a product presentation.
(D) She met some sales representatives.

내 머릿속에,

"여자가 어제 한 일"

을 저장하고, '키워드' 문제이므로 여자의 말에서 질문의 키워드와 의미상 일치하는 보기를 선택하세요.

2. What industry do the speakers work in?

(A) Automotive manufacturing
(B) Interior design
(C) Computer programming
(D) Agriculture

내 머릿속에,

"화자들이 종사하는 업종"

을 저장하고, '화자의 신분'을 묻는 문제이므로 직업적 특성을 드러내는 단어나 표현을 통해 정답을 유추하세요.

3. What will the company do tomorrow?

(A) Announce some test results
(B) Launch an advertising campaign
(C) Celebrate an employee's retirement
(D) Open a new business office

내 머릿속에,

"회사가 내일 할 일"

을 저장하고, '키워드' 문제이므로 질문의 키워드와 의미상 일치하는 보기를 선택하세요.

대화를 들으면서 동시에 정답을 고르세요.

Questions 1-3 refer to the following conversation.

M ¹Hi, Judy. How did yesterday's seminar go?

W ¹It went really well! I introduced our new fertilizer, and the response was very positive. ²I spoke with several dozen people, and one thing everybody agreed on was that our industry needs to find more environmentally friendly ways to increase the productivity of harvests.

M Yes, that's for sure. ³Did you discuss the laboratory results for the new fertilizer that we're releasing tomorrow?

W I did. Several prospects I spoke with asked me to contact them once that data is available.

1. What did the woman do yesterday?

(A) She took a customer survey.
(B) She investigated some competitors.
(C) She made a product presentation.
(D) She met some sales representatives.

2. What industry do the speakers work in?

(A) Automotive manufacturing
(B) Interior design
(C) Computer programming
(D) Agriculture

3. What will the company do tomorrow?

(A) Announce some test results
(B) Launch an advertising campaign
(C) Celebrate an employee's retirement
(D) Open a new business office

1-3번은 다음 대화에 관한 문제입니다.

¹안녕하세요, Judy. 어제 세미나는 어땠어요?

¹정말 잘 진행됐어요! 제가 우리 새로운 비료를 소개했는데 반응이 정말 긍정적이었어요. ²수십 명의 사람들과 이야기했는데요, 모든 사람들이 우리 업계가 수확량 생산성을 늘릴 수 있도록 보다 더 환경친화적인 방법을 찾아야 한다는 데 동의했어요.

네, 그건 정말 그래요. ³내일 공개할 새 비료에 대한 연구 결과는 이야기했었나요?

했어요. 저와 얘기 나눴던 예상 고객 몇 명이 자료가 확보되면 연락해 달라고 저에게 부탁했어요.

여자는 어제 무엇을 했는가?

(A) 고객 설문 조사를 했다.
(B) 몇몇 경쟁사들을 조사했다.
(C) 제품 발표를 했다.
(D) 몇몇 영업 사원들을 만났다.

⇨ 대화 처음에 남자가 여자에게 어제 세미나는 어땠냐고 물어보자, 여자가 정말 잘 진행됐고 자신들의 새로운 비료를 소개했는데 반응이 정말 긍정적이었다고 말했으므로 (C)가 정답이에요. introduced our new fertilizer가 made a product presentation으로 패러프레이징 되었네요!

화자들은 어떤 업계에서 일하는가?

(A) 자동차 제조 　　　　(B) 인테리어 디자인
(C) 컴퓨터 프로그래밍 　**(D) 농업**

⇨ 대화 초반부에 여자가 수십 명의 사람들과 이야기했는데 모든 사람들이 자신들의 업계가 수확량 생산성을 늘릴 수 있도록 보다 더 환경친화적인 방법을 찾아야 한다는 데 동의했다고 말했으므로 (D)가 정답이에요!

내일 회사는 무엇을 할 것인가?

(A) 어떤 시험 결과를 발표할 것이다
(B) 광고 캠페인을 시작할 것이다
(C) 직원 은퇴를 축하할 것이다
(D) 신규 영업 사무실을 개설할 것이다

⇨ 대화 후반부에 남자가 내일 공개할 새 비료에 대한 연구 결과는 이야기했었는지 물어보는 것으로 보아 (A)가 정답이에요. releasing이 Announce로, the laboratory results가 some test results로 패러프레이징 되었네요!

✔어휘

go well 잘되다 ǀ introduce 소개하다 ǀ fertilizer 비료 ǀ response 반응 ǀ positive 긍정적인 ǀ dozen 십여 개의 ǀ agree 동의하다 ǀ industry 업계,산업 ǀ environmentally friendly 환경친화적인 ǀ productivity 생산성 ǀ harvest 수확, 수확량 ǀ laboratory 실험실 ǀ result 결과 ǀ release 공개하다 ǀ prospect 예상 후보, 잠재 고객 ǀ available 구할 수 있는

BASE 집중훈련

🎧 **CH10_04**

해설서 p.52

대화를 잘 듣고 질문에 알맞은 답을 고른 후, 다시 들으며 빈칸을 채우세요. (대화는 3번 들려줍니다.)

1. What problem does the man mention?

(A) A budget is too small.
(B) Some stores are understaffed.
(C) Some merchandise is not selling well.
(D) A product is defective.

2. Why does the man say, "She might not be ready to do that yet"?

(A) To provide assistance
(B) To show concern
(C) To recommend training
(D) To criticize a colleague

3. What does the woman say she will do?

(A) Reserve a room
(B) Design a questionnaire
(C) Revise a marketing plan
(D) Attend a workshop

M: So that new employee Michelle _____ me her first monthly _____.
I _____ it this morning. Unfortunately, our outdoor gear, particularly hiking equipment,
is _____ in several stores.

W: Hmm… That's not good.

M: Yeah, but the report did say a large portion of _____ come from our outdoor gear, so
we should still _____ those products _____.

W: Right. Let's _____ Michelle to _____ her data to the entire sales team.

M: She might not be ready to do that yet. Maybe I should just _____.

W: No, I think it'll be a good learning _____ for her. I'll _____ the large _____
_____ sometime next week for the presentation.

대화를 잘 듣고 질문에 알맞은 답을 고른 후, 다시 들으며 빈칸을 채우세요. (대화는 3번 들려줍니다.)

1. Who is the man?

(A) A secretary
(B) An executive
(C) A manager
(D) An interviewer

2. Why did the woman change jobs?

(A) To learn about a new industry
(B) To be closer to some relatives
(C) To have more free time
(D) To have better income potential

3. What will the woman most likely do next?

(A) Attend a class
(B) Meet some colleagues
(C) Answer some questions
(D) Read a handbook

4. What industry do the speakers work in?

(A) Automotive
(B) Restaurant
(C) Home appliances
(D) Office supplies

5. What will Ms. Choi do tomorrow morning?

(A) Perform an installation
(B) Watch a demonstration
(C) Give a speech
(D) Tour a city

6. What is emphasized about a product?

(A) It will be discounted.
(B) It functions quickly.
(C) It has simple instructions.
(D) It is lightweight.

[1-3]

M: Hello, Jackie. I hope your first day is going well. My name is David Hamilton, the _____. I was very impressed to see your _____.

W: Oh, thank you. I worked as a financial _____ for many years. But I changed jobs to _____ the music _____.

M: I'm sure you'll find it interesting. Now, before we begin your _____, you'll first need to _____ to all of our company _____.

W: Yes, of course.

M: Here's the employee _____. It's 10 pages _____, so take a few minutes and _____ it now. Once you're sure you understand everything, go ahead and _____ on the last page.

[4-6]

M1: Jake, this is Ms. Choi, a representative for a large _____ in South Korea. Her company is thinking about _____ our cold brew coffee _____.

M2: It's a pleasure to have you here, Ms. Choi. I hope you're having a good time in Tokyo.

W: I am, and I'm quite excited for the _____ of your latest coffee _____ tomorrow morning.

M2: We look forward to _____ you what it can do. You'll also get a chance to _____ _____.

W: Wonderful! I'm curious about how you managed to _____ such a great technology.

M1: It took a lot of time and effort. The machine can make cold brew coffee in _____ _____ 10 minutes! That's _____ any other model on the market right now.

7. What does the woman congratulate the man for?

(A) Designing a product
(B) Becoming an executive
(C) Acquiring a contract
(D) Opening a store

8. What is the man excited about?

(A) Relocating to a different country
(B) Getting some input
(C) Taking on new duties
(D) Working in a bigger office

9. Why does the man say, "A new bistro opened up on Main Avenue"?

(A) He thinks a restaurant is too expensive.
(B) He suggests using an alternative route.
(C) He is accepting an invitation.
(D) He is worried about a rival business.

Departing Trains		
Departure Time	**Status**	**Destination**
1:00 P.M.	35 minutes late	San Diego
2:00 P.M.	1 hour late	Los Angeles
3:30 P.M.	On schedule	Irvine
4:30 P.M.	20 minutes late	Temecula

10. Look at the graphic. What is the status of the man's train?

(A) 35 minutes late
(B) 1 hour late
(C) On schedule
(D) 20 minutes late

11. Where do the speakers work?

(A) At a travel agency
(B) At an investment firm
(C) At an appliance maker
(D) At a restaurant chain

12. What does the woman say she will do?

(A) Book a table
(B) Reschedule a presentation
(C) Pick up a client
(D) Request additional help

[7-9]

W: Mr. Wilson, congratulations on _____ of Marketing. All of us on your old team gathered money to buy you this watch set. We wish you the best of luck!

M: Thanks! I'll miss everyone when I _____ the head office. But I'm excited to _____.

W: Glad to hear it! Oh, also, the team and I wanted to _____ sometime next week. It's our last chance to have a _____ before you transfer.

M: A new bistro opened up on Main Avenue.

W: Nice. I'll _____.

[10-12]

M: Hello, Joyce. We might have a problem. The 1 o'clock train to San Diego _____ _____.

W: That's not good. We're supposed to _____ to a big client later today. And you're in charge of _____ some of our newest _____.

M: Hmm… There's still a chance I can make it on time.

W: We can't risk it, so I'll _____ tomorrow afternoon. This client is a major _____ chain, and we could greatly increase our profits if they decide to _____ more appliances from us.

일상생활

챕터 전체 듣기

BASE 71 주문·배송

대화 유형

- **대화 내용 유형:** 인도 요리 주문, 저녁 식사 장소, 태블릿 PC 구매와 배송 일정
- **빈출 문제 유형**
  연락한 업체 (What kind of business did the woman contact?)
  화자들이 있는 장소 (Where most likely are the speakers?)
  요청하는 것 (What does the man ask for?)
  함께 식사할 사람 (Who is the woman having dinner with?)
  특정 시점에 일어날 일 (What will happen on the weekend?)

▶ '주문·배송' 관련 필수 어휘

brochure 안내 책자, 브로슈어	in bulk 대량으로	run low 떨어져 가다, 고갈되다
cancel 취소하다	in stock 재고가 있는	shipment 배송, 배송품
carry (물품을) 취급하다	inventory 재고, 물품 목록	stock 재고, 재고품
contact information 연락처	order 주문, 주문품; 주문하다	supplies 물품, 용품
customer 고객	package (포장용) 상자, 소포; 포장하다	transport 수송하다, 실어 나르다
delivery 배달	pay for ~의 대금을 지불하다	transportation 수송
drop off ~을 가져다 놓다, ~을 전달하다	payment 지급, 납부	
expect 기대하다, 예상하다	purchase 구매, 구매품; 구매하다	

BASE 72 교환·환불·할인

대화 유형

- **대화 내용 유형:** 이어폰 교환, 모자 반품, 테니스 수강료 할인
- **빈출 문제 유형**
  상점에 방문한 이유 (Why is the man visiting the store?)
  문제점 (What problem does the man mention?)
  반품하려는 이유 (Why would the woman like to return an item?)
  반품하려는 물건 (Look at the graphic. Which item does the woman want to return?)
  추천하는 모델 (Look at the graphic. What model does the woman recommend?)

▶ '교환·환불·할인' 관련 필수 어휘

at least 적어도, 최소한	discount 할인	unlimited 무제한의
be of service 도움이 되다	ensure 보장하다	up to 최대 ~까지
cash 현금	exchange 교환; 교환하다	value 가치
charge 청구하다	gift certificate 상품권	waive 철회하다, 면제하다
check 수표	receipt 영수증	warranty 품질 보증서
complain 불평하다	redeemable 교환할 수 있는	
complaint 불평, 불만	refund 환불	
credit card 신용카드	return 돌려주다, 반품하다	

BASE 핵심스킬 🎧 CH11_01

질문의 키워드를 미리 파악한 후 대화를 들으며 알맞은 답을 고르세요.

STEP 1 🔘 듣기 전 키워드 잡기

대화를 듣기 전 질문을 미리 읽으면서 키워드에 표시하고, 대화의 흐름을 예상하세요.

1. Where are the speakers?
(A) At a printing shop
(B) At a bookstore
(C) At a furniture shop
(D) At an office supply store

내 머릿속에,

"화자들이 있는 곳"

을 저장하고, '대화 장소'를 묻는 문제이므로 특정 장소에서 쓸 수 있는 단어나 표현을 통해 정답을 유추하세요.

2. Why does Ramona ask the man for assistance?
(A) A machine is not working.
(B) A receipt is unavailable.
(C) A price is incorrect.
(D) A product is missing.

내 머릿속에,

"Ramona가 도움을 요청한 이유"

를 저장하고, '키워드' 문제이므로 Ramona의 말에서 질문의 키워드와 의미상 일치하는 보기를 선택하세요.

3. What does the man say he can do for the customer?
(A) Provide a refund
(B) Contact another location
(C) Permit an exchange
(D) Repair some equipment

내 머릿속에,

"고객을 위해 남자가 할 수 있다고 말한 것"

을 저장하고, '키워드' 문제이므로 남자의 말에서 질문의 키워드와 의미상 일치하는 보기를 선택하세요.

대화를 들으면서 동시에 정답을 고르세요.

Questions 1-3 refer to the following conversation with three speakers.

W1 ¹Hello, and welcome to Elkhart Office Supply. My name is Ramona.

W2 ²Hi, Ramona. I'm hoping to return a printer I bought here last Thursday.

W1 Sure. I just need to see your receipt.

W2 Well, the thing is, I can't find it.

W1 Oh. ²The store policy requires a receipt in order to give you a refund. But I'll try asking my supervisor. Hey, Derek?

M Yes, Ramona?

W1 I have a customer here who'd like to return a printer, but she lost the receipt.

M ³Well, ma'am, we can only allow an exchange. You could get another printer or different items of the same value.

1. Where are the speakers?

   (A) At a printing shop
   (B) At a bookstore
   (C) At a furniture shop
   (D) At an office supply store

2. Why does Ramona ask the man for assistance?

   (A) A machine is not working.
   (B) A receipt is unavailable.
   (C) A price is incorrect.
   (D) A product is missing.

3. What does the man say he can do for the customer?

   (A) Provide a refund
   (B) Contact another location
   (C) Permit an exchange
   (D) Repair some equipment

1-3번은 다음 세 화자의 대화에 관한 문제입니다.

①어서 오세요, Elkhart 사무용품점입니다. 저는 Ramona입니다.

②안녕하세요, Ramona. 제가 지난주 목요일에 여기서 구입한 프린터를 반품하고 싶은데요.

네. 영수증을 보여 주세요.

그게, 문제는, 그걸 못 찾겠어요.

아. **②**매장 정책에 따라 환불을 해 드리려면 영수증이 필요합니다. 하지만 제가 관리자에게 한번 물어볼게요. 저기요, Derek?

네, Ramona?

프린터를 반품하시려는 고객이 있는데요, 영수증을 잃어버리셨어요.

③음, 손님, 저희는 교환만 해 드릴 수 있습니다. 다른 프린터나 동일한 금액의 다른 상품으로 가져가실 수 있어요.

화자들은 어디에 있는가?

(A) 인쇄소에
(B) 서점에
(C) 가구점에
(D) 사무용품점에

→ 대화 초반부에 여자1이 '어서 오세요, Elkhart 사무용품점입니다.'라고 말했으므로 (D)가 정답이에요!

Ramona는 남자에게 왜 도움을 요청하는가?

(A) 기계가 작동하지 않는다.
(B) 영수증이 없다.
(C) 가격이 잘못됐다.
(D) 상품이 없다.

→ 여자2가 여자1에게 '안녕하세요, Ramona.'라고 말한 것으로 보아, 여자1이 Ramona임을 알 수 있고, 여자1이 매장 정책에 따라 환불 시 영수증이 필요한데 자신이 관리자(Derek)에게 한번 물어본다고 말했으므로 (B)가 정답이에요!

남자는 고객에게 무엇을 해 줄 수 있다고 말하는가?

(A) 환불해 줄 수 있다고
(B) 다른 지점에 연락해 줄 수 있다고
(C) 교환해 줄 수 있다고
(D) 장비를 수리해 줄 수 있다고

→ 남자가 마지막 말에서 여자2에게 자신들은 교환만 해줄 수 있다고 말했으므로 (C)가 정답이에요. allow가 Permit으로 패러프레이징 되었네요!

✔ **어휘**

return 반품하다 | receipt 영수증 | refund 환불(금) | supervisor 관리자, 감독관 | lose 잃어버리다 | allow 허용하다 | exchange 교환; 교환하다 | value 값, 가치

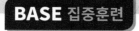

대화를 잘 듣고 질문에 알맞은 답을 고른 후, 다시 들으며 빈칸을 채우세요. (대화는 3번 들려줍니다.)

1. What did a company recently do?

(A) It ordered some exercise equipment.
(B) It expanded its office.
(C) It hired additional staff.
(D) It agreed to participate in some research.

2. According to the men, what is the benefit of a change?

(A) It will increase the quality of their work.
(B) It will give employees more workspace.
(C) It will allow more clients to be serviced.
(D) It will reduce production costs.

3. What do the men ask the woman about?

(A) A company procedure
(B) A brand name
(C) A delivery time
(D) A travel itinerary

M1: Hi, Eric. Did you see the message? Our company is going to _____ several _____ for us to use during our break time. That way, we can _____ throughout the day.

M2: I think that's great. I just read about how light exercise during work hours can _____ _____.

M1: That's true. A little physical activity definitely helps _____ as well. So when are we getting the bikes?

M2: Let's ask Andrea. She works in Shipping and Receiving, so she should know.

M1: Hey, Andrea. Eric and I would like to know _____ the stationary bikes are _____ _____.

W: Oh, I just got a call about those. They will _____ today.

고장·수리

- **대화 내용 유형:** 히터 고장 문의, 청소기 전원 버튼 문제, 프린터 인쇄 오류
- **빈출 문제 유형**
  화자의 신분(Who most likely is the woman?)
  문제점(What problem is the man having?)
  요청하는 정보(What information does the woman ask for?)
  지시하는 것(What does the woman instruct the man to do?)
  특정 시간에 할 일(What is the man planning to do at 3 P.M.?)

▶ '고장·수리' 관련 필수 어휘

apologize 사과하다	equipment 장비	pick up ~을 찾아오다
appliance (가정용) 기기	fix 고치다, 수리하다	repair 수리하다; 수리
auto repair shop 자동차 정비소	form 양식, 서식	technical support 기술 지원
complimentary 무료의	gear 장비	wear out 닳다, 마모되다; 마모(wear-out)
connect 연결하다	grab 붙잡다, 움켜쥐다	
cracked 금이 간, 갈라진	lock 잠그다	
damaged 손상된, 피해를 입은	machinery 기계	
defective 결함이 있는	malfunction 고장; 제대로 작동하지 않다	

공사·부동산

- **대화 내용 유형:** 페인트 공사, 간판대 개선, 리모델링 시 소음 문제, 창고 임대 부지
- **빈출 문제 유형**
  화자들의 신분(Who are the speakers?)
  제공하는 서비스(What service does the woman provide?)
  대화 장소(Where is the conversation most likely taking place?)
  걱정하는 것(What is the man worried about?)
  다음에 할 일(What will the man probably do next?)

▶ '공사·부동산' 관련 필수 어휘

complete 완료하다, 작성하다	interior design 실내 장식, 인테리어 디자인	renovate 수리하다
completion 완료, 완성	invoice 청구서, 송장	renovation 수리
construction 공사, 건설	landscaping 조경	repairs 수리 작업
decorate 꾸미다, 장식하다	owner 주인, 소유주	resident 주민, 거주자
estimate 견적서; 추정하다	progress 진행, 진척; 진행하다	technician 기술자
facility 시설	property 부동산, 건물	undergo 겪다
floor plan 평면도	real estate agency 부동산 중개소	
groundbreaking ceremony 기공식	remodeling 개조, 보수, 리모델링	

BASE 핵심스킬 🎧 CH11_03

질문의 키워드를 미리 파악한 후 대화를 들으며 알맞은 답을 고르세요.

STEP 1 🔑 듣기 전 키워드 잡기

대화를 듣기 전 질문을 미리 읽으면서 키워드에 표시하고, 대화의 흐름을 예상하세요.

1. Who are the **speakers**?

(A) Computer technicians
(B) Museum workers
(C) Interior designers
(D) Restaurant employees

내 머릿속에,

"화자들의 신분"

을 저장하고, '화자의 신분'을 묻는 문제이므로 직업적 특성을 드러내는 단어나 표현을 통해 정답을 유추하세요.

2. Why was a **business** temporarily **closed**?

(A) To observe a national holiday
(B) To train some new employees
(C) To restock some items
(D) To finish a remodeling project

내 머릿속에,

"업체가 잠시 문을 닫은 이유"

를 저장하고, '키워드' 문제이므로 질문의 키워드와 의미상 일치하는 보기를 선택하세요.

3. What is the **woman** going to **do next**?

(A) Submit a payment
(B) Register for a membership
(C) Speak with a technician
(D) Update a Web site

내 머릿속에,

"여자가 다음에 할 일"

을 저장하고, '다음에 할 일'을 묻는 문제이므로 대화 후반부 여자의 말에서 미래 시제나 제안·요청 표현을 주의해서 들으세요.

대화를 들으면서 동시에 정답을 고르세요.

Questions 1-3 refer to the following conversation.

M Oh, **1**the new wallpaper looks great in our restaurant! The workers did a fantastic job putting it up!

W **2**I was a little worried about closing the restaurant for three days to complete the remodeling work. But now I see that it was worth it.

M Yeah. All that's left now is to set up the new computer system.

W Oh, right. **3**I'll give the technician a call now. Hopefully, he'll be able to come in today since we're reopening tomorrow.

1. Who are the speakers?

(A) Computer technicians
(B) Museum workers
(C) Interior designers
(D) Restaurant employees

2. Why was a business temporarily closed?

(A) To observe a national holiday
(B) To train some new employees
(C) To restock some items
(D) To finish a remodeling project

3. What is the woman going to do next?

(A) Submit a payment
(B) Register for a membership
(C) Speak with a technician
(D) Update a Web site

1-3번은 다음 대화에 관한 문제입니다.

아, **1**새 벽지가 우리 레스토랑에 정말 잘 어울려요! 작업자들이 일을 정말 기가 막히게 잘 했네요!

2리모델링 공사를 완료하기 위해 레스토랑을 3일간 닫는 것에 대해 약간 걱정했었어요. 하지만 지금 보니 그러길 잘했네요.

네. 이제 남은 일은 새 컴퓨터 시스템을 설치하는 거예요.

아, 맞아요. **3**지금 기술자에게 전화할게요. 우리가 내일 다시 문을 여니까 그분이 오늘 와 줄 수 있다면 좋겠네요.

화자들은 누구인가?

(A) 컴퓨터 기술자
(B) 박물관 직원
(C) 인테리어 디자이너
(D) 레스토랑 직원

→ 남자의 첫 번째 말에서 새 벽지가 자신들의 레스토랑에 정말 잘 어울린다고 말했으므로 (D)가 정답이에요!

왜 업체는 잠시 문을 닫았는가?

(A) 국경일을 준수하려고
(B) 신입 사원 몇 명을 교육하려고
(C) 제품들을 다시 채워 넣으려고
(D) 리모델링 프로젝트를 끝내려고

→ 여자가 리모델링 공사를 완료하기 위해 레스토랑을 3일간 닫는 것에 대해 약간 걱정했다고 말했으므로 (D)가 정답이에요. complete가 finish로, work가 project로 패러프 레이징 되었네요!

여자는 다음에 무엇을 할 것인가?

(A) 대금을 지불할 것이다
(B) 회원 가입을 할 것이다
(C) 기술자와 이야기할 것이다
(D) 웹사이트를 업데이트할 것이다

→ 여자의 마지막 말에서 지금 기술자에게 전화하겠다고 말했으므로 (C)가 정답이에요!

✓**어휘** ···

wallpaper 벽지 | **fantastic** 기가 막히게 좋은, 환상적인 | **complete** 끝내다, 완료하다 | **technician** 기술자 | **hopefully** 바라건대 | **reopen** 다시 문을 열다

BASE 집중훈련 🎧 CH11_04

해설서 p.57

대화를 잘 듣고 질문에 알맞은 답을 고른 후, 다시 들으며 빈칸을 채우세요. (대화는 3번 들려줍니다.)

1. Where do the speakers work?

(A) At a car rental agency
(B) At a driver's license office
(C) At a shipping company
(D) At an auto repair shop

2. Why is the man worried?

(A) A delivery has not been made.
(B) A computer system is too slow.
(C) Some customers have complained.
(D) Some files cannot be located.

3. What does the woman imply when she says, "I used to work for a technical support firm"?

(A) She can train a new employee.
(B) She is interested in a job opening.
(C) She is experienced in customer care.
(D) She may be able to fix a problem.

M: Hi, Caitlyn. I've got a question for you. Have you noticed our _____'s computers are working _____ than usual?

W: Yes, I have. I think there's _____ with the _____. The programs should run _____. Maybe some of our settings need to _____.

M: I'm very worried about the _____. Our clients don't want to wait while we pull up their vehicle _____. I'll call somebody to come and look at it today.

W: You know what? That _____. I used to work for a technical support firm.

BASE 75

여가

- **대화 내용 유형:** 자전거 경주 참가, 건강 검진 결과, 식당 예약 확인, 박물관 회원 가입
- **빈출 문제 유형**
  내일 열릴 행사(What event will be held tomorrow?)
  화자의 직업(What most likely is the woman's profession?)
  대화 장소(Where is the conversation taking place?)
  요청하는 것(What does the man ask the woman for?)
  다음에 할 일(What will the woman probably do next?)

▶ '여가' 관련 필수 어휘

accommodations 숙박 시설	gym 체육관, 헬스클럽	performance 공연, 성과
art gallery 미술관	hand 건네주다; 도움	pharmacy 약국
dental clinic 치과	ingredient (요리의) 재료	relative 친척
department store 백화점	lose 잃어버리다	serve (음식을) 제공하다, 기여하다
exercise 운동, 훈련; 운동하다	lounge 휴게실, 라운지	sports stadium 경기장
fee 요금, 수수료	movie theater 영화관 (= cinema)	theater 극장
fitness center 피트니스 센터, 헬스클럽	on vacation 휴가 중인	
guest 손님, 투숙객	perform 공연하다, 수행하다	

BASE 76

길 안내

- **대화 내용 유형:** 지하철 안내, 음식 배달 장소 안내, 바비큐 요리 대회 장소 안내
- **빈출 문제 유형**
  화자의 신분(Who most likely is the man?)
  문제점(What problem does the man mention?)
  다음에 갈 장소(Look at the graphic. Where will the man go next?)
  화자가 탈 지하철 노선(Look at the graphic. Which subway line will the woman probably take?)
  화자들이 다음에 탈 도로(Look at the graphic. Which road will the speakers take next?)

▶ '길 안내' 관련 필수 어휘

attention 주의, 관심	express 나타내다, 표현하다	prefer 선호하다, 더 좋아하다
be familiar with ~을 잘 알다, ~에 익숙하다	front desk 프런트, 안내 데스크	pull over 길 한쪽에 차를 대다
certainly 분명히, 틀림없이	instantly 즉시	right away 즉시, 곧바로
close 가까운; 가까이 (cf. closely 면밀하게)	kiosk 키오스크, 매점	worry 걱정하다
convenient 편리한	locate ~의 정확한 위치를 찾아내다	wrong 틀린, 잘못된
definitely 분명히, 확실히	location 장소, 위치, 지점	
direction 방향 (cf. directions 길 안내)	parking 주차	
downtown 시내에, 도심에	parking space 주차 공간	

BASE 핵심스킬　🎧 CH11_05

질문의 키워드를 미리 파악한 후 대화를 들으며 알맞은 답을 고르세요.

STEP 1　💿 듣기 전 키워드 잡기

대화를 듣기 전 질문을 미리 읽으면서 키워드에 표시하고, 대화의 흐름을 예상하세요.

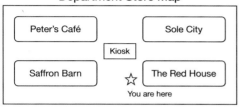

Department Store Map

- Peter's Café
- Sole City
- Kiosk
- Saffron Barn
- ☆ You are here
- The Red House

1. What does the **man want to do**?
(A) Pick up some merchandise
(B) Meet a friend
(C) Attend a job interview
(D) Drop off some supplies

내 머릿속에,

"**남자가 원하는 것**"

을 저장하고, '키워드' 문제이므로 남자의 말에서 질문의 키워드와 의미상 일치하는 보기를 선택하세요.

2. Look at the graphic. **Where** will the **man** most likely **go next**?
(A) Peter's Café
(B) Sole City
(C) Saffron Barn
(D) The Red House

내 머릿속에,

"**남자가 다음에 갈 곳**"

을 저장하고, '시각 자료 연계' 문제이므로 키워드를 확인한 후 재빨리 시각 자료에 시선을 고정한 채 대화에 언급된 단서를 파악하세요.

3. What does the **woman remind** the **man** about?
(A) A sales event is being held.
(B) Outside food and beverages are not allowed.
(C) A store is about to close.
(D) Parking is available behind a building.

내 머릿속에,

"**여자가 남자에게 상기시키는 것**"

을 저장하고, '키워드' 문제이므로 여자의 말에서 질문의 키워드와 의미상 일치하는 보기를 선택하세요.

대화를 들으면서 동시에 정답을 고르세요.

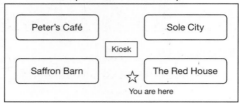

Department Store Map

| Peter's Café | | Sole City |
| Kiosk |
| Saffron Barn | ☆ | The Red House |
| | You are here | |

백화점 지도

| Peter's Café | | Sole City |
| 키오스크 |
| Saffron Barn | ☆ | The Red House |
| | 현 위치 | |

Questions 1-3 refer to the following conversation and map.

M Pardon me. Do you work in this department store?

W I'm a cashier here. Do you need any help?

M Yes, I need to find the sporting goods store. **1** I have to grab an item that I ordered through your Web site.

W OK, let me show you on this floor plan. We're here in front of the Red House. **2** Walk past the kiosk. Then you should see the sporting goods store across the café.

M Great. Thank you so much.

W No problem. **3** The store closes in just a few minutes, so you'll want to go there right away.

M I sure will. Thanks again!

1. What does the man want to do?

(A) Pick up some merchandise
(B) Meet a friend
(C) Attend a job interview
(D) Drop off some supplies

2. Look at the graphic. Where will the man most likely go next?

(A) Peter's Café   (B) Sole City
(C) Saffron Barn   (D) The Red House

3. What does the woman remind the man about?

(A) A sales event is being held.
(B) Outside food and beverages are not allowed.
(C) A store is about to close.
(D) Parking is available behind a building.

1-3번은 다음 대화와 지도에 관한 문제입니다.

실례합니다. 여기 백화점에서 일하시나요?

저는 여기 계산원이에요. 도움이 필요하신가요?

네, 제가 스포츠 용품점을 찾아야 해서요. **1** 웹사이트로 주문한 제품을 찾으러 가야 하거든요.

그러시군요, 제가 여기 평면도로 알려 드릴게요. 저희가 지금 Red House 앞에 있어요. **2** 키오스크를 지나가세요. 그러면 카페 건너편에 스포츠 용품점이 보일 거예요.

알겠습니다. 정말 감사합니다.

아닙니다. **3** 매장이 몇 분 후에 문을 닫으니, 바로 가시는 게 좋을 거예요.

그럴게요. 다시 한번 감사합니다!

남자는 무엇을 하고 싶어 하는가?

(A) 상품을 찾고 싶다   (B) 친구를 만나고 싶다
(C) 구직 면접에 참석하고 싶다   (D) 물품을 가져다주고 싶다

→ 남자가 두 번째 말에서 자신은 웹사이트로 주문한 제품을 찾으러 가야 한다고 말했으므로 (A)가 정답이에요. grab an item이 Pick up some merchandise로 패러프레이징 되었네요!

시각 자료를 보시오. 남자는 다음에 어디로 가겠는가?

(A) Peter's Café   **(B) Sole City**
(C) Saffron Barn   (D) The Red House

→ 여자가 키오스크를 지나면 카페 건너편에 스포츠 용품점이 보일 거라고 말했는데, 시각 자료에서 키오스크를 지나서 카페 건너편에 있는 매장이 Sole City임을 알 수 있으므로 (B)가 정답이에요!

여자는 남자에게 무엇을 상기시켜 주는가?

(A) 할인 행사 중이다.
(B) 외부 음식 및 음료는 반입할 수 없다.
(C) 상점이 곧 문을 닫는다.
(D) 건물 뒤편에 주차할 수 있다.

→ 여자의 마지막 말에서 남자에게 매장이 몇 분 후에 문을 닫으니 바로 가는 게 좋을 거라고 말했으므로 (C)가 정답이에요. closes in just a few minutes가 is about to close로 패러프레이징 되었네요!

✅어휘

department store 백화점 | cashier 계산원 | sporting goods 스포츠 용품 | grab 붙잡다 | order 주문하다 | floor plan 평면도 | in front of ~의 앞에 | past ~를 지나서 | kiosk 키오스크, 판매대

BASE 집중훈련

대화를 잘 듣고 질문에 알맞은 답을 고른 후, 다시 들으며 빈칸을 채우세요. (대화는 3번 들려줍니다.)

Today's Specials		
Food	**Price**	**Free Nachos**
Large soda	$3.25	Small nachos
Pretzel	$4.50	Medium nachos
Hot dog	$5.00	Large nachos
Pizza	$7.50	Extra-large nachos

1. Where most likely are the speakers?

(A) At a theater
(B) At a dance club
(C) At a party
(D) At a sports stadium

2. Look at the graphic. What size nachos will the woman receive?

(A) Small
(B) Medium
(C) Large
(D) Extra-large

3. How will the woman pay for her order?

(A) By cash
(B) By credit card
(C) By check
(D) By gift certificate

W: The _____ is just about to start, but I really need to eat. Do you have any special _____?

M: Yes, check out this sign. With _____ items, you can get _____ _____ nachos. So, if you buy a _____, you get a _____ of nachos for free, and if you'd like...

W: Hmm... A _____ sounds good. I'll have that.

M: That's $5, please.

W: By the way, I was planning on using my _____. Is that alright?

M: Of course. We _____ all credit cards here.

대화를 잘 듣고 질문에 알맞은 답을 고른 후, 다시 들으며 빈칸을 채우세요. (대화는 3번 들려줍니다.)

1. Where is the man?

(A) At a hotel
(B) At a delivery service
(C) At a restaurant
(D) At an auto repair shop

2. According to the woman, what has caused the delay?

(A) A road is being repaired.
(B) An address is incorrect.
(C) A vehicle has malfunctioned.
(D) A driver has gotten lost.

3. What does the woman offer to do?

(A) Look up some information
(B) Send some extra items
(C) Provide a free service
(D) Meet the customer in person

4. Where do the speakers most likely work?

(A) At a museum gift shop
(B) At an office supply store
(C) At a clothing shop
(D) At a grocery store

5. Why does the woman decline the man's request at first?

(A) She is leaving for the day.
(B) She is working on a window display.
(C) She is not familiar with the merchandise.
(D) She is helping another client.

6. What does the woman say about an item?

(A) It is currently being discounted.
(B) It may have to be delivered.
(C) It is no longer being manufactured.
(D) It may be available in a different color.

[1-3]

W: Thank you for calling Sanjiv's Catering. How may I help you?

M: Hi. This is Tim Sindt, calling from the Sheldon _____ in Weehawken. We had _____ to be delivered at 11:30, but nobody has shown up yet.

W: Yes, Mr. Sindt. I'm sorry. The _____ just called in. There was _____ with the _____, and he had to _____. We're sending another _____ the food, and we can deliver it to you in about ten minutes.

M: OK. That should be fine.

W: Thank you for your patience. We _____.

[4-6]

M: Naoko, we have a customer who wants to buy this _____. Could you help me get one from the back, please?

W: I'm sorry, but _____.

M: Well, it would be nice if you could help me get this one last item before you leave.

W: OK, I'll do that right away. But _____ we have any extra-large _____ _____. I'll check to make sure, but we may need to _____ _____.

7. Where does the man most likely work?

(A) At a landscaping company
(B) At a travel agency
(C) At an accounting firm
(D) At a broadcasting station

8. Why does the woman say, "there are some bushes that have gotten too big"?

(A) To complain about a service
(B) To express that she has changed her mind
(C) To imply that she needs additional help
(D) To disagree with the man's opinion

9. What will the man probably do next?

(A) Confirm availability of some staff
(B) Check a warehouse for some tools
(C) Contact a vendor for a price estimate
(D) E-mail a link to a Web site

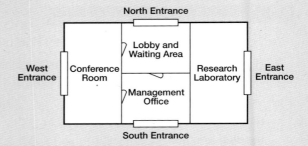

10. What most likely is the man's job?

(A) Locksmith
(B) Engineer
(C) Plumber
(D) Receptionist

11. Look at the graphic. Which entrance are the speakers discussing?

(A) North Entrance
(B) South Entrance
(C) East Entrance
(D) West Entrance

12. What does the woman remind the man to do?

(A) Remove his jacket
(B) Provide a signature
(C) Park behind the building
(D) Read some instructions

[7-9]

W: Hello, I need to have some work done in my _____.

M: We'd be glad to help. What do you have in mind?

W: Well, with the recent hot weather, _____, so I want to have new ones _____.

M: Of course. Is there anything else that _____?

W: Actually, come to think of it, there are some bushes that have gotten too big. Do you think you can _____ this week?

M: That should be no problem. I'll just need a few minutes to _____ and then find a _____ for you.

[10-12]

M: Hello. I'm with Broadmoor _____. I'm here to _____ you called about.

W: Oh, thank you for coming in on such short notice. It is a major _____ to have one of our entrances _____.

M: Don't worry. I know where the problem is, so I'll go there now.

W: Thank you so much. Do you think it will be done before 9 A.M.? Our _____ _____ that entrance to get to work.

M: I don't think that will be a problem.

W: That's great. By the way, please _____ when you go into that area.

PART

4

SHORT TALKS
짧은 담화 문제

📋 문제 OVERVIEW

PART 4는 총 10개의 담화문과 이에 속한 30문항이 출제됩니다. 짧은 담화를 들으며, 문제지에 주어진 3개의 문제에 답하는 형식입니다.

문항 수	10개 담화문, 30문항(71~100번에 해당하며, 문제와 보기는 문제지에 제공되고, 담화문은 방송으로 나옵니다. 하나의 담화문에 세 개의 문제가 출제됩니다.)
Direction 소요 시간	약 30초
문제 3개를 들려주는 시간	약 30~40초
다음 문제까지의 휴지 시간	약 8초
지문 유형	- 전화 메시지, 회의 발췌록, 안내 방송, 광고 방송, 뉴스 보도, 연설 등
문제 유형	- 일반 정보 문제: 주제·목적, 화자/청자의 신분, 담화 장소 - 세부 정보 문제: 키워드, 제안·요청, 다음에 할 일/일어날 일 - 화자가 그렇게 말한 의도를 묻는 문제(3문제 고정 출제) - 시각 자료 연계 문제(95~100번 사이에서 2문제 고정 출제)
보기 구성	4개의 보기(모두 어구이거나 모두 짧은 문장으로 나옵니다.)

⏱ 출제 TREND

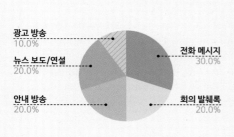
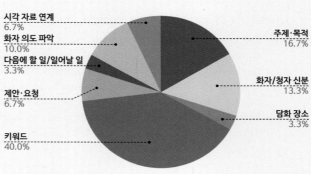

- PART 4 담화문 중 전화 메시지와 회의 발췌록이 절반을 차지합니다. 전화 메시지는 주로 배송 문의, 구매 제품에 대한 불만, 일정 변경, 업무 요청 등이며, 회의 발췌록은 사내 공사 일정, 사내 행사, 신규 정책/시스템 안내, 매출 분석, 서비스 점검 일정 등이 주를 이룹니다. PART 3과 마찬가지로 일상생활에서 가장 빈번하게 일어나는 주제들로 구성됩니다.

- 문제 유형은 주제·목적, 화자/청자의 신분, 담화 장소 등 담화의 전체 내용과 관련된 문제가 평균 10문제, 담화의 맥락상 화자가 주어진 말을 한 의도를 묻는 문제가 3문제, 마지막 2개의 지문(95~100번) 내 시각 자료 연계 문제 각 한 개씩 총 2문제가 매회 고정적으로 출제됩니다. 나머지 약 15문제는 문제점이나 구체적인 이유, 방법, 제안·요청, 화자가 다음에 할 일 등 담화의 세부적인 내용을 묻는 문제로 구성됩니다.

- PART 4 역시 난이도는 거의 변함 없이 안정적입니다. PART 3과 마찬가지로 약간의 편차를 감안하면 PART 2에서 3개 내외로 틀리는 수험생이라면 만점을 기대할 수 있어요!

🗂 시험 PREVIEW

You will read:

71. What kind of event is the speaker discussing?

    (A) A trade show
    (B) An athletic competition
    (C) A fitness seminar
    (D) An anniversary party

72. What does the company most likely make?

    (A) Clothing
    (B) Stationery
    (C) Vehicles
    (D) Beverages

73. What does the speaker instruct Ali to do?

    (A) Revise a schedule
    (B) Design a questionnaire
    (C) Choose some products
    (D) Contact some vendors

You will hear:

Questions 71-73 refer to the following excerpt from a meeting.

[W] Good morning. We're going to have a quick meeting before we start work. I want to review our preparations for the Annual City Bicycle Race that's being held next week. We're going to be running a beverage stand for the participants and spectators. This is a really big event, so it's an excellent chance to market some of our latest sports drink flavors—you know, like extreme mango and passion fruit. Ali, I'd like you to be in charge of making the final sports drink choices for the race.

(3초 pause)

71. What kind of event is the speaker discussing? (8초 pause)

72. What does the company most likely make? (8초 pause)

73. What does the speaker instruct Ali to do? (8초 pause)

📋 문제 풀이 FLOW

1. PART 4 디렉션이 나올 때 첫 3문제를 봅니다.

- 문제지에 적힌 PART 4 디렉션을 읽어주는데, 이 시간이 약 30초 정도 됩니다. 효율적인 시간 활용을 위해 PART 3의 마지막 문제에 마킹을 끝내는 대로 PART 4의 첫 번째 지문, 즉 71~73번의 문제를 보세요.

- 질문의 키워드, 즉 핵심 내용을 파악하고 키워드에 표시해 둡니다. 담화를 들으면서 질문의 요지가 무엇이었는지 바로 파악할 수 있도록 하기 위함이에요.

> **71. What** kind of **event** is the speaker **discussing**? 화자가 논의 중인 행사
> **72. What** does the **company** most likely **make**? 회사가 제조하는 것
> **73. What** does the **speaker instruct Ali to do**? 화자가 Ali에게 지시하는 일

- 토익이 아직 낯설거나 버겁다면 질문만 제대로 파악하고, 시간의 여유가 있다면 보기도 함께 보세요. 3개의 질문을 정확히 머릿속에 꽉 붙들어 놓은 상태에서 담화를 들을 준비를 합니다.

2. 담화를 들으면서 정답을 고릅니다.

- PART 3과 마찬가지로, 담화문을 들으며 동시에 세 문제의 정답을 선택합니다.

- 문제의 순서와 담화문에 담긴 정답 단서의 순서는 거의 일치해요. 머릿속에 세 문제의 핵심 내용이 담긴 상태에서 귀로 담화를 듣고 눈으로는 문제지에 인쇄된 질문과 보기를 보며 순서대로 정답에 마킹하겠다는 자세로 임하세요.

> **71번의 정답 단서:** I want to review our preparations for the Annual City Bicycle Race ~ next week.
> 다음 주에 열릴 연례 시 자전거 경주 준비를 검토하고 싶어요. → **(B) An athletic competition**
>
> **72번의 정답 단서:** it's an excellent chance to market some of our latest sports drink flavors.
> 그것은 회사의 최신 스포츠 음료를 홍보하는 정말 좋은 기회예요. → **(D) Beverages**
>
> **73번의 정답 단서:** Ali, I'd like you to be in charge of making the final sports drink choices for the race.
> Ali, 경주에서의 스포츠 음료 최종 선정을 담당해 주면 좋겠어요. → **(C) Choose some products**

3. 문제를 읽어줄 때 다음 3문제를 봅니다.

- 담화를 들으면서 문제를 바로 풀어야 하는 이유가 바로 여기에 있습니다. 방송으로 세 문제를 읽어주는 시간에 다음 담화문의 3문제를 미리 읽음으로써 정답률을 높일 수 있어요.

👆 학습 ADVICE

- **PART 4의 문제 풀이 Flow 외 추가적인 공략법**

  패러프레이징(paraphrasing, 같은 의미의 다른 말로 바꿔 쓰는 것) 된 정답에 익숙해져야 해요. 담화 내용에서 들렸던 표현이 보기에 그대로 나와 정답이 되는 경우도 많지만, 담화 속 표현이 패러프레이징 되어 답으로 나오는 경우도 많습니다. (왼쪽 문제에서 race는 athletic competition으로, drink는 beverage 로 바꿔 쓴 것을 볼 수 있습니다) 그렇기 때문에 단어 공부를 열심히 하면서 다양한 문제를 많이 풀어봐야 합니다.

BASE 77 공지

담화 유형

- **담화 지문 유형:** 회의 발췌록(excerpt from a talk), 지시 사항(instructions)
- **담화 내용 유형:** 멘토 프로그램에 대한 CEO의 견해, 조립 라인 작업 전 수칙, 자전거 경기에 홍보할 상품
- **빈출 문제 유형**

  담화의 주제(What is the speaker mainly discussing?)

  회사가 제조하는 것(What does the company most likely make?)

  지시 사항이 주어지는 곳(Where are the instructions being given?)

  화자가 청자들에게 상기시키는 것(What does the speaker remind the listeners about?)

  화자가 다음에 할 일(What will the speaker probably do next?)

▶ '설문 결과·실적 공지' 관련 필수 어휘

a lack of 부족한, ~의 부족	**go through** ~을 조사하다, 검토하다	**satisfaction** 만족
checking account 당좌 예금	**helpful** 도움이 되는, 유용한	**savings** 보통 예금, 저축
concern 우려, 걱정	**include** 포함하다	**share** 공유하다
contribution 기여, 공헌	**keep ~ in mind** ~을 염두에 두다	**specifics** 세부 사항
cooperation 협력	**make the most of** ~을 최대한 활용하다	**standard** 기준; 일반적인
cost 비용; 비용을 들이다	**overlook** 간과하다, 못 보고 넘어가다	**target** 목표, 대상; 목표로 삼다
drop 떨어지다	**revenue** 수익, 수입	

▶ '교육·규정 공지' 관련 필수 어휘

agree 동의하다, 찬성하다	**in general** 일반적으로	**policy** 정책, 방침
approve 승인하다	**legal** 합법적인	**priority** 우선 사항, 우선권
aspect 면, 측면	**normally** 보통	**specified** 명시된
deal with ~을 다루다, 처리하다	**observe** 준수하다	**strict** 엄격한
designated 지정된	**permission** 허가, 허락	**take effect** 시행되다
effective 효과적인, 시행되는	**permit** 허락하다; 허가증	**work hours** 근무 시간
guidance 지도, 안내	**photo identification** 사진이 부착된 신분증	

▶ '변경 사항 공지' 관련 필수 어휘

certain 확실한, 틀림없는	**make a decision** 결론을 내리다, 결정하다
change 바꾸다, 변경하다; 변화, 변경	**missing** 없어진, 실종된
conclude 결론을 내리다	**no longer** 더 이상 ~이 아닌
duration 기간	**outdated** 구식인
follow up on ~을 더 알아보다, ~의 후속 조치를 취하다	**quite** 꽤, 상당히
forget 잊다, 잊어버리다	**shut down** ~을 폐쇄하다, (기계가) 멈추다, 정지하다
give up ~을 포기하다	**surprised** 놀란 (cf. surprising 놀라운)
honestly 솔직히	**track** 추적하다
immediate 즉각적인, 직속의	**unforeseen** 뜻밖의, 예기치 못한
incorrect 틀린, 부정확한	**unfortunately** 불행하게도, 유감스럽게도

BASE 핵심스킬

🎧 CH12_01

질문의 키워드를 미리 파악한 후 담화를 들으면서 알맞은 답을 고르세요.

STEP 1   🔑 듣기 전 키워드 잡기

담화를 듣기 전 질문을 미리 읽으면서 키워드에 표시하고, 담화의 흐름을 예상하세요.

---

1. What is the speaker **mainly discussing**?

(A) Some sales figures
(B) Some event sponsors
(C) Results of a questionnaire
(D) Updates to a schedule

내 머릿속에,

"화자가 주로 이야기하는 것"

을 저장하고, '주제·목적'을 묻는 문제이므로 담화 전반부 첫 한두 문장에서 단서를 포착하세요. 답을 바로 고를 수 없다면, 다음 두 문제를 푼 뒤 전체 내용을 상기하여 정답을 고르세요.

---

2. What does the speaker **suggest doing**?

(A) Revising a vacation policy
(B) Increasing yearly salaries
(C) Upgrading some equipment
(D) Offering catered lunches

내 머릿속에,

"화자가 제안하는 것"

을 저장하고, '제안' 문제이므로 화자가 말한 제안 표현에서 단서를 포착하세요.

---

3. What does the speaker imply when she says, **"Another team is standing outside the room"**?

(A) She will meet with another department.
(B) A training session will be postponed.
(C) She forgot to reserve a room.
(D) A meeting is finished.

내 머릿속에,

"다른 팀이 밖에 서 있네요"

를 저장하고, '화자 의도 파악' 문제이므로 문제에 언급된 인용 문장과 함께 앞뒤의 핵심 단서를 파악하세요.

담화를 들으면서 동시에 정답을 고르세요.

Questions 1-3 refer to the following excerpt from a meeting.

W [1]The final agenda for today's manager meeting is the questionnaire our staff completed last week. In general, staff members were pleased with the benefits we provide. On the other hand, employees said that they would like to feel more appreciated. [2]With this in mind, let's start offering extra vacation days to recognize those who have worked hard. This will help boost our employee job satisfaction. [3]I wanted to go over how I plan to implement this policy, but we'll do that later this week. **Another team is standing outside the room.**

1. What is the speaker mainly discussing?

   (A) Some sales figures
   (B) Some event sponsors
   (C) Results of a questionnaire
   (D) Updates to a schedule

2. What does the speaker suggest doing?

   (A) Revising a vacation policy
   (B) Increasing yearly salaries
   (C) Upgrading some equipment
   (D) Offering catered lunches

3. What does the speaker imply when she says, "Another team is standing outside the room"?

   (A) She will meet with another department.
   (B) A training session will be postponed.
   (C) She forgot to reserve a room.
   (D) A meeting is finished.

1-3번은 다음 회의 발췌록에 관한 문제입니다.
[1]오늘 관리자 회의 마지막 안건은 지난주에 저희 직원들이 작성한 설문지입니다. 대체로, 직원들은 저희가 제공하는 혜택에 만족했습니다. 반면, 그들은 좀 더 인정받고 싶다고 말했습니다. [2]이 점을 염두에 두고, 열심히 일한 직원이 인정받을 수 있게 휴가를 추가 제공하는 것을 시작합시다. 이렇게 하면 직원들의 업무 만족도를 높이는 데 도움이 될 거예요. [3]이 정책을 어떻게 실행할 계획인지 살펴보고 싶었는데, 이번 주 후반에 하겠습니다. 다른 팀이 밖에 서 있네요.

화자는 주로 무엇을 이야기하고 있는가?

(A) 판매 수치
(B) 행사 후원자
(C) 설문 결과
(D) 일정 업데이트

→ 담화 초반부에 화자가 오늘 관리자 회의 마지막 안건은 지난 주에 직원들이 작성한 설문지라고 말했으므로 (C)가 정답이에요!

화자는 무엇을 하라고 제안하는가?

(A) 휴가 정책을 개정하라고
(B) 연봉을 인상하라고
(C) 장비를 업그레이드하라고
(D) 출장 연회 점심을 제공하라고

→ 담화 중반부에 화자가 열심히 일한 직원이 인정받을 수 있도록 휴가를 추가로 제공하자고 말했으므로 (A)가 정답이에요. 제안 표현 'let's' 뒤에 단서가 등장했다는 점에 주목하세요!

화자가 "다른 팀이 밖에 서 있네요"라고 말할 때, 그녀가 내비친 것은?

(A) 그녀는 다른 부서와 만날 것이다.
(B) 교육이 연기될 것이다.
(C) 그녀는 방을 예약하는 걸 잊어버렸다.
(D) 회의가 끝난다.

→ 화자가 이 정책을 어떻게 실행할지는 이번 주 후반에 살펴보겠다고 한 후, 다른 팀이 밖에 서 있다고 덧붙여 말한 것은 회의를 종료하겠다는 의미임을 알 수 있으므로 (D)가 정답이에요!

✅ 어휘
agenda 안건 ⎪ questionnaire 설문지 ⎪ complete 작성하다 ⎪ in general 대체로, 일반적으로 ⎪ be pleased with ~로 만족해하다 ⎪ benefit 혜택 ⎪ on the other hand 반면 ⎪ appreciate 인정하다, 감사해하다 ⎪ vacation day 휴가 ⎪ recognize 인정하다 ⎪ boost 북돋우다 ⎪ satisfaction 만족 ⎪ go over ~을 살펴보다, 검토하다 ⎪ implement 실행하다 ⎪ policy 정책

해설서 p.62

담화를 잘 듣고 질문에 알맞은 답을 고른 후, 다시 들으며 빈칸을 채우세요. (담화는 3번 들려줍니다.)

1. Where do the listeners probably work?

(A) At a restaurant
(B) At a clothing retailer
(C) At a museum
(D) At an IT firm

2. What kind of policy has changed?

(A) Vacation request
(B) Dress code
(C) Phone usage
(D) Employee parking

3. What will happen next week?

(A) Some construction will be performed.
(B) A conference will be held.
(C) Some documents will be distributed.
(D) A new branch will be opened.

M: Now, before we start _____ customers, congratulations to all of you on a great month. The _____ are very happy about the number of meals that have been served by our _____. I also need to let you know about a couple of things. Servers who want to _____ their own _____ will need to _____ blue jeans and T-shirts from now on. I know these were _____ in the past, but we have decided to _____. One more thing: next week, a _____ crew will be here to _____ the new section of our building. So we'll be _____, but you will need to explain to customers what's going on.

일정 조정 문의

담화 유형

- **담화 지문 유형:** 전화 메시지(telephone message), 녹음 메시지(recorded message)
- **담화 내용 유형:** 렌터카 예약, 옷 가게 개장 준비, 태블릿 PC 구매 승인, 출장을 위한 숙박 시설 예약
- **빈출 문제 유형**
  담화의 주제(What is the message mainly about?)
  화자의 근무 장소(Where most likely does the speaker work?)
  화자의 소속 부서(In what department does the speaker most likely work?)
  화자가 요청하는 것(What does the speaker request?)
  청자가 참석할 행사(What event is the listener planning to attend?)

▶ '일정 조정 문의' 관련 필수 어휘

business hours 영업시간	**in detail** 자세히, 상세하게	**scheduling conflict** 겹치는 일정
clearly 분명히	**payment plan** 결제 방식	**scheduling error** 일정상의 착오
confusing 혼란스러운	**quickly** 빨리	**show** 보여주다; 쇼, 프로그램 (*cf.* **showing** 상영)
deadline 기한, 마감일	**reach** 이르다, 도달하다	**switch** 바꾸다, 전환하다
engagement 약속, 업무	**reschedule** 일정을 변경하다	**tight** 빡빡한
expedite 신속히 처리하다	**routine** 일상적인 일, 루틴; 일상적인	**verify** 확인하다
extend 연장하다	**schedule** 일정; 일정을 잡다	

제품·서비스 불만

담화 유형

- **담화 지문 유형:** 전화 메시지(telephone message), 녹음 메시지(recorded message)
- **담화 내용 유형:** 주문한 티셔츠의 치수 오류, 포장 용기 배송 지연, 차량 도색 문제
- **빈출 문제 유형**
  화자가 전화 건 이유(What is the speaker calling about?)
  화자가 일하는 부서(In which department does the speaker work?)
  화자가 종사하는 업종(What type of business does the speaker work in?)
  문제점(What problem is mentioned?)
  화자가 요청하는 것(What does the speaker ask the listener to do?)

▶ '제품·서비스 불만' 관련 필수 어휘

ask for ~을 요청하다	**inquire** 문의하다	**regarding** ~에 관하여
availability 이용 가능성, 유효성	**instructions** 지시, 설명	**renew** 갱신하다
coupon 쿠폰, 할인권	**kitchen appliance** 주방용품	**return a call** 회신하다
customer service 고객 서비스	**manual** 설명서	**try** 시도하다, 맛보다
customer support 고객 지원	**personal belongings** 개인 소지품	**voucher** 상품권, 할인권
function 기능; 제대로 작동하다	**quality assurance** 품질 보증	**wide selection of** 매우 다양한, 폭넓은
have ~ in mind ~을 염두에 두다	**recipe** 조리법	

BASE 핵심스킬

🎧 CH12_03

질문의 키워드를 미리 파악한 후 담화를 들으면서 알맞은 답을 고르세요.

STEP 1 🔑 듣기 전 키워드 잡기

담화를 듣기 전 질문을 미리 읽으면서 키워드에 표시하고, 담화의 흐름을 예상하세요.

1. Why is the speaker calling?
(A) To describe an issue with an item
(B) To update a software program
(C) To receive help on a payment plan
(D) To report a delivery problem

내 머릿속에,

"화자가 전화 건 이유"

를 저장하고, '주제·목적'을 묻는 문제이므로 담화 전반부 첫 한두 문장에서 단서를 포착하세요. 답을 바로 고를 수 없다면, 다음 두 문제를 푼 뒤 전체 내용을 상기하여 정답을 고르세요.

2. What does the speaker say he is going to do next week?
(A) Go on vacation
(B) Perform at a concert
(C) Replace a device
(D) Visit a hearing clinic

내 머릿속에,

"화자가 다음 주에 할 것"

을 저장하고, '키워드' 문제이므로 질문의 키워드와 의미상 일치하는 보기를 선택하세요.

3. What does the speaker want the listener to do?
(A) Expedite a shipment
(B) Send a replacement item
(C) Return a call
(D) Offer a refund

내 머릿속에,

"화자가 청자에게 원하는 것"

을 저장하고, '요청' 문제이므로 후반부 화자의 요청 표현에서 단서를 포착하세요.

담화를 들으면서 동시에 정답을 고르세요.

Questions 1-3 refer to the following telephone message.

[M] Hi. **[1]This call is in regard to the wireless headphones that I have purchased from your store. I'm having some issues with them and need some assistance.** When I try to play music through them, I can't hear anything. I'm not sure what the problem is because it connects to my phone just fine. **[2]I'm going on vacation next week, and it'd be nice to have these headphones with me. [3]Please contact me at 555-1034.** Thank you.

1. Why is the speaker calling?

(A) To describe an issue with an item
(B) To update a software program
(C) To receive help on a payment plan
(D) To report a delivery problem

2. What does the speaker say he is going to do next week?

(A) Go on vacation
(B) Perform at a concert
(C) Replace a device
(D) Visit a hearing clinic

3. What does the speaker want the listener to do?

(A) Expedite a shipment
(B) Send a replacement item
(C) Return a call
(D) Offer a refund

1-3번은 다음 전화 메시지에 관한 문제입니다.

안녕하세요. **[1]귀하의 가게에서 구입한 무선 헤드폰에 관해서 연락드립니다. 몇 가지 문제가 있는데 도움이 필요해서요.** 음악을 재생시킬 때, 아무것도 안 들려요. 제 핸드폰과는 멀쩡하게 연결돼서 뭐가 문제인지 모르겠어요. **[2]제가 다음 주에 휴가를 가는데,** 이 헤드폰을 가져가면 좋을 거 같아요. **[3]555-1034로 연락 주세요.** 감사합니다.

화자는 왜 전화하고 있는가?

(A) 제품에 관한 문제를 설명하기 위해서
(B) 소프트웨어 프로그램을 업데이트하기 위해서
(C) 요금제에 대해 도움을 받기 위해서
(D) 배송 문제를 알리기 위해서

⟶ 담화 초반부에 화자가 청자의 가게에서 구입한 무선 헤드폰에 관해 연락했고 그에 몇 가지 문제점이 있어 도움이 필요하다고 말했으므로 (A)가 정답이에요!

화자는 다음 주에 무엇을 할 것이라고 말하는가?

(A) 휴가를 갈 거라고
(B) 콘서트에서 연주할 거라고
(C) 기기를 교체할 거라고
(D) 이비인후과를 방문할 거라고

⟶ 담화 중반부에 화자가 다음 주에 휴가를 간다고 말했으므로 (A)가 정답이에요!

화자는 청자가 무엇을 하기를 바라는가?

(A) 물품을 신속히 배송해 주기를
(B) 대체품을 보내 주기를
(C) 다시 전화해 주기를
(D) 환불해 주기를

⟶ 담화 후반부에 화자가 555-1034로 연락 달라고 말했으므로 (C)가 정답이에요. 요청 표현 'Please' 뒤에 단서가 등장했다는 점에 주목하세요!

✓ 어휘
in regard to ~에 관하여 | purchase 구입하다 | issue 문제 | assistance 도움 | problem 문제 | connect 연결되다

담화를 잘 듣고 질문에 알맞은 답을 고른 후, 다시 들으며 빈칸을 채우세요. (담화는 3번 들려줍니다.)

1. What is the speaker calling about?

(A) A revised menu
(B) A business relocation
(C) A mobile application
(D) A tour service

2. Why has the listener been assigned to a project?

(A) He is skilled at using computers.
(B) He is knowledgeable about a town.
(C) He is fluent in many languages.
(D) He is very sociable.

3. What would the speaker like to do?

(A) Negotiate a cost
(B) Change an agenda
(C) Postpone an event
(D) Reserve a room

M: Hey, Daniel. I'm leaving you this message _____ the _____ _____ for our travel blog. Our _____ wants our app to _____ more cities—with one of them being Helensburgh. And well, since you're a Helensburgh _____, I recommended you for the project. I'm sure you can _____ on great tourist sites and dining spots in the area, and that'll definitely be _____ for our blog. I want to _____ sometime this week to _____ the specifics. Once you get this message, please _____, and let me know when would be a good time for you.

일자리 제의

담화 유형

- **담화 지문 유형:** 전화 메시지(telephone message), 녹음 메시지(recorded message), 담화(talk)
- **담화 내용 유형:** 소프트웨어 개발직 면접 요청, 정원 투어 가이드의 직무 설명, 가장 적합한 지원자를 고르는 법 설명
- **빈출 문제 유형**

  화자가 전화 건 이유(Why is the speaker calling?)

  화자가 언급하는 직무 요건(What job requirement does the speaker mention?)

  화자가 요청하는 것(What does the speaker ask the listener to do?)

  청자들이 지시받은 것(What are the listeners instructed to do?)

  청자가 해야 하는 것(What does the speaker say the listener will be required to do?)

▶ '일자리 제의' 관련 필수 어휘

advise 조언하다, 권고하다	**initiative** (새로운) 계획, 결단력, 주도권
appreciate 고마워하다, 가치를 인정하다	**innovative** 혁신적인
be pleased with ~에 만족해하다, 기뻐하다	**job placement** 직업 소개
be skilled at ~을 잘하다, ~에 능숙하다	**knowledgeable** 많이 아는, 박식한
communication skill 의사소통 능력	**look to** ~을 고려하다
creativity 창의력	**opportunity** 기회
decline 거절하다, 감소하다	**recommend** 추천하다, 권하다
expert 전문가	**require** 요구하다, 필요로 하다
fluent 유창한	**requirement** 요건
graduate 대학 졸업자; 졸업하다	**sociable** 사교적인, 어울리기 좋아하는
highly-trained 고도로 훈련된	

BASE 핵심스킬

🎧 CH12.05

질문의 키워드를 미리 파악한 후 담화를 들으면서 알맞은 답을 고르세요.

STEP 1 🔑 듣기 전 키워드 잡기

담화를 듣기 전 질문을 미리 읽으면서 키워드에 표시하고, 담화의 흐름을 예상하세요.

1. What industry does the listener most likely work in?
   (A) Software
   (B) Automotive
   (C) Medical
   (D) Food

내 머릿속에,

"청자가 종사하는 업종"

을 저장하고, '청자의 신분'을 묻는 문제이므로 직업적 특성을 드러내는 단어나 표현을 통해 정답을 유추하세요.

2. What job requirement does the speaker mention?
   (A) Management experience
   (B) Communication skills
   (C) Bilingualism
   (D) Creativity

내 머릿속에,

"화자가 언급하는 직무 요건"

을 저장하고, '키워드' 문제이므로 질문의 키워드와 의미상 일치하는 보기를 선택하세요.

3. What does the speaker ask the listener to do?
   (A) Recommend an appointment date
   (B) Sign up for a service
   (C) Update some contact information
   (D) Submit some additional forms

내 머릿속에,

"화자가 청자에게 요청한 것"

을 저장하고, '요청' 문제이므로 후반부 화자의 요청 표현에서 단서를 포착하세요.

PART 4 CHAPTER 12

담화를 들으면서 동시에 정답을 고르세요.

Questions 1-3 refer to the following telephone message.

W Hi, Ms. Tettlebaum. **1**It's Joan Perkins from Stamford, Inc. We appreciate your interest in our Senior Software Developer position. After reviewing your résumé, we were impressed with some of the innovative software programs you helped design. **2**Creativity is absolutely required for this position. We would like to talk to you more at our office. **3**If you're interested, please advise me of a day that is convenient for you to meet with us. I look forward to hearing from you.

1. What industry does the listener most likely work in?

(A) Software
(B) Automotive
(C) Medical
(D) Food

2. What job requirement does the speaker mention?

(A) Management experience
(B) Communication skills
(C) Bilingualism
(D) Creativity

3. What does the speaker ask the listener to do?

(A) Recommend an appointment date
(B) Sign up for a service
(C) Update some contact information
(D) Submit some additional forms

1-3번은 다음 전화 메시지에 관한 문제입니다.

안녕하세요, Tettlebaum 씨. **1**저는 Stamford사의 Joan Perkins입니다. 당사의 선임 소프트웨어 개발자 직책에 관심을 가져주셔서 감사합니다. 귀하의 이력서를 검토한 뒤, 저희는 귀하가 설계에 참여한 혁신적인 소프트웨어 프로그램들을 보고 깊은 인상을 받았습니다. **2**독창성이야말로 이 직책에 반드시 필요합니다. 저희 회사에서 귀하와 함께 더 이야기를 나누고 싶습니다. **3**관심 있으시면, 만나기 편한 날이 언제인지 말씀해 주시기 바랍니다. 연락을 기다리겠습니다.

청자는 어떤 업계에서 일하겠는가?

(A) 소프트웨어
(B) 자동차
(C) 의학
(D) 식품

⤷ 담화 초반부에 화자가 자신을 Stamford사의 Joan Perkins라고 소개하며, 청자에게 회사의 선임 소프트웨어 개발자 직책에 관심을 가져준 데에 고맙다고 말한 것으로 보아 (A)가 정답이에요!

화자는 어떤 직무 요건을 언급하는가?

(A) 관리 경력
(B) 의사소통 능력
(C) 2개 국어 구사력
(D) 독창성

⤷ 담화 중반부에 화자가 독창성이야말로 이 직책에 반드시 필요하다고 말했으므로 (D)가 정답이에요!

화자는 청자에게 무엇을 해 달라고 요청하는가?

(A) 약속 날짜를 추천해 달라고
(B) 서비스를 신청해 달라고
(C) 연락 정보를 업데이트해 달라고
(D) 추가 양식을 제출해 달라고

⤷ 담화 후반부에 화자가 청자에게 관심 있으면 만나기 편한 날이 언제인지 말해 달라고 했으므로 (A)가 정답이에요. 요청 표현 'please' 뒤에 단서가 등장했다는 점에 주목하세요. advise가 Recommend로, day가 date로 패러프레이징 되었네요!

✔ 어휘

appreciate 감사하다 | interest 관심, 흥미 | software developer 소프트웨어 개발자 | review 검토하다 | résumé 이력서 | impressed 깊은 인상을 받은 | innovative 혁신적인 | design 설계하다, 디자인하다 | creativity 독창성 | absolutely 절대적으로, 반드시 | require 필요로 하다 | advise 알리다, 조언하다 | convenient 편리한 | bilingualism 2개 국어 구사력 | sign up for ~을 신청하다

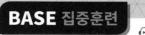

담화를 잘 듣고 질문에 알맞은 답을 고른 후, 다시 들으며 빈칸을 채우세요. (담화는 3번 들려줍니다.)

1. Why is the speaker calling?

(A) To schedule a meeting
(B) To make a job offer
(C) To confirm a travel itinerary
(D) To review a contract

2. What does the speaker say the listener will be required to do?

(A) Approve an application
(B) Finish a certification course
(C) Relocate to a new country
(D) Renew a passport

3. What does the speaker say will happen next week?

(A) Reservations will be made.
(B) Event invitations will be sent.
(C) A board member will retire.
(D) A business will not open.

W: This call is for Ms. Chandra. My name is Whitney Levine from MB _____. I wanted to _____ you for taking the time to _____ for the Senior Account Representative _____. We believe that you will be a great _____ our company. Remember, our office is in Berlin, which means you'll _____ to Germany. But you have _____ to worry about. It's a wonderful country with rich history and culture. I'll be _____ you your _____ shortly, so please _____. And in case you forgot, MB Financial will be _____ all next week.

담화를 잘 듣고 질문에 알맞은 답을 고른 후, 다시 들으며 빈칸을 채우세요. (담화는 3번 들려줍니다.)

1. Where does the speaker work?

(A) At a school cafeteria
(B) At a catering company
(C) At a culinary institute
(D) At a food magazine

2. What is the speaker calling about?

(A) Recipes from a cookbook
(B) Ingredients from another country
(C) Appliances for a kitchen
(D) Furniture for a restaurant

3. Why does the speaker want to be called back?

(A) To update some payment information
(B) To schedule a meeting time
(C) To talk about an order
(D) To ask about a refund policy

4. What does the speaker's company mainly sell?

(A) Consumer electronics
(B) Office furniture
(C) Fashion accessories
(D) Automotive parts

5. How has the company addressed a problem?

(A) By revising a product line
(B) By improving its customer service
(C) By redesigning a Web site
(D) By reducing prices

6. What does the speaker ask the listeners to do?

(A) Review some data
(B) Train some employees
(C) Set up a press conference
(D) Write a news article

[1-3]

W: Good afternoon. I'm Ann Walters calling from Elkton _____. Our _____ gets a lot of Chinese students, so I was thinking of _____ more _____ to their _____. I see from your Web site that your company offers a wide variety of products from China. I was wondering if I would be able to _____ if I purchased _____. Please call me back at 555-4414 to _____ this. Thank you.

[4-6]

M: Last quarter, when _____ at Boller _____ fell yet again, the board of directors made the decision to _____ our brand. Our analysts found that our products were being _____ by young adults who think our products—especially our smart devices—_____ essential _____ and are _____. As a result, we've _____ our product line to target younger consumers and have _____ it Boll Future. We even hired a fashion designer to give our products a _____. The expected _____ date is in April, so I want you, the public relations team, to _____, so we can _____ the big news.

7. What is the speaker planning for next week?

(A) A book reading
(B) A painting workshop
(C) A ceramics class
(D) An anniversary celebration

8. What does the speaker say he sent to the listener?

(A) A photograph
(B) A map
(C) A brochure
(D) A list

9. Why does the speaker say, "However, we're also free on Thursday"?

(A) To offer running an extra session
(B) To confirm attendance
(C) To propose a tuition increase
(D) To inform of a scheduling error

Morning Session

9:00	Company History
9:30	Leilani Mirza Vice President of Sales
10:00	Jody Doherty Director of Manufacturing
10:30	Alvin Goldstein Head of Quality Assurance
11:00	Weiqi Hu Senior Marketing Manager

10. Who most likely are the listeners?

(A) College students
(B) New employees
(C) Possible investors
(D) Restaurant owners

11. What type of products does the company make?

(A) Construction supplies
(B) Kitchen equipment
(C) Sporting goods
(D) Fruit beverages

12. Look at the graphic. Who will speak next?

(A) Leilani Mirza
(B) Jody Doherty
(C) Alvin Goldstein
(D) Weiqi Hu

[7-9]

M: Hello, Maureen. This call is to _____ you on the _____ that Kevin Capela and I are leading at the recreation center next Wednesday. _____ are nearly complete. We have _____ the samples that will be used during _____, and I've emailed you some _____ of them. I am _____ about one thing though—15 participants is _____ we expected. And it's only Kevin and me. We _____ as much individual _____ with a class of that _____. However, we're also free on Thursday. Please contact me so we can talk about this in more detail.

[10-12]

M: Hello. It's a pleasure to welcome you as _____ of Colton Incorporated. I'm Chad White, and I'll be _____ your _____. We'll start by learning about the history of our _____ company. Then, you'll hear from the leaders of the departments whose cooperation has made us a top _____ of _____, food processors, and other cooking _____. Leilani Mirza _____ to introduce her team first, but she _____ an emergency meeting. So we'll start with the _____ of the _____ division.

챕터 전체 듣기

BASE 81 안내 방송

> **담화 유형**
>
> - **담화 지문 유형:** 안내 방송(announcement), 투어 안내(tour information)
> - **담화 내용 유형:** 고속도로 공사로 인한 버스 일정 변경 안내, 동물원 관람 일정 안내, 연례 댄스 경연 대회 일정 안내
> - **빈출 문제 유형**
>   안내 방송이 이루어지는 장소(Where most likely is the announcement taking place?)
>   행사의 종류(What kind of event is being discussed?)
>   지연된 원인(What does the speaker say is the cause of the delay?)
>   화자가 요청하는 것(What does the speaker ask the listeners to do?)
>   자원봉사자들이 받게 될 것(According to the speaker, what will volunteers receive?)

▶ '행사 안내 방송' 관련 필수 어휘

admission 입장	**frequently** 자주, 흔히	**sign up for** ~을 신청하다
approach 다가오다, 접근하다	**giveaway** 증정품, 경품	**spectator** 관중
at the moment 지금	**host** (행사를) 주최하다	**timetable** 시간표, 일정표
be about to do 막 ~하려고 하다	**in advance** 미리, 사전에	**turnout** 참석자 수
book 예약하다	**participant** 참가자	**volunteer** 자원봉사자; 자원하다
booking 예약	**postpone** 연기하다	**vote for** ~에 투표하다
festival 축제	**reminder** 상기시키는 것, 메모	**yearly** 매년 하는, 연례의 (= annual)

▶ '매장·공공장소 안내 방송' 관련 필수 어휘

bistro 작은 식당	**grocery store** 식료품점	**souvenir** 기념품
bookstore 서점	**home appliance** 가전제품	**stationery store** 문구점
cafeteria 구내식당, 카페테리아	**mall** 쇼핑몰, 쇼핑센터	**supermarket** 슈퍼마켓
cashier 출납원, 캐셔	**membership** 회원권, 멤버십	**trade show** 무역 박람회
display counter 진열대	**office supplies** 사무용품	**travel agency** 여행사
electronics store 전자 제품 매장	**pass** 출입증, 탑승권	**window display** 진열창
gift shop 선물 가게	**rental agency** 대여점	

▶ '항공기·열차 안내 방송' 관련 필수 어휘

airfare 항공 요금	**depart** 출발하다
airline 항공사	**departure** 출발
airport 공항	**domestic flight** 국내선
arrival 도착	**international flight** 국제선
arrive 도착하다	**overbook** 예약을 정원 이상으로 받다
attention 알립니다; 주목	**passenger** 승객
automotive 자동차의	**public transit** 대중교통 (= public transportation)
baggage allowance 수하물 허용량	**railway** 철도, 철로
be due to do ~할 예정이다	**subway station** 지하철역
boarding 탑승	**terminal** 터미널, 종점, 종착역
car rental service 자동차 대여 서비스	**ticketing** 매표, 발권

BASE 핵심스킬 🎧 CH13_01

질문의 키워드를 미리 파악한 후 담화를 들으면서 알맞은 답을 고르세요.

STEP 1 🔑 듣기 전 키워드 잡기

담화를 듣기 전 질문을 미리 읽으면서 키워드에 표시하고, 담화의 흐름을 예상하세요.

Complimentary Gift with Purchase over $100!	
Thursday: Two Movie Tickets 🎫 TICKET	Friday: Leather Gloves 🧤
Saturday: Wireless Speakers 🔊	Sunday: Cookware 🍳

1. What will **happen in one hour**?

(A) A mall will shut down.
(B) A sale will start.
(C) A product will be launched.
(D) A cooking demonstration will begin.

내 머릿속에,

"**한 시간 후에 일어날 일**"

을 저장하고, '키워드' 문제이므로 질문의 키워드와 의미상 일치하는 보기를 선택하세요.

2. Why are the **listeners encouraged to visit an information desk**?

(A) To enter a drawing
(B) To secure a coupon book
(C) To ask for a refund
(D) To store personal belongings

내 머릿속에,

"**청자가 안내 데스크 방문을 권유받는 이유**"

를 저장하고, '키워드' 문제이므로 질문의 키워드와 의미상 일치하는 보기를 선택하세요.

3. Look at the graphic. **Which day of the week** is it?

(A) Thursday
(B) Friday
(C) Saturday
(D) Sunday

내 머릿속에,

"**오늘의 요일**"

을 저장하고, '시각 자료 연계' 문제이므로 키워드를 확인한 후 재빨리 시각 자료에 시선을 고정한 채 담화에 언급된 단서를 파악하세요.

담화를 들으면서 동시에 정답을 고르세요.

Complimentary Gift with Purchase over $100!	
Thursday: Two Movie Tickets	Friday: Leather Gloves
Saturday: Wireless Speakers	Sunday: Cookware

100달러 이상 구매 시 무료 선물!	
목요일: 영화표 두 매	금요일: 가죽 장갑
토요일: 무선 스피커	일요일: 취사도구

Questions 1-3 refer to the following announcement and sign.

M Welcome, Mills Outlet Mall shoppers. **1**This is a reminder that a mall-wide sale will begin in one hour. **2**In order to take advantage of the event, you must pick up a coupon book at any one of the information desks. Inside, you'll find additional deals on home appliances, clothing, and other merchandise redeemable at specified stores. Furthermore, all this week, purchases totaling over $100 will earn you a complimentary gift. **3**And with winter just around the corner, today's gift comes just in time!

1. What will happen in one hour?

   (A) A mall will shut down.
   (B) A sale will start.
   (C) A product will be launched.
   (D) A cooking demonstration will begin.

2. Why are the listeners encouraged to visit an information desk?

   (A) To enter a drawing
   (B) To secure a coupon book
   (C) To ask for a refund
   (D) To store personal belongings

3. Look at the graphic. Which day of the week is it?

   (A) Thursday   (B) Friday
   (C) Saturday   (D) Sunday

1-3번은 다음 안내 방송과 표지판에 관한 문제입니다.

환영합니다, Mills 아웃렛 몰 쇼핑객 여러분. **1**한 시간 후에 쇼핑몰 전체 세일이 시작됨을 다시 알려드립니다. **2**이 행사를 활용하시려면, 안내 데스크 중 한 곳에서 쿠폰 책을 가져가 주십시오. 그 안에서, 여러분은 지정된 매장에서 이용할 수 있는 가전제품, 의류 및 기타 상품에 대한 추가 할인을 확인하실 수 있을 겁니다. 그뿐만 아니라, 이번 주 내내, 총 100달러 이상 구매하신 분들은 무료 선물을 받으실 수 있습니다. **3**그리고 곧 겨울이 다가오니, 오늘 선물이 딱 시기적절합니다!

한 시간 후에 무슨 일이 있을 것인가?

(A) 쇼핑몰이 문을 닫을 것이다.
(B) 세일이 시작될 것이다.
(C) 제품이 출시될 것이다.
(D) 요리 시범이 시작될 것이다.

→ 담화 초반부에 화자가 한 시간 후에 쇼핑몰 전체 세일이 시작됨을 알린다고 말했으므로 (B)가 정답이에요. begin이 start로 패러프레이징 되었네요!

청자들은 왜 안내 데스크에 방문하라고 권유받는가?

(A) 추첨에 참가하기 위해
(B) 쿠폰 책을 받기 위해
(C) 환불을 요청하기 위해
(D) 개인 소지품을 보관하기 위해

→ 화자가 행사를 활용하려면 안내 데스크 중 한 곳에서 쿠폰 책을 가져가라고 말했으므로 (B)가 정답이에요. pick up이 secure로 패러프레이징 되었네요!

시각 자료를 보시오. 오늘은 무슨 요일인가?

(A) 목요일   **(B) 금요일**
(C) 토요일   (D) 일요일

→ 화자가 곧 겨울이 다가오니 오늘의 선물이 딱 시기적절하다고 말했고, 시각 자료에서 Friday: Leather Gloves(금요일: 가죽 장갑)를 확인할 수 있으므로 (B)가 정답이에요!

✓ **어휘**

reminder 상기시키는 것, 메모 | take advantage of ~을 활용하다 | appliance 가전제품 | redeemable (현금·상품과) 교환할 수 있는 | specified 지정된 | complimentary 무료의 | leather 가죽

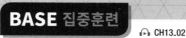

해설서 p.67

담화를 잘 듣고 질문에 알맞은 답을 고른 후, 다시 들으며 빈칸을 채우세요. (담화는 3번 들려줍니다.)

1. Where does the speaker work?

(A) At a technical college
(B) At a railway station
(C) At a government office
(D) At a hotel

2. What does the speaker imply when he says, "our highly-trained staff is working on it"?

(A) Additional workers are not needed.
(B) Some employees graduated recently.
(C) A training session is full.
(D) An issue will be fixed quickly.

3. What does the speaker say he will do?

(A) Upgrade a reservation
(B) Distribute some refreshments
(C) Prepare an invoice
(D) Share updates

M: This is an important announcement for all _____ scheduled to _____ R205 to Berlin. Due to some _____ difficulties with our computers, online _____ information cannot be _____ right now. Please do not worry as we have _____ similar _____ before, and our highly-trained staff is working on it. As soon as more information is made _____, I'll be sure to _____. We appreciate your understanding.

BASE 82 광고

담화 유형

- **담화 지문 유형:** 광고(advertisement)
- **담화 내용 유형:** 온라인 소식지의 특집 기사 광고, 물감 믹서기 광고, 음료수 CM송 모집 광고, 보안 솔루션 광고
- **빈출 문제 유형**
  광고되는 제품(What product is being advertised?)
  광고되는 업종(What kind of business is being advertised?)
  제품의 특징(What does the speaker say is the product's most impressive feature?)
  제공되는 혜택(What offer is being provided?)
  웹사이트에서 찾을 수 있는 정보(According to the speaker, what can be found on a Web site?)

▶ '제품 광고' 관련 필수 어휘

accessories 액세서리, 부대 용품	**expensive** 비싼, 돈이 많이 드는 (= costly)
advertisement 광고 (= ad)	**fabric softener** 섬유 유연제
advertising campaign 광고 캠페인	**feature** 특징, 특집 기사; 특별히 포함하다
advertising company 광고 회사	**food processor** 만능 조리 기구
be made of ~로 만들어지다	**furniture cleaner** 가구 세정제
beverage 음료	**laundry detergent** 세탁용 세제
blender 믹서기, 분쇄기	**light fixture** 조명 기구
ceramics 도자기류	**musical instrument** 악기
collection 수집품, 소장품	**sporting goods** 스포츠 용품
durable 내구성이 있는, 오래가는	**stain remover** 얼룩 제거제

▶ '서비스 광고' 관련 필수 어휘

amount 양, 액수	**public relations** 홍보	**take advantage of** ~을 이용하다
at no cost 무료로	**ready** 준비된	**takeout** 가지고 가는 음식, 테이크아웃
courtesy of ~의 호의로, ~이 제공한	**reasonably priced** 적당한 가격의	**testimonial** 추천의 글
healthy 건강한, 건강에 좋은	**reliable** 믿을 수 있는	**toll-free number** 수신자 부담 전화
initially 처음에	**serving** (음식의) 1인분	**virtual** 가상의
mobile application 모바일 앱	**snack** 간식, 간단한 식사	**wireless Internet** 무선 인터넷
nutritious 영양가가 높은	**subscribe** 구독하다, 가입하다	

▶ '모집 광고' 관련 필수 어휘

address (문제 등을) 처리하다; 주소	**career** 경력, 직업	**instructor** 강사
architect 건축가	**catchy** 기억하기 쉬운	**on-site** 현장의
architecture 건축 양식	**consult** 상담하다, 자문을 구하다	**outside** 외부의, 밖의
aspiring 장차 ~가 되려고 하는, 야심 찬	**engineer** 기사, 엔지니어	**professional** 전문가; 전문적인
attendance 참석, 참석률	**entertainment** 오락, 오락물	**regular** 정기적인, 규칙적인
auditorium 강당	**entry** 참가, 출전, 출품작	**software developer** 소프트웨어 개발자
busy 바쁜, 분주한	**healthcare** 의료, 건강 관리	**valuable** 가치 있는, 소중한

BASE 핵심스킬
🎧 CH13_03

질문의 키워드를 미리 파악한 후 담화를 들으면서 알맞은 답을 고르세요.

STEP 1 🔊 듣기 전 키워드 잡기

담화를 듣기 전 질문을 미리 읽으면서 키워드에 표시하고, 담화의 흐름을 예상하세요.

1. What can **listeners receive at no cost?**

(A) Refreshments
(B) Reading material
(C) Wireless Internet
(D) Movie tickets

내 머릿속에,

"청자가 무료로 받을 수 있는 것"

을 저장하고, '키워드' 문제이므로 질문의 키워드와 의미상 일치하는 보기를 선택하세요.

2. What does the speaker imply when she says, "airplane tickets are costly"?

(A) The listeners should receive approval before making a purchase.
(B) The listeners should vacation during a different season.
(C) The listeners should not take the airplane.
(D) The listeners should not visit a country.

내 머릿속에,

"비행기 티켓은 비쌉니다"

를 저장하고, '화자 의도 파악' 문제이므로 문제에 언급된 인용 문장과 함께 앞뒤의 핵심 단서를 파악하세요.

3. Why are the **listeners encouraged to visit a Web site?**

(A) To read customer testimonials
(B) To complete a questionnaire
(C) To enter a prize drawing
(D) To receive a price deduction

내 머릿속에,

"청자가 웹사이트에 방문하도록 권유받는 이유"

를 저장하고, '키워드' 문제이므로 질문의 키워드와 의미상 일치하는 보기를 선택하세요.

담화를 들으면서 동시에 정답을 고르세요.

Questions 1-3 refer to the following advertisement.

W Not sure what to do this holiday season? The award-winning transport company Rail Riders is holding a sale on all their routes between Parkerton and other cities around the country. In addition, **1**all passengers on our trains can enjoy a complimentary WiFi service. **2**Vacationing can be difficult, and airplane tickets are costly. Rail Riders wants to change that. **3**If you book your tickets through our online page at www.railriders.net, you'll receive up to 20 percent off your ticket purchase.

1. What can listeners receive at no cost?

(A) Refreshments
(B) Reading material
(C) Wireless Internet
(D) Movie tickets

2. What does the speaker imply when she says, making "airplane tickets are costly"?

(A) The listeners should receive approval before making a purchase.
(B) The listeners should vacation during a different season.
(C) The listeners should not take the airplane.
(D) The listeners should not visit a country.

3. Why are the listeners encouraged to visit a Web site?

(A) To read customer testimonials
(B) To complete a questionnaire
(C) To enter a prize drawing
(D) To receive a price deduction

1-3번은 다음 광고에 관한 문제입니다.

이번 연휴에 뭘 해야 할지 모르겠다고요? 수상 경력이 있는 운송 회사 Rail Riders에서 국내 다른 도시들로 연결되는 Parkerton발 전 노선에 대해 할인 판매를 실시합니다. 더불어, **1**저희 기차를 이용하는 모든 승객분들은 무료로 와이파이 서비스를 이용하실 수 있습니다. **2**휴가 가는 건 힘들 수 있고, 비행기 티켓은 비쌉니다. Rail Riders는 거기에 변화를 주고 싶습니다. **3**저희 온라인 페이지 www.railriders.net에서 티켓을 예매하시면, 티켓 구매 금액에서 최대 20퍼센트까지 할인 받으실 수 있습니다.

청자들은 무엇을 무료로 받을 수 있는가?

(A) 다과
(B) 읽을거리
(C) **무선 인터넷**
(D) 영화표

→ 화자가 기차를 이용하는 모든 승객은 무료로 와이파이 서비스를 이용할 수 있다고 말했으므로 (C)가 정답이에요. complimentary가 at no cost로, WiFi가 Wireless Internet으로 패러프레이징 되었네요!

화자가 "비행기 티켓은 비쌉니다"라고 말할 때, 그녀가 내비친 것은?

(A) 청자들은 구매 전 승인을 받아야 한다.
(B) 청자들은 다른 계절에 휴가를 가야 한다.
(C) **청자들은 비행기를 타지 않아도 된다.**
(D) 청자들은 어떤 나라를 방문하면 안 된다.

→ 화자가 청자들이 휴가 가는 건 힘들 수 있고, 또 비행기 티켓은 비싸다고 하면서 Rail Riders는 거기에 변화를 주고 싶다고 말한 것이므로 (C)가 정답이에요!

청자들은 왜 웹사이트를 방문하도록 권유받는가?

(A) 고객 후기를 읽기 위해
(B) 설문지를 작성하기 위해
(C) 상품 추첨에 참가하기 위해
(D) **가격 할인을 받기 위해**

→ 담화 후반부에 화자가 www.railriders.net에서 온라인으로 티켓을 예매하면, 티켓 구매 금액에서 최대 20퍼센트까지 할인 받을 수 있다고 말했으므로 (D)가 정답이에요!

✓ 어휘 ···········

award-winning 수상 경력이 있는 I transport 운송, 수송 I hold a sale 할인 판매를 하다 I route 노선 I passenger 승객 I complimentary 무료의 I vacation 휴가를 보내다 I costly 값비싼 I book 예약하다 I purchase 구매

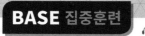

담화를 잘 듣고 질문에 알맞은 답을 고른 후, 다시 들으며 빈칸을 채우세요. (담화는 3번 들려줍니다.)

1. What event will be held next Friday?

(A) A groundbreaking ceremony
(B) An information session
(C) A retirement celebration
(D) An alumni party

2. What does Nexen Academy offer?

(A) A fitness center
(B) Healthcare courses
(C) Physical examinations
(D) Free medical insurance

3. Why should listeners text a number?

(A) To get e-mail notifications
(B) To track their order
(C) To schedule an appointment
(D) To submit a payment

W: Nexen Academy is the perfect place to begin your career in _____. Come to our school's _____ next Friday morning at 9 to learn more. Find out about the various _____ we _____ and consult with some of our instructors. Depending on your _____, you can qualify as a _____ as soon as one year from now. _____ 1001 from your mobile device to _____ our regular _____.

PART 4 CHAPTER 13

담화를 잘 듣고 질문에 알맞은 답을 고른 후, 다시 들으며 빈칸을 채우세요. (담화는 3번 들려줍니다.)

1. What product is being advertised?

    (A) A carpet cleaner
    (B) A tree trimmer
    (C) A beverage dispenser
    (D) A food processor

2. According to the speaker, what do many customers like about the product?

    (A) Its affordability
    (B) Its light weight
    (C) Its speed
    (D) Its colorful design

3. Why are the listeners encouraged to check out a Web site?

    (A) To browse some gifts
    (B) To view some testimonials
    (C) To read some policies
    (D) To watch some demonstrations

4. What type of service is being promoted?

    (A) Web site design
    (B) Job placement
    (C) Technical support
    (D) Electronics recycling

5. According to the speaker, what do clients like about the company?

    (A) It loans computers at an affordable price.
    (B) It addresses inquiries 24 hours a day.
    (C) It employs highly qualified staff.
    (D) It has many locations.

6. What will listeners get if they schedule an appointment within this month?

    (A) A free book
    (B) A gift certificate
    (C) A reduced rate
    (D) An on-site consultation

[1-3]

M: Do you need a quality _____ that will _____ your ingredients with ease? If so, the Kitch Mixer 200 is your answer. Our product is _____ many customers due to how _____ it is able to _____ ingredients. Also, for this month only, we'll be _____ a _____ accessory with your order. Simply go to www.kitchin.com to _____ we are offering.

[4-6]

W: Is your business looking to hire a reliable outside _____? Then, Digi _____ is your solution. We can help with any type of computer or laptop. Clients love the fact that our team is available _____.
Avoid the hassle of troubleshooting your own technical issues. Set up a phone consultation with a Digi representative now. And if you _____ within this month, we'll _____ you a _____ technical _____!

7. Who most likely is the speaker?

(A) A city official
(B) A farm worker
(C) A store owner
(D) A school teacher

8. What does the speaker imply when he says, "the place is always full"?

(A) The listeners should stay outside.
(B) A building needs to be renovated.
(C) The listeners need to work quickly.
(D) A business is doing well.

9. What does the speaker want the listeners to do?

(A) Order some products
(B) Attend a seminar
(C) Memorize some information
(D) Carry a scanning device

Chatfield Nature and Science Museum Summer Exhibits!	
May	Fun with Fossils
June	Butterfly Garden
July	To the Moon
August	Train Show

10. Who most likely is the speaker?

(A) A news writer
(B) An architect
(C) A museum director
(D) An electrical engineer

11. Look at the graphic. Which special event was canceled?

(A) Fun with Fossils
(B) Butterfly Garden
(C) To the Moon
(D) Train Show

12. What will the speaker do this afternoon?

(A) Perform a demonstration
(B) Attend a meeting
(C) Give a tour
(D) Create an advertisement

[7-9]

M: It's great to have all you new _____ members, just in time for our busy holiday season. Today, let me tell you about my _____. I _____ Vincent's Accessories when I was just 20 years old, because I wanted people to have _____ high-quality, locally-made jewelry. A lot of people thought I would have a hard time _____, but the place is always full. I know you'll love working here, and I look forward to getting to know each of you. Now, we're _____ a lot of shoppers today, so _____ you're _____ with you at all times. These will help you _____ accurate information to customers.

[10-12]

W: Thank you all for meeting with me. I just had a meeting with our Accounting Department, and the _____ is costing more than what we had initially planned. Some _____ regarding the new light fixtures _____, so I had to order a whole other set to ensure we open as planned on June 1. Therefore, our budget can _____ all of our _____ this summer. Since the _____ will be busiest during the beginning of the season, it'll be best to _____ the _____. I haven't updated our publicity division yet to have them _____ our promotional _____. I've _____ with them this afternoon, though.

뉴스

챕터 전체 듣기

BASE 83 지역 소식

담화 유형

- **담화 지문 유형:** 방송(broadcast), 뉴스 보도(news report)
- **담화 내용 유형:** 컴퓨터 공장 개장 소식 보도, 쇼핑몰 리모델링 소식 보도, 국립도서관 리모델링 소식 보도, 아트센터 개장 소식 보도
- **빈출 문제 유형**
  방송의 주제(What is the broadcast mainly about?)
  리모델링되고 있는 것(What is being remodeled?)
  업체가 프로젝트에 선정된 이유(Why was Soodi and Partners selected for the project?)
  다음에 듣게 될 것(What will listeners hear next?)
  웹사이트에서 찾을 수 있는 정보(According to the speaker, what can be found on a Web site?)

▶ '지역 소식' 관련 필수 어휘

be concerned about ~에 대해 걱정하다	give a speech 연설하다	retrieve 회수하다, (정보를) 검색하다
city official 시 공무원	government 정부	run 운영하다
community 지역 사회	hospitality 환대, 접대	sponsor 후원하다; 후원자
donation 기부, 기증	hub 중심지	spot (특정한) 장소, 자리
drawing 추첨	mayor 시장	tourism 관광산업
drop by ~에 잠깐 들르다	native ~ 태생인; ~ 태생인 사람	tourist 관광객
funding 재정 지원	refreshments 다과	warehouse 창고

BASE 84 업계 소식

담화 유형

- **담화 지문 유형:** 방송(broadcast), 뉴스 보도(news report)
- **담화 내용 유형:** 풍력발전으로 운행되는 놀이공원 설립 소식 보도, 스포츠 의류 업체의 환경 보호 캠페인 보도
- **빈출 문제 유형**
  업체가 생산하는 것(What does Garlow produce?)
  시설의 특별한 점(According to the speaker, what is special about the amusement park?)
  업체가 할 일(What will Garlow do?)
  다음 주에 일어날 일(What does the speaker say will happen next week?)
  광고 후 듣게 될 정보(What will the listeners hear after the commercial break?)

▶ '업계 소식' 관련 필수 어휘

emphasize 강조하다	incorporated 주식회사 (= Inc.)	pharmaceutical 제약의
environmentally friendly 환경친화적인, 친환경의	individual 개인의; 개인	recognize 알아보다, 인정하다
expense 비용	medical insurance 의료 보험	reduce 감소하다
field 분야, 현장	newsletter 소식지, 회보	solution 해결책
financial support 재정 지원	organization 조직, 기구	state-of-the-art 최신 기술의
geological 지질학의, 지질학적인	overwhelming 압도적인, 엄청난	technology 기술
implement 시행하다	patent 특허권	

BASE 핵심스킬

 CH14_01

질문의 키워드를 미리 파악한 후 담화를 들으면서 알맞은 답을 고르세요.

STEP 1 🔑 듣기 전 키워드 잡기

담화를 듣기 전 질문을 미리 읽으면서 키워드에 표시하고, 담화의 흐름을 예상하세요.

1. What kind of business is the news report **mainly discussing?**

(A) A conference center
(B) A medical clinic
(C) A pharmaceutical company
(D) An electronics producer

내 머릿속에,

"뉴스 보도가 다루고 있는 업종"

을 저장하고, '주제·목적'을 묻는 문제이므로 담화 전반부 첫 한두 문장에서 단서를 포착하세요. 답을 바로 고를 수 없다면, 다음 두 문제를 푼 뒤 전체 내용을 상기하여 정답을 고르세요.

2. According to the speaker, what is the **goal of an initiative?**

(A) To promote healthy living
(B) To encourage recycling
(C) To attract foreign investors
(D) To lower operating costs

내 머릿속에,

"계획의 목적"

을 저장하고, '키워드' 문제이므로 질문의 키워드와 의미상 일치하는 보기를 선택하세요.

3. What does the speaker mean when he says, **"I ordered one for myself last week"?**

(A) A delivery has been delayed.
(B) Some merchandise will be discontinued.
(C) He recommends a new product.
(D) A company only accepts online orders.

내 머릿속에,

"저는 지난주에 제 것으로 하나 주문했습니다"

를 저장하고, '화자 의도 파악' 문제이므로 문제에 언급된 인용 문장과 함께 앞뒤의 핵심 단서를 파악하세요.

PART 4　CHAPTER 14

STEP 2 ✔ 들으며 정답 찾기

담화를 들으면서 동시에 정답을 고르세요.

Questions 1-3 refer to the following news report.

M In other news, **1**Duex Tech made an announcement today saying that they will include a heart rate sensor in all of their upcoming smartphone and tablet PC devices. **2**The decision to include this state-of-the-art sensor is part of the firm's initiative to encourage people to be more health-conscious. During a press conference this morning, Duex Tech's CEO gave a demonstration of how the company's latest smartphone utilizes this sensor. **3**If you haven't checked out their newest smartphone, you should—I ordered one for myself last week.

1. What kind of business is the news report mainly discussing?

(A) A conference center
(B) A medical clinic
(C) A pharmaceutical company
(D) An electronics producer

2. According to the speaker, what is the goal of an initiative?

(A) To promote healthy living
(B) To encourage recycling
(C) To attract foreign investors
(D) To lower operating costs

3. What does the speaker mean when he says, "I ordered one for myself last week"?

(A) A delivery has been delayed.
(B) Some merchandise will be discontinued.
(C) He recommends a new product.
(D) A company only accepts online orders.

1-3번은 다음 뉴스 보도에 관한 문제입니다.

다른 소식으로는, **1**Duex Tech에서 앞으로 출시되는 모든 스마트폰과 태블릿 PC 기기에 심박 수 센서를 포함시킬 거라고 오늘 발표했습니다. **2**이러한 최첨단 센서를 포함하기로 한 결정은 사람들로 하여금 건강에 더 신경 쓰도록 장려하는 회사 계획의 일환입니다. 오늘 아침 있었던 기자회견에서, Duex Tech의 CEO는 자사의 최신 스마트폰으로 이 센서를 어떻게 활용하는지를 보여줬습니다. **3**그들의 최신 스마트폰을 아직 못 보셨다면, 확인해 보셔야 합니다—저는 지난주에 제 것으로 하나 주문했습니다.

뉴스 보도에서 어떤 종류의 업체에 대해 이야기하고 있는가?

(A) 콘퍼런스 센터
(B) 병원
(C) 제약회사
(D) 전자 제품 제조사

⋯▶ 담화 처음에 화자가 Duex Tech에서 앞으로 출시되는 모든 스마트폰과 태블릿 PC 기기에 심박 수 센서를 포함시킬 거라고 오늘 발표했다고 말했으므로 (D)가 정답이에요!

화자에 따르면, 계획의 목적은 무엇인가?

(A) 건강한 삶을 장려하려고
(B) 재활용을 독려하려고
(C) 외국인 투자자들을 유치하려고
(D) 운영비를 낮추려고

⋯▶ 화자가 최첨단 센서를 포함하기로 한 결정은 사람들로 하여금 건강에 더 신경 쓰도록 장려하는 회사 계획의 일환이라고 말했으므로 (A)가 정답이에요. encourage가 promote로 패러프레이징 되었네요!

화자가 "저는 지난주에 제 것으로 하나 주문했습니다"라고 말할 때, 그가 의미한 것은?

(A) 배송이 지연되었다.
(B) 일부 상품이 단종될 것이다.
(C) 그는 신상품을 추천한다.
(D) 회사는 온라인 주문만 받는다.

⋯▶ 화자가 청자에게 그들(Duex Tech)의 최신 스마트폰을 아직 못 봤다면 확인해 봐야 한다고 하면서, 자신은 지난주에 하나 주문했다고 말했으므로 (C)가 정답이에요!

✔ 어휘 --

announcement 발표, 공지 | heart rate 심박 수 | device 기기, 장치 | state-of-the-art 최첨단의 | firm 회사 | initiative (특정한 목적 달성을 위한) 계획 | encourage 장려[권장]하다 | health-conscious 건강을 의식하는 | press conference 기자회견 | give a demonstration 보여주다, 시연하다 | utilize 활용[이용]하다

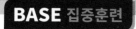

🎧 CH14_02

해설서 p.71

담화를 잘 듣고 질문에 알맞은 답을 고른 후, 다시 들으며 빈칸을 채우세요. (담화는 3번 들려줍니다.)

1. What is being remodeled?

(A) A government complex
(B) A city museum
(C) A shopping center
(D) A manufacturing plant

2. What inconvenience does the speaker mention about the facility?

(A) It requires a larger parking lot.
(B) It has old air conditioning units.
(C) It is unable to fit many visitors.
(D) It does not have access to public transit.

3. What will happen after the commercial break?

(A) A discussion with an executive will be held.
(B) Some new songs will be played.
(C) Some winners of a local competition will be announced.
(D) A press conference will take place.

W: And now the local news. The GCP Group officially announced its intention to _____ the Starway _____. The remodeling project will feature _____ to various sections of the complex. Starway has been around for more than 80 years and still uses an _____, causing many visitors _____ during the summer months. As part of its upgrade initiative, GCP will _____ all of the complex's _____ with state-of-the-art units. Of course, this won't be the only change made to the building. Stick around for complete details about the work. I'll _____ after this quick commercial break.

BASE 85 · 프로그램 소개

> **담화 유형**
>
> - **담화 지문 유형:** 소개(introduction), 지시 사항(instructions), 방송(broadcast)
> - **담화 내용 유형:** 조립 기계 정비 교육 소개, 환자 데이터베이스 교육 세미나 소개, 중국 악기 소개, 체중 감량 운동 소개
> - **빈출 문제 유형**
>   담화의 목적(What is the purpose of the talk?)
>   방송의 주제(What is the main subject of the broadcast?)
>   화자가 사과하는 이유(Why does the speaker apologize?)
>   화자가 청자들에게 상기시키는 것(What does the speaker remind the listeners about?)
>   특정 시점에 일어날 일(What does the speaker say will be held next Saturday?)

▶ '프로그램 소개' 관련 필수 어휘

around the clock 24시간 내내	**health-conscious** 건강을 의식하는, 건강을 고려한	**recycling** 재활용
broadcasting 방송	**incorporate** 포함하다, 설립하다	**suggest** 제안하다
broadcasting station 방송국	**information session** 설명회	**suggestion** 제안
commercial break 광고 시간	**journalist** 기자, 저널리스트	**text** 본문, 글; 문자를 보내다
exhibit 전시하다; 전시품	**loan** 대출, 대출금; 대출하다	**trend** 동향, 추세
exhibition 전시, 전시회	**operating cost** 운영비	**utilize** 활용하다
express service 급행 편, 속달 서비스	**prize** 상, 상금, 상품	
fair 공정한	**radio station** 라디오 방송국	

BASE 86 · 초대 손님 소개

> **담화 유형**
>
> - **담화 지문 유형:** 소개(introduction), 방송(broadcast)
> - **담화 내용 유형:** 영화 제작자 소개, 요리사 소개, 여행사 대표 소개
> - **빈출 문제 유형**
>   담화 장소(Where is the talk being held?)
>   인터뷰 대상(Who will the speaker be interviewing?)
>   화자의 직업(What most likely is the speaker's profession?)
>   인물의 전문 분야(According to the speaker, what is Mr. Lee an expert in?)
>   화자가 다음에 할 일(What will the speaker probably do next?)

▶ '초대 손님 소개' 관련 필수 어휘

aspiration 열망, 포부	**celebrity** 유명 인사	**insight** 통찰력
athletics 운동 경기	**chef** 요리사, 주방장	**invite** 초대하다, 요청하다
author 저자	**critic** 비평가	**long-awaited** 오래 기다리던
autograph 사인; 사인해 주다	**critically acclaimed** 비평가들의 극찬을 받은	**movie director** 영화감독
award winner 수상자	**eagerly awaited** 간절히 기다려 온	**sculptor** 조각가
award-winning 상을 받은	**founder** 창립자, 설립자	**significantly** 상당히, 크게
be known for ~로 알려져 있다	**global** 세계적인	**well-known** 유명한, 잘 알려진

BASE 핵심스킬 🎧 CH14_03

질문의 키워드를 미리 파악한 후 담화를 들으면서 알맞은 답을 고르세요.

STEP 1 🔑 듣기 전 키워드 잡기

담화를 듣기 전 질문을 미리 읽으면서 키워드에 표시하고, 담화의 흐름을 예상하세요.

1. What is the **main topic** of the broadcast?
- (A) Online shopping trends
- (B) Home improvement
- (C) Saving money
- (D) Healthy eating

내 머릿속에,

"방송의 주제"

를 저장하고, '주제·목적'을 묻는 문제이므로 담화 전반부 첫 한두 문장에서 단서를 포착하세요. 답을 바로 고를 수 없다면, 다음 두 문제를 푼 뒤 전체 내용을 상기하여 정답을 고르세요.

2. Why does the speaker say, **"It doesn't even take much time"**?
- (A) To express a benefit of a program
- (B) To schedule a consultation
- (C) To announce a commercial break
- (D) To recommend an express service

내 머릿속에,

"심지어 시간이 많이 걸리지도 않아요"

를 저장하고, '화자 의도 파악' 문제이므로 문제에 언급된 인용 문장과 함께 앞뒤의 핵심 단서를 파악하세요.

3. According to the speaker, **what should** the **listeners do first**?
- (A) Contact a friend
- (B) Speak with an expert
- (C) Sign up for a membership
- (D) Record their goal

내 머릿속에,

"청자가 제일 먼저 해야 하는 것"

을 저장하고, '키워드' 문제이므로 질문의 키워드와 의미상 일치하는 보기를 선택하세요.

담화를 들으면서 동시에 정답을 고르세요.

Questions 1-3 refer to the following broadcast.

M Let's move on to the next topic of today's show, personal finance. Every day, I receive many questions from our listeners about how to resist spending money on items that they want but don't need. **1**Today, I'll introduce some tips on keeping your money in your bank account. **2**I've shared these tips with one of my friends, and she was able to save over $1,000 in just three months. It doesn't even take much time. **3**The first thing you must do is write down your short-term goal. Be specific about how much money you would like to save in a month or a year.

1. What is the main topic of the broadcast?

   (A) Online shopping trends
   (B) Home improvement
   (C) Saving money
   (D) Healthy eating

2. Why does the speaker say, "It doesn't even take much time"?

   (A) To express a benefit of a program
   (B) To schedule a consultation
   (C) To announce a commercial break
   (D) To recommend an express service

3. According to the speaker, what should the listeners do first?

   (A) Contact a friend
   (B) Speak with an expert
   (C) Sign up for a membership
   (D) Record their goal

1-3번은 다음 방송에 관한 문제입니다.

오늘 프로그램의 다음 주제인, 개인 재정으로 넘어갑시다. 저는 매일 청취자 여러분들로부터 갖고는 싶지만 필요하지 않은 물건에 돈을 쓰지 않는 방법을 알려달라는 질문을 많이 받는데요. **1**오늘, 제가 여러분의 통장에 있는 돈을 안 쓰는 몇 가지 팁을 소개해 드릴게요. **2**제가 제 친구에게 이 팁들을 알려줬더니, 그 친구는 3달 만에 1,000달러 넘게 돈을 모을 수 있었습니다. 심지어 시간이 많이 걸리지도 않아요. **3**가장 먼저 해야 할 일은 여러분 자신의 단기 목표를 적는 것입니다. 한 달 또는 일 년에 얼마를 저축하고 싶은지에 대해 구체적이어야 해요.

방송의 주제는 무엇인가?

(A) 온라인 쇼핑 트렌드
(B) 주택 개조
(C) 저축
(D) 건강한 식생활

→ 담화 초반부에 화자가 오늘 청자의 통장에 있는 돈을 안 쓰는 몇 가지 팁을 소개해 준다고 말했으므로 (C)가 정답이에요. keeping이 Saving으로 패러프레이징 되었네요!

화자는 왜 "심지어 시간이 많이 걸리지도 않아요"라고 말하는가?

(A) 프로그램의 혜택을 표현하려고
(B) 상담 일정을 잡으려고
(C) 광고 시간을 알리려고
(D) 속달 서비스를 추천하려고

→ 화자가 자신의 친구에게 팁들을 알려줬더니, 그 친구는 3달 만에 1,000달러 넘게 돈을 모을 수 있었다고 말한 후 덧붙여 심지어 시간이 많이 걸리지도 않는다고 말한 것은 프로그램의 혜택을 강조하기 위한 표현이므로 (A)가 정답이에요!

화자에 따르면, 청자들은 우선 무엇을 해야 하는가?

(A) 친구에게 연락해야 한다
(B) 전문가와 이야기해야 한다
(C) 회원 등록을 해야 한다
(D) 목표를 작성해야 한다

→ 화자가 청자들이 가장 먼저 해야 할 일은 자신의 단기 목표를 적는 것이라고 말했으므로 (D)가 정답이에요. write down이 Record로 패러프레이징 되었네요!

✅ **어휘** ......

move on to ~로 넘어가다 | **personal** 개인적인 | **finance** 재정, 금융 | **resist** 저항하다 | **introduce** 소개하다 | **bank account** 통장, 은행 계좌 | **share** 공유하다 | **save** (돈을) 모으다, 저축하다 | **write down** ~을 적다 | **short-term** 단기간의 | **goal** 목표 | **specific** 구체적인, 상세한

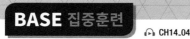

🎧 CH14_04

해설서 p.72

담화를 잘 듣고 질문에 알맞은 답을 고른 후, 다시 들으며 빈칸을 채우세요. (담화는 3번 들려줍니다.)

1. What did Herman Roth recently do?

(A) He retired from his job.
(B) He launched a line of furniture.
(C) He worked at a manufacturing plant.
(D) He visited a foreign country.

2. What will Herman Roth talk about on the broadcast?

(A) How to increase productivity
(B) How to decorate a workspace
(C) Where to buy affordable furniture
(D) Which interior designers to hire

3. What does the speaker suggest the listeners do?

(A) Contact a broadcasting station
(B) Participate in a contest
(C) Post some feedback about a show
(D) Fill out an online questionnaire

M: Thanks for tuning into Station QRM's _____ program! We have a special guest today, designer Herman Roth. Mr. Roth recently _____ a new line of _____ for creative work environments. He's here to _____ on how to _____ your very own _____ to maximize space and _____. With these tips, you can increase _____ in the comfort of your home. And if you have already decorated your home with any of Mr. Roth's beautifully crafted furniture, _____ and send us a photograph!

BASE 87 · 교통 정보

담화 유형

- **담화 지문 유형:** 방송(broadcast)
- **담화 내용 유형:** 시내 퍼레이드로 인한 도로 폐쇄 안내, 공연 행사로 인한 교통량 증가 안내
- **빈출 문제 유형**
  방송의 주제(What is the broadcast mainly about?)
  보도의 주제(What is the report mainly about?)
  화자가 제안하는 것(What does the speaker suggest doing?)
  특정 시점에 일어날 일(According to the speaker, what will happen on Friday?)
  행사가 열릴 시점(Look at the graphic. When will the event take place?)

▶ '교통 정보' 관련 필수 어휘

alternative 대안; 대안이 되는	driver's license 운전면허증	safety 안전
commute 통근하다	feedback (개선을 위한) 정보나 의견, 피드백	temporarily 일시적으로, 임시로
commuter 통근자	have access to ~에 접근하다, ~을 이용하다	traffic 교통, 교통량
comply with ~을 따르다, 준수하다	heavy 심한, 많은	traffic congestion 교통 정체
condition 상황, 상태	last 지속되다; 마지막의	trip 여행
delay 지연; 지연시키다	move on to ~로 넘어가다	tune in ~의 채널을 맞추다
detour 우회로; 우회하다	route 길, 노선	urge 촉구하다

BASE 88 · 일기 예보

담화 유형

- **담화 지문 유형:** 방송(broadcast)
- **담화 내용 유형:** 호수 투어 일정, 연례 체육 대회의 새 일정, 시 박람회 일정, 야외 공연 일정
- **빈출 문제 유형**
  화자가 전하는 행사(What event is the speaker calling about?)
  행사가 취소된 이유(According to the broadcast, why was a city event canceled?)
  인물의 신분(Who is Sanjiv Singh?)
  화자가 제안하는 것(What does the speaker suggest the listeners do?)
  화자가 요청하는 것(What does the speaker ask the listener to do?)

▶ '일기 예보' 관련 필수 어휘

blizzard 눈보라	freezing 너무나 추운, 결빙의	snowstorm 눈보라
brisk 상쾌한	heavy rain 폭우, 큰비	sunny 화창한
chance of rain 비 올 확률	humid 습한	temperature 온도, 기온
cloudy 흐린, 구름이 낀	inclement weather 궂은 날씨, 악천후	view 경관, 전망
drought 가뭄	push back ~을 미루다	warm 따뜻한, 따스한
flood 홍수	put off ~을 취소하다	weather update 최신 기상 정보
forecast 예보; 예보하다	shower 소나기	

 CH14_05

질문의 키워드를 미리 파악한 후 담화를 들으면서 알맞은 답을 고르세요.

STEP 1 | 🔊 듣기 전 키워드 잡기

담화를 듣기 전 질문을 미리 읽으면서 키워드에 표시하고, 담화의 흐름을 예상하세요.

This Week's Weather

Wednesday	Thursday	Friday	Saturday
Rain	Rain	Sunny	Cloudy

1. Look at the graphic. **When** will the **City Fair be held**?
(A) On Wednesday
(B) On Thursday
(C) On Friday
(D) On Saturday

내 머릿속에,

"도시 박람회가 열리는 때"

를 저장하고, '시각 자료 연계' 문제이므로 키워드를 확인한 후 재빨리 시각 자료에 시선을 고정한 채 담화에 언급된 단서를 파악하세요.

2. What does the woman say **she is looking forward to**?
(A) A dance show
(B) A community race
(C) A gallery exhibition
(D) A book signing

내 머릿속에,

"여자가 기대하는 것"

을 저장하고, '키워드' 문제이므로 질문의 키워드와 의미상 일치하는 보기를 선택하세요.

3. What does the speaker **suggest** the **listeners do**?
(A) Wear warm clothing
(B) Bring family members
(C) Participate in a contest
(D) Arrive early for an event

내 머릿속에,

"화자가 청자에게 제안하는 것"

을 저장하고, '제안' 문제이므로 제안 표현에서 단서를 포착하세요.

영국

담화를 들으면서 동시에 정답을 고르세요.

This Week's Weather

Wednesday	Thursday	Friday	Saturday
Rain	Rain	Sunny	Cloudy

이번 주 날씨

수요일	목요일	금요일	토요일
비	비	맑음	흐림

Questions 1-3 refer to the following news report and weather forecast.

W Next, let's take a look at our weather for the rest of the week. **1**We're expecting all this rain to stop just in time for the City Fair. It should be a perfectly sunny day for visitors to try various foods and attend exciting events. **2**I'm really looking forward to it because Marsha Kim is one of the featured dancers. She's probably my favorite artist, and I can't wait to see her in action. Oh, by the way, I should mention that KNAS TV is giving away special front-row seats for that particular performance. **3**If you'd like one, be sure to check out KNAS' Web site to participate. We'll select five lucky winners!

1. Look at the graphic. When will the City Fair be held?
   (A) On Wednesday (B) On Thursday
   (C) On Friday (D) On Saturday

2. What does the woman say she is looking forward to?
   (A) A dance show (B) A community race
   (C) A gallery exhibition (D) A book signing

3. What does the speaker suggest the listeners do?
   (A) Wear warm clothing
   (B) Bring family members
   (C) Participate in a contest
   (D) Arrive early for an event

1-3번은 다음 뉴스 보도와 일기 예보에 관한 문제입니다.

자, 이번 주 날씨를 살펴보도록 합시다. **1**이 모든 비가 도시 박람회 시간에 맞춰서 그칠 예정입니다. 방문객들이 다양한 음식을 먹어보고 흥미진진한 행사에 참여하기에 더할 나위 없이 맑은 날이 될 듯합니다. **2**Marsha Kim이 이번에 공연하는 안무가 중 한 명이라 이 행사가 매우 기대됩니다. 그녀는 아마도 제가 가장 좋아하는 예술가이며, 빨리 그녀의 무대를 감상하고 싶습니다. 오, 그리고, KNAS TV가 그 공연에 특별 1열 좌석을 경품으로 드린다는 걸 말씀드려야겠습니다. **3**만약 원하신다면, 꼭 KNAS 웹사이트를 확인하고 참여해 주세요. 5명의 행운의 당첨자를 선정하도록 하겠습니다!

시각 자료를 보시오. 도시 박람회는 언제 열릴 것인가?

(A) 수요일에 (B) 목요일에
(C) 금요일에 (D) 토요일에

→ 담화 초반부에 화자가 비가 도시 박람회 시간에 맞춰서 그칠 예정이라면서 방문객들이 다양한 음식을 먹어보고 흥미진진한 행사에 참여하기에 더할 나위 없이 맑은 날이 될 듯하다고 말했고, 시각 자료에서 Sunny(맑음)인 날은 Friday(금요일)임을 확인할 수 있으므로 (C)가 정답이에요!

여자는 무엇을 기대한다고 하는가?

(A) 춤 공연 (B) 지역 경주
(C) 미술관 전시 (D) 책 사인회

→ 화자가 Marsha Kim이 이번에 공연하는 안무가 중 한 명이라서 행사가 매우 기대된다고 말했으므로 (A)가 정답이에요!

화자는 청자들에게 무엇을 하라고 제안하는가?

(A) 따뜻한 옷을 입으라고
(B) 가족들을 데리고 오라고
(C) 대회에 참여하라고
(D) 행사에 일찍 도착하라고

→ 담화 마지막에 화자가 청자에게 특별 1열 좌석을 원한다면 꼭 KNAS 웹사이트를 확인하고 참여해달라고 말했으므로 (C)가 정답이에요. 제안 표현 'be sure to' 뒤에 단서가 등장했다는 점에 주목하세요!

✔ 어휘

take a look at ~을 살펴보다 I expect 예상하다 I fair 박람회 I sunny 맑은 I various 다양한 I attend 참여하다, 참석하다 I favorite 가장 좋아하는 I mention 말하다, 언급하다 I give away ~을 나누어주다 I participate 참여하다 I select 선정하다

담화를 잘 듣고 질문에 알맞은 답을 고른 후, 다시 들으며 빈칸을 채우세요. (담화는 3번 들려줍니다.)

1. What is the broadcast mainly about?

(A) A sporting event
(B) A new shopping center
(C) Local elections
(D) Traffic conditions

2. What does the speaker suggest?

(A) Using public transportation
(B) Arriving at an event early
(C) Purchasing tickets online
(D) Reviewing a schedule

3. According to the speaker, what will happen on Friday?

(A) A performance will take place.
(B) A sale will be held.
(C) A book will be released.
(D) A business will close.

W: And now for your _____. Due to the annual city parade, several major streets in the downtown area will be _____ until 6 P.M. If you wish to _____ the metro area, you _____. To compensate for the _____, the city government has lowered the subway fare for one day. And now, we'll start our afternoon _____ corner. _____ Andy Ludgate will be joining us in the studio today to talk about his new _____. It _____ in stores this Friday.

담화를 잘 듣고 질문에 알맞은 답을 고른 후, 다시 들으며 빈칸을 채우세요. (담화는 3번 들려줍니다.)

1. What event is the speaker mainly talking about?

(A) A theatrical performance
(B) An industry exposition
(C) A neighborhood festival
(D) An opening ceremony

2. What are the listeners encouraged to do during the event?

(A) Complete a questionnaire
(B) Watch a presentation
(C) Buy some concessions
(D) Take some photos

3. What can the listeners find on a Web site?

(A) An event timetable
(B) Some giveaway winners
(C) Some discount coupons
(D) Directions to a location

4. According to the speaker, what is new about today's program?

(A) It will include a contest.
(B) It will feature a guest.
(C) It will run longer than usual.
(D) It will be streamed on the Internet.

5. Why does the speaker encourage visiting a Web site?

(A) To download some files
(B) To read an article
(C) To participate in a questionnaire
(D) To donate some money

6. What does the speaker like about Wizlink's smartwatch?

(A) It is available in many colors.
(B) It provides accurate data.
(C) It has a long battery life.
(D) It is waterproof.

[1-3]

W: Moving on to local news, the much anticipated Conway _____ this Friday. For the _____, they have invited several local _____ to _____ _____ autographs. The theater will also be holding a _____ during the ceremony. _____ for a chance to win free tickets. The winners of the giveaway _____ on the theater's Web site at the end of the month.

[4-6]

M: You're tuning into *Marty's Tech Talk*. Today, for the first time ever, I will _____ _____ on my program. Neil Kim, founder of Endezico, will _____ the innovative functions of his firm's upcoming smartwatch. By the way, this show mainly _____ _____ of listeners like you, so I'd appreciate any _____, which can be made on my Web site. Now, I'm sure some of you own a smartwatch. Personally for me, I like Wizlink's newest model. I've _____ other smartwatches before, but _____ of them _____ my fitness activities as _____ as Wizlink's. Now, let's hear what Neil has to say.

7. What is the subject of tonight's podcast?

(A) Old buildings
(B) American artists
(C) Historical paintings
(D) Lost books

8. Who is the guest on tonight's podcast?

(A) An author
(B) A professor
(C) A musician
(D) An executive

9. Why does the speaker say, "this show is mainly funded by listeners like you"?

(A) To indicate that a show will end soon
(B) To introduce a new sponsorship benefit
(C) To request financial contributions
(D) To disagree with a budget cut

Map of Bayside Airport

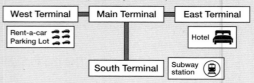

10. Why was a construction project approved?

(A) To accommodate more flights
(B) To increase neighboring property prices
(C) To comply with updated safety laws
(D) To utilize a budget surplus

11. Look at the graphic. Which terminal is being built?

(A) West Terminal
(B) Main Terminal
(C) South Terminal
(D) East Terminal

12. According to the speaker, what is special about the new terminal?

(A) It will be constructed by a local firm.
(B) It will offer international flights.
(C) It will have a view of the ocean.
(D) It will have an assortment of dining options.

[7-9]

W: Good evening. I'm Leticia Damian, and this is *Know Your History*, a daily podcast, where we talk about how certain _____ have significantly _____ the world we live in now. This evening, we'll _____. We're going to _____ why some famous books _____ from a library in the United States during the 1800s. Here with us today is _____ Michael Cardoza who will discuss the cause. But before we hear from _____ Cardoza, I'd like to _____ you that this show is mainly _____ by listeners like you. Check out knowyourhistory.com.

[10-12]

M: Hello, I'm Marty Wood for Channel 3 News. I'm on location at Bayside Airport where they just _____ for the new, long-awaited terminal. Bayside's financial services sector has been _____. This development project was _____ mainly because the _____ of business-related trips to our city has _____. Here is an illustration of the proposed layout. The new terminal will be built _____ _____ and will begin service in August. _____ the airport only offers domestic flights in the present, _____ will be _____ at the new terminal. This is a major _____ for travelers around the world as Bayside looks to increase its _____.

ACTUAL TEST

ACTUAL TEST 🎧 ActualTest

LISTENING TEST

In the Listening test, you will be asked to demonstrate how well you understand spoken English. The entire listening test will last approximately 45 minutes. There are four parts, and directions are given for each part. You must mark your answers on the separate answer sheet. Do not write your answers in your test book.

PART 1

Directions: For each question in this part, you will hear four statements about a picture in your test book. When you hear the statements, you must select the one statement that best describes what you see in the picture. Then find the number of the question on your answer sheet and mark your answer. The statements will not be printed in your test book and will be spoken only one time.

Statement (B), "A man is pointing at a document," is the best description of the picture, so you should select answer (B) and mark it on your answer sheet.

1.

2.

GO ON TO THE NEXT PAGE

3.

4.

5.

6.

GO ON TO THE NEXT PAGE ➤

PART 2

Directions: You will hear a question or statement and three responses spoken in English. They will not be printed in your test book and will be spoken only one time. Select the best response to the question or statement and mark the letter (A), (B), or (C) on your answer sheet.

7. Mark your answer on your answer sheet.

8. Mark your answer on your answer sheet.

9. Mark your answer on your answer sheet.

10. Mark your answer on your answer sheet.

11. Mark your answer on your answer sheet.

12. Mark your answer on your answer sheet.

13. Mark your answer on your answer sheet.

14. Mark your answer on your answer sheet.

15. Mark your answer on your answer sheet.

16. Mark your answer on your answer sheet.

17. Mark your answer on your answer sheet.

18. Mark your answer on your answer sheet.

19. Mark your answer on your answer sheet.

20. Mark your answer on your answer sheet.

21. Mark your answer on your answer sheet.

22. Mark your answer on your answer sheet.

23. Mark your answer on your answer sheet.

24. Mark your answer on your answer sheet.

25. Mark your answer on your answer sheet.

26. Mark your answer on your answer sheet.

27. Mark your answer on your answer sheet.

28. Mark your answer on your answer sheet.

29. Mark your answer on your answer sheet.

30. Mark your answer on your answer sheet.

31. Mark your answer on your answer sheet.

PART 3

Directions: You will hear some conversations between two or more people. You will be asked to answer three questions about what the speakers say in each conversation. Select the best response to each question and mark the letter (A), (B), (C), or (D) on your answer sheet. The conversations will not be printed in your test book and will be spoken only one time.

32. What product are the buyers coming to see?

   (A) A watch
   (B) A vehicle
   (C) A television
   (D) A laptop

33. Why has the visit been postponed?

   (A) A facility is undergoing repairs.
   (B) A train was canceled.
   (C) A presentation needs to be revised.
   (D) A manager is sick.

34. What will the man probably do next?

   (A) Order some equipment
   (B) Reserve a meeting room
   (C) Contact a taxi company
   (D) Arrange some furniture

35. Where do the speakers most likely work?

   (A) At a photo studio
   (B) At an electronics manufacturer
   (C) At a newspaper company
   (D) At a law firm

36. What are the speakers worried about?

   (A) Exceeding a budget
   (B) Providing confidential details
   (C) Increasing some sales figures
   (D) Acquiring a contract

37. What will the man probably do next?

   (A) Send out some e-mails
   (B) Contact a client
   (C) Talk to an executive
   (D) Review a manual

38. Who is Ms. Chen?

   (A) A business consultant
   (B) A chef
   (C) An interior designer
   (D) A customer

39. Why did Ms. Chen send an e-mail?

   (A) To complain about some work
   (B) To order a product
   (C) To inquire about a service
   (D) To follow up on a job interview

40. What does the man say he will do?

   (A) Refund some money
   (B) Perform some repairs
   (C) Make a phone call
   (D) Visit a client

41. What do the men do at the park?

   (A) Clean facilities
   (B) Run a souvenir shop
   (C) Take care of plants
   (D) Give tours

42. What most likely caused an increase in park visitors?

   (A) Reduced admission costs
   (B) A new hiking trail
   (C) A shuttle service
   (D) Longer business hours

43. What does the woman say will happen on Friday?

   (A) A press conference will be held.
   (B) A landscape designer will hold a talk.
   (C) A documentary film will be released.
   (D) A park official will visit.

GO ON TO THE NEXT PAGE

44. What do the speakers mention about Derrick?

(A) He manages their team.
(B) He travels abroad frequently.
(C) He will open his own business.
(D) He will transfer soon.

45. What does the man inquire about?

(A) Store hours
(B) A dinner reservation
(C) A travel itinerary
(D) Some receipts

46. What does the woman say she will do after work?

(A) Watch a performance
(B) Purchase a present
(C) Meet a friend
(D) Contact a client

47. What does the woman suggest?

(A) Directing a training seminar
(B) Providing tuition assistance
(C) Designing an educational Web site
(D) Changing business hours

48. What does the man mean when he says, "we have so many workers in our office"?

(A) He is impressed with the company's employees.
(B) He does not have time to handle all the applications.
(C) He is worried about the potential cost of a program.
(D) He is surprised by a lack of response.

49. What does the man say he will do?

(A) Schedule a meeting
(B) Contact a service provider
(C) Prepare a proposal
(D) Devise a lesson plan

50. What most likely is the woman's job?

(A) Delivery driver
(B) Event organizer
(C) Customer support associate
(D) Manufacturing plant manager

51. What does the man decide to do?

(A) Fill out a survey
(B) Cancel a meeting
(C) Go to another business
(D) Exchange a product

52. What does the woman offer to do?

(A) Send a discount voucher
(B) Expedite a shipment
(C) Talk to a supervisor
(D) Provide a gift

53. Where is the conversation most likely taking place?

(A) At an advertising company
(B) At a supermarket
(C) At an investment firm
(D) At an employment agency

54. Why is the woman meeting with the men?

(A) To interview for a position
(B) To attend a training session
(C) To plan a retirement party
(D) To register for a contest

55. What does the woman say she is comfortable with?

(A) Long commutes
(B) Overtime work
(C) Public speaking
(D) Overseas travel

56. What are the speakers organizing?

(A) An anniversary celebration
(B) An investors' meeting
(C) A team trip
(D) A charity banquet

57. What does the man mean when he says, "we've been doing that for the last four years"?

(A) He wants to avoid repeating an activity.
(B) He is not familiar with a process.
(C) He knows how to reach a destination.
(D) He believes an event was successful.

58. What is the woman concerned about?

(A) The size of a venue
(B) Heavy traffic
(C) A project deadline
(D) Some ticket prices

59. What field do the speakers work in?

(A) Interior design
(B) Real estate
(C) Hospitality
(D) Construction

60. According to the man, what will happen in September?

(A) An inspection will take place.
(B) A press conference will be held.
(C) A new project will begin.
(D) A facility will reopen.

61. What does the man recommend?

(A) Consulting some professionals
(B) Updating a business Web site
(C) Expanding some rooms
(D) Replacing some furniture

Equipment Report	
Device	**Condition**
X-ray Machine	Good
Patient Chair	Old but usable
Instrument Sterilizer	Glass cracked
Surgical Light	Needs cleaning

62. Where do the speakers work?

(A) At a pharmacy
(B) At a fitness center
(C) At a laboratory
(D) At a dental clinic

63. Look at the graphic. Which device are the speakers talking about?

(A) An X-ray machine
(B) A patient chair
(C) An instrument sterilizer
(D) A surgical light

64. What will the man do next?

(A) Pick up a shipment
(B) Choose a supplier
(C) Fill out a form
(D) Meet with a coworker

GO ON TO THE NEXT PAGE

Design Process

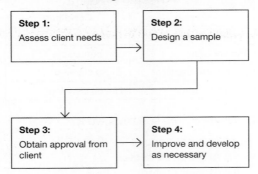

Las Focas State Beach

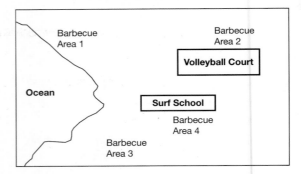

65. What are the speakers mainly discussing?

(A) A medical examination
(B) A training course
(C) An online Web site
(D) A business license

66. Look at the graphic. When will the speakers need to make a payment?

(A) After Step 1
(B) After Step 2
(C) After Step 3
(D) After Step 4

67. Why is the man unable to review the materials at the moment?

(A) He is about to leave the office for the day.
(B) He is preparing a document.
(C) He is stuck in traffic.
(D) He is unable to use his computer.

68. What are the speakers planning?

(A) A birthday celebration
(B) A retirement party
(C) An awards ceremony
(D) A welcome dinner

69. Look at the graphic. Which place will the speakers use?

(A) Barbecue Area 1
(B) Barbecue Area 2
(C) Barbecue Area 3
(D) Barbecue Area 4

70. What does the man say he will do?

(A) Email some information
(B) Make a reservation
(C) Check an online schedule
(D) Book a group lesson

PART 4

Directions: You will hear some talks given by a single speaker. You will be asked to answer three questions about what the speaker says in each talk. Select the best response to each question and mark the letter (A), (B), (C), or (D) on your answer sheet. The talks will not be printed in your test book and will be spoken only one time.

71. Where is the announcement being made?
    (A) At a gym
    (B) At a university
    (C) At a hotel
    (D) At a museum

72. What new feature does the speaker mention?
    (A) Free parking
    (B) 24-hour customer support
    (C) Mobile reservations
    (D) Virtual tours

73. How can listeners obtain more information?
    (A) By emailing a city official
    (B) By visiting the front desk
    (C) By going to a Web site
    (D) By picking up a brochure

74. What is the purpose of the meeting?
    (A) To present questionnaire results
    (B) To assign jobs
    (C) To welcome a client
    (D) To prepare for a conference

75. What is the main complaint about a phone application?
    (A) It is difficult to use.
    (B) It is outdated.
    (C) It has too many advertisements.
    (D) It runs too slowly.

76. What will happen next?
    (A) Lunch will be catered.
    (B) Employees will demonstrate a product.
    (C) A phone application will be installed.
    (D) An advisor will present some solutions.

77. What product is being discussed?
    (A) A vacuum cleaner
    (B) An air conditioner
    (C) A miniature refrigerator
    (D) A hairdryer

78. Why does the speaker say, "there are already long lines of customers"?
    (A) To point out an inefficient ordering system
    (B) To explain why some staff are unavailable
    (C) To warn that there are many complaints
    (D) To suggest that the item will sell well

79. What problem will the product potentially have?
    (A) It will be hard to assemble.
    (B) It will be noisy.
    (C) It will not last long.
    (D) It will harm the environment.

80. What is being advertised?
    (A) Some cooking appliances
    (B) Some athletic clothing
    (C) An exercise program
    (D) An energy bar

81. What does the speaker say is surprising about the product?
    (A) Its accessibility
    (B) Its affordability
    (C) Its ease of use
    (D) Its personalization

82. What can the listeners do on a Web site?
    (A) Sign up for a newsletter
    (B) Find store locations
    (C) Chat with famous celebrities
    (D) Purchase some items

GO ON TO THE NEXT PAGE

83. Where do the listeners work?

(A) At a department store
(B) At a fitness center
(C) At a movie theater
(D) At an art gallery

84. What does the speaker imply when she says, "the holiday season is quickly approaching"?

(A) More customers will visit a business.
(B) Some products will be discounted.
(C) A project deadline is too tight.
(D) A parking lot will be expanded.

85. What does the speaker remind the listeners to do?

(A) Take more breaks
(B) Purchase some supplies
(C) Submit a report
(D) Update a schedule

86. What kind of event is being discussed?

(A) A cooking demonstration
(B) A museum opening
(C) A community race
(D) A dance competition

87. Why should listeners download an application?

(A) To watch a video
(B) To see a timetable
(C) To submit a vote
(D) To reserve a seat

88. According to the speaker, what will volunteers receive?

(A) Free accommodations
(B) Some refreshments
(C) A souvenir item
(D) A gift certificate

89. Where do the listeners work?

(A) At a marketing firm
(B) At a newspaper company
(C) At a technical college
(D) At a Web design business

90. What does the speaker mean when he says, "there are a lot of people interested in joining this seminar"?

(A) He will find a larger venue.
(B) He will order more refreshments.
(C) The listeners should sign up quickly.
(D) The listeners should revise their reports.

91. What does the speaker remind the listeners to do?

(A) Prepare a presentation
(B) Contact some clients
(C) Read a company manual
(D) Reduce some expenses

92. According to the broadcast, what is the sponsor looking for?

(A) Product reviewers
(B) Radio hosts
(C) Contest winners
(D) Business owners

93. What kind of products does the sponsor sell?

(A) Cooking utensils
(B) Stationery items
(C) Musical instruments
(D) Cleaning supplies

94. What should the listeners do if they are interested in being a reviewer?

(A) Complete a survey
(B) Film a video
(C) Join a Web site
(D) Write a letter

Rosa's Catering Service Menu Options		
	Group Size (6-15 guests)	Party Size (25-30 guests)
Cold Buffet	$550	$1,250
Hot Buffet	$850	$1,500

95. What event is the speaker planning?

(A) An anniversary celebration
(B) An employee orientation
(C) A holiday gathering
(D) A retirement party

96. Look at the graphic. How much will the speaker pay for her food order?

(A) $550
(B) $850
(C) $1,250
(D) $1,500

97. What does the speaker ask about?

(A) When to expect some assistance
(B) Which eating utensils are provided
(C) How much extra plates cost
(D) What vegetarian options are available

Neighborhoods in Franklin County

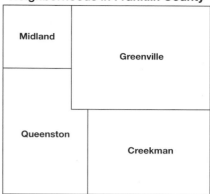

98. What type of business does the speaker own?

(A) A ride share service
(B) A boutique shop
(C) A supermarket chain
(D) A deli franchise

99. Look at the graphic. In which neighborhood does the speaker want to offer a new service?

(A) Midland
(B) Greenville
(C) Queenston
(D) Creekman

100. What does the speaker want to discuss next?

(A) A relocation process
(B) A reimbursement policy
(C) Marketing strategies
(D) Business hours

This is the end of the Listening test.

ANSWER SHEET

파고다 토익 입문서 LC – ACTUAL TEST

LISTENING (Part I-IV)

NO.	ANSWER A B C D	NO.	ANSWER A B C D	NO.	ANSWER A B C D	NO.	ANSWER A B C D	NO.	ANSWER A B C D
1	Ⓐ Ⓑ Ⓒ Ⓓ	21	Ⓐ Ⓑ Ⓒ	41	Ⓐ Ⓑ Ⓒ Ⓓ	61	Ⓐ Ⓑ Ⓒ Ⓓ	81	Ⓐ Ⓑ Ⓒ Ⓓ
2	Ⓐ Ⓑ Ⓒ Ⓓ	22	Ⓐ Ⓑ Ⓒ	42	Ⓐ Ⓑ Ⓒ Ⓓ	62	Ⓐ Ⓑ Ⓒ Ⓓ	82	Ⓐ Ⓑ Ⓒ Ⓓ
3	Ⓐ Ⓑ Ⓒ Ⓓ	23	Ⓐ Ⓑ Ⓒ	43	Ⓐ Ⓑ Ⓒ Ⓓ	63	Ⓐ Ⓑ Ⓒ Ⓓ	83	Ⓐ Ⓑ Ⓒ Ⓓ
4	Ⓐ Ⓑ Ⓒ Ⓓ	24	Ⓐ Ⓑ Ⓒ	44	Ⓐ Ⓑ Ⓒ Ⓓ	64	Ⓐ Ⓑ Ⓒ Ⓓ	84	Ⓐ Ⓑ Ⓒ Ⓓ
5	Ⓐ Ⓑ Ⓒ Ⓓ	25	Ⓐ Ⓑ Ⓒ	45	Ⓐ Ⓑ Ⓒ Ⓓ	65	Ⓐ Ⓑ Ⓒ Ⓓ	85	Ⓐ Ⓑ Ⓒ Ⓓ
6	Ⓐ Ⓑ Ⓒ Ⓓ	26	Ⓐ Ⓑ Ⓒ	46	Ⓐ Ⓑ Ⓒ Ⓓ	66	Ⓐ Ⓑ Ⓒ Ⓓ	86	Ⓐ Ⓑ Ⓒ Ⓓ
7	Ⓐ Ⓑ Ⓒ	27	Ⓐ Ⓑ Ⓒ	47	Ⓐ Ⓑ Ⓒ Ⓓ	67	Ⓐ Ⓑ Ⓒ Ⓓ	87	Ⓐ Ⓑ Ⓒ Ⓓ
8	Ⓐ Ⓑ Ⓒ	28	Ⓐ Ⓑ Ⓒ	48	Ⓐ Ⓑ Ⓒ Ⓓ	68	Ⓐ Ⓑ Ⓒ Ⓓ	88	Ⓐ Ⓑ Ⓒ Ⓓ
9	Ⓐ Ⓑ Ⓒ	29	Ⓐ Ⓑ Ⓒ	49	Ⓐ Ⓑ Ⓒ Ⓓ	69	Ⓐ Ⓑ Ⓒ Ⓓ	89	Ⓐ Ⓑ Ⓒ Ⓓ
10	Ⓐ Ⓑ Ⓒ	30	Ⓐ Ⓑ Ⓒ	50	Ⓐ Ⓑ Ⓒ Ⓓ	70	Ⓐ Ⓑ Ⓒ Ⓓ	90	Ⓐ Ⓑ Ⓒ Ⓓ
11	Ⓐ Ⓑ Ⓒ	31	Ⓐ Ⓑ Ⓒ	51	Ⓐ Ⓑ Ⓒ Ⓓ	71	Ⓐ Ⓑ Ⓒ Ⓓ	91	Ⓐ Ⓑ Ⓒ Ⓓ
12	Ⓐ Ⓑ Ⓒ	32	Ⓐ Ⓑ Ⓒ Ⓓ	52	Ⓐ Ⓑ Ⓒ Ⓓ	72	Ⓐ Ⓑ Ⓒ Ⓓ	92	Ⓐ Ⓑ Ⓒ Ⓓ
13	Ⓐ Ⓑ Ⓒ	33	Ⓐ Ⓑ Ⓒ Ⓓ	53	Ⓐ Ⓑ Ⓒ Ⓓ	73	Ⓐ Ⓑ Ⓒ Ⓓ	93	Ⓐ Ⓑ Ⓒ Ⓓ
14	Ⓐ Ⓑ Ⓒ	34	Ⓐ Ⓑ Ⓒ Ⓓ	54	Ⓐ Ⓑ Ⓒ Ⓓ	74	Ⓐ Ⓑ Ⓒ Ⓓ	94	Ⓐ Ⓑ Ⓒ Ⓓ
15	Ⓐ Ⓑ Ⓒ	35	Ⓐ Ⓑ Ⓒ Ⓓ	55	Ⓐ Ⓑ Ⓒ Ⓓ	75	Ⓐ Ⓑ Ⓒ Ⓓ	95	Ⓐ Ⓑ Ⓒ Ⓓ
16	Ⓐ Ⓑ Ⓒ	36	Ⓐ Ⓑ Ⓒ Ⓓ	56	Ⓐ Ⓑ Ⓒ Ⓓ	76	Ⓐ Ⓑ Ⓒ Ⓓ	96	Ⓐ Ⓑ Ⓒ Ⓓ
17	Ⓐ Ⓑ Ⓒ	37	Ⓐ Ⓑ Ⓒ Ⓓ	57	Ⓐ Ⓑ Ⓒ Ⓓ	77	Ⓐ Ⓑ Ⓒ Ⓓ	97	Ⓐ Ⓑ Ⓒ Ⓓ
18	Ⓐ Ⓑ Ⓒ	38	Ⓐ Ⓑ Ⓒ Ⓓ	58	Ⓐ Ⓑ Ⓒ Ⓓ	78	Ⓐ Ⓑ Ⓒ Ⓓ	98	Ⓐ Ⓑ Ⓒ Ⓓ
19	Ⓐ Ⓑ Ⓒ	39	Ⓐ Ⓑ Ⓒ Ⓓ	59	Ⓐ Ⓑ Ⓒ Ⓓ	79	Ⓐ Ⓑ Ⓒ Ⓓ	99	Ⓐ Ⓑ Ⓒ Ⓓ
20	Ⓐ Ⓑ Ⓒ	40	Ⓐ Ⓑ Ⓒ Ⓓ	60	Ⓐ Ⓑ Ⓒ Ⓓ	80	Ⓐ Ⓑ Ⓒ Ⓓ	100	Ⓐ Ⓑ Ⓒ Ⓓ

ANSWER SHEET

MEMO

MEMO

팡고다 토익

LC

입문서 | 해설서

PAGODA Books

파고다 토익 LC

LC

입문서 │ 해설서

PART 1

CHAPTER 01 시제와 태

본서 p.33

BASE 집중훈련

1. (B)　　**2.** (C)

1. 미국

(A) They are shaking hands.
(B) They are looking at a notepad.
(C) They are working on some equipment.
(D) They are exiting a laboratory.

(A) 사람들이 악수하고 있다.
(B) **사람들이 메모장을 보고 있다.**
(C) 사람들이 장비를 다루고 있다.
(D) 사람들이 실험실에서 나가고 있다.

해설 (A) 악수하는 동작이 아니므로 동작 묘사가 틀렸다.
(B) **메모장을 보고 있는 모습을 적절히 묘사했으므로 정답이다.**
(C) 장비를 다루는 동작이 아니므로 동작 묘사가 틀렸다.
(D) 실험실에서 나가는 동작이 아니므로 동작 묘사가 틀렸다.

✚ **이렇게도 답이 가능해요!**
They are wearing lab coats. 사람들이 실험실 가운을 입고 있다.

어휘 shake hands 악수하다 | notepad 메모장 | work on ~을 다루다 | equipment 장비 | exit 나오다 | laboratory 실험실 | lab coat 실험실 가운

2. 호주

(A) People are swimming in the river.
(B) A ferry boat is full of tourists.
(C) A bridge spans a body of water.
(D) Waves are crashing against the dock.

(A) 사람들이 강에서 수영하고 있다.
(B) 한 여객선이 관광객으로 가득 차 있다.
(C) **다리가 수역을 가로질러 있다.**
(D) 파도가 부두에 부딪치고 있다.

해설 (A) 수영하는 사람들이 보이지 않으므로 동작 묘사가 틀렸다.
(B) 관광객으로 가득 찬 여객선이 보이지 않으므로 상태 묘사가 틀렸다.
(C) **물 위로 다리가 가로질러 있는 상태를 적절히 묘사했으므로 정답이다.**
(D) 파도가 부두에 부딪치고 있지 않으므로 동작 묘사가 틀렸다.

✚ **이렇게도 답이 가능해요!**
Some boats are docked at a pier.
배 몇 척이 부두에 정박해 있다.

어휘 ferry boat 여객선 | full of ~로 가득 찬 | span 걸치다, 가로지르다 | a body of water (바다, 호수, 강 등의) 수역 | wave 파도 | crash against ~에 부딪치다 | dock 부두; (배를) 부두에 대다 | pier 부두

BASE 집중훈련

본서 p.35

1. (D)　　**2.** (D)

1. 미국

(A) A woman is pulling a shopping cart.
(B) A woman is waiting at a counter.
(C) A woman has set a bag on the floor.
(D) A woman has opened a refrigerator.

(A) 한 여자가 쇼핑 카트를 끌고 있다.
(B) 한 여자가 계산대에서 기다리고 있다.
(C) 한 여자가 가방을 바닥에 두었다.
(D) **한 여자가 냉장고를 열었다.**

해설 (A) 쇼핑 카트를 끄는 동작이 아니므로 동작 묘사가 틀렸다.
(B) 카운터에 있지 않을 뿐만 아니라 기다리고 있는 동작도 아니므로 장소와 동작 묘사 모두 틀렸다.
(C) 가방(bag)은 사진에 없는 사물이다.
(D) **여자가 냉장고 문을 연 상태를 적절히 묘사했으므로 정답이다.**

✚ **이렇게도 답이 가능해요!**
She's reaching for a product.
여자가 제품을 잡으려고 손을 뻗고 있다.

어휘 pull 끌다 | counter 계산대 | set 놓다, 두다 | refrigerator 냉장고 | reach for ~로 손을 뻗다 | product 제품

2. 영국

(A) Fallen leaves are scattered on the ground.
(B) Workers are repairing some lampposts.
(C) A road is congested with traffic.
(D) Trees are planted along a street.

(A) 낙엽들이 땅에 흩어져 있다.
(B) 작업자들이 가로등을 수리하고 있다.
(C) 도로가 차량으로 혼잡하다.
(D) **나무들이 거리를 따라 심어져 있다.**

해설 (A) 낙엽들이 흩어져 있는 상태가 아니므로 상태 묘사가 틀렸다.
(B) 작업자들(Workers)은 사진에 보이지 않으므로 틀렸다.
(C) 도로가 혼잡하지 않으므로 상태 묘사가 틀렸다.
(D) **나무들이 거리를 따라 심어져 있는 상태를 적절히 묘사했으므로 정답이다.**

✚ **이렇게도 답이 가능해요!**
Shadows are being cast on the ground.
그림자가 땅에 드리워져 있다.

어휘 fallen leaf 낙엽 | scatter 흩뿌리다 | repair 수리하다 | lamppost 가로등 | congest 혼잡하게 하다 | traffic 차량 | plant 심다 | cast a shadow 그림자를 드리우다

BASE 집중훈련

본서 p.37

1. (B)　　**2.** (B)

1. 호주

(A) A window is being shut.
(B) A floor is being cleaned.
(C) A wall is being painted.
(D) A carpet is being rolled up.

(A) 창문이 닫히고 있다.
(B) **바닥이 청소되고 있다.**
(C) 벽이 페인트칠 되고 있다.

(D) 카펫이 둥글게 말리고 있다.

해설 (A) 창문이 닫히고 있지 않으므로 동작 묘사가 틀렸다.
(B) 바닥이 청소되고 있는 모습을 적절히 묘사했으므로 정답이다.
(C) 벽이 페인트칠 되고 있지 않으므로 동작 묘사가 틀렸다.
(D) 카펫이 둥글게 말리고 있지 않으므로 동작 묘사가 틀렸다.

✚ **이렇게도 답이 가능해요!**
She's wiping a window. 여자가 창문을 닦고 있다.

어휘 shut (문을) 닫다 I roll up ~을 (둥글게) 말다 I wipe 닦다

2. 미국
(A) A chair has been folded up against a wall.
(B) A coat has been hung up.
(C) Some curtains have been draped open.
(D) Some flowers have been placed on a windowsill.

(A) 의자 하나가 벽에 기대어 접혀 있다.
(B) 코트 하나가 걸려 있다.
(C) 커튼들이 걷혀 있다.
(D) 꽃들이 창턱에 놓여 있다.

해설 (A) 의자가 접혀 있지 않으므로 상태 묘사가 틀렸다.
(B) 코트가 벽에 걸려 있는 상태를 적절히 묘사했으므로 정답이다.
(C) 커튼이 걷혀 있지 않으므로 상태 묘사가 틀렸다.
(D) 꽃이 창턱이 아닌 책상 위에 있으므로 위치 묘사가 틀렸다.

✚ **이렇게도 답이 가능해요!**
A desk has been placed in front of a window.
책상 하나가 창 앞에 놓여 있다.

어휘 fold 접다 I hang up ~을 걸다 I drape (천 등을 느슨하게) 걸치다, 주름을 잡다 I windowsill 창턱

BASE 실전훈련
본서 p.38
1. (B) **2.** (C) **3.** (A) **4.** (B) **5.** (D) **6.** (B)

1. 미국
(A) A woman is taking a photograph.
(B) A woman is pointing to a screen.
(C) A woman is setting up a machine.
(D) A woman is unzipping a suitcase.

(A) 한 여자가 사진을 찍고 있다.
(B) 한 여자가 화면을 가리키고 있다.
(C) 한 여자가 기계를 설치하고 있다.
(D) 한 여자가 여행 가방의 지퍼를 열고 있다.

해설 (A) 사진을 찍고 있는 동작이 아니므로 동작 묘사가 틀렸다.
(B) 여자가 화면을 손가락으로 가리키는 동작을 적절히 묘사했으므로 정답이다.
(C) 기계를 설치하는 동작이 아니므로 동작 묘사가 틀렸다.
(D) 지퍼를 열고 있는 동작이 아니므로 동작 묘사가 틀렸다.

✚ **이렇게도 답이 가능해요!**
She's carrying a backpack. 여자가 배낭을 메고 있다.

어휘 point 가리키다 I set up ~을 설치하다 I unzip 지퍼를 열다 I suitcase 여행 가방 I carry 휴대하다, 지니다 I backpack 배낭

2. 미국
(A) The women are holding paper cups.
(B) The women are talking on the phone.
(C) They have gathered at a table.
(D) They are arranging a piece of furniture.

(A) 여자들이 종이컵을 들고 있다.
(B) 여자들이 전화 통화를 하고 있다.
(C) 사람들이 테이블에 모여 있다.
(D) 사람들이 가구 한 점을 배치하고 있다.

해설 (A) 종이컵을 들고 있지 않으므로 상태 묘사가 틀렸다.
(B) 전화 통화를 하고 있지 않으므로 동작 묘사가 틀렸다.
(C) 사람들이 테이블에 모여 있는 상태를 적절히 묘사했으므로 정답이다.
(D) 가구를 배치하고 있지 않으므로 동작 묘사가 틀렸다.

✚ **이렇게도 답이 가능해요!**
The women are looking at some documents.
여자들이 서류를 보고 있다.

어휘 paper cup 종이컵 I gather 모으다, 모이다 I arrange 배치하다 I a piece of furniture 가구 한 점

3. 호주
(A) Some dishes are on a counter.
(B) Some utensils are being dried with a cloth.
(C) Some cooks are chopping some vegetables.
(D) Some customers are ordering from a menu.

(A) 몇몇 요리들이 조리대 위에 있다.
(B) 몇몇 도구들이 천으로 닦이고 있다.
(C) 몇몇 요리사들이 채소를 썰고 있다.
(D) 몇몇 고객들이 메뉴에서 주문하고 있다.

해설 **(A) 요리들이 조리대 위에 있는 상태를 적절히 묘사했으므로 정답이다.**
(B) 도구들이 닦이고 있는 동작이 아니므로 동작 묘사가 틀렸다.
(C) 채소를 썰고 있는 동작이 아니므로 동작 묘사가 틀렸다.
(D) 고객들(customers)은 사진에 보이지 않으므로 틀렸다.

✚ **이렇게도 답이 가능해요!**
One of the men is holding a plate.
남자들 중 한 명이 접시를 들고 있다.

어휘 dish 접시, 요리 I counter 조리대, 계산대 I utensil (가정에서 사용하는) 도구 I dry 닦다, 말리다 I cook 요리사 I chop 썰다

4. 미국
(A) A road is being repaired.
(B) Some flowers are being planted.
(C) Leaves are scattered on a sidewalk.
(D) Workers are washing windows.

(A) 길이 수리되고 있다.
(B) 꽃들이 심어지고 있다.
(C) 나뭇잎들이 보도에 흩어져 있다.
(D) 인부들이 창을 닦고 있다.

해설 (A) 길이 수리되고 있지 않으므로 동작 묘사가 틀렸다.
(B) 인부들이 꽃을 심는 동작을 적절히 묘사했으므로 정답이다.
(C) 흩어져 있는 나뭇잎들이 보이지 않으므로 상태 묘사가 틀렸다.
(D) 인부들이 창을 닦고 있지 않으므로 동작 묘사가 틀렸다.

✚ **이렇게도 답이 가능해요!**
Some workers are holding some tools.

몇몇 인부들이 도구를 들고 있다.

어휘 repair 수리하다 | plant 심다 | scatter 흩뿌리다 | sidewalk 보도, 인도

5. 영국
(A) Some athletes are running on a track.
(B) A lawn is being mowed by some equipment.
(C) Some people are cheering in the stands.
(D) A sports field is located near some trees.

(A) 몇몇 선수들이 트랙을 달리고 있다.
(B) 잔디밭이 장비에 의해 깎이고 있다.
(C) 몇몇 사람들이 관중석에서 응원하고 있다.
(D) 운동 경기장이 나무들 근처에 위치해 있다.

해설 (A) 선수들(athletes)은 사진에 보이지 않으므로 틀렸다.
(B) 장비(equipment)는 사진에 없는 사물이고, 잔디도 깎이고 있지 않으므로 동작 묘사가 틀렸다.
(C) 사람들(people)은 사진에 보이지 않으므로 틀렸다.
(D) 운동 경기장이 나무들 근처에 있는 상태를 적절히 묘사했으므로 정답이다.

✚ 이렇게도 답이 가능해요!
The seats are unoccupied. 좌석들이 비어 있다.

어휘 athlete 선수 | lawn 잔디(밭) | mow 깎다 | cheer 응원하다 | stand 관중석 | sports field 운동 경기장 | unoccupied 비어 있는

6. 미국
(A) Some shelves have been stocked with tools.
(B) A ladder has been set up by a wall.
(C) Boxes have been stacked on a cart.
(D) A broomstick has been placed against a window.

(A) 몇몇 선반들이 연장들로 채워져 있다.
(B) 사다리 하나가 벽 옆에 세워져 있다.
(C) 상자들이 카트에 쌓여 있다.
(D) 빗자루 하나가 창문에 기대어 놓여 있다.

해설 (A) 선반이 채워져 있지 않으므로 상태 묘사가 틀렸다.
(B) 사다리가 벽 옆에 세워져 있는 상태를 적절히 묘사했으므로 정답이다.
(C) 상자들(boxes)은 사진에 없는 사물이다.
(D) 빗자루 하나가 창문 쪽에 있지 않으므로 위치 묘사가 틀렸다.

✚ 이렇게도 답이 가능해요!
Some light fixtures have been turned on.
몇몇 조명 기구들이 켜져 있다.

어휘 shelves 선반 (shelf의 복수형) | stock 채우다 | ladder 사다리 | set up ~을 세우다, 설치하다 | stack 쌓다 | broomstick 빗자루 | place against ~에 기대어 놓다 | light fixture 조명 기구 | turn on (전기·가스·수도 등을) 켜다

CHAPTER 02 인물 묘사와 사물 묘사

BASE 집중훈련
본서 p.41
1. (C)   **2.** (B)

1. 영국
(A) A man is opening a door.

(B) A man is taking off his shoes.
(C) A man is holding a box under his arm.
(D) A man is unloading some packages.

(A) 한 남자가 문을 열고 있다.
(B) 한 남자가 신발을 벗고 있다.
(C) 한 남자가 상자를 겨드랑이에 끼워서 들고 있다.
(D) 한 남자가 소포들을 내리고 있다.

해설 (A) 문을 여는 동작이 아니므로 동작 묘사가 틀렸다.
(B) 신발을 벗는 동작이 아니므로 동작 묘사가 틀렸다.
(C) 남자가 상자를 들고 있는 상태를 적절히 묘사했으므로 정답이다.
(D) 소포를 내리는 동작이 아니므로 동작 묘사가 틀렸다.

✚ 이렇게도 답이 가능해요!
He's standing at the door. 남자가 문가에 서 있다.

어휘 take off ~을 벗다 | hold 들다 | unload 내리다

2. 미국
(A) She's putting on a wristwatch.
(B) She's looking at items in a glass display.
(C) She's polishing some jewelry.
(D) She's standing in front of a cash register.

(A) 여자가 손목시계를 차는 중이다.
(B) 여자가 유리 진열장 안에 있는 물건들을 보고 있다.
(C) 여자가 장신구를 광내고 있다.
(D) 여자가 금전등록기 앞에 서 있다.

해설 (A) 손목시계를 이미 차고 있는 상태이지 차는 중이 아니므로 동작 묘사가 틀렸다.
(B) 여자가 진열장 안의 물건들을 보고 있는 모습을 적절히 묘사했으므로 정답이다.
(C) 광을 내고 있는 동작이 아니므로 동작 묘사가 틀렸다.
(D) 금전등록기(cash register)는 사진에 없는 사물이다.

✚ 이렇게도 답이 가능해요!
She's wearing a wristwatch. 여자가 손목시계를 차고 있다.

어휘 wristwatch 손목시계 | glass display 유리 진열장 | polish 닦다, 윤내다 | jewelry 장신구, 보석류 | in front of ~ 앞에 | cash register 금전등록기

BASE 집중훈련
본서 p.43
1. (C)   **2.** (D)

1. 호주
(A) She's opening a window.
(B) She's clearing a wooden table.
(C) She's mopping some steps.
(D) She's holding on to a handrail.

(A) 여자가 창문을 열고 있다.
(B) 여자가 목재 테이블을 치우고 있다.
(C) 여자가 계단을 대걸레로 닦고 있다.
(D) 여자가 난간을 붙잡고 있다.

해설 (A) 창문을 여는 동작이 아니므로 동작 묘사가 틀렸다.
(B) 목재 테이블(wooden table)은 사진에 없는 사물이다.
(C) 여자가 대걸레로 계단을 닦는 동작을 적절히 묘사했으므로 정답이다.

(D) 난간(handrail)은 사진에 없는 사물이다.

+ 이렇게도 답이 가능해요!
A wooden step is being mopped.
목재 계단이 대걸레로 닦이고 있다.

어휘 wooden 목재의 | mop 대걸레로 닦다 | step 계단 | hold on to ~을 붙잡다 | handrail 난간

---

2. 미국
(A) The man is turning off a lamp.
(B) The man is opening a drawer.
(C) The man is drawing the curtains.
(D) The man is inspecting his suitcase.

(A) 남자가 램프를 끄고 있다.
(B) 남자가 서랍을 열고 있다.
(C) 남자가 커튼을 치고 있다.
(D) 남자가 여행 가방을 살펴보고 있다.

해설 (A) 램프를 끄고 있는 동작이 아니므로 동작 묘사가 틀렸다.
(B) 서랍을 여는 동작이 아니므로 동작 묘사가 틀렸다.
(C) 커튼을 치는 동작이 아니므로 동작 묘사가 틀렸다.
(D) 남자가 여행 가방을 살펴보는 모습을 적절히 묘사했으므로 정답이다.

+ 이렇게도 답이 가능해요!
The man is bending over a suitcase.
남자가 여행 가방 위로 몸을 굽히고 있다.

어휘 turn off (전기·가스·수도 등을) 끄다 | drawer 서랍 | draw (커튼을) 치다 | inspect 살펴보다, 조사하다 | suitcase 여행 가방 | bend 굽히다, 숙이다

BASE 집중훈련
본서 p.45
1. (C)   **2.** (A)

1. 호주
(A) They are putting on safety hats.
(B) The workers are using construction equipment.
(C) They are examining a document.
(D) A worker is getting out of a vehicle.

(A) 사람들이 안전모를 착용하는 중이다.
(B) 인부들이 건설 장비를 사용하고 있다.
(C) 사람들이 서류를 검토하고 있다.
(D) 인부 한 명이 차량 밖으로 나오고 있다.

해설 (A) 사람들이 이미 안전모를 착용하고 있는 상태이지 착용하는 중이 아니므로 동작 묘사가 틀렸다.
(B) 인부들이 건설 장비를 사용하는 중이 아니므로 동작 묘사가 틀렸다.
(C) 사람들이 도면을 살펴보는 모습을 적절히 묘사했으므로 정답이다.
(D) 차량 밖으로 나오는 인부는 보이지 않으므로 동작 묘사가 틀렸다.

+ 이렇게도 답이 가능해요!
They are wearing safety hats.
사람들이 안전모를 착용하고 있다.

어휘 safety hat 안전모 | construction equipment 건설 장비 | examine 검토하다, 조사하다 | document 서류, 문서 | get out of ~밖으로 나오다 | vehicle 차량

---

2. 영국
(A) One of the women is writing on a document.
(B) One of the women is ringing a bell on a desk.
(C) The women are shaking hands over a counter.
(D) The women are inspecting some merchandise.

(A) 여자들 중 한 명이 서류에 기입하고 있다.
(B) 여자들 중 한 명이 접수처 위에 있는 종을 치고 있다.
(C) 여자들이 카운터 위로 악수하고 있다.
(D) 여자들이 상품을 살펴보고 있다.

해설 **(A) 사진 속 오른쪽 여자가 서류에 무언가를 적는 동작을 적절히 묘사했으므로 정답이다.**
(B) 여자들 중 누구도 종을 치고 있지 않으므로 동작 묘사가 틀렸다.
(C) 여자들이 악수하는 동작이 아니므로 동작 묘사가 틀렸다.
(D) 상품(merchandise)은 사진에 없는 사물이며, 살펴보는 동작도 아니므로 동작 묘사가 틀렸다.

+ 이렇게도 답이 가능해요!
One of the women is standing behind a counter.
여자들 중 한 명이 카운터 뒤에 서 있다.

어휘 ring (종을) 울리다, 치다 | shake hands 악수하다 | inspect 면밀히 살펴보다, 점검하다 | merchandise 상품

BASE 집중훈련
본서 p.47
1. (C)   **2.** (C)

1. 미국
(A) One of the men is swimming in a body of water.
(B) One of the men is boarding a boat.
(C) Some men are sitting on a wooden dock.
(D) Some trees are being trimmed across a river.

(A) 남자들 중 한 명이 물에서 수영하고 있다.
(B) 남자들 중 한 명이 배에 타고 있다.
(C) 몇몇 남자들이 나무 부두에 앉아 있다.
(D) 나무 몇 그루가 강 건너에서 다듬어지고 있다.

해설 (A) 남자들 중 누구도 수영하고 있지 않으므로 동작 묘사가 틀렸다.
(B) 배(boat)는 사진에 없는 사물이며, 남자들 중 누구도 배에 타고 있지 않으므로 동작 묘사가 틀렸다.
(C) 남자들이 나무 부두에 앉아 있는 상태를 적절히 묘사했으므로 정답이다.
(D) 나무가 다듬어지고 있지 않으므로 동작 묘사가 틀렸다.

+ 이렇게도 답이 가능해요!
They are fishing in a body of water.
사람들이 물에서 낚시를 하고 있다.

어휘 board 탑승하다, 승선하다 | wooden 나무로 된 | dock 부두 | trim 다듬다, 손질하다

---

2. 미국
(A) A woman is tying a scarf around her neck.
(B) A man is securing a bicycle to a railing.
(C) They're holding onto their bikes on a walkway.
(D) They're boarding a boat on a pier.

(A) 한 여자가 목에 스카프를 둘러 묶고 있다.

(B) 한 남자가 자전거를 난간에 고정하고 있다.
(C) 사람들이 산책로에서 자전거를 붙잡고 있다.
(D) 사람들이 부두에서 배에 승선하고 있다.

해설 (A) 여자의 행동이 묶는 동작이 아니므로 동작 묘사가 틀렸다.
(B) 남자의 행동이 고정하는 동작이 아니므로 동작 묘사가 틀렸다.
(C) 사람들이 산책로에서 자전거를 붙잡고 있는 상태를 적절히 묘사했으므로 정답이다.
(D) 사람들의 행동이 승선하는 동작이 아니므로 동작 묘사가 틀렸다.

✚ **이렇게도 답이 가능해요!**
Some people are grasping bicycle handles.
몇몇 사람들이 자전거 핸들을 꽉 잡고 있다.

어휘 tie 매다, 묶다 I secure 고정시키다 I railing 난간 I hold onto ~을 (꼭) 붙잡다 I walkway 산책로 I board 승선하다, 탑승하다 I pier 부두 I grasp 꽉 잡다

BASE 집중훈련
1. (D)   **2.** (B)

1. 영국
(A) There are some plates piled in a sink.
(B) A woman's removing some bread from the oven.
(C) A woman's picking up a cutting board.
(D) There are workers behind a display case.

(A) 싱크대 안에 접시들이 쌓여 있다.
(B) 한 여자가 오븐에서 빵을 꺼내고 있다.
(C) 한 여자가 도마를 들어 올리고 있다.
(D) 진열장 뒤에 직원들이 있다.

해설 (A) 접시(plates)와 싱크대(sink)는 사진에 없는 사물이다.
(B) 오븐(oven)은 사진에 없는 사물이다.
(C) 여자의 행동이 들어 올리는 동작이 아니므로 동작 묘사가 틀렸다.
(D) 진열장 뒤에 직원들이 있는 모습을 적절히 묘사했으므로 정답이다.

✚ **이렇게도 답이 가능해요!**
Some baked goods are on display.
오븐에 구운 몇몇 제품들이 진열되어 있다.

어휘 plate 접시 I pile 쌓다 I sink 싱크대 I remove 꺼내다 I pick up ~을 들어 올리다 I cutting board 도마 I worker 직원 I display case 진열장 I goods 제품 I on display 진열 중인

---

2. 호주
(A) A fence is being installed.
(B) A bridge crosses over a road.
(C) A traffic light is being fixed.
(D) Some trees have been cut down.

(A) 울타리가 설치되고 있다.
(B) 다리가 도로 위로 가로질러 있다.
(C) 신호등이 수리되고 있다.
(D) 나무 몇 그루가 베어져 있다.

해설 (A) 울타리를 설치하는 사람이 보이지 않으므로 동작 묘사가 틀렸다.
(B) 도로 위로 다리가 가로질러 나 있는 상태를 적절히 묘사했으므로 정답이다.
(C) 신호등(traffic light)은 사진에 없는 사물이다.
(D) 나무가 베어져 있지 않으므로 상태 묘사가 틀렸다.

✚ **이렇게도 답이 가능해요!**
There are some fences near a bridge.
다리 근처에 울타리들이 있다.

어휘 fence 울타리 I install 설치하다 I cross 가로지르다 I traffic light 신호등 I fix 수리하다 I cut down ~을 베어 넘어뜨리다

BASE 집중훈련
1. (C)   **2.** (D)

1. 호주
(A) Some chairs are being arranged.
(B) Some electrical cords are plugged into an outlet.
(C) Some posters have been put up on a wall.
(D) Some bags are placed on a bench.

(A) 몇몇 의자들이 정리되고 있다.
(B) 몇몇 전기 코드들이 콘센트에 꽂혀 있다.
(C) 몇몇 포스터들이 벽에 게시되어 있다.
(D) 몇몇 가방들이 벤치 위에 놓여 있다.

해설 (A) 의자(chairs)는 사진에 없는 사물이고, 정리하는 사람도 보이지 않으므로 동작 묘사도 틀렸다.
(B) 전기 코드(electrical cords)는 사진에 없는 사물이다.
(C) 포스터들이 벽에 게시되어 있는 상태를 적절히 묘사했으므로 정답이다.
(D) 가방(bags)은 사진에 없는 사물이다.

✚ **이렇게도 답이 가능해요!**
A wall has been covered with papers.
벽이 문서로 뒤덮여 있다.

어휘 arrange 정리하다 I electrical cord 전기 코드 I plug 꽂다 I outlet 콘센트 I put up ~을 게시하다 I place 놓다 I cover 뒤덮다, 가득 채우다

---

2. 미국
(A) Some people are trimming bushes.
(B) Some people are putting on aprons.
(C) Some plants are being watered in a garden.
(D) Some flowers are being grown in pots.

(A) 몇몇 사람들이 관목들을 다듬고 있다.
(B) 몇몇 사람들이 앞치마를 두르는 중이다.
(C) 몇몇 식물들이 정원에서 물을 받고 있다.
(D) 몇몇 꽃들이 화분에서 자라고 있다.

해설 (A) 사람들의 행동이 다듬는 동작이 아니므로 동작 묘사가 틀렸다.
(B) 사람들의 행동이 앞치마를 두르는 동작이 아니므로 동작 묘사가 틀렸다.
(C) 물이 뿌려지는 동작이 아니므로 동작 묘사가 틀렸다.
(D) 꽃들이 화분에서 자라고 있는 상태를 적절히 묘사했으므로 정답이다.

✚ **이렇게도 답이 가능해요!**
The women are holding some plants.
여자들이 식물들을 들고 있다.

어휘 trim 다듬다 I bush 관목 I put on ~을 입다 I apron 앞치마

6 파고다 토익 입문서 LC

BASE 실전훈련

본서 p.52

1. (D) **2.** (B) **3.** (A) **4.** (A) **5.** (A) **6.** (B)

1. 미국

(A) A man is <u>fixing</u> a railing.
(B) A man is <u>putting on</u> his glasses.
(C) A man is <u>waiting</u> for the elevator.
(D) A man is <u>walking down</u> the staircase.

(A) 한 남자가 난간을 수리하고 있다.
(B) 한 남자가 안경을 쓰는 중이다.
(C) 한 남자가 엘리베이터를 기다리고 있다.
(D) 한 남자가 계단을 내려가고 있다.

해설 (A) 수리하는 동작이 아니므로 동작 묘사가 틀렸다.
(B) 안경을 이미 쓰고 있는 상태이지 쓰는 중이 아니므로 동작 묘사가 틀렸다.
(C) 기다리는 동작이 아니므로 동작 묘사가 틀렸다.
(D) 한 남자가 계단을 내려가는 동작을 적절히 묘사했으므로 정답이다.

✛ **이렇게도 답이 가능해요!**
He's checking his watch. 남자가 시계를 확인하고 있다.

어휘 fix 수리하다 | railing 난간 | put on ~을 쓰다 | staircase 계단 | check 확인하다

2. 영국

(A) A woman is <u>taking off</u> a pair of rubber gloves.
(B) A woman is <u>holding</u> a spray in her hand.
(C) A woman is <u>installing</u> some glass windows.
(D) A woman is <u>repairing</u> some kitchen appliances.

(A) 한 여자가 고무장갑을 벗고 있다.
(B) 한 여자가 손에 분무기를 들고 있다.
(C) 한 여자가 유리창을 설치하고 있다.
(D) 한 여자가 주방용품을 수리하고 있다.

해설 (A) 벗는 동작이 아니므로 동작 묘사가 틀렸다.
(B) 여자가 분무기를 들고 있는 상태를 적절히 묘사했으므로 정답이다.
(C) 설치하는 동작이 아니므로 동작 묘사가 틀렸다.
(D) 수리하는 동작이 아니므로 동작 묘사가 틀렸다.

✛ **이렇게도 답이 가능해요!**
She's wiping a kitchen window.
여자가 주방 창문을 닦고 있다.

어휘 take off ~을 벗다 | rubber gloves 고무장갑 | spray 분무기 | install 설치하다 | kitchen appliance 주방용품 | wipe 닦다

3. 호주

(A) The women are <u>examining</u> some documents.
(B) The women are <u>clearing</u> a desk.
(C) One of the women is <u>sipping</u> from a <u>mug</u>.
(D) One of the women is <u>typing</u> on a laptop.

(A) 여자들이 서류들을 검토하고 있다.
(B) 여자들이 책상을 치우고 있다.
(C) 여자들 중 한 명이 머그잔으로 마시고 있다.
(D) 여자들 중 한 명이 노트북으로 타이핑하고 있다.

해설 **(A) 여자들이 서류를 검토하고 있는 모습을 적절히 묘사했으므로 정답이다.**
(B) 여자들의 행동이 치우는 동작이 아니므로 동작 묘사가 틀렸다.

(C) 머그잔(mug)은 사진에 없는 사물이다.
(D) 노트북(laptop)은 사진에 없는 사물이다.

✛ **이렇게도 답이 가능해요!**
They're sitting across from each other.
사람들이 서로 마주 보고 앉아 있다.

어휘 examine 검토하다 | document 서류 | clear 치우다 | sip 조금씩 마시다 | across from each other 서로 마주 보고

4. 영국

(A) They are <u>facing each other</u>.
(B) They are <u>assembling</u> some bookshelves.
(C) A woman is looking at a computer <u>monitor</u>.
(D) A man is <u>wiping</u> a desk with a cloth.

(A) 사람들이 서로 마주 보고 있다.
(B) 사람들이 책장을 조립하고 있다.
(C) 한 여자가 컴퓨터 모니터를 보고 있다.
(D) 한 남자가 천으로 책상을 닦고 있다.

해설 **(A) 사람들이 서로 마주 보고 있는 상태를 적절히 묘사했으므로 정답이다.**
(B) 사람들의 행동이 조립하는 동작이 아니므로 동작 묘사가 틀렸다.
(C) 여자가 보고 있는 대상이 컴퓨터 모니터(computer monitor)가 아니므로 동작의 대상이 틀렸다.
(D) 남자의 행동이 닦고 있는 동작이 아니므로 동작 묘사가 틀렸다.

✛ **이렇게도 답이 가능해요!**
A woman is holding some books.
한 여자가 책 몇 권을 들고 있다.

어휘 face each other 서로 마주 보다 | assemble 조립하다 | bookshelf 책장 | monitor 모니터 | wipe 닦다 | cloth 천, 행주

5. 미국

(A) A train is <u>running along</u> the side of the buildings.
(B) A <u>conductor</u> is inspecting the railroad tracks.
(C) Some <u>passengers</u> are exiting a train.
(D) Some <u>ticket machines</u> have been set up in a row.

(A) 기차 한 대가 건물들 옆을 따라 달리고 있다.
(B) 한 승무원이 철로를 검사하고 있다.
(C) 몇몇 승객들이 기차에서 내리고 있다.
(D) 몇몇 표 발권기들이 일렬로 설치되어 있다.

해설 **(A) 건물들 옆을 따라 기차가 운행되고 있는 모습을 적절히 묘사했으므로 정답이다.**
(B) 승무원(conductor)은 사진에 보이지 않으므로 틀렸다.
(C) 승객(passengers)은 사진에 보이지 않으므로 틀렸다.
(D) 표 발권기(ticket machines)는 사진에 없는 사물이다.

✛ **이렇게도 답이 가능해요!**
Some buildings overlook some train tracks.
몇몇 건물들이 선로를 내려다보고 있다.

어휘 along ~을 따라서 | conductor (버스나 기차의) 안내원, 승무원 | inspect 점검 [검사]하다 | set up ~을 설치하다 | in a row 일렬로 | overlook 내려다보다

6. 미국

(A) A <u>sign</u> has been hung from a <u>ceiling</u>.
(B) Shelves have been <u>stocked</u> with some items.
(C) Some furniture is <u>being transported</u>.
(D) Some buckets have been stacked <u>on</u> the <u>ground</u>.

PART 1 CHAPTER 02

(A) 표지판 하나가 천장에 걸려 있다.
(B) 선반들이 물품들로 채워져 있다.
(C) 몇몇 가구가 옮겨지고 있다.
(D) 몇몇 양동이가 바닥에 쌓여 있다.

해설 (A) 표지판(sign)은 사진에 없는 사물이다.
(B) 선반들이 물품들로 채워져 있는 상태를 적절히 묘사했으므로 정답이다.
(C) 가구를 옮기는 사람이 보이지 않으므로 동작 묘사가 틀렸다.
(D) 양동이가 바닥에 쌓여 있지 않으므로 상태 묘사가 틀렸다.

✚ **이렇게도 답이 가능해요!**
A blind has been pulled down.
블라인드가 내려져 있다.

어휘 sign 표지판 | hang 걸다, 매달다 (hang-hung-hung) | ceiling 천장 | shelf 선반 | stock 채우다 | transport 수송하다 | bucket 양동이 | stack 쌓다 | pull down ~을 내리다

CHAPTER 03 사진 배경

BASE 집중훈련
본서 p.58
1. (D) **2.** (C)

1. 미국
(A) A man is typing on a laptop computer.
(B) A man is sipping a beverage from a mug.
(C) A man is looking at his watch.
(D) A man is talking on the phone.

(A) 한 남자가 노트북 컴퓨터로 타이핑하고 있다.
(B) 한 남자가 머그잔에서 음료를 조금씩 마시고 있다.
(C) 한 남자가 자신의 시계를 보고 있다.
(D) 한 남자가 전화 통화를 하고 있다.

해설 (A) 타이핑하는 동작이 아니므로 동작 묘사가 틀렸다.
(B) 음료를 마시는 동작이 아니므로 동작 묘사가 틀렸다.
(C) 시계를 보는 동작이 아니므로 동작 묘사가 틀렸다.
(D) 남자가 전화 통화를 하고 있는 모습을 적절히 묘사했으므로 정답이다.

✚ **이렇게도 답이 가능해요!**
He's resting his arm on a desk.
남자가 책상 위에 팔을 올려두고 있다.

어휘 type 타이핑하다 | sip 조금씩 마시다 | beverage 음료 | mug 머그잔 | watch 시계 | rest 받치다, 기대다

2. 영국
(A) One of the men is standing behind a table.
(B) One of the men is looking through a file cabinet.
(C) One of the women is handing over a piece of paper.
(D) One of the women is throwing away some paper cups.

(A) 남자들 중 한 명이 테이블 뒤에 서 있다.
(B) 남자들 중 한 명이 서류 캐비닛을 살펴보고 있다.
(C) 여자들 중 한 명이 종이 한 장을 건네주고 있다.
(D) 여자들 중 한 명이 종이컵들을 버리고 있다.

해설 (A) 테이블 뒤에 서 있는 사람은 남자들 중 한 명이 아니라 여자이므로 주어가 틀렸다.
(B) 서류 캐비닛(file cabinet)은 사진에 없는 사물이다.
(C) 여자들 중 한 명이 동료에게 종이 한 장을 건네주는 동작을 적절히 묘사했으므로 정답이다.
(D) 여자들 중 누구도 종이컵을 버리고 있지 않으므로 동작 묘사가 틀렸다.

✚ **이렇게도 답이 가능해요!**
Some colleagues have gathered around a table for a meeting.
몇몇 동료들이 회의하기 위해 테이블 주위에 모여 있다.

어휘 look through ~을 살펴보다 | file cabinet 서류 캐비닛 | hand over ~을 건네 주다 | throw away ~을 버리다 | gather around ~의 주위에 모이다

BASE 집중훈련
본서 p.61
1. (C) **2.** (A)

1. 호주
(A) She is sweeping a yard.
(B) She is installing some windows.
(C) She is watering some plants.
(D) She is painting a fence.

(A) 여자가 마당을 쓸고 있다.
(B) 여자가 창문들을 설치하고 있다.
(C) 여자가 식물들에 물을 주고 있다.
(D) 여자가 울타리를 페인트칠하고 있다.

해설 (A) 빗자루로 쓰는 동작이 아니므로 동작 묘사가 틀렸다.
(B) 설치하는 동작이 아니므로 동작 묘사가 틀렸다.
(C) 여자가 식물에 물을 주는 동작을 적절히 묘사했으므로 정답이다.
(D) 페인트칠하는 동작이 아니므로 동작 묘사가 틀렸다.

✚ **이렇게도 답이 가능해요!**
A woman is using a hose. 한 여자가 호스를 사용하고 있다.

어휘 sweep 쓸다 | yard 마당, 뜰 | install 설치하다 | water 물을 주다 | plant 식물 | fence 울타리

2. 미국
(A) Some plates are placed on a table.
(B) Some chairs have been occupied in a dining area.
(C) Some light fixtures are being turned on.
(D) Some glasses are being filled.

(A) 몇몇 접시가 테이블 위에 놓여 있다.
(B) 몇몇 의자가 식사 공간에서 사용 중이다.
(C) 몇몇 조명 기구가 켜지고 있다.
(D) 몇몇 유리컵이 채워지고 있다.

해설 **(A) 테이블 위에 접시가 놓여 있는 상태를 적절히 묘사했으므로 정답이다.**
(B) 의자가 사용되고 있지 않으므로 상태 묘사가 틀렸다.
(C) 조명 기구를 켜는 사람이 보이지 않으므로 동작 묘사가 틀렸다.
(D) 유리컵을 채우는 사람이 보이지 않으므로 동작 묘사가 틀렸다.

✚ **이렇게도 답이 가능해요!**
Chairs have been positioned around a table.
테이블 주위로 의자들이 놓여 있다.

어휘 plate 접시 I place 놓다 I occupy 차지하다 I dining area 식사 공간 I light fixture 조명 기구 I turn on (전기·가스·수도 등을) 켜다 I fill 채우다 I position 두다, 놓다

BASE 집중훈련
본서 p.64
1. (A)   **2.** (C)

1. 영국
(A) A woman is putting some produce into a basket.
(B) A woman is reaching into a purse.
(C) A woman is pushing a shopping cart.
(D) A woman is holding a plate of food.

(A) 한 여자가 바구니에 농산물을 넣고 있다.
(B) 한 여자가 지갑에 손을 넣고 있다.
(C) 한 여자가 쇼핑 카트를 밀고 있다.
(D) 한 여자가 음식 접시를 들고 있다.

해설 (A) 여자가 바구니에 농산물을 넣고 있는 동작을 적절히 묘사했으므로 정답이다.
(B) 손을 넣고 있는 대상이 지갑(purse)이 아니므로 동작의 대상이 틀렸다.
(C) 쇼핑 카트(shopping cart)는 사진에 없는 사물이다.
(D) 들고 있는 대상이 접시(plate)가 아니므로 동작의 대상이 틀렸다.

+ 이렇게도 답이 가능해요!
She's carrying a basket. 여자가 바구니를 들고 있다.

어휘 produce 농산물 I basket 바구니 I reach into ~ 안에 손을 넣다 I plate 접시 I carry 가지고 있다

2. 미국
(A) A woman is wiping a countertop.
(B) A woman is taking off her hat.
(C) A man is working behind a counter.
(D) A man is reaching for a basket on a shelf.

(A) 한 여자가 조리대를 닦고 있다.
(B) 한 여자가 모자를 벗는 중이다.
(C) **한 남자가 판매대 뒤에서 일하고 있다.**
(D) 한 남자가 선반 위 바구니를 잡으려고 손을 뻗고 있다.

해설 (A) 여자의 행동이 닦는 동작이 아니므로 동작 묘사가 틀렸다.
(B) 여자의 행동이 벗는 동작이 아니므로 동작 묘사가 틀렸다.
(C) **남자가 판매대 뒤에서 일하고 있는 모습을 적절히 묘사했으므로 정답이다.**
(D) 남자의 행동이 손을 뻗는 동작이 아니므로 동작 묘사가 틀렸다.

+ 이렇게도 답이 가능해요!
A man is wearing an apron. 한 남자가 앞치마를 입고 있다.

어휘 wipe 닦다 I countertop 조리대 I reach for ~로 손을 뻗다 I shelf 선반

BASE 집중훈련
본서 p.67
1. (D)   **2.** (A)

1. 호주
(A) Some stairs are being swept.
(B) Some tiles are being removed from the floor.
(C) A man is taking off his jacket.
(D) A man is waiting for the elevator.

(A) 빗자루로 계단이 쓸리고 있다.
(B) 몇몇 타일이 바닥에서 제거되고 있다.
(C) 한 남자가 재킷을 벗고 있다.
(D) **한 남자가 엘리베이터를 기다리고 있다.**

해설 (A) 계단을 쓰는 사람이 보이지 않으므로 동작 묘사가 틀렸다.
(B) 타일을 제거하는 사람이 보이지 않으므로 동작 묘사가 틀렸다.
(C) 남자가 재킷을 벗는 동작이 아니므로 동작 묘사가 틀렸다.
(D) **남자가 엘리베이터를 기다리는 동작을 적절히 묘사했으므로 정답이다.**

+ 이렇게도 답이 가능해요!
He's pushing a button on the elevator.
남자가 엘리베이터 버튼을 누르고 있다.

어휘 sweep 쓸다 I tile 타일 I remove 제거하다 I take off (옷 등을) 벗다

2. 미국
(A) Some yachts are docked at a pier.
(B) A ferry is heading towards the terminal.
(C) People are fishing from a beach.
(D) People are walking along the shore.

(A) **몇몇 요트들이 부두에 정박해 있다.**
(B) 연락선 한 척이 터미널을 향해 가고 있다.
(C) 사람들이 바닷가에서 낚시하고 있다.
(D) 사람들이 해안을 따라 걷고 있다.

해설 (A) **요트들이 부두에 정박해 있는 상태를 적절히 묘사했으므로 정답이다.**
(B) 연락선(ferry)과 터미널(terminal)은 사진에 없는 사물이다.
(C) 사람(People)은 사진에서 보이지 않으므로 틀렸다.
(D) 사람(People)은 사진에서 보이지 않으므로 틀렸다.

+ 이렇게도 답이 가능해요!
Some boats are floating on the water.
몇몇 배들이 물 위에 떠 있다.

어휘 yacht 요트 I dock 부두에 대다 I pier 부두 I ferry 연락선 I head towards ~을 향해 가다 I terminal 터미널 I float (물 위에) 뜨다

BASE 집중훈련
본서 p.70
1. (C)   **2.** (B)

1. 미국
(A) One of the men is leaning against a pole.
(B) One of the men is setting up a ladder.
(C) The men are lifting a wooden board.
(D) The men are repaving a street.

(A) 남자들 중 한 명이 기둥에 기대고 있다.
(B) 남자들 중 한 명이 사다리를 세우고 있다.
(C) **남자들이 나무판자를 들어 올리고 있다.**
(D) 남자들이 도로를 다시 포장하고 있다.

해설 (A) 기둥에 기대는 사람이 보이지 않으므로 상태 묘사가 틀렸다.
(B) 사다리를 세우는 사람이 보이지 않으므로 동작 묘사가 틀렸다.
(C) 남자들이 나무판자를 들어 올리는 동작을 적절히 묘사했으므로 정답이다.
(D) 도로(street)는 사진에 없는 사물이다.

✚ **이렇게도 답이 가능해요!**
A structure is being built. 구조물이 지어지고 있다.

어휘 lean against ~에 기대다 | pole 기둥, 막대기 | set up ~을 세우다 | ladder 사다리 | lift 들어 올리다 | wooden 나무로 된 | repave 다시 포장하다 | structure 구조물, 건축물

---

2. 미국
(A) A man is installing a water dispenser.
(B) A toolbox has been left open on the floor.
(C) Some utensils are being dried with a cloth.
(D) A rack has been mounted on a wall.

(A) 한 남자가 정수기를 설치하고 있다.
(B) 공구함이 바닥에 열린 채로 놓여 있다.
(C) 몇몇 도구들이 천으로 닦이고 있다.
(D) 선반이 벽에 고정되어 있다.

해설 (A) 정수기(water dispenser)는 사진에 없는 사물이다.
(B) 공구함이 바닥에 열린 채로 놓여 있는 상태를 적절히 묘사했으므로 정답이다.
(C) 도구들(utensils)과 천(cloth)은 사진에 없는 사물이다.
(D) 선반이 벽에 고정되어 있지 않으므로 상태 묘사가 틀렸다.

✚ **이렇게도 답이 가능해요!**
He is kneeling down on the floor.
남자가 바닥에 무릎을 꿇고 있다.

어휘 install 설치하다 | water dispenser 정수기 | toolbox 공구함 | utensil 도구, 기구 | dry 건조하다 | cloth 천, 헝겊 | mount 고정시키다 | kneel 무릎을 꿇다

BASE 집중훈련
본서 p.73
1. (A) **2.** (D)

---

1. 영국
(A) Some people are descending on an escalator.
(B) Some people are wiping a railing.
(C) Some people are climbing up a staircase.
(D) Some people are installing a glass panel.

(A) 몇몇 사람들이 에스컬레이터를 타고 내려오고 있다.
(B) 몇몇 사람들이 난간을 닦고 있다.
(C) 몇몇 사람들이 계단을 올라가고 있다.
(D) 몇몇 사람들이 유리 패널을 설치하고 있다.

해설 **(A) 사람들이 에스컬레이터를 타고 내려오는 모습을 적절히 묘사했으므로 정답이다.**
(B) 닦는 동작이 아니므로 동작 묘사가 틀렸다.
(C) 계단(staircase)은 사진에 없는 사물이다.
(D) 설치하는 동작이 아니므로 동작 묘사가 틀렸다.

✚ **이렇게도 답이 가능해요!**
They are holding onto a handrail.
사람들이 난간을 잡고 있다.

어휘 descend 내려오다 | wipe 닦다 | railing 난간 | climb up ~을 오르다 | staircase 계단 | install 설치하다 | hold onto ~을 (꼭) 잡다 | handrail 난간

---

2. 호주
(A) One of the people is getting into a vehicle.
(B) One of the people is pointing toward a ship.
(C) A railing is being set up.
(D) A boat is sailing near a bridge.

(A) 사람들 중 한 명이 차량에 타고 있다.
(B) 사람들 중 한 명이 배를 향해 가리키고 있다.
(C) 난간이 설치되고 있다.
(D) 배가 다리 근처에서 항해하고 있다.

해설 (A) 사람들 중 누구도 차량에 타는 중이 아니므로 동작 묘사가 틀렸다.
(B) 사람들 중 누구도 손으로 가리키고 있지 않으므로 동작 묘사가 틀렸다.
(C) 난간을 설치하는 사람이 보이지 않으므로 동작 묘사가 틀렸다.
(D) 배가 다리 근처에서 항해하고 있는 모습을 적절히 묘사했으므로 정답이다.

✚ **이렇게도 답이 가능해요!**
A bridge crosses a body of water.
다리가 수역을 가로질러 놓여 있다.

어휘 get into ~에 타다 | point 가리키다 | set up ~을 설치하다 | sail 항해하다 | cross 가로지르다

BASE 실전훈련
본서 p.74
1. (C) **2.** (B) **3.** (D) **4.** (B) **5.** (B) **6.** (B)

---

1. 미국
(A) A woman is serving a beverage.
(B) A woman is wiping a kitchen counter.
(C) A woman is preparing a meal.
(D) A woman is chopping some vegetables.

(A) 한 여자가 음료를 제공하고 있다.
(B) 한 여자가 부엌 조리대를 닦고 있다.
(C) 한 여자가 식사를 준비하고 있다.
(D) 한 여자가 채소를 썰고 있다.

해설 (A) 제공하는 동작이 아니므로 동작 묘사가 틀렸다.
(B) 닦는 동작이 아니므로 동작 묘사가 틀렸다.
(C) 한 여자가 식사를 준비하는 모습을 적절히 묘사했으므로 정답이다.
(D) 채소를 써는 동작이 아니므로 동작 묘사가 틀렸다.

✚ **이렇게도 답이 가능해요!**
A glass vase contains some flowers.
유리 꽃병에 꽃이 담겨 있다.

어휘 serve 제공하다 | beverage 음료 | wipe 닦다 | prepare a meal 식사를 준비하다 | chop 썰다 | contain ~이 들어 있다

---

2. 호주
(A) They're unloading bricks from a truck.
(B) They're doing construction work on a walkway.
(C) They're buttoning up their safety vests.
(D) They're leaning against a building.

(A) 사람들이 트럭에서 벽돌들을 내리고 있다.
(B) 사람들이 보도에서 공사 작업을 하고 있다.
(C) 사람들이 안전 조끼 단추를 채우고 있다.
(D) 사람들이 건물에 기대어 있다.

해설 (A) 트럭(truck)은 사진에 없는 사물이다.
(B) 사람들이 보도에서 공사 작업을 하는 모습을 적절히 묘사했으므로 정답이다.
(C) 단추를 채우는 동작이 아니므로 동작 묘사가 틀렸다.
(D) 기대고 있는 상태가 아니므로 상태 묘사가 틀렸다.

✛ 이렇게도 답이 가능해요!
Construction workers are wearing safety hats.
공사 인부들이 안전모를 쓰고 있다.

어휘 unload (짐을) 내리다 | brick 벽돌 | walkway 보도 | button up ~의 단추를 잠그다 | vest 조끼 | lean 기대다

---

3. 영국
(A) She's removing some bottles from a shopping cart.
(B) She's reading a sign at a supermarket.
(C) She's putting down a basket on the floor.
(D) She's taking an item from a shelf.

(A) 여자가 쇼핑 카트에서 병을 꺼내고 있다.
(B) 여자가 슈퍼마켓에서 표지판을 읽고 있다.
(C) 여자가 바닥에 바구니를 내려놓고 있다.
(D) 여자가 선반에서 물건을 꺼내고 있다.

해설 (A) 쇼핑 카트에서 병을 꺼내는 동작이 아니므로 동작 묘사가 틀렸다.
(B) 표지판을 읽는 동작이 아니므로 동작 묘사가 틀렸다.
(C) 내려놓는 동작이 아니므로 동작 묘사가 틀렸다.
(D) 여자가 선반에서 물건을 꺼내는 동작을 적절히 묘사했으므로 정답이다.

✛ 이렇게도 답이 가능해요!
A shopping basket has been filled.
장바구니가 가득 채워져 있다.

어휘 remove 치우다 | bottle 병 | sign 표지판, 간판 | put down ~을 내려놓다 | basket 바구니 | shelf 선반

---

4. 미국
(A) Some trees are being planted.
(B) Some bicycles are parked in a row.
(C) Leaves are being swept off a sidewalk.
(D) A pedestrian is waiting at a traffic light.

(A) 몇몇 나무들이 심어지고 있다.
(B) 몇몇 자전거들이 일렬로 주차되어 있다.
(C) 나뭇잎들이 보도에서 쓸려 내려가고 있다.
(D) 한 보행자가 신호등에서 기다리고 있다.

해설 (A) 나무를 심는 사람이 보이지 않으므로 동작 묘사가 틀렸다.
(B) 자전거들이 일렬로 주차되어 있는 상태를 적절히 묘사했으므로 정답이다.
(C) 나뭇잎을 쓸고 있는 사람이 보이지 않으므로 동작 묘사가 틀렸다.
(D) 보행자(pedestrian)와 신호등(traffic light)은 사진에서 보이지 않으므로 틀렸다.

✛ 이렇게도 답이 가능해요!
Trees line both sides of the road.
나무들이 길 양쪽에 늘어서 있다.

어휘 plant 심다 | park 주차하다 | in a row 일렬로 | sweep off ~을 쓸어 내다 |

---

sidewalk 보도 | pedestrian 보행자 | line 늘어서다

---

5. 미국
(A) Some people are watering some plants in a garden.
(B) Some people are seated in an outdoor rest area.
(C) One of the women is sweeping a patio.
(D) One of the women is opening an umbrella.

(A) 몇몇 사람들이 정원에서 식물에 물을 주고 있다.
(B) 몇몇 사람들이 야외 휴식 공간에 앉아 있다.
(C) 여자들 중 한 명이 테라스를 쓸고 있다.
(D) 여자들 중 한 명이 우산을 펼치고 있다.

해설 (A) 물을 주는 사람이 보이지 않으므로 동작 묘사가 틀렸다.
(B) 사람들이 야외 휴식 공간에 앉아 있는 상태를 적절히 묘사했으므로 정답이다.
(C) 테라스를 쓸고 있는 사람이 보이지 않으므로 동작 묘사가 틀렸다.
(D) 우산을 펼치는 사람이 보이지 않으므로 동작 묘사가 틀렸다.

✛ 이렇게도 답이 가능해요!
One of the women is holding a glass.
여자들 중 한 명이 잔을 들고 있다.

어휘 water 물을 주다 | seat 앉다 | outdoor 야외의 | sweep 쓸다 | patio 테라스 | open 펴다

---

6. 호주
(A) Office supplies are being placed in a storage closet.
(B) Some boxes are stacked on top of some shelves.
(C) A broomstick is leaning against a cabinet.
(D) Some containers are being rearranged.

(A) 사무용품이 수납장 안에 놓이고 있다.
(B) 몇몇 상자들이 선반 위에 쌓여 있다.
(C) 빗자루 하나가 캐비닛에 기대어 있다.
(D) 몇몇 용기들이 다시 배치되고 있다.

해설 (A) 사무용품을 수납장 안에 놓고 있는 사람이 보이지 않으므로 동작 묘사가 틀렸다.
(B) 상자들이 선반 위에 쌓여 있는 상태를 적절히 묘사했으므로 정답이다.
(C) 빗자루(broomstick)는 사진에 없는 사물이다.
(D) 용기를 다시 배치하고 있는 사람이 보이지 않으므로 동작 묘사가 틀렸다.

✛ 이렇게도 답이 가능해요!
Some boxes have been stacked on top of each other.
상자들이 차곡차곡 쌓여 있다.

어휘 office supplies 사무용품 | storage closet 수납장 | stack 쌓다 | on top of ~ 위에 | broomstick 빗자루 | lean against ~에 기대다 | cabinet 캐비닛, 수납장 | container 용기 | rearrange 재배치하다

PART 2

CHAPTER 04 함정 장치

BASE 집중훈련
본서 p.81

1. (B)   **2.** (C)   **3.** (C)

1. 미국 ↔ 영국

Where can I sign up for the marketing course?
(A) It was a six-course meal.
(B) You can register on our Web site.
(C) It's a new marketplace.

제가 마케팅 수업을 어디서 등록할 수 있나요?
(A) 그것은 여섯 코스짜리 식사였어요.
(B) 웹사이트에서 등록하실 수 있어요.
(C) 그곳은 새로 생긴 시장이에요.

해설 (A) 질문에 쓰인 course를 반복하여 오답을 유도하고 있다.
　　 (B) 웹사이트에서 등록할 수 있다며 질문에 적절히 대답했으므로 정답이다.
　　 (C) 질문에 쓰인 marketing과 발음이 유사한 marketplace를 사용하여 오답을 유도하고 있다.

✚ 이렇게도 답이 가능해요!
Here's the information brochure.
여기 안내 책자가 있어요.

어휘 sign up ~에 등록하다, 신청하다 | register 등록하다 | marketplace 시장 | brochure 책자

2. 미국 ↔ 미국

You haven't seen the storage cabinet key, have you?
(A) No, I haven't seen that movie.
(B) I think the store is still open.
(C) Jason was using it this morning.

물품 보관 캐비닛 열쇠 못 봤죠, 그렇죠?
(A) 아니요, 저는 그 영화 못 봤어요.
(B) 그 매장이 아직 열려 있는 것 같아요.
(C) Jason이 오늘 아침에 사용하고 있었어요.

해설 (A) 질문에 쓰인 haven't seen을 반복하여 오답을 유도하고 있다.
　　 (B) 질문에 쓰인 storage와 발음이 유사한 store를 사용하여 오답을 유도하고 있다.
　　 (C) Jason이 아침에 사용하고 있었다며 열쇠를 봤다는 것을 우회적으로 대답했으므로 정답이다.

✚ 이렇게도 답이 가능해요!
Actually, I have it with me right here.
실은, 제가 여기 가지고 있어요.

어휘 storage 보관, 저장 | cabinet 캐비닛, 보관함

3. 영국 ↔ 호주

Will I need my employee pass to enter the computer lab?
(A) In the center of the building.
(B) I just passed by the lab.
(C) Yes, it is always locked.

컴퓨터실에 들어가려면 직원 출입증이 필요할까요?
(A) 건물 중앙에서요.
(B) 전 연구실을 막 지나갔어요.
(C) 네, 늘 잠겨 있거든요.

해설 (A) 질문에 쓰인 enter와 발음이 유사한 center를 사용하여 오답을 유도하고 있다.
　　 (B) 질문에 쓰인 pass를 동일한 어근의 단어 passed로, 또한 lab을 그대로 반복 사용하여 오답을 유도하고 있다.
　　 (C) 'Yes'로 대답하고, 늘 잠겨 있다며 적절히 덧붙여 말했으므로 정답이다.

✚ 이렇게도 답이 가능해요!
You should always carry it with you.
늘 가지고 다니셔야 해요.

어휘 pass 출입증, 통행권 | computer lab 컴퓨터실 | pass by ~을 지나가다 | carry 가지고 다니다

BASE 집중훈련
본서 p.83

1. (B)   **2.** (A)   **3.** (C)

1. 호주 ↔ 미국

Why isn't the bank open?
(A) Yes, at 8:30.
(B) Because it's being remodeled.
(C) Thousands of customer accounts.

은행이 왜 문을 열지 않았나요?
(A) 네, 8시 30분이에요.
(B) 그곳이 리모델링 중이기 때문이에요.
(C) 고객 계정 수천 개요.

해설 (A) 의문사 의문문은 Yes/No로 응답할 수 없다.
　　 (B) 리모델링 중이기 때문이라며 이유를 들어 대답했으므로 정답이다.
　　 (C) 질문의 bank를 듣고 연상할 수 있는 customer accounts를 사용하여 오답을 유도하고 있다.

✚ 이렇게도 답이 가능해요!
Today is a holiday. 오늘은 휴일이에요.

어휘 remodel 리모델링하다, 개조하다 | account 계정

2. 미국 ↔ 영국

Where did you buy that laptop computer?
(A) I got it on the Internet.
(B) Yes, I'm done with it now.
(C) Less than 200 dollars.

그 노트북 컴퓨터 어디서 사셨어요?
(A) 인터넷에서 샀어요.
(B) 네, 이제 사용을 끝냈어요.
(C) 200달러 미만이요.

해설 **(A) 인터넷에서 샀다며 위치로 대답했으므로 정답이다.**
　　 (B) 의문사 의문문은 Yes/No로 응답할 수 없다.
　　 (C) 질문의 buy를 듣고 연상할 수 있는 200 dollars를 사용하여 오답을 유도하고 있다.

✚ 이렇게도 답이 가능해요!
I borrowed it from a friend. 친구에게 빌렸어요.

어휘 get 사다 | done with ~가 끝난 | less that ~ 미만

3.
미국 ↔ 미국

How was the musical performance last night?
(A) The Madison Concert Hall.
(B) No, that's at 6 P.M.
(C) It was quite enjoyable.

어젯밤 음악 공연은 어땠나요?
(A) Madison 콘서트홀이요.
(B) 아니요, 그건 오후 6시예요.
(C) 꽤 즐거웠어요.

해설 (A) 질문의 musical performance를 듣고 연상할 수 있는 Concert Hall을 사용하여 오답을 유도하고 있다.
(B) 의문사 의문문은 Yes/No로 응답할 수 없다.
(C) 꽤 즐거웠다며 상태로 대답했으므로 정답이다.

✚ **이렇게도 답이 가능해요!**
Actually, I couldn't attend. 실은, 참석하지 못했어요.

어휘 musical 음악의 | performance 공연 | enjoyable 즐거운 | attend 참석하다

BASE 집중훈련
본서 p.85
1. (A)　**2.** (B)　**3.** (A)

1.
미국 ↔ 호주

When will you leave for the client dinner?
(A) In a few minutes.
(B) For three hours.
(C) The restaurant downtown.

고객과 저녁 식사 하러 언제 가실 거예요?
(A) 몇 분 후예요.
(B) 세 시간 동안이요.
(C) 시내에 있는 레스토랑이요.

해설 (A) 몇 분 후라며 시점으로 대답했으므로 정답이다.
(B) How long 의문문에 어울리는 대답이다.
(C) 질문의 dinner를 듣고 연상할 수 있는 restaurant를 사용하여 오답을 유도하고 있다.

✚ **이렇게도 답이 가능해요!**
It has been postponed. 그거 연기됐어요.

어휘 leave for ~로 떠나다 | postpone 연기하다, 미루다

2.
미국 ↔ 미국

Can we begin the department meeting now?
(A) It was quite successful.
(B) No, I need ten more minutes.
(C) The candles have already been lit.

지금 부서 회의를 시작할 수 있을까요?
(A) 꽤 성공적이었어요.
(B) 아니요, 저는 10분이 더 필요해요.
(C) 초들이 이미 켜져 있어요.

해설 (A) 지금(now) 시작할 수 있냐고 물었는데 과거 시제(was)로 대답했으므로 시제가 일치하지 않는다.

(B) 'No'로 대답하고, 10분 더 필요하다며 적절히 덧붙여 말했으므로 정답이다.
(C) 질문에 쓰인 Can과 발음이 유사한 candles를 사용하여 오답을 유도하고 있다.

✚ **이렇게도 답이 가능해요!**
Sure, let's get started. 물론이죠, 시작합시다.

어휘 department 부서 | successful 성공적인 | candle 초

3.
영국 ↔ 미국

When will you finish the sales report for the last quarter?
(A) We just started it now.
(B) A 30 percent discount.
(C) He had the highest number of sales.

지난 분기의 판매 보고서는 언제 끝낼 거예요?
(A) 지금 막 시작했어요.
(B) 30퍼센트 할인이요.
(C) 그는 가장 높은 매출을 올렸어요.

해설 (A) 지금 막 시작했다고 시점으로 대답했으므로 정답이다.
(B) 질문의 sales를 듣고 연상할 수 있는 discount를 사용하여 오답을 유도하고 있다.
(C) 질문에 쓰인 sales를 반복하였고, 당신(you)은 언제 끝낼 거냐고 물었는데 그(He)에 대해 이야기했으므로 주어가 일치하지 않는다.

✚ **이렇게도 답이 가능해요!**
Not until the end of the day. 오늘 퇴근 시간까지는 안 돼요.

어휘 quarter 분기

BASE 실전훈련
본서 p.86

1. (A)	**2.** (C)	**3.** (C)	**4.** (A)	**5.** (B)	**6.** (B)
7. (A)	**8.** (A)	**9.** (A)	**10.** (A)	**11.** (A)	**12.** (A)
13. (B)	**14.** (A)	**15.** (C)	**16.** (A)	**17.** (C)	**18.** (A)
19. (C)	**20.** (A)	**21.** (A)	**22.** (B)	**23.** (A)	**24.** (C)

1.
호주 ↔ 영국

When do you normally arrive at your office?
(A) Around 8 o'clock.
(B) By subway.
(C) With a colleague of mine.

보통 사무실에 몇 시에 도착하세요?
(A) 8시쯤이요.
(B) 지하철로요.
(C) 제 동료랑 같이요.

해설 (A) 8시쯤이라고 시간으로 대답했으므로 정답이다.
(B) 질문의 arrive를 듣고 연상할 수 있는 subway를 사용하여 오답을 유도하고 있다.
(C) 질문의 office를 듣고 연상할 수 있는 colleague를 사용하여 오답을 유도하고 있다.

✚ **이렇게도 답이 가능해요!**
It depends on the traffic. 교통 상황에 따라 달라요.

어휘 normally 보통 | colleague 동료 | depend on ~에 따라 다르다

2. 영국 ↔ 미국

The break room has <u>enough</u> <u>cups</u>, doesn't it?
(A) <u>He</u> would like some <u>tea</u>.
(B) A reservation for <u>noon</u>.
(C) No, it needs <u>more</u>.

휴게실에 컵이 충분히 있죠, 그렇지 않나요?
(A) 그가 차를 마시고 싶어 해요.
(B) 정오로 예약이요.
(C) 아니요, 더 필요해요.

해설 (A) 질문에 쓰인 cups를 듣고 연상할 수 있는 tea를 사용하여 오답을 유도하였을 뿐만 아니라, 질문의 주어(The break room)와 응답의 주어(He)가 일치하지 않는다.
(B) 질문에 쓰인 room과 발음이 유사한 noon을 사용하여 오답을 유도하고 있다.
(C) 'No'라고 대답하고, 더 필요하다며 적절히 덧붙여 말했으므로 정답이다.

✚ 이렇게도 답이 가능해요!
Let me go check. 제가 가서 확인해 볼게요.

어휘 break room 휴게실 I enough 충분한 I reservation 예약

3. 미국 ↔ 미국

<u>How</u> can I get a membership <u>discount</u>?
(A) A 30 percent <u>discount</u>.
(B) We <u>received</u> a new shipment.
(C) <u>Fill out</u> this customer information sheet.

제가 어떻게 회원 할인을 받을 수 있나요?
(A) 30퍼센트 할인이요.
(B) 저희는 새로운 수송품을 받았어요.
(C) 이 고객 정보 양식을 작성하세요.

해설 (A) 질문에 쓰인 discount를 반복하여 오답을 유도하고 있다.
(B) 질문의 get을 듣고 연상할 수 있는 received를 사용하여 오답을 유도하고 있다.
(C) 고객 정보 양식을 작성하라며 방법으로 대답했으므로 정답이다.

✚ 이렇게도 답이 가능해요!
You can sign up online or at the counter.
온라인이나 카운터에서 신청할 수 있어요.

어휘 discount 할인 I shipment 수송품 I fill out ~을 작성하다 I sign up 신청하다, 등록하다

4. 미국 ↔ 호주

Are you <u>going</u> to the new software training <u>session</u>?
(A) I'll be <u>on holiday</u>.
(B) The <u>train</u> will depart soon.
(C) An inventory <u>program</u>.

새 소프트웨어 교육에 가시나요?
(A) 저는 휴가 중일 거예요.
(B) 기차가 곧 출발할 거예요.
(C) 재고 관리 프로그램이요.

해설 (A) 휴가 중일 거라며 교육에 참석할 수 없음을 우회적으로 대답했으므로 정답이다.
(B) 질문에 쓰인 training과 발음이 유사한 train을 사용하여 오답을 유도하고 있다.
(C) 질문에 쓰인 software를 듣고 연상할 수 있는 program을 사용하여 오답을 유도하고 있다.

✚ 이렇게도 답이 가능해요!
It's in conference room B, right?
B 회의실에서 하죠, 그렇죠?

어휘 on holiday 휴가 중인 I depart 출발하다 I inventory 재고 (관리)

5. 미국 ↔ 미국

<u>Where</u>'s the user's <u>guide</u> for the new air purifier?
(A) The <u>air</u> is really clean.
(B) On the <u>bookshelf</u>.
(C) It <u>came in</u> this month.

새 공기청정기 사용자 설명서는 어디에 있나요?
(A) 공기가 정말 깨끗해요.
(B) 책꽂이예요.
(C) 그건 이번 달에 들어왔어요.

해설 (A) 질문에 쓰인 air를 반복하여 오답을 유도하고 있다.
(B) 책꽂이에 있다며 위치로 대답했으므로 정답이다.
(C) 질문에 쓰인 new를 듣고 연상할 수 있는 came in this month를 사용하여 오답을 유도하고 있다.

✚ 이렇게도 답이 가능해요!
You can find it online. 온라인에서 찾으실 수 있어요.

어휘 air purifier 공기청정기 I bookshelf 책꽂이

6. 미국 ↔ 영국

Have you <u>printed</u> the new promotional <u>posters</u> yet?
(A) <u>Advertisement</u> for our <u>new</u> product.
(B) I'm doing it <u>right now</u>.
(C) The <u>printers</u> will go on <u>sale</u> soon.

신규 홍보 포스터를 벌써 출력하셨나요?
(A) 저희 신제품 광고요.
(B) 지금 하고 있어요.
(C) 프린터는 곧 판매될 거예요.

해설 (A) 질문에 쓰인 new를 반복하고, promotional posters를 듣고 연상할 수 있는 Advertisement를 사용하여 오답을 유도하고 있다.
(B) 지금 하고 있다며 질문에 우회적으로 대답했으므로 정답이다.
(C) 질문에 쓰인 printed와 발음이 유사한 printers를, promotional을 듣고 연상할 수 있는 sale을 사용하여 오답을 유도하고 있다.

✚ 이렇게도 답이 가능해요!
Alice was supposed to do that. Alice가 하기로 되어 있었어요.

어휘 print 출력하다 I promotional poster 홍보용 포스터 I advertisement 광고 I go on sale 판매되다 I be supposed to do ~하기로 되어 있다

7. 미국 ↔ 미국

<u>What</u> time is Mr. Bryant <u>checking in</u> to the hotel?
(A) Around 1 <u>P.M.</u>
(B) I've already added my <u>suggestions</u>.
(C) They don't have that <u>book</u>.

몇 시에 Bryant 씨가 호텔에 체크인하나요?
(A) 오후 1시쯤이요.
(B) 제가 이미 제안 사항을 추가했어요.
(C) 거기에 그 책은 없어요.

해설 (A) 오후 1시쯤이라며 시간으로 대답했으므로 정답이다.
(B) 질문과 무관한 대답이다.

(C) 질문에 쓰인 checking in을 듣고 연상할 수 있는 book을 사용하여 오답을 유도하고 있다.

✚ 이렇게도 답이 가능해요!
It's on the itinerary. 일정에 나와 있어요.

---

8. 호주 ↔ 미국

Do you have a pair of scissors I can use?
(A) I lent mine to Kristy.
(B) How much was it?
(C) A supply request form.

제가 쓸 수 있는 가위 한 자루 있으신가요?
(A) 제 것은 Kristy에게 빌려줬어요.
(B) 얼마였나요?
(C) 물품 요청서요.

해설 (A) Kristy에게 빌려줬다며 갖고 있는 것이 없음을 우회적으로 대답했으므로 정답이다.
(B) 질문과 무관한 대답이다.
(C) 질문에 쓰인 scissors를 듣고 연상할 수 있는 supply를 사용하여 오답을 유도하고 있다.

✚ 이렇게도 답이 가능해요!
Sure, here you go. 그럼요, 여기요.

---

9. 영국 ↔ 호주

How do I register as a vendor for the trade show?
(A) I signed up online.
(B) For a membership discount.
(C) I don't have a television set.

어떻게 무역 박람회에 판매 회사로 등록할 수 있나요?
(A) 저는 온라인으로 등록했어요.
(B) 회원 할인가를 위해서요.
(C) 저는 텔레비전이 없어요.

해설 (A) 온라인으로 등록했다며 방법으로 대답했으므로 정답이다.
(B) 질문에 쓰인 register의 연상 어휘 membership과, vendor의 연상 어휘 discount를 사용하여 오답을 유도하고 있다.
(C) 질문에 쓰인 show를 듣고 연상할 수 있는 television을 사용하여 오답을 유도하고 있다.

✚ 이렇게도 답이 가능해요!
Actually, I won't be attending.
사실은, 저는 참석하지 않을 거예요.

---

10. 미국 ↔ 미국

Who is the keynote speaker at the convention this year?
(A) An industry expert.
(B) It was a great event.
(C) About innovative designs.

올해 컨벤션에서 기조연설자는 누구인가요?
(A) 산업 전문가예요.
(B) 훌륭한 행사였어요.
(C) 혁신 디자인에 관해서요.

해설 (A) 산업 전문가라며 직위로 대답했으므로 정답이다.
(B) 질문에 쓰인 convention을 듣고 연상할 수 있는 event를 사용하여 오답을 유도하고 있다.
(C) 질문과 무관한 대답이다.

✚ 이렇게도 답이 가능해요!
Daisy Mallard from DD Inc. DD사의 Daisy Mallard요.

---

11. 미국 ↔ 영국

How do you like the new apartment?
(A) It's nice. I even get free Internet.
(B) OK, I can give you a hand.
(C) Last Sunday morning at 10.

새 아파트는 마음에 드세요?
(A) 좋아요. 무려 인터넷도 무료예요.
(B) 네, 제가 도와드릴 수 있어요.
(C) 지난 일요일 아침 10시에요.

해설 (A) 좋다고 말하고, 무려 인터넷도 무료라며 적절히 덧붙여 말했으므로 정답이다.
(B) 의문사 의문문은 OK/Sure로 응답할 수 없다.
(C) When 의문문에 어울리는 대답이다.

✚ 이렇게도 답이 가능해요!
I won't be moving in until next week.
다음 주에야 이사 들어갈 거예요.

---

12. 미국 ↔ 미국

Doesn't this coffee shop sell cake?
(A) There's a bakery next door.
(B) A copy of the sales report.
(C) They're meeting right now.

이 커피숍은 케이크 안 파나요?
(A) 옆 건물에 빵집이 있어요.
(B) 매출 보고서 한 부요.
(C) 그들이 지금 만나고 있어요.

해설 (A) 옆 건물에 빵집이 있다며 팔지 않음을 우회적으로 대답했으므로 정답이다.
(B) 질문에 쓰인 coffee와 발음이 유사한 copy를, sell을 듣고 연상할 수 있는 sales를 사용하여 오답을 유도하고 있다.
(C) 질문과 무관한 대답이다.

✚ 이렇게도 답이 가능해요!
They've sold out. 다 팔렸어요.

---

13. 호주 ↔ 미국

Who will be the new Research Department manager?
(A) That's correct.
(B) It hasn't been decided.
(C) OK. I'll talk to him.

누가 새로운 연구 부서 책임자가 될 건가요?
(A) 맞아요.

(B) 아직 결정되지 않았어요.
(C) 좋아요. 제가 그에게 이야기해 볼게요.

해설　(A) 질문과 무관한 대답이다.
　　　(B) 아직 결정되지 않았다며 질문에 적절히 대답했으므로 정답이다.
　　　(C) 의문사 의문문은 OK/Sure로 응답할 수 없다.

✚　**이렇게도 답이 가능해요!**
　　　The announcement will be made today.
　　　오늘 발표가 이루어질 겁니다.

어휘　correct 정확한 I make an announcement 발표[공표]를 하다

14.　미국↔영국
What's your opinion about this candidate?
(A) She's the most qualified so far.
(B) Here is my updated résumé.
(C) No, I don't know when the date is.

이 지원자에 대한 당신의 의견은 무엇인가요?
(A) 지금까지 그녀가 가장 적격이에요.
(B) 제 최근 내용이 담긴 이력서가 여기 있어요.
(C) 아니요, 저는 그 날짜가 언제인지 몰라요.

해설　**(A) 지금까지 그녀가 가장 적격이라며 질문에 적절히 대답했으므로 정답이다.**
　　　(B) 질문에 쓰인 candidate를 듣고 연상할 수 있는 résumé를 사용하여 오답을 유도하고 있다.
　　　(C) 의문사 의문문은 Yes/No로 응답할 수 없다.

✚　**이렇게도 답이 가능해요!**
　　　I haven't seen her application yet.
　　　저는 아직 그녀의 지원서를 못 봤어요.

어휘　opinion 의견 I candidate 지원자 I qualified 자격이 있는 I résumé 이력서 I application 지원서

15.　미국↔호주
Do I have to watch the tutorial video?
(A) The downtown movie theater.
(B) I studied with a tutor.
(C) Yes, it is mandatory.

제가 사용 지침 비디오를 봐야 하나요?
(A) 시내 영화관이요.
(B) 가정교사와 함께 공부했어요.
(C) 네, 의무예요.

해설　(A) 질문에 쓰인 watch, video를 듣고 연상할 수 있는 movie theater를 사용하여 오답을 유도하고 있다.
　　　(B) 질문에 쓰인 tutorial과 발음이 유사한 tutor를 사용하여 오답을 유도하고 있다.
　　　(C) 'Yes'라고 대답하고, 그것은 의무라고 적절히 덧붙여 말했으므로 정답이다.

✚　**이렇게도 답이 가능해요!**
　　　Only if you haven't watched it before.
　　　당신이 전에 그것을 보지 않은 경우에만요.

어휘　tutorial 사용 지침 I tutor 가정교사, 지도 교사 I mandatory 의무적인

16.　호주↔미국
Why did you leave so early yesterday?
(A) Didn't you read my e-mail?

(B) Yes, I left it on the table.
(C) Actually, that's for tomorrow.

어제 왜 그렇게 일찍 가셨어요?
(A) 제 이메일 못 보셨어요?
(B) 네, 제가 탁자 위에 놓뒀어요.
(C) 실은, 그건 내일이에요.

해설　**(A) 자신의 이메일 못 봤냐며 거기에 이유가 나와 있음을 우회적으로 대답했으므로 정답이다.**
　　　(B) 의문사 의문문은 Yes/No로 응답할 수 없다.
　　　(C) 질문에 쓰인 yesterday를 듣고 연상할 수 있는 tomorrow를 사용하여 오답을 유도하고 있다.

✚　**이렇게도 답이 가능해요!**
　　　I had a client meeting. 고객 미팅이 있었어요.

어휘　leave 떠나다

17.　미국↔영국
How long is the new employee orientation?
(A) About 50 new staff members.
(B) In the large event hall.
(C) The schedule's just been changed.

신입 사원 오리엔테이션은 얼마나 걸리나요?
(A) 신입 사원 약 50명이요.
(B) 큰 행사장에서요.
(C) 일정이 막 바뀌었어요.

해설　(A) 질문에 쓰인 new를 반복하고, employee를 듣고 연상할 수 있는 staff members를 사용하여 오답을 유도하고 있다.
　　　(B) Where 의문문에 어울리는 대답이다.
　　　(C) 일정이 막 바뀌었다며 변동된 일정을 확인해야 알 수 있음을 우회적으로 대답했으므로 정답이다.

✚　**이렇게도 답이 가능해요!**
　　　It'll last a full day. 온종일 계속될 거예요.

어휘　new employee 신입 사원 I event hall 행사장 I last 계속되다

18.　호주↔미국
Doesn't this bus stop in front of the office?
(A) Yes. We're almost there.
(B) At platform five.
(C) You can go behind the building.

이 버스가 사무실 앞에 서지 않나요?
(A) 네. 거의 다 왔어요.
(B) 5번 플랫폼에서요.
(C) 건물 뒤쪽으로 가실 수 있어요.

해설　**(A) 'Yes'라고 대답한 후, 거의 다 왔다고 덧붙여 말했으므로 정답이다.**
　　　(B) 질문에 쓰인 bus를 듣고 연상할 수 있는 platform을 사용하여 오답을 유도하고 있다.
　　　(C) 질문에 쓰인 front의 연상 어휘 behind를, office의 연상 어휘 building을 사용하여 오답을 유도하고 있다.

✚　**이렇게도 답이 가능해요!**
　　　No, it stops across the street. 아니요, 길 건너편에서 서요.

어휘　platform (기차역의) 플랫폼

---

19. 미국↔미국

Why hasn't the musical performance begun?
(A) Yes, that sounds good.
(B) I'm a musician.
(C) Because the stage isn't ready yet.

음악 공연이 왜 시작되지 않았나요?
(A) 네, 그게 좋겠어요.
(B) 저는 음악가입니다.
(C) 무대가 아직 준비되지 않아서요.

해설 (A) 의문사 의문문은 Yes/No로 응답할 수 없다.
(B) 질문에 쓰인 musical과 발음이 유사한 musician을 사용하여 오답을 유도하고 있다.
(C) 무대가 아직 준비되지 않았기 때문이라며 이유로 대답했으므로 정답이다.

✚ **이렇게도 답이 가능해요!**
The band is still on their way. 밴드가 아직 오는 중입니다.

어휘 on one's way 도중인

20. 미국↔호주

Where did the Sales Department relocate to?
(A) Right downstairs.
(B) I'm in that department, too.
(C) The apartment is for sale.

영업부는 어디로 이전했나요?
(A) 바로 아래층으로요.
(B) 저도 그 부서에 있어요.
(C) 아파트는 팔려고 내놓은 상태예요.

해설 **(A) 바로 아래층이라며 장소로 대답했으므로 정답이다.**
(B) 질문에 쓰인 Department를 반복하여 오답을 유도하고 있다.
(C) 질문에 쓰인 Sales를 sale로 반복하고, Department와 발음이 유사한 apartment를 사용하여 오답을 유도하고 있다.

✚ **이렇게도 답이 가능해요!**
Tracey should know. Tracey가 알 거예요.

어휘 Sales Department 영업부 | downstairs 아래층 | for sale 팔려고 내놓은

21. 호주↔영국

Who's supposed to translate the employment contract?
(A) That's not our team's job.
(B) Tuesday next week.
(C) Excellent employee benefits.

누가 고용 계약서를 번역하기로 되어 있죠?
(A) 그건 우리 팀의 업무가 아니에요.
(B) 다음 주 화요일에요.
(C) 훌륭한 직원 복리 후생 제도요.

해설 **(A) 계약서 번역은 본인 팀의 업무가 아니라며 자신이 모른다는 것을 우회적으로 대답했으므로 정답이다.**
(B) When 의문문에 어울리는 대답이다.
(C) 질문에 쓰인 employment를 듣고 연상할 수 있는 employee를 사용하여 오답을 유도하고 있다.

✚ **이렇게도 답이 가능해요!**
Helen already finished it. Helen이 이미 끝냈어요.

어휘 be supposed to do ~하기로 되어 있다 | translate 번역하다 | employment contract 고용 계약서 | employee benefits 직원 복리 후생 제도

22. 영국↔미국

I'm not sure how to get to the conference center from the hotel.
(A) At the reception area.
(B) Kobe will email the directions.
(C) I already reserved our rooms.

호텔에서 회의장까지 어떻게 가야 할지 잘 모르겠어요.
(A) 로비에서요.
(B) Kobe가 길 안내를 메일로 보내줄 거예요.
(C) 제가 벌써 저희 방을 예약했어요.

해설 (A) 질문에 쓰인 conference를 듣고 연상할 수 있는 reception을 사용하여 오답을 유도하고 있다.
(B) Kobe가 길 안내를 메일로 보내줄 거라며 질문에 적절히 대답했으므로 정답이다.
(C) 질문에 쓰인 hotel을 듣고 연상할 수 있는 room을 사용하여 오답을 유도하고 있다.

✚ **이렇게도 답이 가능해요!**
Why don't we take a cab there?
우리 거기서 택시 타는 게 어때요?

어휘 conference center 회의장 | reception area 로비 | directions 길 안내 | reserve 예약하다

23. 미국↔미국

An auditor should be coming to examine our office soon.
(A) We are well-prepared.
(B) The financial reports.
(C) Yes, it went smoothly.

회계 감사원이 곧 우리 사무실을 조사하러 올 거예요.
(A) 저희는 준비가 잘 되어 있어요.
(B) 재무 보고서들이요.
(C) 네, 순조롭게 진행되었어요.

해설 **(A) 준비가 잘 되어 있다며 질문에 적절히 대답했으므로 정답이다.**
(B) 질문에 쓰인 auditor를 듣고 연상할 수 있는 financial을 사용하여 오답을 유도하고 있다.
(C) 질문의 미래 시제(should be coming)와 응답의 과거 시제(went)가 일치하지 않는다.

✚ **이렇게도 답이 가능해요!**
Do you know which date? 어느 날짜인지 아세요?

어휘 auditor 회계 감사원 | examine 조사하다 | well-prepared 잘 준비된 | financial 재무의 | smoothly 순조롭게

24. 미국↔영국

Didn't the employees have a chance to sign their new contract?
(A) No, Ms. Lee put up the sign.
(B) Five new staff members.
(C) Not yet, but soon.

직원들이 새 계약서에 서명할 기회가 없었나요?
(A) 아니요, Lee 씨가 간판을 내걸었어요.
(B) 신입 사원 다섯 명이요.
(C) 아직 안 했지만, 곧 거예요.

해설 (A) 질문에 쓰인 sign을 같은 단어이지만 다른 의미로 반복 사용하여 오답을 유도하고 있다.

(B) 질문에 쓰인 new를 반복하고, employees의 연상 어휘 staff members를 사용하여 오답을 유도하고 있다.

(C) 아직은 안 했지만 곧 할 것이라며 질문에 적절히 대답했으므로 정답이다.

✚ **이렇게도 답이 가능해요!**

Kelly is in charge of that. Kelly가 그 일을 담당해요.

어휘 sign 서명하다; 간판 I contract 계약 I put up ~을 달다 I in charge of ~을 담당하는

CHAPTER 05 의문사 의문문

BASE 집중훈련
본서 p.91

1. (B)　　**2.** (A)　　**3.** (C)

1. 영국↔미국

Who presented at the meeting this morning?
(A) At 10 A.M.
(B) The marketing team.
(C) Almost 15 slides.

오늘 아침 회의에서 누가 발표했나요?
(A) 오전 10시예요.
(B) 마케팅팀요.
(C) 슬라이드 15장 정도요.

해설 (A) 질문의 this morning을 듣고 연상할 수 있는 10 A.M.을 사용하여 오답을 유도하고 있다.

(B) 마케팅팀이라며 부서명으로 대답했으므로 정답이다.

(C) 질문의 presented를 듣고 연상할 수 있는 slides를 사용하여 오답을 유도하고 있다.

✚ **이렇게도 답이 가능해요!**

I wasn't in attendance. 저는 참석하지 않았어요.

어휘 present 발표하다, 제시하다 I slide 슬라이드 I in attendance 참석한

2. 미국↔미국

Who approved of the building renovation?
(A) Someone from the management team.
(B) Less than 30 minutes ago.
(C) Yes, about the reservation.

누가 건물 보수 공사를 승인했나요?
(A) 경영팀의 누군가요.
(B) 30분 조금 안 돼요.
(C) 네, 예약에 관해서요.

해설 **(A) 경영팀의 누군가가 했다며 부정대명사와 소속 부서로 대답했으므로 정답이다.**

(B) When 의문문에 어울리는 대답이다.

(C) 의문사 의문문은 Yes/No로 응답할 수 없고, 질문에 쓰인 renovation과 발음이 유사한 reservation을 사용하여 오답을 유도하고 있다.

✚ **이렇게도 답이 가능해요!**

I think it was the CEO. CEO가 하셨던 것 같아요.

어휘 approve of ~을 승인하다 I renovation 보수, 개조 I management 경영 I less than ~보다 적은 I reservation 예약

3. 미국↔영국

Who needs to rearrange their work schedule?
(A) We need to shift the shelves.
(B) The flower arrangements.
(C) I'll check with the employees.

누가 근무 일정 재조정이 필요한가요?
(A) 선반을 옮길 필요가 있어요.
(B) 꽃꽂이요.
(C) 제가 직원들에게 확인해 볼게요.

해설 (A) 질문에 쓰인 need를 반복하고, work schedule을 듣고 연상할 수 있는 shift를 사용하여 오답을 유도하고 있다.

(B) 질문에 쓰인 rearrange와 발음이 유사한 arrangements를 사용하여 오답을 유도하고 있다.

(C) 직원들에게 확인해 보겠다며 자신도 잘 모른다는 것을 우회적으로 대답했으므로 정답이다.

✚ **이렇게도 답이 가능해요!**

It's on the bulletin board. 게시판에 있어요.

어휘 rearrange 재조정하다 I shift 옮기다; 교대조 I shelf 선반 I flower arrangement 꽃꽂이 I bulletin board 게시판

BASE 집중훈련
본서 p.93

1. (B)　　**2.** (C)　　**3.** (C)

1. 미국↔호주

When will the road repair work be completed?
(A) For the highway construction.
(B) Before the end of the year.
(C) A new pair of safety glasses.

도로 보수 작업이 언제 끝날까요?
(A) 고속도로 공사를 위해서요.
(B) 연말 전에요.
(C) 새 보안경 하나요.

해설 (A) 질문의 road의 연상 어휘 highway를, repair work의 연상 어휘 construction을 사용하여 오답을 유도하고 있다.

(B) 연말 전이라며 시점으로 대답했으므로 정답이다.

(C) 질문에 쓰인 repair와 발음이 유사한 pair를, repair work의 연상 어휘 safety glasses를 사용하여 오답을 유도하고 있다.

✚ **이렇게도 답이 가능해요!**

It's written on the sign. 표지판에 쓰여 있어요.

어휘 repair 보수, 수리 I highway 고속도로 I construction 공사, 건설 I complete 끝내다 I safety glasses 보안경 I sign 표지판

2. 미국↔영국

When will we hear back from the journalist?
(A) A monthly business magazine.
(B) Sounds good to me.
(C) Sometime tomorrow morning.

언제 그 기자에게서 회신이 올까요?
(A) 월간 비즈니스 잡지요.
(B) 좋은 생각이네요.
(C) 내일 오전쯤에요.

해설 (A) 질문의 journalist를 듣고 연상할 수 있는 magazine을 사용하여 오답을 유도하고 있다.
(B) 질문의 hear를 듣고 연상할 수 있는 Sounds를 사용하여 오답을 유도하고 있다.
(C) 내일 오전쯤이라며 시점으로 대답했으므로 정답이다.

✚ **이렇게도 답이 가능해요!**
She already gave us a call this morning.
그녀가 오늘 아침에 이미 전화해 줬어요.

어휘 monthly 매월의

---

3. 영국↔미국
When does the workshop start?
(A) New employee orientation.
(B) More chairs and tables.
(C) Actually, I'm not participating in it.

워크숍은 언제 시작하나요?
(A) 신입 사원 오리엔테이션이에요.
(B) 더 많은 의자와 테이블이요.
(C) 실은, 저는 참가하지 않아요.

해설 (A) 질문의 workshop을 듣고 연상할 수 있는 orientation을 사용하여 오답을 유도하고 있다.
(B) 질문의 workshop을 듣고 연상할 수 있는 chairs and tables를 사용하여 오답을 유도하고 있다.
(C) 워크숍이 언제 시작하느냐는 질문에 참가하지 않는다고 우회적으로 대답했으므로 정답이다.

✚ **이렇게도 답이 가능해요!**
In less than 10 minutes. 10분 이내에요.

어휘 participate in ~에 참가하다

BASE 집중훈련
본서 p.95
1. (B)   **2.** (B)   **3.** (A)

---

1. 호주↔영국
Where's the patient waiting room?
(A) No, the hospital's quite small.
(B) On the second floor.
(C) We'll be leaving now.

환자 대기실은 어디에 있나요?
(A) 아니요, 그 병원은 꽤 작아요.
(B) 2층에요.
(C) 우리는 지금 떠나요.

해설 (A) 질문의 patient를 듣고 연상할 수 있는 hospital을 사용하여 오답을 유도하고 있다.
(B) 2층에 있다며 장소로 대답했으므로 정답이다.
(C) 질문의 waiting을 듣고 연상할 수 있는 leaving을 사용하여 오답을 유도하고 있다.

✚ **이렇게도 답이 가능해요!**
It's next to the lobby. 로비 옆에 있어요.

어휘 waiting room 대기실 I next to ~ 옆에 I lobby 로비

---

2. 미국↔미국
Where can I find a program guide for the exhibition?
(A) An ancient art exhibit.
(B) Did you check the information desk?
(C) Some programming errors.

전시회 프로그램 안내서는 어디서 찾을 수 있나요?
(A) 고대 미술 전시회요.
(B) 안내 데스크에 확인해 보셨나요?
(C) 몇몇 프로그래밍 오류요.

해설 (A) 질문에 쓰인 exhibition과 발음이 유사한 exhibit를 사용하여 오답을 유도하고 있다.
(B) 안내 데스크에 확인해 봤냐며 거기에 있을 것이라고 우회적으로 대답했으므로 정답이다.
(C) 질문에 쓰인 program과 동일한 어근의 단어 programming을 사용하여 오답을 유도하고 있다.

✚ **이렇게도 답이 가능해요!**
Here, you can take a look at mine.
여기, 제 것을 보셔도 돼요.

어휘 guide 안내(서) I exhibition 전시회 I ancient 고대의 I exhibit 전시회 I check 확인하다 I information desk 안내 데스크 I error 오류, 문제

---

3. 영국↔미국
Where is this year's job fair going to be held?
(A) The brochure is right here.
(B) How about in September?
(C) Yes, I'm looking forward to it.

올해 직업 박람회는 어디서 열리나요?
(A) 안내 책자가 여기 있어요.
(B) 9월은 어때요?
(C) 네, 기대하고 있어요.

해설 **(A) 안내 책자가 여기 있다며 직접 확인해 보면 알 수 있음을 우회적으로 대답했으므로 정답이다.**
(B) 질문의 this year를 듣고 연상할 수 있는 September를 사용하여 오답을 유도하고 있다.
(C) 의문사 의문문은 Yes/No로 응답할 수 없다.

✚ **이렇게도 답이 가능해요!**
At the downtown convention center.
시내에 있는 컨벤션 센터에서요.

어휘 job fair 직업 박람회 I hold 개최하다 I look forward to ~을 기대[고대]하다

BASE 집중훈련
본서 p.97
1. (B)   **2.** (A)   **3.** (C)

---

1. 미국↔미국
What produce should we buy?
(A) By mid-afternoon.
(B) Some apples and bananas.
(C) For the product launch.

우리는 무슨 농산물을 구매해야 할까요?
(A) 오후 중반까지요.
(B) 사과와 바나나요.
(C) 제품 출시를 위해서요.

해설 (A) 질문에 쓰인 buy와 발음이 유사한 By를 사용하여 오답을 유도하고 있다.
(B) 사과와 바나나라며 종류로 대답했으므로 정답이다.
(C) 질문에 쓰인 produce와 발음이 유사한 product를 사용하여 오답을 유도하고 있다.

✚ **이렇게도 답이 가능해요!**
We have more than enough already. 이미 너무 많아요.

어휘 produce 농산물 | product 제품 | launch 출시 | more than enough 너무 많은

---

2. 미국↔호주
What was the final sales figure for last month?
(A) Two million dollars.
(B) At the shopping center.
(C) Yes, the first of every month.

지난달의 최종 매출액은 얼마였습니까?
(A) 이백만 달러예요.
(B) 쇼핑센터에서요.
(C) 네, 매달 1일이요.

해설 **(A) 이백만 달러라고 수치로 대답했으므로 정답이다.**
(B) 질문의 sales를 듣고 연상할 수 있는 shopping을 사용하여 오답을 유도하고 있다.
(C) 질문에 쓰인 month를 반복하고, last를 듣고 연상할 수 있는 first를 사용하여 오답을 유도하고 있다.

✚ **이렇게도 답이 가능해요!**
Let me print it out for you. 제가 출력해 드릴게요.

어휘 sales figure 매출액 | print out ~을 출력하다

---

3. 미국↔영국
What changes need to be made on this sales report?
(A) No, I didn't write it.
(B) That's OK. I have enough change.
(C) I didn't get to review it yet.

이 매출 보고서에 어떤 수정이 필요하나요?
(A) 아니요, 저는 그걸 쓰지 않았어요.
(B) 괜찮아요. 잔돈이 충분히 있어요.
(C) 제가 아직 그걸 검토할 기회가 없었어요.

해설 (A) 의문사 의문문은 Yes/No로 응답할 수 없고, 질문의 report의 연상 어휘 write를 사용하여 오답을 유도하고 있다.
(B) 질문에 쓰인 changes를 change로 반복하여 오답을 유도하고 있다.
(C) 아직 검토하지 못했다며 모른다는 것을 우회적으로 대답했으므로 정답이다.

✚ **이렇게도 답이 가능해요!**
I thought you revised it earlier.
전 당신이 이미 수정한 줄 알았어요.

어휘 change 변경, 변화, 잔돈 | get to do ~할 기회를 갖다 | review 검토하다 | revise 수정하다

BASE 집중훈련
본서 p.99
1. (B) **2.** (A) **3.** (C)

---

1. 호주↔미국
Which beverage should I order?
(A) Do you sell coffee beans?
(B) I recommend lemon tea.
(C) Yes, I can do that.

제가 어느 음료를 주문해야 할까요?
(A) 커피 원두를 판매하시나요?
(B) 레몬차를 추천해 드려요.
(C) 네, 제가 그걸 할 수 있어요.

해설 (A) 질문의 order를 듣고 연상할 수 있는 sell을 사용하여 오답을 유도하고 있다.
(B) 레몬차를 추천한다며 종류로 대답했으므로 정답이다.
(C) 의문사 의문문은 Yes/No로 응답할 수 없다.

✚ **이렇게도 답이 가능해요!**
Why don't you ask the server?
서빙 직원에게 물어보는 건 어때요?

어휘 beverage 음료 | order 주문하다 | coffee bean 커피 원두

---

2. 미국↔미국
Which seat is mine?
(A) The one closest to the door.
(B) My chair's broken.
(C) At 11 A.M. on Monday.

어느 자리가 제 자리죠?
(A) 문에서 가장 가까운 자리요.
(B) 제 의자가 고장 났어요.
(C) 월요일 오전 11시에요.

해설 **(A) 문에서 가장 가까운 자리라며 「The one + 수식어」 표현으로 적절히 대답했으므로 정답이다.**
(B) 질문의 seat을 듣고 연상할 수 있는 chair를 사용하여 오답을 유도하고 있다.
(C) 질문과 무관한 대답이다.

✚ **이렇게도 답이 가능해요!**
The seating chart is over there.
좌석 배치도가 저기에 있어요.

어휘 seat 자리 | closest 가장 가까운 (close-closer-closest) | broken 고장 난 | seating chart 좌석 배치도

---

3. 미국↔미국
Which bus will bring me to New York?
(A) At the new terminal.
(B) My ticket says seat number 12.
(C) There's the ticketing office.

어떤 버스가 New York로 가죠?
(A) 새 터미널에서요.
(B) 제 표에는 12번 좌석이라고 적혀 있어요.
(C) 저기 매표소가 있어요.

해설 (A) 질문의 bus를 듣고 연상할 수 있는 terminal을 사용하여 오답을 유도하고 있다.
(B) 질문의 bus를 듣고 연상할 수 있는 ticket과 seat number 12를 사용하여 오답을 유도하고 있다.
(C) 저기에 매표소가 있다며 직접 확인해 보면 알 수 있음을 우회적으로 대답했으므로 정답이다.

✚ 이렇게도 답이 가능해요!
Here, let me take you there.
자, 제가 그곳까지 모셔다드릴게요.

어휘 bring 데리고 가다 | seat 좌석 | ticketing office 매표소

BASE 집중훈련
본서 p.101
1. (A)　**2.** (B)　**3.** (A)

---

1. 호주↔영국
How long has this office space been listed for rent?
(A) A little over a month.
(B) At Adam's office.
(C) I don't have the time.

이 사무실 공간이 얼마나 오래 임대 목록에 올라가 있었나요?
(A) 한 달 조금 넘게요.
(B) Adam의 사무실에서요.
(C) 저는 시간이 없어요.

해설 (A) 한 달 조금 넘게 있었다며 기간으로 대답했으므로 정답이다.
(B) 질문에 쓰인 office를 반복하여 오답을 유도하고 있다.
(C) 질문의 How long을 듣고 연상할 수 있는 time을 사용하여 오답을 유도하고 있다.

✚ 이렇게도 답이 가능해요!
For a few weeks, I think. 제 생각에는 몇 주 동안이요.

어휘 list 목록에 올리다 | rent 임대

---

2. 영국↔미국
How did you find out about our mall's sale?
(A) A collection of women's clothing.
(B) A coworker told me.
(C) I found some space for that.

저희 쇼핑몰 세일을 어떻게 알게 되셨나요?
(A) 여성복 컬렉션이요.
(B) 동료가 말해줬어요.
(C) 제가 그걸 놓을 공간을 찾았어요.

해설 (A) 질문의 mall을 듣고 연상할 수 있는 clothing을 사용하여 오답을 유도하고 있다.
(B) 동료가 말해줬다며 방법으로 대답했으므로 정답이다.
(C) 질문에 쓰인 find를 found로 반복하여 오답을 유도하고 있다.

✚ 이렇게도 답이 가능해요!
I received an e-mail about it.
그것에 대한 이메일을 받았어요.

어휘 find out (~을) 알게 되다 | mall 쇼핑몰 | coworker 동료 | space 공간

---

3. 미국↔미국
How much are these shoes?
(A) Isn't there a price tag on it?
(B) It's a size 10.
(C) Not too much longer.

이 신발은 얼마예요?
(A) 가격표가 붙어 있지 않나요?

(B) 10 사이즈예요.
(C) 너무 길게 말고요.

해설 (A) 가격표가 붙어 있지 않냐고 반문하며 가격표를 보면 알 수 있음을 우회적으로 대답했으므로 정답이다.
(B) 질문의 shoes를 듣고 연상할 수 있는 size를 사용하여 오답을 유도하고 있다.
(C) 질문에 쓰인 much를 반복하여 오답을 유도하고 있다.

✚ 이렇게도 답이 가능해요!
Those are 50 dollars. 그건 50달러예요.

어휘 price tag 가격표

BASE 집중훈련
본서 p.103
1. (A)　**2.** (C)　**3.** (A)

---

1. 미국↔미국
Why did Heidi go to Los Angeles?
(A) To attend a conference.
(B) Every other week.
(C) I believe she drove.

Heidi는 왜 Los Angeles에 갔나요?
(A) 회의에 참석하기 위해서요.
(B) 격주로요.
(C) 그녀가 운전한 것 같아요.

해설 (A) 회의에 참석하기 위해서라며 목적으로 대답했으므로 정답이다.
(B) How often 의문문에 어울리는 대답이다.
(C) 질문의 go to Los Angeles를 듣고 연상할 수 있는 drove를 사용하여 오답을 유도하고 있다.

✚ 이렇게도 답이 가능해요!
She sent us an e-mail about it.
그녀가 그것에 관해 저희에게 이메일을 보냈어요.

어휘 attend 참석하다 | every other 하나 걸러

---

2. 호주↔미국
Why haven't the packages been shipped?
(A) It has been expedited.
(B) A shipment of candles.
(C) Because the labels aren't ready.

왜 소포가 발송되지 않았나요?
(A) 특급으로 발송됐어요.
(B) 양초 수송품이요.
(C) 상표가 준비되지 않아서요.

해설 (A) 질문의 shipped를 듣고 연상할 수 있는 expedited를 사용하여 오답을 유도하고 있다.
(B) 질문에 쓰인 shipped와 발음이 유사한 shipment를 사용하여 오답을 유도하고 있다.
(C) 상표가 준비되지 않았다며 이유로 대답했으므로 정답이다.

✚ 이렇게도 답이 가능해요!
The purchase has been canceled. 구매가 취소됐어요.

어휘 package 소포, 상자 | ship 보내다, 운송하다 | expedite 신속히 처리하다 | shipment 수송(품) | candle 양초 | label 상표, 라벨 | cancel 취소하다

---

3. 영국↔호주

Why is this store changing its name?
(A) Have you not heard the news?
(B) Sorry, I forgot your name.
(C) The changing room is over there.

이 가게는 왜 이름을 변경하나요?
(A) 소식 못 들으셨어요?
(B) 죄송합니다만, 당신 이름이 생각이 안 나요.
(C) 탈의실은 저기에 있어요.

해설 (A) 소식 못 들었냐고 반문하며 소식을 들었으면 알았을 것임을 우회적으로 대답했으므로 정답이다.
(B) 질문에 쓰인 name을 반복하여 오답을 유도하고 있다.
(C) 질문에 쓰인 changing을 반복하여 오답을 유도하고 있다.

✦ 이렇게도 답이 가능해요!
Another company bought them. 다른 회사가 인수했어요.

어휘 forget 잊어버리다 (forget-forgot-forgotten) I changing room 탈의실

BASE 실전훈련
본서 p.104

1. (C)	**2.** (C)	**3.** (C)	**4.** (C)	**5.** (A)	**6.** (A)
7. (C)	**8.** (B)	**9.** (A)	**10.** (C)	**11.** (B)	**12.** (C)
13. (A)	**14.** (A)	**15.** (A)	**16.** (A)	**17.** (B)	**18.** (B)
19. (B)	**20.** (A)	**21.** (A)	**22.** (C)	**23.** (A)	**24.** (B)

1. 미국↔호주

Who has the additional workshop pamphlets?
(A) You can attend today's session.
(B) Yes, I can print more.
(C) Mr. Iglesias does.

추가 워크숍 팸플릿은 누가 가지고 있나요?
(A) 오늘 수업에 참석하셔도 돼요.
(B) 네, 제가 더 출력할 수 있어요.
(C) Iglesias 씨가 가지고 있어요.

해설 (A) 질문에 쓰인 workshop을 듣고 연상할 수 있는 session을 사용하여 오답을 유도하고 있다.
(B) 의문사 의문문은 Yes/No로 응답할 수 없다.
(C) Iglesias 씨라며 사람 이름으로 대답했으므로 정답이다.

✦ 이렇게도 답이 가능해요!
We handed them out. 저희가 배포했어요.

어휘 additional 추가(의) I hand out ~을 배포하다, 나누어 주다

---

2. 미국↔영국

What's the total cost of the groceries?
(A) It closes at 9.
(B) No, it doesn't.
(C) Seventy-five dollars.

식료품 총 가격이 얼마인가요?
(A) 그곳은 9시에 문을 닫아요.
(B) 아니요, 그렇지 않아요.
(C) 75달러예요.

해설 (A) 질문과 무관한 대답이다.
(B) 의문사 의문문은 Yes/No로 응답할 수 없다.
(C) 75달러라고 금액으로 대답했으므로 정답이다.

✦ 이렇게도 답이 가능해요!
Let's check at the cashier. 계산대 직원에게 확인해 봅시다.

어휘 cost 가격, 요금 I grocery 식료품 I check 확인하다 I cashier 계산대 직원

---

3. 미국↔미국

How do I apply for the job position?
(A) To promote our business.
(B) I work in human resource management.
(C) Through our Web site.

일자리에 어떻게 지원해야 하나요?
(A) 저희 사업을 홍보하기 위해서요.
(B) 저는 인사 관리부에서 일해요.
(C) 저희 웹사이트를 통해서요.

해설 (A) 질문의 job을 듣고 연상할 수 있는 business를 사용하여 오답을 유도하고 있다.
(B) 질문의 job을 듣고 연상할 수 있는 work를 사용하여 오답을 유도하고 있다.
(C) 웹사이트를 통해서라고 방법으로 대답했으므로 정답이다.

✦ 이렇게도 답이 가능해요!
Email me your résumé. 당신 이력서를 저에게 이메일로 보내세요.

어휘 apply for ~에 지원하다 I promote 홍보하다 I human resource 인사부 I through ~를 통해서

---

4. 호주↔미국

When will the plane take off?
(A) Gate 26.
(B) To a trade show in Berlin.
(C) In just a moment.

비행기는 언제 이륙하나요?
(A) 26번 탑승구요.
(B) Berlin에서 하는 무역 박람회에요.
(C) 잠시 후예요.

해설 (A) 질문에 쓰인 plane을 듣고 연상할 수 있는 Gate를 사용하여 오답을 유도하고 있다.
(B) Where 의문문에 어울리는 대답이다.
(C) 잠시 후라며 시점으로 대답했으므로 정답이다.

✦ 이렇게도 답이 가능해요!
It's been delayed. 그거 연기됐어요.

어휘 take off 이륙하다 I gate (공항의) 탑승구, 게이트 I trade show 무역 박람회 I delay 연기하다, 미루다

---

5. 영국↔미국

Which air conditioner needs to be replaced?
(A) The one on your right.
(B) Use a remote control.
(C) No, it's not that hot.

어떤 에어컨이 교체되어야 하나요?
(A) 당신 오른쪽에 있는 것이요.
(B) 리모컨을 사용하세요.
(C) 아니요, 그렇게 덥지는 않아요.

해설 **(A)** 오른쪽에 있는 것이라며 선택 사항을 「The one + 수식어」 표현으로 적절히 대답했으므로 정답이다.
　　(B) 질문의 air conditioner를 듣고 연상할 수 있는 remote control을 사용하여 오답을 유도하고 있다.
　　(C) 질문의 air conditioner를 듣고 연상할 수 있는 hot을 사용하여 오답을 유도하고 있다.

✚ **이렇게도 답이 가능해요!**
You should probably ask Jonathan.
아마 Jonathan에게 여쭤보셔야 할 거예요.

어휘 replace 교체하다 | remote control 리모컨 | probably 아마도

---

6. 〔미국 ↔ 미국〕
Where can I get the user's manual for the photocopier?
(A) Try the company's Web site.
(B) I got the model number.
(C) We made several color copies.

복사기 사용 설명서는 어디서 구할 수 있나요?
(A) 회사 웹사이트에 들어가 보세요.
(B) 제가 모델 번호를 알아냈어요.
(C) 저희가 컬러본 몇 부를 만들었어요.

해설 **(A)** 회사 웹사이트에 가 보라며 「Try + 장소」 표현으로 적절히 대답했으므로 정답이다.
　　(B) 질문에 쓰인 get을 got으로 반복하고, photocopier의 연상 어휘 model number를 사용하여 오답을 유도하고 있다.
　　(C) 질문의 photocopier를 듣고 연상할 수 있는 copies를 사용하여 오답을 유도하고 있다.

✚ **이렇게도 답이 가능해요!**
Hold on, let me grab it for you.
잠시만요, 제가 가져다 드릴게요.

어휘 user's manual 사용 설명서 | photocopier 복사기 | try 시도해 보다

---

7. 〔미국 ↔ 영국〕
Why are the operational costs so high this quarter?
(A) That's too expensive.
(B) The numbers are too low.
(C) Because we hired more staff.

이번 분기에 운영비가 왜 이렇게 많이 들었나요?
(A) 그건 너무 비싸요.
(B) 수치가 너무 낮아요.
(C) 직원을 더 채용했기 때문이에요.

해설 (A) 질문의 costs를 듣고 연상할 수 있는 expensive를 사용하여 오답을 유도하고 있다.
　　(B) 질문의 high를 듣고 연상할 수 있는 low를 사용하여 오답을 유도하고 있다.
　　(C) 직원을 더 채용했기 때문이라며 이유를 들어 대답했으므로 정답이다.

✚ **이렇게도 답이 가능해요!**
Edward will send us a report about that.
Edward가 그것에 대한 보고서를 보내줄 거예요.

어휘 operational 운영의 | cost 비용 | quarter 분기 | expensive 비싼 | hire 고용하다

---

8. 〔영국 ↔ 호주〕
How much do tickets to Canberra cost?

(A) Yes, I live in Sydney.
(B) Our buses don't go there.
(C) For two passengers, thanks.

Canberra행 표는 얼마인가요?
(A) 네, 저는 Sydney에 살아요.
(B) 우리 버스는 거기 가지 않습니다.
(C) 두 명이요, 고맙습니다.

해설 (A) 의문사 의문문은 Yes/No로 응답할 수 없다.
　　(B) 우리 버스는 거기 가지 않는다며 대답해 줄 수 없음을 우회적으로 대답했으므로 정답이다.
　　(C) 질문의 tickets를 듣고 연상할 수 있는 passengers를 사용하여 오답을 유도하고 있다.

✚ **이렇게도 답이 가능해요!**
All the seats are sold out for today.
오늘은 모든 좌석이 매진입니다.

어휘 cost (값·비용이) ~이다[들다] | sold out 표가 매진된

---

9. 〔호주 ↔ 미국〕
Where's the Maintenance Department?
(A) The information desk is over there.
(B) We'll begin at 10 A.M.
(C) Because the pipes are leaking.

관리부는 어디에 있나요?
(A) 안내 데스크가 저기 있어요.
(B) 오전 10시에 시작할 거예요.
(C) 배관이 새고 있어요.

해설 **(A)** 안내 데스크가 저기 있다며 그곳에서 알 수 있을 것이라고 우회적으로 대답했으므로 정답이다.
　　(B) 질문과 무관한 대답이다.
　　(C) 질문의 Maintenance를 듣고 연상할 수 있는 pipes를 사용하여 오답을 유도하고 있다.

✚ **이렇게도 답이 가능해요!**
It's on the first floor. 1층에 있어요.

어휘 maintenance department 관리부 | leak 새다

---

10. 〔미국 ↔ 미국〕
What merchandise are we demonstrating at the trade expo?
(A) For an hour or two.
(B) Yes, we sent them out.
(C) The new smartphone.

우리는 무역 박람회에서 어떤 제품을 시연하나요?
(A) 한두 시간 정도요.
(B) 네, 우리가 보냈어요.
(C) 새 스마트폰이요.

해설 (A) How long 의문문에 어울리는 대답이다.
　　(B) 의문사 의문문은 Yes/No로 응답할 수 없다.
　　(C) 새 스마트폰이라며 종류로 대답했으므로 정답이다.

✚ **이렇게도 답이 가능해요!**
Let me ask our supervisor. 제가 관리자님께 여쭤보도록 할게요.

어휘 merchandise 제품 | demonstrate 시연하다 | trade expo 무역 박람회 | supervisor 관리자

11. 미국↔영국

Who wants to lead the new employee orientation this weekend?
(A) They'll be leaving early.
(B) I have a wedding to attend.
(C) Around 30 interns.

이번 주말 신입 사원 오리엔테이션을 누가 진행하고 싶으세요?
(A) 그들은 일찍 떠날 거예요.
(B) 저는 결혼식에 참석해야 해요.
(C) 인턴 약 30명이요.

해설 (A) 질문과 무관한 대답이다.
(B) 자신은 결혼식에 참석해야 한다며 진행할 수 없음을 우회적으로 대답했으므로 정답이다.
(C) 질문의 new employee orientation을 듣고 연상할 수 있는 interns를 사용하여 오답을 유도하고 있다.

✚ **이렇게도 답이 가능해요!**
It's Ron's turn to organize it. Ron이 준비할 차례예요.

어휘 lead 이끌다, 지휘하다 | employee 직원 | orientation 오리엔테이션 | attend 참석하다 | turn 차례 | organize 준비하다

---

12. 미국↔미국

Why are these chairs here?
(A) The furniture store down the street.
(B) Forty dollars for one.
(C) I'll stack them up in a corner.

이 의자들이 왜 여기에 있나요?
(A) 길 아래에 있는 가구점이요.
(B) 한 개에 40달러예요.
(C) 제가 그것들을 구석에 쌓아둘게요.

해설 (A) 질문의 chairs를 듣고 연상할 수 있는 furniture를 사용하여 오답을 유도하고 있다.
(B) How much 의문문에 어울리는 대답이다.
(C) 구석으로 옮기겠다며 이유 대신 우회적 답변으로 적절히 대답했으므로 정답이다.

✚ **이렇게도 답이 가능해요!**
We had some visitors. 방문객들이 좀 있었어요.

어휘 furniture store 가구점 | stack up ~을 쌓다 | corner 구석, 모퉁이

---

13. 호주↔미국

Who's picking up the clients at the airport?
(A) I thought they arrived yesterday.
(B) A direct flight.
(C) It's quite heavy.

누가 고객들을 공항에서 모시고 오죠?
(A) 전 그분들이 어제 도착하신 줄 알았어요.
(B) 직항이요.
(C) 꽤 무거워요.

해설 **(A) 어제 도착한 줄 알았다며 우회적으로 적절히 대답했으므로 정답이다.**
(B) 질문의 airport를 듣고 연상할 수 있는 flight를 사용하여 오답을 유도하고 있다.
(C) 질문의 picking up을 듣고 연상할 수 있는 heavy를 사용하여 오답을 유도하고 있다.

✚ **이렇게도 답이 가능해요!**
I think Alice is. 제 생각엔 Alice가 할 것 같아요.

어휘 pick up (차에) 태우러 가다 | direct flight 직항

---

14. 미국↔호주

Which box should I choose to ship these plates?
(A) Are you mailing them overseas?
(B) Yes, I'll need those.
(C) A new delivery company.

이 접시들을 보내려면 어느 상자를 골라야 하나요?
(A) 그것들을 해외로 발송할 건가요?
(B) 네, 그것들이 필요할 거예요.
(C) 새로운 배달 회사요.

해설 **(A) 해외로 발송할 거냐고 용도를 묻는 질문으로 적절하게 반문하며 대답했으므로 정답이다.**
(B) 의문사 의문문은 Yes/No로 응답할 수 없고, 질문에 쓰인 these와 발음이 유사한 those를 사용하여 오답을 유도하고 있다.
(C) 질문의 ship을 듣고 연상할 수 있는 delivery를 사용하여 오답을 유도하고 있다.

✚ **이렇게도 답이 가능해요!**
The one on the very left. 맨 왼쪽에 있는 거요.

어휘 ship 배송하다, 실어 나르다 | plate 접시 | mail 우편으로 보내다 | overseas 해외로 | delivery 배달

---

15. 미국↔영국

When's the upcoming team training session?
(A) It's only for the managers.
(B) A 15-minute introduction.
(C) Yes. Please let me know.

다음번 팀 교육은 언제죠?
(A) 그건 관리자들만 해당돼요.
(B) 15분짜리 소개예요.
(C) 네. 알려주세요.

해설 **(A) 관리자들만 해당된다며 우회적으로 적절히 대답했으므로 정답이다.**
(B) 질문의 training session을 듣고 연상할 수 있는 introduction을 사용하여 오답을 유도하고 있다.
(C) 의문사 의문문은 Yes/No로 응답할 수 없다.

✚ **이렇게도 답이 가능해요!**
Next Monday at noon. 다음 주 월요일 정오에요.

어휘 upcoming 다가오는 | introduction 소개

---

16. 영국↔미국

Why haven't you washed the coffee mugs yet?
(A) We've had too many customers today.
(B) Three dollars for a cup.
(C) The café also sells cake.

왜 아직 커피 머그잔을 닦지 않으셨나요?
(A) 오늘 손님들이 너무 많았어요.
(B) 한 잔에 3달러예요.
(C) 그 카페는 케이크도 팔아요.

해설 **(A) 오늘 손님들이 너무 많았다며 이유를 들어 대답했으므로 정답이다.**
(B) 질문의 mugs를 듣고 연상할 수 있는 cup을 사용하여 오답을 유도하고 있다.

(C) 질문의 coffee를 듣고 연상할 수 있는 café, cake를 사용하여 오답을 유도하고 있다.

✚ **이렇게도 답이 가능해요!**
I haven't had the time yet. 아직 그럴 시간이 없었어요.

---

17. 미국 ↔ 미국

What do I need to <u>plan</u> for the client <u>lunch</u>?
(A) <u>Yes</u>, I had a ham and cheese sandwich.
(B) <u>Didn't</u> you <u>get</u> the <u>memo</u>?
(C) <u>He's</u> a very important <u>client</u>.

고객과의 점심을 위해 무엇을 계획해야 하나요?
(A) 네, 전 햄 치즈 샌드위치를 먹었어요.
(B) 메모 못 받으셨어요?
(C) 그는 매우 중요한 고객이에요.

해설 (A) 의문사 의문문은 Yes/No로 응답할 수 없고, 질문의 lunch의 연상 어휘 sandwich를 사용하여 오답을 유도하고 있다.
(B) 메모를 못 받았냐고 반문하며 메모를 통해 알 수 있음을 우회적으로 대답했으므로 정답이다.
(C) 질문에 쓰인 client를 반복하여 오답을 유도하고 있다.

✚ **이렇게도 답이 가능해요!**
Be sure to bring the contract. 계약서를 꼭 가져오세요.

---

18. 미국 ↔ 미국

How did you <u>like</u> the chef's <u>special</u>?
(A) <u>No</u>, not really.
(B) I <u>ordered</u> the <u>steak</u>.
(C) A <u>food</u> critic.

주방장 특선 요리는 어땠어요?
(A) 아니요, 별로요.
(B) 전 스테이크를 주문했어요.
(C) 음식 비평가예요.

해설 (A) 의문사 의문문은 Yes/No로 응답할 수 없다.
(B) 스테이크를 주문했다며 자신은 모른다는 것을 우회적으로 대답했으므로 정답이다.
(C) 질문의 chef를 듣고 연상할 수 있는 food를 사용하여 오답을 유도하고 있다.

✚ **이렇게도 답이 가능해요!**
It was really good. 매우 맛있었어요.

---

19. 미국 ↔ 영국

<u>When</u> will the company retreat be <u>held</u>?
(A) <u>At</u> the community <u>park</u> downtown.
(B) HR <u>hasn't finalized</u> the details.
(C) I can <u>hold</u> it for you.

회사 야유회는 언제 개최되나요?
(A) 시내에 있는 지역 근린공원에서요.
(B) 인사팀에서 세부 사항을 정하지 않았어요.
(C) 제가 대신 잡아드릴게요.

해설 (A) 질문의 company retreat를 듣고 연상할 수 있는 community park를 사용하여 오답을 유도하고 있다.

(B) 인사팀에서 세부 사항을 정하지 않았다며 자신도 모른다는 것을 우회적으로 대답했으므로 정답이다.
(C) 질문에 쓰인 held를 hold로 반복하여 오답을 유도하고 있다.

✚ **이렇게도 답이 가능해요!**
Didn't you get the memo? 메모 못 보셨어요?

---

20. 영국 ↔ 미국

How <u>often</u> will I need to <u>change</u> these <u>lights</u>?
(A) They're <u>solar-powered</u>.
(B) Here's your <u>change</u>.
(C) Please confirm my <u>flight</u> schedule.

이 전등들을 얼마나 자주 갈아야 할까요?
(A) 그것들은 태양열로 작동돼요.
(B) 거스름돈 여기 있어요.
(C) 제 비행기 일정 확인을 부탁드립니다.

해설 **(A) 태양열로 작동된다며 전등을 갈 필요가 없음을 우회적으로 대답했으므로 정답이다.**
(B) 질문에 쓰인 change를 반복하여 오답을 유도하고 있다.
(C) 질문에 쓰인 lights와 발음이 유사한 flight를 사용하여 오답을 유도하고 있다.

✚ **이렇게도 답이 가능해요!**
Every three years. 3년마다요.

---

21. 미국 ↔ 호주

Which <u>brands</u> of air conditioners do you <u>sell</u> here?
(A) We <u>only</u> <u>repair</u> them.
(B) <u>Yes</u>, it's been pretty hot today.
(C) At the home <u>appliance</u> store.

이곳은 어느 브랜드의 에어컨을 판매하시나요?
(A) 저희는 수리만 해요.
(B) 네, 오늘 꽤 더웠어요.
(C) 가전제품 매장에서요.

해설 **(A) 에어컨을 팔지 않고 수리만 한다며 우회적으로 적절히 대답했으므로 정답이다.**
(B) 질문의 air conditioner를 듣고 연상할 수 있는 hot을 사용하여 오답을 유도하고 있다.
(C) 질문의 air conditioner를 듣고 연상할 수 있는 home appliance를 사용하여 오답을 유도하고 있다.

✚ **이렇게도 답이 가능해요!**
We have ones from South Korea and China.
한국과 중국에서 만든 것들이 있어요.

---

22. 호주 ↔ 미국

<u>Where</u> can I <u>borrow</u> a <u>projector</u> for our presentation?
(A) <u>No</u>, for the new employee orientation.
(B) The sales <u>projection</u> is very <u>low</u>.
(C) The meeting room <u>already has</u> one.

저희 프레젠테이션을 위해 프로젝터를 어디서 빌릴 수 있나요?
(A) 아니요, 신입 사원 오리엔테이션용이요.

(C) 회의실에 이미 있어요.

해설 (A) 의문사 의문문은 Yes/No로 응답할 수 없고, 질문에 쓰인 presentation과 발음이 유사한 orientation을 사용하여 오답을 유도하고 있다.

(B) 질문에 쓰인 projector와 발음이 유사한 projection을 사용하여 오답을 유도하고 있다.

(C) 회의실에 이미 있다며 우회적으로 적절히 대답했으므로 정답이다.

✚ 이렇게도 답이 가능해요!
You'll have to talk to James. James에게 말해보셔야 할 거예요.

어휘 borrow 빌리다 | projector 프로젝터 | presentation 프레젠테이션, 발표 | new employee orientation 신입 사원 오리엔테이션 | sale 판매, 매출 | projection 예상, 추정 | low 낮은, 저조한

---

23. 미국↔영국

How can I sign up to help organize the anniversary dinner?
(A) Kazuhiro is in charge of it.
(B) I'll have the steak. Thanks.
(C) We all had a great time.

기념일 만찬 준비를 도우려면 어떻게 신청해야 하나요?
(A) Kazuhiro가 그걸 담당하고 있어요.
(B) 저는 스테이크로 할게요. 고맙습니다.
(C) 저희 모두 즐거운 시간을 보냈습니다.

해설 (A) Kazuhiro가 담당한다며 그에게서 알 수 있음을 우회적으로 대답했으므로 정답이다.
(B) 질문의 dinner를 듣고 연상할 수 있는 steak를 사용하여 오답을 유도하고 있다.
(C) 질문의 dinner를 듣고 연상할 수 있는 great time을 사용하여 오답을 유도하고 있다.

✚ 이렇게도 답이 가능해요!
Write your name and phone number here.
이름과 전화번호를 여기에 쓰세요.

어휘 sign up (~에) 등록하다, 신청하다 | organize 준비하다, 조직하다 | anniversary 기념일 | in charge of ~를 담당하는

---

24. 미국↔미국

Which plan would you like for your Internet service?
(A) She submitted it online yesterday.
(B) These options all seem very similar.
(C) We were planning to do that.

인터넷 서비스 요금제는 어느 것으로 하시겠어요?
(A) 그녀는 어제 그것을 온라인으로 제출했어요.
(B) 이 옵션들은 모두 매우 비슷해 보이는군요.
(C) 저희는 그렇게 하려고 계획 중이었어요.

해설 (A) 질문의 Internet을 듣고 연상할 수 있는 online을 사용하여 오답을 유도하고 있다.
(B) 이 옵션들이 모두 비슷해 보인다며 잘 모르겠다는 것을 우회적으로 대답했으므로 정답이다.
(C) 질문에 쓰인 plan을 planning으로 반복하여 오답을 유도하고 있다.

✚ 이렇게도 답이 가능해요!
Which do you recommend? 어느 것을 추천하시나요?

어휘 plan 요금제, 계획하다 | submit 제출하다 | similar 비슷한

CHAPTER 06 일반 의문문

BASE 집중훈련
본서 p.109
1. (A) **2.** (A) **3.** (A)

1. 미국↔영국

Is the Internet connection down?
(A) Yes, I can't get online.
(B) My connecting flight.
(C) No, the server room is upstairs.

인터넷 연결이 안 되나요?
(A) 네, 인터넷 접속이 안 돼요.
(B) 제 연결 항공편이요.
(C) 아니요, 서버실은 위층에 있어요.

해설 (A) 'Yes'로 대답하고, 인터넷 접속이 안 된다며 적절히 덧붙여 말했으므로 정답이다.
(B) 질문에 쓰인 connection과 동일한 어근의 단어 connecting을 사용하여 오답을 유도하고 있다.
(C) 질문의 Internet의 연상 어휘 server와 down의 연상 어휘 upstairs를 사용하여 오답을 유도하고 있다.

✚ 이렇게도 답이 가능해요!
I haven't had any problems. 저는 전혀 문제가 없어요.

어휘 connection 연결 | down 작동이 안 되는 | get online 인터넷에 접속하다

---

2. 영국↔미국

Was the noon client meeting postponed?
(A) That's what the memo said.
(B) At the restaurant down the street.
(C) He's been silent this morning.

낮 12시 고객 미팅이 연기됐나요?
(A) 메모에 그렇게 적혀 있었어요.
(B) 길 아래 식당에서요.
(C) 그는 오늘 아침에 조용했어요.

해설 (A) 메모에 그렇게 적혀 있었다며 미팅이 연기되었음을 우회적으로 대답했으므로 정답이다.
(B) 질문의 meeting을 듣고 연상할 수 있는 restaurant를 사용하여 오답을 유도하고 있다.
(C) 질문에 쓰인 client와 발음이 유사한 silent를 사용하여 오답을 유도하고 있다.

✚ 이렇게도 답이 가능해요!
Yes, they're running late. 네, 늦춰지고 있어요.

어휘 postpone 연기하다 | silent 조용한

---

3. 미국↔미국

Is it too late to apply for the finance position?
(A) The deadline was yesterday.
(B) An online application.
(C) A very impressive résumé.

재무직에 지원하기에 너무 늦었나요?
(A) 어제가 마감일이었어요.
(B) 온라인 지원서요.
(C) 매우 인상적인 이력서예요.

해설 (A) 어제가 마감일이었다며 늦었음을 우회적으로 대답했으므로 정답이다.
(B) 질문의 apply를 듣고 연상할 수 있는 application을 사용하여 오답을 유도하고 있다.
(C) 질문의 position을 듣고 연상할 수 있는 résumé를 사용하여 오답을 유도하고 있다.

+ 이렇게도 답이 가능해요!
No, you have two more weeks. 아니요, 2주 더 시간이 있어요.

어휘 apply for ~에 지원하다 I finance 재무 I position 일자리, 직위 I deadline 마감일 I application 지원서 I impressive 인상적인 I résumé 이력서

BASE 집중훈련
본서 p.111
1. (C) **2.** (B) **3.** (B)

1. 미국↔호주
Do you have insurance for your smartphone?
(A) A six-inch screen.
(B) It was released last month.
(C) No, I didn't choose to.

스마트폰에 보험을 들었나요?
(A) 6인치 화면이요.
(B) 지난달에 출시되었어요.
(C) 아니요, 안 하기로 선택했어요.

해설 (A) 질문의 smartphone을 듣고 연상할 수 있는 screen을 사용하여 오답을 유도하고 있다.
(B) 질문과 무관한 대답이다.
(C) 'No'로 대답하고, 안 하기로 선택했다며 적절히 덧붙여 말했으므로 정답이다.

+ 이렇게도 답이 가능해요!
Yes, I'm fully covered. 네, 전부 보장되는 것으로 들었어요.

어휘 insurance 보험 I release 출시하다 I fully 완전히 I cover 보장하다

---

2. 미국↔영국
Did we receive our order of office supplies this morning?
(A) My client will be here soon.
(B) I just got to work now.
(C) What was the meeting about?

사무용품 주문한 것을 오늘 아침에 받았나요?
(A) 제 고객이 곧 이곳으로 올 거예요.
(B) 전 지금 방금 출근했어요.
(C) 회의는 무엇에 관한 것이었나요?

해설 (A) 질문의 receive의 연상 어휘 be here와 this morning의 연상 어휘 soon을 사용하여 오답을 유도하고 있다.
(B) 방금 출근했다며 자신은 잘 모른다는 것을 우회적으로 대답했으므로 정답이다.
(C) 질문에 쓰인 office를 듣고 연상할 수 있는 meeting을 사용하여 오답을 유도하고 있다.

+ 이렇게도 답이 가능해요!
Yes, I put them into the cabinet.
네, 제가 캐비닛에 넣어 놓았어요.

어휘 office supplies 사무용품 I get to work 출근하다

---

3. 미국↔미국
Do you want to hold the anniversary dinner at the banquet hall?
(A) My coworker and his family.
(B) How many people can be accommodated?
(C) No, on the weekend.

연회장에서 기념일 만찬을 열고 싶으신가요?
(A) 제 동료와 그의 가족이요.
(B) 몇 명을 수용하실 수 있나요?
(C) 아니요, 주말에요.

해설 (A) 질문의 anniversary dinner를 듣고 연상할 수 있는 coworker, family를 사용하여 오답을 유도하고 있다.
(B) 몇 명을 수용할 수 있느냐고 추가적인 질문으로 반문하여 적절히 말했으므로 정답이다.
(C) 'No'와 뒤에 덧붙인 설명이 질문의 내용과 일치하지 않는다.

+ 이렇게도 답이 가능해요!
When is it scheduled for? 언제로 일정이 잡혀 있나요?

어휘 anniversary dinner 기념일 만찬 I banquet hall 연회장 I coworker 동료 I accommodate 수용하다 I schedule 일정을 잡다

BASE 집중훈련
본서 p.113
1. (B) **2.** (B) **3.** (B)

1. 호주↔미국
Have you picked up the magazine from the bookstore?
(A) I read that book last week, too.
(B) Yes, I put it on your desk.
(C) A special offer on yearly subscriptions.

서점에서 잡지를 샀나요?
(A) 저도 지난주에 그 책을 읽었어요.
(B) 네, 당신 책상 위에 올려놨어요.
(C) 연간 구독에 대한 특별 할인이요.

해설 (A) 질문의 magazine을 듣고 연상할 수 있는 book을 사용하여 오답을 유도하고 있다.
(B) 'Yes'라고 대답하고, 그것을 책상 위에 올려두었다고 적절히 덧붙여 말했으므로 정답이다.
(C) 질문의 magazine을 듣고 연상할 수 있는 subscriptions를 사용하여 오답을 유도하고 있다.

+ 이렇게도 답이 가능해요!
Wasn't Jenny supposed to do that?
Jenny가 그걸 하기로 되어 있지 않았나요?

어휘 pick up ~을 사다, 찾아오다 I magazine 잡지 I special offer 특가 판매, 특별 할인 I yearly 연간의 I subscription 구독 I be supposed to do ~하기로 되어 있다

---

2. 영국↔미국
Have you watched the video of yesterday's workshop?
(A) It's 3:45.
(B) I didn't check my computer yet.
(C) The records are on my desk.

어제 워크숍 동영상을 보셨나요?
(A) 지금은 3시 45분이에요.

(B) 아직 제 컴퓨터를 확인하지 않았어요.

(C) 기록은 제 책상 위에 있어요.

해설 (A) 질문의 watched를 듣고 연상할 수 있는 3:45를 사용하여 오답을 유도하고 있다.

(B) 아직 컴퓨터를 확인하지 않았다며 보지 못했다는 것을 우회적으로 대답했으므로 정답이다.

(C) 질문의 video를 듣고 연상할 수 있는 records를 사용하여 오답을 유도하고 있다.

✚ 이렇게도 답이 가능해요!

When did it get uploaded? 그게 언제 업로드되었나요?

어휘 record 기록

---

3. 호주↔영국

Have you started organizing the anniversary event?
(A) We've been in business for 30 years.
(B) It's still several months away.
(C) An attractive corporate Web site.

기념일 행사 준비를 시작하셨나요?
(A) 저희는 30년간 영업했어요.
(B) 아직 몇 개월이나 남았어요.
(C) 멋진 기업 웹사이트요.

해설 (A) 질문의 anniversary를 듣고 연상할 수 있는 in business for 30 years를 사용하여 오답을 유도하고 있다.

(B) 아직 몇 개월이 남았다며 아직 시작하지 않음을 우회적으로 대답했으므로 정답이다.

(C) 질문의 anniversary event를 듣고 연상할 수 있는 corporate를 사용하여 오답을 유도하고 있다.

✚ 이렇게도 답이 가능해요!

Yes, I'm working on it with Glen.
네, Glen과 함께 작업하고 있어요.

어휘 organize 준비하다 | anniversary 기념일 | in business 사업을 하는 | attractive 멋진 | corporate 기업의

BASE 집중훈련
본서 p.115

1. (A) **2.** (B) **3.** (A)

---

1. 미국↔미국

Didn't you see Ms. LaPointe's message?
(A) Yes, I saw it earlier today.
(B) The musical performance.
(C) She was there last Monday.

LaPointe 씨의 메시지를 못 보셨나요[→ 메시지 보셨죠]?
(A) 네, 오늘 일찍 봤어요.
(B) 음악 공연이요.
(C) 그녀가 지난 월요일에 거기 있었어요.

해설 (A) 'Yes'로 대답하고, 오늘 일찍 봤다고 적절히 덧붙여 말했으므로 정답이다.

(B) 질문의 see를 듣고 연상할 수 있는 musical performance를 사용하여 오답을 유도하고 있다.

(C) 질문의 Ms. LaPointe를 듣고 연상할 수 있는 She를 사용하여 오답을 유도하고 있다.

✚ 이렇게도 답이 가능해요!

What did she say? 그녀가 뭐라고 했나요?

어휘 performance 공연

---

2. 미국↔영국

Don't you have a conference call at 2?
(A) We'll need a few more, please.
(B) That's just for the managers.
(C) Some notepads in the storage closet.

2시에 전화 회의가 있지 않으세요[→ 전화 회의 있으세요]?
(A) 몇 개 더 필요할 거 같아요.
(B) 그건 관리자들만 해당돼요.
(C) 비품 창고 안에 있는 메모지들이요.

해설 (A) 질문의 2를 듣고 연상할 수 있는 a few more를 사용하여 오답을 유도하고 있다.

(B) 관리자들만 참석하는 전화 회의라며 자신과는 상관없다는 것을 우회적으로 대답했으므로 정답이다.

(C) 질문과 무관한 대답이다.

✚ 이렇게도 답이 가능해요!

Yes, but it shouldn't take too long.
네, 그렇지만 그리 오래 걸리진 않을 거예요.

어휘 conference call 전화 회의 | notepad 메모지 | storage closet 비품 창고

---

3. 영국↔호주

Aren't we meeting with Mr. Lee in the conference room at 5?
(A) When was this scheduled?
(B) The opening speech of the event.
(C) I only need four. Thanks.

우리 5시에 Lee 씨와 회의실에서 만나지 않나요[→ 만나죠]?
(A) 이건 언제 일정이 잡혔나요?
(B) 행사의 개회사요.
(C) 저는 4개만 필요해요. 고마워요.

해설 (A) 언제 일정이 잡혔는지 반문하며 질문에 적절히 대답했으므로 정답이다.

(B) 질문의 conference를 듣고 연상할 수 있는 opening speech를 사용하여 오답을 유도하고 있다.

(C) 질문의 5를 듣고 연상할 수 있는 four를 사용하여 오답을 유도하고 있다.

✚ 이렇게도 답이 가능해요!

That's been changed to Thursday afternoon.
그건 목요일 오후로 변경되었어요.

어휘 schedule 일정을 잡다 | opening speech 개회사

BASE 집중훈련
본서 p.117

1. (C) **2.** (C) **3.** (A)

---

1. 미국↔미국

You're a big music fan, aren't you?
(A) The admission is 35 dollars.
(B) At Midtown Concert Hall.

(C) Yes, I particularly enjoy jazz.

당신은 열렬한 음악 애호가시죠, 그렇지 않나요[→ 그렇죠]?
(A) 입장료는 35달러입니다.
(B) Midtown 콘서트홀에서요.
(C) 네, 특히 재즈를 좋아해요.

해설 (A) 질문의 music을 듣고 연상할 수 있는 admission을 사용하여 오답을 유도하고 있다.
(B) 질문의 music을 듣고 연상할 수 있는 Concert Hall을 사용하여 오답을 유도하고 있다.
(C) 'Yes'로 대답하고, 특히 재즈를 좋아한다고 적절히 덧붙여 말했으므로 정답이다.

➕ **이렇게도 답이 가능해요!**
I also play several instruments.
몇 가지 악기 연주도 합니다.

어휘 admission 입장료 | particularly 특히 | instrument 악기

---

2. 〔미국↔호주〕
The train will depart within the next 10 minutes, right?
(A) The electrician fixed the light.
(B) It's a non-stop flight.
(C) I hope so.

기차가 10분 내로 출발할 거죠, 그렇죠?
(A) 전기 기술자가 조명을 수리했어요.
(B) 그것은 직항이에요.
(C) 그랬으면 좋겠네요.

해설 (A) 질문에 쓰인 right와 발음이 유사한 light를 사용하여 오답을 유도하고 있다.
(B) 질문의 train을 듣고 연상할 수 있는 flight를 사용하여 오답을 유도하고 있다.
(C) 그랬으면 좋겠다며 자신도 잘 모른다는 것을 우회적으로 대답했으므로 정답이다.

➕ **이렇게도 답이 가능해요!**
That's what the conductor said. 기차 차장이 그렇게 말했어요.

어휘 depart 출발하다 | electrician 전기 기술자 | fix 수리하다 | conductor (기차의) 차장

---

3. 〔미국↔영국〕
You've filled out the reimbursement form, haven't you?
(A) I already handed it in.
(B) All the glasses on the table.
(C) Transportation expenses.

환급 서식을 작성하셨죠, 그렇지 않나요[→ 그렇죠]?
(A) 이미 제출했어요.
(B) 테이블 위에 있는 모든 안경이요.
(C) 운송 비용이요.

해설 **(A) 이미 제출했다며 서식을 작성했다는 의미를 담아 우회적으로 대답했으므로 정답이다.**
(B) 질문의 filled를 듣고 연상할 수 있는 glasses를 사용하여 오답을 유도하고 있다.
(C) 질문의 reimbursement를 듣고 연상할 수 있는 expenses를 사용하여 오답을 유도하고 있다.

➕ **이렇게도 답이 가능해요!**
Isn't it due next Friday?
다음 주 금요일까지 내야 하는 거 아닌가요?

어휘 fill out ~을 작성하다 | reimbursement 환급, 상환 | transportation 운송 | expense 비용

BASE 실전훈련
본서 p.118

1. (A)	2. (A)	3. (A)	4. (B)	5. (A)	6. (B)
7. (B)	8. (C)	9. (B)	10. (A)	11. (C)	12. (B)
13. (B)	14. (A)	15. (A)	16. (A)	17. (C)	18. (C)
19. (C)	20. (A)	21. (A)	22. (A)	23. (A)	24. (C)

---

1. 〔영국↔미국〕
Is Gerald in his office now?
(A) Yes, he just got back.
(B) I'll look at it later this afternoon.
(C) They're in the cabinet.

Gerald가 지금 사무실에 있나요?
(A) 네, 방금 돌아왔어요.
(B) 제가 이따 오후에 볼게요.
(C) 그것들은 캐비닛 안에 있어요.

해설 **(A) 'Yes'로 대답하고, 방금 돌아왔다며 적절히 덧붙여 말했으므로 정답이다.**
(B) 질문의 now를 듣고 연상할 수 있는 later를 사용하여 오답을 유도하고 있다.
(C) 질문에 쓰인 in을 반복하고, office를 듣고 연상할 수 있는 cabinet을 사용하여 오답을 유도하고 있다.

➕ **이렇게도 답이 가능해요!**
I can check for you. 제가 확인해 드릴게요.

어휘 get back 돌아오다 | later 나중에, 뒤에 | cabinet 캐비닛, 보관장

---

2. 〔미국↔미국〕
Don't you live in the downtown area?
(A) No, I live in the suburbs.
(B) He's from out of town.
(C) I don't travel very often.

당신은 도심 지역에 살지 않나요[→ 사나요]?
(A) 아니요, 저는 교외에 살아요.
(B) 그는 외지에서 왔어요.
(C) 전 자주 여행하지 않아요.

해설 **(A) 'No'로 대답하고, 교외에서 산다며 적절히 덧붙여 말했으므로 정답이다.**
(B) 질문의 주어(you)와 응답의 주어(He)가 일치하지 않으며, downtown과 발음이 유사한 town을 사용하여 오답을 유도하고 있다.
(C) Don't you로 묻고 I don't로 대답하였지만 내용이 질문의 내용과 일치하지 않는다.

➕ **이렇게도 답이 가능해요!**
Yes, I live near my office. 네, 우리 사무실 근처에 살아요.

어휘 downtown 도심지의, 시내의 | suburb 교외 | out of town 외지에서, 시골에서 | travel 여행하다

---

3. 〔미국↔영국〕
Have you completed drafting the blueprint for the clinic?
(A) No, but it won't take long.

(B) I thought the <u>doctor</u> was available.
(C) That's a very detailed <u>drawing</u>.

병원 청사진 초안 작성을 끝내셨나요?
(A) 아니요, 하지만 오래 걸리지 않을 거예요.
(B) 의사 선생님께서 시간이 괜찮은 줄 알았어요.
(C) 그건 매우 상세한 그림이네요.

해설 (A) 'No'로 대답하고, 오래 걸리지 않을 거라고 적절히 덧붙여 말했으므로 정답이다.
(B) 질문의 clinic을 듣고 연상할 수 있는 doctor를 사용하여 오답을 유도하고 있다.
(C) 질문의 blueprint를 듣고 연상할 수 있는 detailed drawing을 사용하여 오답을 유도하고 있다.

✚ **이렇게도 답이 가능해요!**
Yes, and I sent the file to our client, too.
네, 그리고 고객에게 파일도 보냈어요.

어휘 blueprint 청사진 | draft 초안을 작성하다 | available 시간이 있는 | detailed 상세한 | drawing 그림

---

4. 미국↔미국
You have more <u>brochures</u>, don't you?
(A) I <u>apologize</u> for the inconvenience.
(B) Yes. <u>They're</u> in my <u>bag</u>.
(C) I don't think I <u>can</u>.

안내서 더 갖고 계시죠, 그렇지 않나요[→ 그렇죠]?
(A) 불편을 끼쳐 드린 데에 사과드립니다.
(B) 네. 제 가방 안에 있어요.
(C) 저는 못 할 것 같아요.

해설 (A) 질문과 무관한 대답이다.
(B) 'Yes'로 대답하고, 가방 안에 있다며 적절히 덧붙여 말했으므로 정답이다.
(C) don't you로 묻고 I don't로 대답하였지만 내용이 질문의 내용과 일치하지 않는다.

✚ **이렇게도 답이 가능해요!**
Kelly has them. Kelly가 갖고 있어요.

어휘 brochure 안내서 | apologize 사과하다 | inconvenience 불편함

---

5. 영국↔호주
Didn't I make an <u>appointment</u> online?
(A) <u>You</u> did last month.
(B) Our Internet <u>connection</u> is quite stable.
(C) That will be 250 <u>dollars</u>.

제가 온라인으로 예약하지 않았었나요[→ 예약했었죠]?
(A) 지난달에 하셨어요.
(B) 우리 인터넷 연결이 꽤 안정적이에요.
(C) 250달러입니다.

해설 (A) 예약을 하지 않았냐는 질문에 지난달에 했다고 적절히 대답했으므로 정답이다.
(B) 질문의 online을 듣고 연상할 수 있는 Internet을 사용하여 오답을 유도하고 있다.
(C) 질문과 무관한 대답이다.

✚ **이렇게도 답이 가능해요!**
I don't see it in the system. 시스템에서는 안 나오네요.

어휘 appointment 약속, 예약 | connection 연결 | stable 안정적인

---

6. 미국↔미국
Does this space <u>heater</u> come with a <u>warranty</u>?
(A) <u>Within</u> a week.
(B) Yes, I think <u>it does</u>.
(C) Thanks, but I'm not <u>cold</u>.

이 실내 난방기에 품질 보증서가 포함되나요?
(A) 일주일 내로요.
(B) 네, 그런 거 같아요.
(C) 고맙지만, 전 안 추워요.

해설 (A) 질문에 쓰인 with와 발음이 유사한 Within을 사용하여 오답을 유도하고 있다.
(B) 'Yes'로 대답하고, 그런 것 같다며 적절히 덧붙여 말했으므로 정답이다.
(C) 질문의 heater를 듣고 연상할 수 있는 cold를 사용하여 오답을 유도하고 있다.

✚ **이렇게도 답이 가능해요!**
Let's ask the store clerk. 점원에게 물어봅시다.

어휘 space heater 실내 난방기 | warranty 품질 보증서 | within ~ 이내에

---

7. 영국↔미국
Has the <u>contract</u> been <u>terminated</u> for our part-time workers?
(A) The <u>desks</u> by the copying machine.
(B) No, they'll be <u>here</u> for <u>another</u> month.
(C) The new <u>employee</u> orientation <u>starts</u> at 9.

우리 파트타임 직원들 계약이 종료되었나요?
(A) 복사기 옆에 있는 책상들이요.
(B) 아니요, 그들은 한 달 더 여기 있을 거예요.
(C) 신입 사원 오리엔테이션이 9시에 시작해요.

해설 (A) 질문의 workers를 듣고 연상할 수 있는 desks를 사용하여 오답을 유도하고 있다.
(B) 'No'로 대답하고, 한 달 더 있을 것이라고 적절히 덧붙여 말했으므로 정답이다.
(C) 질문의 workers의 연상 어휘 employee와 terminated의 연상 어휘 starts를 사용하여 오답을 유도하고 있다.

✚ **이렇게도 답이 가능해요!**
I don't know. Why don't you ask Michael?
전 잘 모르겠어요. Michael에게 물어보시는 게 어때요?

어휘 contract 계약 | terminate 종료하다

---

8. 호주↔영국
Kenny is <u>revising</u> the <u>contract</u>, right?
(A) I prefer an online <u>copy</u>.
(B) I'll send you the <u>contact</u> information.
(C) Yes, he'll be <u>done soon</u>.

Kenny가 계약서를 수정하고 있죠, 그렇죠?
(A) 저는 인터넷 사본을 선호해요.
(B) 제가 연락처를 보내드릴게요.
(C) 네, 그가 곧 끝낼 거예요.

해설 (A) 질문의 contract를 듣고 연상할 수 있는 copy를 사용하여 오답을 유도하고 있다.
(B) 질문에 쓰인 contract와 발음이 유사한 contact를 사용하여 오답을 유도하고 있다.
(C) 'Yes'로 대답하고, 그가 곧 끝낼 거라며 적절히 덧붙여 말했으므로 정답이다.

✚ **이렇게도 답이 가능해요!**
No, actually, I am. 아니요, 사실 제가 하고 있어요.

어휘 revise 수정하다 | contract 계약서 | copy 사본 | contact information 연락처

---

9. 미국 ↔ 미국
Were you able to <u>buy</u> some <u>stationery</u>?
(A) <u>The one</u> on Mapleton Road.
(B) Yes, I <u>used</u> the company credit <u>card</u>.
(C) It doesn't stop at this <u>station</u>.

문구류 좀 살 수 있었나요?
(A) Mapleton로에 있는 거요.
(B) 네, 법인카드를 썼어요.
(C) 이번 역에는 정차하지 않아요.

해설 (A) 질문과 무관한 대답이다.
(B) 'Yes'로 대답하고, 법인카드를 썼다며 적절히 덧붙여 말했으므로 정답이다.
(C) 질문에 쓰인 stationery와 발음이 유사한 station을 사용하여 오답을 유도하고 있다.

✚ **이렇게도 답이 가능해요!**
I thought Issac was doing that. Issac이 하는 줄 알았어요.

어휘 buy 사다 | stationery 문구류 | stop 멈추다 | station 역

---

10. 미국 ↔ 미국
Haven't you <u>bought</u> a new <u>smartphone</u> yet?
(A) I just <u>repaired</u> mine <u>instead</u>.
(B) He prefers to use his <u>smartphone</u>.
(C) Download the <u>application</u>.

새 스마트폰을 사지 않으셨어요[→ 사셨죠]?
(A) 대신 그냥 제 것을 수리했어요.
(B) 그는 자신의 스마트폰을 쓰는 것을 선호해요.
(C) 애플리케이션을 다운로드하세요.

해설 **(A) (사는) 대신 수리했다며 질문에 적절히 대답했으므로 정답이다.**
(B) 질문의 주어(you)와 응답의 주어(He)가 일치하지 않으며, 질문에 쓰인 smartphone을 반복하여 오답을 유도하고 있다.
(C) 질문의 smartphone을 듣고 연상할 수 있는 application을 사용하여 오답을 유도하고 있다.

✚ **이렇게도 답이 가능해요!**
I'll get one next month. 다음 달에 살 거예요.

어휘 repair 수리하다 | prefer 선호하다

---

11. 영국 ↔ 미국
Did the safety training <u>workshop</u> get <u>postponed</u>?
(A) Maintaining Internet <u>safety</u>.
(B) The <u>entire</u> Facilities Department.
(C) No, it'll start <u>on time</u>.

안전 교육 워크숍은 연기됐나요?
(A) 인터넷 보안 유지요.
(B) 시설팀 전체요.
(C) 아니요, 제시간에 시작할 거예요.

해설 (A) 질문에 쓰인 safety를 반복하여 오답을 유도하고 있다.
(B) 질문과 무관한 대답이다.
(C) 'No'로 대답하고, 제시간에 시작할 거라며 적절히 덧붙여 말했으므로 정답이다.

✚ **이렇게도 답이 가능해요!**
Yes, by one hour. 네, 한 시간이요.

어휘 postpone 연기하다 | maintain 유지하다 | entire 전체의 | facility 시설

---

12. 미국 ↔ 호주
Stan's <u>leading</u> the new employee <u>orientation</u>, isn't he?
(A) The <u>candidates</u> from the last <u>interview</u>.
(B) No. He's been <u>relocated</u> to the Boston branch.
(C) We <u>welcomed</u> the <u>new</u> team <u>leader</u>.

Stan이 신입 사원 오리엔테이션을 이끌죠, 그렇지 않나요[→ 그렇죠]?
(A) 마지막 면접의 후보자들이요.
(B) 아니요. 그는 Boston 지사로 옮겼어요.
(C) 우리는 새로운 팀장님을 환영했어요.

해설 (A) 질문의 employee를 듣고 연상할 수 있는 candidates, interview를 사용하여 오답을 유도하고 있다.
(B) 'No'로 대답하고, 그는 Boston 지사로 옮겨서 그가 할 수 없음을 적절히 덧붙여 말했으므로 정답이다.
(C) 질문에 쓰인 new를 반복하고, new의 연상 어휘 welcome과 leading과 같은 어근의 단어 leader를 사용하여 오답을 유도하고 있다.

✚ **이렇게도 답이 가능해요!**
No, Lisa is. 아니요, Lisa가 해요.

어휘 lead 이끌다 | candidate 후보자 | relocate 옮기다

---

13. 미국 ↔ 미국
Didn't we <u>update</u> all the information <u>packets</u>?
(A) I'll be in the <u>downstairs</u> lobby.
(B) No, we still have to <u>do</u> a few <u>more</u>.
(C) The <u>date</u> has been set.

우리가 자료 묶음을 모두 최신판으로 변경하지 않았나요[→ 변경했죠]?
(A) 저는 아래층 로비에 있을게요.
(B) 아니요, 아직 몇 개 더 해야 해요.
(C) 날짜가 정해졌어요.

해설 (A) 질문의 information을 듣고 연상할 수 있는 lobby를 사용하여 오답을 유도하고 있다.
(B) 'No'로 대답하고, 아직 몇 개 더 해야 한다고 적절히 덧붙여 말했으므로 정답이다.
(C) 질문에 쓰인 update와 발음이 유사한 date를 사용하여 오답을 유도하고 있다.

✚ **이렇게도 답이 가능해요!**
Yes, Jess would've done it. 네, Jess가 했을 거예요.

어휘 information packet 자료 묶음

---

14. 미국 ↔ 호주
We can <u>add</u> some fruits to the dessert <u>menu</u>, can't we?
(A) We can <u>if</u> that's what you <u>want</u>.
(B) Strawberry <u>cheesecake</u>, please.
(C) Five dollars <u>plus</u> tax.

디저트 메뉴에 과일을 추가할 수 있죠, 그렇지 않나요[→ 그렇죠]?
(A) 원하신다면 그렇게 할 수 있어요.
(B) 딸기 치즈케이크로 부탁드려요.
(C) 5달러에 세금 추가요.

해설 **(A) 원한다면 그렇게 해주겠다며 질문에 적절히 대답했으므로 정답이다.**

(B) 질문의 fruits의 연상 어휘 Strawberry와 dessert의 연상 어휘 cheesecake를 사용하여 오답을 유도하고 있다.

(C) 질문의 add를 듣고 연상할 수 있는 plus를 사용하여 오답을 유도하고 있다.

✚ 이렇게도 답이 가능해요!

I think it's good as it is. 지금 그대로도 좋은 것 같은데요.

어휘 add 더하다, 추가하다 | plus ~를 더하여

---

15. 미국↔영국

Is Leona going to help organize the company party?
(A) She's on vacation this week.
(B) At the Palisade Hotel.
(C) I prefer the gold and white color scheme.

Leona가 회사 파티 준비를 도와줄 건가요?
(A) 그녀는 이번 주 휴가 중이에요.
(B) Palisade 호텔에서요.
(C) 저는 금색과 흰색 조합을 선호해요.

해설 (A) 그녀는 이번 주 휴가 중이라며 도와줄 수 없음을 우회적으로 대답했으므로 정답이다.

(B) 질문에 쓰인 party를 듣고 연상할 수 있는 Hotel을 사용하여 오답을 유도하고 있다.

(C) 질문과 무관한 대답이다.

✚ 이렇게도 답이 가능해요!

Yes, she should be here soon. 네, 그녀는 곧 올 거예요.

어휘 organize 준비하다 | on vacation 휴가 중인 | prefer 선호하다 | color scheme 색상 배합[조합]

---

16. 호주↔미국

Does the estimate seem too high for the services we requested?
(A) No, I think it's reasonable.
(B) Thanks, the service was excellent.
(C) They're on the bottom shelf.

견적이 저희가 요청한 서비스에 비해 너무 높은 거 같죠?
(A) 아니요, 제 생각엔 적당한 것 같아요.
(B) 감사해요, 서비스는 최고였어요.
(C) 그것들은 제일 아래 선반에 있어요.

해설 (A) 'No'라고 대답하고, 의견과는 반대로 적당한 것 같다며 적절히 덧붙여 말했으므로 정답이다.

(B) 질문에 쓰인 services를 service로 반복하여 오답을 유도하고 있다.

(C) 질문의 high를 듣고 연상할 수 있는 bottom을 사용하여 오답을 유도하고 있다.

✚ 이렇게도 답이 가능해요!

You should contact different vendors.
다른 판매자들에게 연락해 보셔야겠어요.

어휘 estimate 견적 | request 요청하다 | reasonable 적당한, 합리적인 | bottom 맨 아래의 | shelf 선반 | contact 연락하다 | vendor 판매자

---

17. 영국↔호주

Didn't Heather repair the copier yesterday?
(A) Why don't we take a coffee break?
(B) I already have a pair.
(C) She did, but it's not working again.

어제 Heather가 복사기를 수리하지 않았나요[→ 수리했죠]?
(A) 우리 휴식 시간 좀 가지면 어떨까요?
(B) 전 이미 한 켤레가 있어요.
(C) 그렇게 했지만, 다시 작동하지 않아요.

해설 (A) 질문에 쓰인 copier와 발음이 유사한 coffee를 사용하여 오답을 유도하고 있다.

(B) 질문에 쓰인 repair와 발음이 유사한 pair를 사용하여 오답을 유도하고 있다.

(C) 'She did'로 대답한 후, 다시 고장 났다고 적절히 덧붙여 말했으므로 정답이다.

✚ 이렇게도 답이 가능해요!

She'll be coming in tomorrow morning.
그녀는 내일 아침에 올 거예요.

어휘 repair 수리하다 | copier 복사기 | coffee break 휴식 시간

---

18. 미국↔영국

Is the water heater working in your apartment?
(A) I read over the report for errors.
(B) She is an electrician.
(C) A repairperson is coming now.

당신의 아파트에서 온수기가 작동하고 있나요?
(A) 저는 오류를 확인하려고 보고서를 다시 읽었어요.
(B) 그녀는 전기 기술자예요.
(C) 수리 기사가 지금 오고 있어요.

해설 (A) 질문의 working을 듣고 연상할 수 있는 errors를 사용하여 오답을 유도하고 있다.

(B) 질문의 주어(water heater)와 응답의 주어(She)가 일치하지 않는다.

(C) 수리 기사가 오고 있다며 온수기가 작동하지 않음을 우회적으로 대답했으므로 정답이다.

✚ 이렇게도 답이 가능해요!

No, it broke just last night. 아니요, 어젯밤에 막 고장 났어요.

어휘 water heater 온수기 | read over ~을 다시 읽다 | error 오류 | electrician 전기 기술자 | repairperson 수리공 | break 고장 나다

---

19. 미국↔미국

The automobile technology seminar is full, isn't it?
(A) A new eco-friendly car.
(B) The gas tank is almost empty.
(C) You can ask to be put on the waitlist.

자동차 기술 세미나는 다 찼죠, 그렇지 않나요[→ 그렇죠]?
(A) 새로운 친환경 자동차요.
(B) 연료 탱크가 거의 비었어요.
(C) 대기자 명단에 올려 달라고 요청하세요.

해설 (A) 질문의 automobile을 듣고 연상할 수 있는 car를 사용하여 오답을 유도하고 있다.

(B) 질문의 automobile의 연상 어휘 gas tank와 full의 연상 어휘 empty를 사용하여 오답을 유도하고 있다.

(C) 대기자 명단에 올려줄 것을 요청해 보라고 제안하며 자리가 다 찼음을 우회적으로 대답했으므로 정답이다.

✚ 이렇게도 답이 가능해요!

Yes, but we saved you a seat.
네, 그렇지만 우리가 당신의 자리를 잡아두었어요.

어휘 automobile 자동차 | technology 기술 | full 빈 공간이 없는 | eco-friendly 친환경적인 | gas tank 연료 탱크 | empty 빈 | waitlist 대기자 명단

---

20. 호주↔미국

Have you <u>thought</u> about <u>hiring</u> a certified accountant?
(A) I did, but that'll <u>cost</u> too <u>much</u>.
(B) Around <u>30 employees</u>.
(C) Oh, it's for the savings <u>account</u>.

공인 회계사를 채용하는 것에 대해 생각해 보셨나요?
(A) 생각해 봤는데, 비용이 너무 많이 나갈 거예요.
(B) 대략 직원 30명이요.
(C) 오, 보통 예금 계좌를 위해서요.

해설 **(A)** 'I did'로 대답하고, 하지만 비용이 너무 많이 나갈 것이라고 적절히 덧붙여 말했으므로 정답이다.
(B) 질문에 쓰인 certified와 발음이 유사한 thirty를, hiring의 연상 어휘 employees를 사용하여 오답을 유도하고 있다.
(C) 질문에 쓰인 accountant와 동일한 어근의 단어 account를 사용하여 오답을 유도하고 있다.

✦ 이렇게도 답이 가능해요!
The company already did. 회사가 이미 그렇게 했어요.

어휘 certified 공인된, 면허증을 가진 | accountant 회계사 | savings account 보통 예금

---

21. 미국↔미국

Do you think it's <u>possible</u> to <u>change</u> the report's <u>due</u> date?
(A) We'll have to <u>speak</u> to our <u>manager</u>.
(B) The weather will be rainy <u>today</u>.
(C) At the <u>beginning</u> of the show.

보고서 마감일을 변경하는 게 가능하다고 생각하세요?
(A) 매니저에게 이야기해 봐야 할 거예요.
(B) 오늘 비가 올 거예요.
(C) 쇼 도입부에요.

해설 **(A)** 매니저에게 이야기해 봐야 한다며 자신도 잘 모르겠다는 것을 우회적으로 대답했으므로 정답이다.
(B) 질문의 date를 듣고 연상할 수 있는 today를 사용하여 오답을 유도하고 있다.
(C) 질문과 무관한 대답이다.

✦ 이렇게도 답이 가능해요!
Yes, the deadline is flexible. 네, 마감일은 변경될 수 있어요.

어휘 possible 가능한 | report 보고서 | due date 마감일 | deadline 마감일 | flexible 융통성 있는

---

22. 호주↔영국

Haven't you <u>attended</u> the company-wide <u>meeting</u>?
(A) I've been <u>out of town</u>.
(B) About <u>corporate</u> culture.
(C) Let's <u>meet</u> up then.

전사 회의에 참석하지 않으셨나요[→ 참석했죠]?
(A) 전 출장 중이었어요.
(B) 기업 문화에 관해서요.
(C) 그때 만나도록 해요.

해설 **(A)** 출장 중이었다며 참석하지 않았다는 것을 우회적으로 대답했으므로 정답이다.
(B) 질문의 company를 듣고 연상할 수 있는 corporate를 사용하여 오답을 유도하고 있다.
(C) 질문에 쓰인 meeting과 같은 어근의 단어 meet를 사용하여 오답을 유도하고 있다.

✦ 이렇게도 답이 가능해요!
You mean the one last week?
지난주에 있었던 것 말씀하시는 건가요?

어휘 attend 참석하다 | company-wide meeting 전사 회의 | out of town 출장 중인 | corporate culture 기업 문화

---

23. 미국↔호주

Are you <u>participating</u> in the <u>race</u> at the company's sports day?
(A) Didn't you <u>see</u> the updated event <u>schedule</u>?
(B) The new <u>sports stadium</u>.
(C) The food is going to be <u>catered</u>.

회사 체육대회 경주에 참여하시나요?
(A) 업데이트된 행사 일정을 못 보셨나요?
(B) 새로운 스포츠 경기장이요.
(C) 음식을 공급 회사로부터 받을 거예요.

해설 **(A)** 업데이트된 행사 일정을 못 봤냐고 반문하며 그것을 보면 알 수 있을 거라고 우회적으로 대답했으므로 정답이다.
(B) 질문의 race, sports day를 듣고 연상할 수 있는 sports stadium을 사용하여 오답을 유도하고 있다.
(C) 질문의 sports day를 듣고 연상할 수 있는 catered를 사용하여 오답을 유도하고 있다.

✦ 이렇게도 답이 가능해요!
No, I won't be attending the event.
아니요, 저는 행사에 참여하지 않을 거예요.

어휘 participate in ~에 참가하다 | race 경주 | sports day 체육대회 | event schedule 행사 일정(표) | sports stadium 스포츠 경기장 | cater 음식을 공급하다 | attend 참석하다

---

24. 영국↔미국

Don't I <u>need to email</u> the employees about the new company policy?
(A) We asked the <u>Legal</u> Department.
(B) I misplaced the <u>application</u> forms.
(C) All of the staff has been <u>informed</u>.

제가 직원들에게 새 회사 방침에 관하여 이메일을 보내야 하지 않나요[→ 보내야 하죠]?
(A) 저희가 법무팀에 물어봤어요.
(B) 제가 지원서를 잘못 두었어요.
(C) 전 직원이 통보받았어요.

해설 (A) 질문의 company policy를 듣고 연상할 수 있는 Legal Department를 사용하여 오답을 유도하고 있다.
(B) 질문과 무관한 대답이다.
(C) 전 직원이 통보받았다며 이메일을 보내지 않아도 된다는 것을 우회적으로 대답했으므로 정답이다.

✦ 이렇게도 답이 가능해요!
Naoko took care of that already.
Naoko가 이미 처리했어요.

어휘 policy 정책 | Legal Department 법무부, 법무 부서 | misplace 잘못 두다 | application 지원(서), 신청 | inform 통지하다 | take care of ~을 처리하다

CHAPTER 07 특수 의문문

BASE 집중훈련

본서 p.123

1. (B) **2.** (C) **3.** (A)

---

1. 미국↔미국

Do you remember which intern prepared the presentation notes?
(A) I will turn it on.
(B) Mr. Ken might know.
(C) Much better than I thought.

어느 인턴이 발표 노트를 준비했는지 기억하세요?
(A) 제가 켤게요.
(B) Ken 씨가 알지도 몰라요.
(C) 제가 생각했던 것보다 훨씬 더 좋아요.

해설 (A) 질문에 쓰인 intern과 발음이 유사한 turn을 사용하여 오답을 유도하고 있다.
(B) Ken 씨가 알 수도 있을 거라며 자신은 모른다는 것을 우회적으로 대답했으므로 정답이다.
(C) 질문의 remember를 듣고 연상할 수 있는 thought를 사용하여 오답을 유도하고 있다.

✚ **이렇게도 답이 가능해요!**
Yes, it's Susan from the HR team. 네, 인사팀의 Susan이요.

어휘 remember 기억하다 I intern 인턴사원 I presentation 발표, 프레젠테이션

---

2. 미국↔호주

Did you know that Dr. Fran Lenter will be giving a talk next week?
(A) It was very informative.
(B) Microbiology.
(C) No. Do you know where?

Fran Lenter 박사가 다음 주에 강연하는 거 아셨어요?
(A) 그건 매우 유익했어요.
(B) 미생물학이요.
(C) 아니요. 어디서 하는지 아세요?

해설 (A) 질문의 talk를 듣고 연상할 수 있는 informative를 사용하여 오답을 유도하고 있다.
(B) 질문의 Dr., giving a talk를 듣고 연상할 수 있는 Microbiology를 사용하여 오답을 유도하고 있다.
(C) 'No'로 대답하고, 어디에서 하는지 알고 있냐고 되물으며 적절히 덧붙여 말했으므로 정답이다.

✚ **이렇게도 답이 가능해요!**
Yes, I even read all his papers.
네, 저는 그분 논문도 모두 봤어요.

어휘 give a talk 강연하다 I informative 유익한 I microbiology 미생물학

---

3. 미국↔영국

Can you show me where Ms. Lim's desk is?
(A) I sit right next to her.
(B) The next showing is at 5.
(C) No, she is not.

Lim 씨 자리가 어딘지 알려 주시겠어요?

(A) 제가 그녀 바로 옆자리예요.
(B) 다음 상영은 5시예요.
(C) 아니요, 그녀는 그렇지 않아요.

해설 **(A) 자신이 그녀 바로 옆자리라며 자리가 어딘지 알려 줄 수 있음을 우회적으로 대답했으므로 정답이다.**
(B) 질문에 쓰인 show와 같은 어근의 단어 showing을 사용하여 오답을 유도하고 있다.
(C) 질문의 주어(you)와 응답의 주어(she)가 일치하지 않는다.

✚ **이렇게도 답이 가능해요!**
Sure. Come this way. 그럼요. 이쪽으로 오세요.

어휘 show 보여주다 I showing 상영

BASE 집중훈련
본서 p.125

1. (A) **2.** (A) **3.** (B)

---

1. 영국↔미국

Should we walk or take the subway to get to Cross Street?
(A) Let's take the subway.
(B) I don't think it will work.
(C) Across the street.

Cross가로 가기 위해 걸을까요, 아니면 지하철을 탈까요?
(A) 지하철을 탑시다.
(B) 그건 안 될 것 같아요.
(C) 길 건너서요.

해설 **(A) 지하철을 타자며 후자를 선택했으므로 정답이다.**
(B) 질문에 쓰인 walk과 발음이 유사한 work를 사용하여 오답을 유도하고 있다.
(C) 질문에 쓰인 Street를 반복하고, Cross Street와 발음이 유사한 Across the street를 사용하여 오답을 유도하고 있다.

✚ **이렇게도 답이 가능해요!**
I wouldn't mind walking. 걸어도 상관없어요.

어휘 subway 지하철

---

2. 호주↔미국

Do I order the office supplies, or will someone else order them?
(A) You can do it.
(B) Check the invoice.
(C) In the supply cabinet.

제가 사무용품을 주문하나요, 아니면 다른 누군가가 주문할 건가요?
(A) 당신이 해도 돼요.
(B) 청구서를 확인하세요.
(C) 물품 캐비닛 안에요.

해설 **(A) 당신이 해도 된다며 전자를 선택했으므로 정답이다.**
(B) 질문의 order를 듣고 연상할 수 있는 invoice를 사용하여 오답을 유도하고 있다.
(C) 질문에 쓰인 supplies를 supply로 반복하고, office supplies의 연상 어휘 supply cabinet을 사용하여 오답을 유도하고 있다.

✚ **이렇게도 답이 가능해요!**
Randy will help you with that.

그거라면 Randy가 당신을 도와줄 거예요.

어휘 order 주문하다 | office supplies 사무용품 | invoice 청구서 | supply cabinet 물품 캐비닛

3. 미국↔미국

Are you going to <u>attend</u> the training session <u>today</u> or <u>tomorrow</u>?
(A) Use the large <u>conference</u> room.
(B) Tomorrow is my <u>day off</u>.
(C) Quite a few <u>attendees</u>.

오늘 교육에 참여하세요, 아니면 내일 하세요?
(A) 큰 회의실을 사용하세요.
(B) 내일은 제가 쉬는 날이에요.
(C) 상당수의 참석자들이요.

해설 (A) 질문의 training session을 듣고 연상할 수 있는 conference room을 사용하여 오답을 유도하고 있다.
(B) 내일은 쉬는 날이라며 오늘 참여한다는 것을 우회적으로 대답했으므로 정답이다.
(C) 질문의 attend를 듣고 연상할 수 있는 attendees를 사용하여 오답을 유도하고 있다.

➕ 이렇게도 답이 가능해요!
Neither. Something urgent has come up.
둘 다 못해요. 급한 일이 생겼어요.

어휘 attend 참석하다 | training session 교육(과정) | conference room 회의실 | day off 휴일 | attendee 참석자 | urgent 긴급한

BASE 집중훈련
본서 p.127
1. (C)   **2.** (A)   **3.** (C)

1. 미국↔호주

Do you mind <u>completing</u> the patient intake <u>form</u>?
(A) I'll be <u>taking</u> some time off next week.
(B) The extension is <u>complete</u>.
(C) OK. I'll do that right now.

환자 접수 양식을 작성해 주시겠어요?
(A) 저 다음 주에 휴가를 낼 거예요.
(B) 연장이 완료되었어요.
(C) 좋아요. 지금 바로 할게요.

해설 (A) 질문에 쓰인 intake와 발음이 유사한 taking을 사용하여 오답을 유도하고 있다.
(B) 질문에 쓰인 completing을 complete로 반복하여 오답을 유도하고 있다.
(C) 'OK'로 대답하고, 바로 할 것이라며 적절히 덧붙여 말했으므로 정답이다.

➕ 이렇게도 답이 가능해요!
How long would that take? 얼마나 오래 걸릴까요?

어휘 complete 작성하다; 완료된 | patient intake form 환자 접수 양식 | take time off 휴가를 내다 | extension 연장

2. 영국↔미국

May I <u>meet</u> with Ms. Garcia, please?
(A) She's at a marketing <u>convention</u> today.

(B) It's a <u>busy</u> street.
(C) Yes, she can <u>review</u> it.

Garcia 씨를 만나 뵐 수 있을까요?
(A) 그녀는 오늘 마케팅 컨벤션에 계세요.
(B) 그곳은 번화가예요.
(C) 네, 그녀가 검토하실 수 있어요.

해설 (A) 오늘 마케팅 컨벤션에 갔다며 요청에 대한 거절을 우회적으로 대답했으므로 정답이다.
(B) 질문의 meet를 듣고 연상할 수 있는 busy를 사용하여 오답을 유도하고 있다.
(C) 질문과 무관한 대답이다.

➕ 이렇게도 답이 가능해요!
Do you have an appointment? 약속을 잡으셨나요?

어휘 review 검토하다 | appointment 약속

3. 미국↔미국

Would you like me to <u>give</u> you a <u>ride</u>?
(A) Thank you for <u>joining</u> us today.
(B) Around 10 <u>kilometers</u>.
(C) My apartment is <u>only</u> a block <u>away</u>.

제가 태워 드릴까요?
(A) 오늘 함께 해 주셔서 감사합니다.
(B) 약 10킬로미터요.
(C) 제 아파트는 겨우 한 블록 거리에 있어요.

해설 (A) 질문의 Would you like me to ~?를 듣고 연상할 수 있는 Thank you를 사용하여 오답을 유도하고 있다.
(B) 질문의 ride를 듣고 연상할 수 있는 kilometers를 사용하여 오답을 유도하고 있다.
(C) 아파트가 겨우 한 블록 거리에 있다며 제안에 대한 거절을 우회적으로 대답했으므로 정답이다.

➕ 이렇게도 답이 가능해요!
I have more work to do. 저는 해야 할 일이 더 있어요.

어휘 give somebody a ride ~을 태워 주다

BASE 집중훈련
본서 p.129
1. (B)   **2.** (A)   **3.** (C)

1. 미국↔미국

There's a special <u>lecture</u> series at the city <u>library</u>.
(A) At the <u>departure</u> hall.
(B) Yes, I <u>heard</u> about it on the news.
(C) You should ask the <u>secretary</u>.

시립 도서관에 특별 강연 시리즈가 있어요.
(A) 출발장에서요.
(B) 네, 뉴스에서 들었어요.
(C) 비서에게 물어보세요.

해설 (A) 질문에 쓰인 at the를 반복하고, lecture와 발음이 유사한 departure를 사용하여 오답을 유도하고 있다.
(B) 'Yes'로 대답하고, 뉴스에서 들었다며 적절히 덧붙여 말했으므로 정답이다.
(C) 질문에 쓰인 library와 발음이 유사한 secretary를 사용하여 오답을 유도하고 있다.

＋ 이렇게도 답이 가능해요!
Let's go check it out this week. 이번 주에 한번 보러 가요.

어휘 lecture 강의, 강연 | departure 출발 | secretary 비서

---

2. 미국↔영국

I hope Ms. Lo will <u>approve</u> our <u>revisions</u> to the budget report.
(A) She <u>confirmed</u> them already.
(B) The <u>Finance</u> Department.
(C) How can I get to the <u>airport</u>?

Lo 씨가 우리 예산 보고서 수정안을 승인해 주면 좋겠네요.
(A) 그녀가 이미 승인해 줬어요.
(B) 재무부요.
(C) 공항에 어떻게 가죠?

해설 (A) 그녀가 이미 승인했다며 질문에 적절히 대답했으므로 정답이다.
(B) 질문의 budget을 듣고 연상할 수 있는 Finance를 사용하여 오답을 유도하고 있다.
(C) 질문에 쓰인 report와 발음이 유사한 airport를 사용하여 오답을 유도하고 있다.

＋ 이렇게도 답이 가능해요!
Yes, we spent a lot of time working on them.
네, 우리가 그걸 작업하느라 많은 시간을 썼잖아요.

어휘 approve 승인하다 | revision 수정 | budget 예산 | confirm 확인하다, 확정하다

---

3. 미국↔호주

I haven't <u>submitted</u> the transfer request <u>form</u> to HR yet.
(A) All department <u>managers</u>.
(B) It can be <u>transported</u> overseas.
(C) The deadline has <u>passed</u>.

아직 인사팀에 전근 요청서를 제출하지 않았어요.
(A) 모든 부서 매니저들이요.
(B) 해외로 수송될 수 있어요.
(C) 기한이 지났어요.

해설 (A) 질문의 HR을 듣고 연상할 수 있는 department managers를 사용하여 오답을 유도하고 있다.
(B) 질문의 transfer를 듣고 연상할 수 있는 transported를 사용하여 오답을 유도하고 있다.
(C) 기한이 지났다는 새로운 정보를 전달하며 적절히 대답했으므로 정답이다.

＋ 이렇게도 답이 가능해요!
You should take care of that right away.
지금 바로 처리하도록 하세요.

어휘 submit 제출하다 | transfer 전근, 이동 | transport 수송하다 | overseas 해외로 | deadline 기한 | take care of ~을 처리하다

BASE 실전훈련
본서 p.130

1. (A)	**2.** (C)	**3.** (A)	**4.** (B)	**5.** (C)	**6.** (C)
7. (C)	**8.** (A)	**9.** (A)	**10.** (B)	**11.** (B)	**12.** (A)
13. (A)	**14.** (B)	**15.** (A)	**16.** (A)	**17.** (A)	**18.** (A)
19. (A)	**20.** (B)	**21.** (C)	**22.** (B)	**23.** (B)	**24.** (B)

---

1. 호주↔미국

Are you applying for a <u>personal</u> or a <u>business</u> credit card?
(A) Probably <u>both</u> of <u>them</u>.
(B) Please fill out the <u>loan application</u>.
(C) Sorry, we only take <u>cash</u>.

개인용 신용카드를 신청하시나요, 아니면 법인용 신용카드를 신청하시나요?
(A) 아마 둘 다요.
(B) 대출 신청서를 작성해 주세요.
(C) 죄송해요, 저희는 현금만 받습니다.

해설 (A) 아마 둘 다라며 두 가지 모두를 선택했으므로 정답이다.
(B) 질문에 쓰인 applying과 같은 어근의 단어 application을 사용하여 오답을 유도하고 있다.
(C) 질문의 credit card를 듣고 연상할 수 있는 cash를 사용하여 오답을 유도하고 있다.

＋ 이렇게도 답이 가능해요!
Just for personal use, please. 개인 용도로만요.

어휘 apply for ~을 신청하다 | personal 개인의 | loan 대출

---

2. 미국↔미국

I've <u>forgotten</u> the <u>password</u> to the company's Web page.
(A) A 30-page <u>report</u>.
(B) On my <u>computer</u> at work.
(C) We'll <u>reset</u> it for you.

회사 웹 페이지 비밀번호를 잊어버렸어요.
(A) 30페이지짜리 보고서예요.
(B) 회사에 있는 제 컴퓨터에서요.
(C) 다시 설정해 드릴게요.

해설 (A) 질문에 쓰인 Web page와 발음이 유사한 30-page를 사용하여 오답을 유도하고 있다.
(B) 질문의 password의 연상 어휘 computer와 company의 연상 어휘 work를 사용하여 오답을 유도하고 있다.
(C) 비밀번호를 다시 설정해 주겠다며 적절히 대답했으므로 정답이다.

＋ 이렇게도 답이 가능해요!
What's your ID? 당신 ID가 뭔가요?

어휘 reset 재설정하다

---

3. 미국↔호주

Would you like me to read your <u>article</u> before you <u>publish</u> it?
(A) Sure. If you don't <u>mind</u>.
(B) It's for the <u>art</u> gallery.
(C) We met at a <u>publishing</u> company.

출간하기 전에 제가 당신이 쓴 기사를 봐 드릴까요?
(A) 그럼요. 괜찮으시다면요.
(B) 그것은 미술관용이에요.
(C) 저희는 출판사에서 만났어요.

해설 (A) 'Sure'라고 대답하고, 괜찮으시다면 봐주면 좋겠다며 적절히 덧붙여 말했으므로 정답이다.
(B) 질문에 쓰인 article과 발음이 유사한 art를 사용하여 오답을 유도하고 있다.
(C) 질문에 쓰인 publish와 같은 어근의 단어 publishing을 사용하여 오답을 유도하고 있다.

✦ 이렇게도 답이 가능해요!

I sent it in last night. 어젯밤에 제출했어요.

어휘 article 기사 | publish 출판하다 | art gallery 미술관 | send in ~을 제출하다

---

4. 미국 ↔ 영국

I haven't <u>made</u> the hotel <u>reservation</u> yet.
(A) My suitcase is in the <u>lobby</u>.
(B) <u>Prices</u> might <u>change</u> later.
(C) What time does the kitchen <u>close</u>?

저는 아직 호텔 예약을 안 했어요.
(A) 제 여행 가방이 로비에 있어요.
(B) 가격이 나중에 바뀔지도 몰라요.
(C) 주방은 몇 시에 문을 닫나요?

해설 (A) 질문의 hotel을 듣고 연상할 수 있는 suitcase, lobby를 사용하여 오답을 유도하고 있다.
(B) 가격이 나중에 바뀔지도 모른다며 예약을 독려하는 의미의 말로 적절히 대답했으므로 정답이다.
(C) 질문의 reservation을 듣고 연상할 수 있는 time, kitchen, close를 사용하여 오답을 유도하고 있다.

✦ 이렇게도 답이 가능해요!

You should do that as soon as possible.
가능한 한 빨리 하는 게 좋겠어요.

어휘 reservation 예약 | suitcase 여행 가방 | as soon as possible 가능한 한 빨리

---

5. 영국 ↔ 미국

Why don't you <u>come</u> with us for dinner?
(A) No one could <u>come</u>.
(B) Didn't you <u>apply</u> already?
(C) I'm <u>working</u> on this presentation.

저희랑 같이 저녁 식사 하러 가시는 게 어떠세요?
(A) 아무도 올 수 없어요.
(B) 이미 지원하지 않으셨어요?
(C) 저는 이 프레젠테이션 준비를 하고 있어서요.

해설 (A) 질문에 쓰인 come을 반복하여 오답을 유도하고 있다.
(B) 질문에 쓰인 don't you를 Didn't you로 반복하여 오답을 유도하고 있다.
(C) 프레젠테이션 준비를 하고 있다며 제안에 대한 거절을 우회적으로 대답했으므로 정답이다.

✦ 이렇게도 답이 가능해요!

OK. Who else is joining us? 그래요. 또 누가 함께하나요?

어휘 apply 지원하다 | join 함께하다, 합류하다

---

6. 미국 ↔ 호주

I'd like to <u>review</u> the service <u>contract</u> before the end of the week.
(A) The <u>end-of-the-year</u> party.
(B) Yes, I <u>contacted</u> the clients.
(C) I'll let you know when I'm <u>available</u>.

주말 전에 서비스 계약서를 검토하고 싶어요.
(A) 연말 파티요.
(B) 네, 제가 고객들에게 연락했습니다.
(C) 제가 시간이 날 때 알려드릴게요.

해설 (A) 질문에 쓰인 end of the week과 발음이 유사한 end-of-the-year를 사용하여 오답을 유도하고 있다.

(B) 질문에 쓰인 contract와 발음이 유사한 contacted를 사용하여 오답을 유도하고 있다.
(C) 시간이 날 때 알려드리겠다며 질문에 적절히 대답했으므로 정답이다.

✦ 이렇게도 답이 가능해요!

How's Thursday afternoon? 목요일 오후 어떠세요?

어휘 review 검토하다 | contact 연락하다 | available 시간이 있는

---

7. 영국 ↔ 미국

Would you like to <u>book</u> a table or a private room for your party?
(A) I read the <u>book</u>.
(B) For 10 <u>people</u>, please.
(C) A <u>room</u> sounds good.

파티를 위해 테이블을 예약하고 싶으세요, 아니면 전용실을 예약하고 싶으세요?
(A) 저는 책을 읽었어요.
(B) 10명분이요.
(C) 방이 좋을 것 같아요.

해설 (A) 질문에 쓰인 book을 다른 의미로 반복 사용하여 오답을 유도하고 있다.
(B) 질문의 table을 듣고 연상할 수 있는 For 10 people을 사용하여 오답을 유도하고 있다.
(C) 방이 좋을 것 같다고 후자를 선택했으므로 정답이다.

✦ 이렇게도 답이 가능해요!

I'd prefer somewhere quiet. 어디든 조용한 곳이 좋아요.

어휘 book 예약하다 | private 개인적인, 전용의

---

8. 미국 ↔ 영국

I'm <u>leaving</u> to <u>inspect</u> the rental property.
(A) Don't forget to take <u>pictures</u>.
(B) No, it took too <u>long</u>.
(C) Yes, for one <u>year</u>.

저는 임대할 집을 점검하러 갈 거예요.
(A) 사진 찍는 거 잊지 말아요.
(B) 아니요, 너무 오래 걸렸어요.
(C) 네, 1년 동안이요.

해설 **(A) 사진 찍는 거 잊지 말라며 적절히 대답했으므로 정답이다.**
(B) 질문과 무관한 대답이다.
(C) 질문과 무관한 대답이다.

✦ 이렇게도 답이 가능해요!

Let me come with you. 저도 같이 갈게요.

어휘 leave 떠나다 | inspect 점검하다 | rental 임대 | property 부동산 | forget 잊다 | take pictures 사진 찍다

---

9. 호주 ↔ 영국

I thought I <u>left</u> my phone on this table.
(A) I gave it to the <u>secretary</u>.
(B) Don't forget to <u>call</u> Kim.
(C) Do you have <u>time</u> this afternoon?

제가 이 테이블에 전화기를 놓고 온 거 같아요.
(A) 제가 비서분께 드렸어요.
(B) Kim에게 전화하는 걸 잊지 마세요.
(C) 오늘 오후에 시간 있으세요?

해설 (A) 비서에게 주었다는 새로운 정보를 전달하며 적절히 대답했으므로 정답이다.
(B) 질문의 phone을 듣고 연상할 수 있는 call을 사용하여 오답을 유도하고 있다.
(C) 질문과 무관한 대답이다.

＋ 이렇게도 답이 가능해요!
I haven't seen it. 저는 못 봤어요.

어휘 leave 놓다 (leave-left-left) | secretary 비서

---

10. 미국↔미국
Why don't we <u>provide</u> staff members with a discount to our <u>store</u>?
(A) They have a <u>wide</u> range of <u>products</u>.
(B) That <u>sounds like</u> a great plan.
(C) A few days <u>a month</u>.

직원들에게 매장 할인을 제공하는 건 어때요?
(A) 그곳에는 다양한 제품이 있어요.
(B) 좋은 계획인 것 같아요.
(C) 매달 며칠씩이요.

해설 (A) 질문에 쓰인 provide와 발음이 유사한 wide뿐만 아니라, store의 연상 어휘 products를 사용하여 오답을 유도하고 있다.
(B) 좋은 계획인 것 같다며 제안에 동의하는 표현으로 적절히 대답했으므로 정답이다.
(C) How often 의문문에 어울리는 대답이다.

＋ 이렇게도 답이 가능해요!
We already do that. 우리는 이미 그렇게 하고 있어요.

어휘 provide 제공하다 | a wide range of 다양한

---

11. 미국↔호주
Are the workers installing ceramic tiles or carpets in the new office?
(A) It's on the 10th <u>floor</u>.
(B) <u>Carpets</u>, I think.
(C) I didn't <u>bring</u> one.

작업자들이 새 사무실에 세라믹 타일을 설치하고 있나요, 아니면 카펫을 설치하고 있나요?
(A) 그건 10층에 있어요.
(B) 제 생각에는 카펫이요.
(C) 저는 가져오지 않았어요.

해설 (A) 질문의 office를 듣고 연상할 수 있는 10th floor를 사용하여 오답을 유도하고 있다.
(B) 카펫일 거라며 후자를 선택했으므로 정답이다.
(C) 질문과 무관한 대답이다.

＋ 이렇게도 답이 가능해요!
I heard the carpets were too expensive.
카펫은 너무 비싸다고 들었어요.

어휘 install 설치하다

---

12. 미국↔미국
This report analyzes the <u>results</u> of our recent survey.
(A) I'd be <u>interested</u> in looking at it.
(B) I submitted my <u>answers</u> last week.
(C) From our <u>analytics</u> team.

이 보고서에는 최근 실시한 저희 설문 결과 분석이 들어 있어요.
(A) 저는 그것이 보고 싶네요.
(B) 저는 지난주에 제 답안지를 제출했어요.
(C) 저희 분석팀에서요.

해설 (A) 그것(보고서)을 보고 싶다며 질문에 적절히 호응하여 말했으므로 정답이다.
(B) 질문의 survey를 듣고 연상할 수 있는 answers를 사용하여 오답을 유도하고 있다.
(C) 질문에 쓰인 analyzes와 같은 어근의 단어 analytics를 사용하여 오답을 유도하고 있다.

＋ 이렇게도 답이 가능해요!
What information did you find? 어떤 정보를 알아냈나요?

어휘 analyze 분석하다 | result 결과 | recent 최근의 | survey 설문 조사 | submit 제출하다 | analytics 분석

---

13. 호주↔영국
I can't <u>make it</u> to Monday's morning meeting.
(A) <u>Who</u> will <u>set up</u> the room?
(B) Yes, I've <u>made it</u> before.
(C) Well, the <u>printouts</u> are on my desk.

저는 월요일 오전 회의에 참석하지 못해요.
(A) 누가 그 공간을 준비할 건가요?
(B) 네, 제가 예전에 만들어 본 적이 있어요.
(C) 음, 인쇄물은 제 책상 위에 있어요.

해설 **(A) 누가 공간을 준비할 것인지, 추가 정보를 요구하며 적절히 대답했으므로 정답이다.**
(B) 질문에 쓰인 make it을 made it으로 반복하여 오답을 유도하고 있다.
(C) 질문의 meeting을 듣고 연상할 수 있는 printouts를 사용하여 오답을 유도하고 있다.

＋ 이렇게도 답이 가능해요!
Should we reschedule, then? 그럼 일정을 변경할까요?

어휘 make it 참석하다 | set up ~을 준비하다 | printout 인쇄물 | reschedule 일정을 변경하다

---

14. 영국↔미국
Is <u>everything ready</u> for your presentation, or do you <u>need anything</u> else?
(A) Here's my <u>business</u> card.
(B) <u>I could use</u> a laser pointer.
(C) You <u>have</u> about 15 minutes.

발표 준비가 다 되었나요, 아니면 더 필요하신 게 있나요?
(A) 여기 제 명함이요.
(B) 레이저 포인터가 있으면 좋겠어요.
(C) 15분 정도 있으세요.

해설 (A) 질문의 presentation을 듣고 연상할 수 있는 business card를 사용하여 오답을 유도하고 있다.
(B) 레이저 포인터가 있으면 좋겠다며 후자를 선택했으므로 정답이다.
(C) 질문의 presentation을 듣고 연상할 수 있는 15 minutes를 사용하여 오답을 유도하고 있다.

＋ 이렇게도 답이 가능해요!
I'm good to go, thanks. 전 준비됐어요, 감사해요.

어휘 business card 명함 | good to go 갈 준비가 되어 있는

---

15. 미국↔미국

Could you <u>update</u> me on <u>what happened</u> during yesterday's meeting?
(A) I was <u>on vacation</u>.
(B) The door to the <u>room</u> is broken.
(C) It's on every <u>Thursday</u>.

어제 회의에서 있었던 일에 대해 좀 알려 주시겠어요?
(A) 저는 휴가 중이었어요.
(B) 방에 들어가는 문이 고장 났어요.
(C) 매주 목요일에요.

해설 (A) 휴가 중이었다며 회의에 참석하지 않았음을 우회적으로 대답했으므로 정답이다.
(B) 질문의 meeting을 듣고 연상할 수 있는 room을 사용하여 오답을 유도하고 있다.
(C) 질문의 yesterday를 듣고 연상할 수 있는 Thursday를 사용하여 오답을 유도하고 있다.

✦ 이렇게도 답이 가능해요!
I'll email you the agenda.
안건 목록을 이메일로 보내드릴게요.

어휘 update 가장 최근의 정보를 알려 주다 | agenda 안건 (목록)

16. 미국↔미국

Your receipt says you <u>ordered</u> a small coffee.
(A) Is this not my <u>drink</u>?
(B) For a few <u>minutes</u> only.
(C) That'll be 5 <u>dollars</u>.

영수증에 당신이 작은 사이즈의 커피를 주문했다고 쓰여 있어요.
(A) 이것이 제 음료가 아니에요?
(B) 몇 분 정도만요.
(C) 5달러예요.

해설 (A) 이것이 자신의 음료가 아니냐고 되물으며 적절히 말했으므로 정답이다.
(B) 질문과 무관한 대답이다.
(C) 질문의 ordered를 듣고 연상할 수 있는 5 dollars를 사용하여 오답을 유도하고 있다.

✦ 이렇게도 답이 가능해요!
But I ordered a large one. 하지만 저는 큰 걸로 주문했어요.

어휘 receipt 영수증 | drink 음료

17. 영국↔호주

Would you mind <u>checking</u> this <u>report</u> before I turn it in?
(A) <u>Actually</u>, I was just about to leave.
(B) The <u>revised</u> quarterly budget.
(C) <u>Turn</u> left at the next street.

제가 이 보고서를 제출하기 전에 확인 좀 해주실 수 있으세요?
(A) 실은, 이제 막 떠나려던 참이었어요.
(B) 수정된 분기별 예산이요.
(C) 다음 도로에서 왼쪽으로 도세요.

해설 (A) 실은 막 떠나려던 참이라며 요청에 대한 거절을 우회적으로 대답했으므로 정답이다.
(B) 질문의 report를 듣고 연상할 수 있는 revised quarterly budget을 사용하여 오답을 유도하고 있다.
(C) 질문에 쓰인 turn을 반복하여 오답을 유도하고 있다.

✦ 이렇게도 답이 가능해요!
Sure, but can I check it tomorrow?
물론이죠, 하지만 내일 확인해도 될까요?

어휘 report 보고서 | be about to do 막 ~하려던 참이다 | revise 수정하다 | quarterly 분기별의

18. 미국↔영국

Did we reserve a <u>larger</u> banquet hall or the <u>smaller</u> one?
(A) <u>Many</u> people are expected to <u>attend</u>.
(B) That was a delicious <u>lunch</u>.
(C) Out in the <u>hallway</u>.

우리가 더 큰 연회장을 예약했나요, 아니면 더 작은 연회장을 예약했나요?
(A) 많은 사람들이 참석할 것으로 예상돼요.
(B) 맛있는 점심이었어요.
(C) 복도로 나가세요.

해설 (A) 많은 사람들이 참석할 것으로 예상된다며 더 큰 연회장을 예약했음을 우회적으로 대답했으므로 정답이다.
(B) 질문의 reserve를 듣고 연상할 수 있는 lunch를 사용하여 오답을 유도하고 있다.
(C) 질문에 쓰인 hall과 발음이 유사한 hallway를 사용하여 오답을 유도하고 있다.

✦ 이렇게도 답이 가능해요!
The cheaper one. 더 저렴한 걸로요.

어휘 reserve 예약하다 | banquet hall 연회장 | attend 참석하다 | hallway 복도

19. 미국↔미국

Let's <u>order</u> the standing desks that Ms. Choi suggested.
(A) They're <u>sold out</u>.
(B) Yes, it's on the <u>right</u>.
(C) A <u>shipment</u> of chairs.

Choi 씨가 제안했던 스탠딩 데스크를 주문합시다.
(A) 그것은 품절되었어요.
(B) 네, 그건 오른쪽에 있어요.
(C) 의자 수송이에요.

해설 (A) 스탠딩 데스크가 품절되었다며 주문할 수 없을 것임을 우회적으로 대답했으므로 정답이다.
(B) 질문과 무관한 대답이다.
(C) 질문의 order의 연상 어휘 shipment와 desks의 연상 어휘 chairs를 사용하여 오답을 유도하고 있다.

✦ 이렇게도 답이 가능해요!
How much do they cost? 그것들은 얼마인가요?

어휘 standing desk 앉지 않고 서서 보는 책상 | suggest 제안하다 | sold out 다 팔린, 품절된

20. 미국↔호주

<u>Do</u> you like having lunch at the company <u>cafeteria</u> or at a nearby <u>restaurant</u>?
(A) It normally <u>doesn't</u>.
(B) I prefer to <u>stay in</u>.
(C) It should be in the <u>room</u>.

회사 구내식당에서 점심 먹는 걸 좋아하세요, 아니면 근처 레스토랑에서 먹는 걸 좋아하세요?
(A) 평소에는 그러지 않아요.

(B) 전 내부에 있는 걸 선호해요.
(C) 그건 방 안에 있을 거예요.

해설 (A) 질문의 Do를 듣고 연상할 수 있는 doesn't를 사용하여 오답을
유도하고 있다.
(B) 회사 내부에 있는 걸 선호한다며 전자를 선택했으므로 정답이다.
(C) 질문과 무관한 대답이다.

✚ **이렇게도 답이 가능해요!**
I usually pack my own lunch. 저는 주로 직접 점심을 싸 와요.

어휘 cafeteria 구내식당 | nearby 인근의 | stay in 안에 머물다, 나가지 않다 |
pack 싸다

---

21. 호주↔미국

Do you mind if I take a late lunch?
(A) An earlier launch date.
(B) Fifteen percent off your meal.
(C) Have you turned in your proposal?

늦은 점심 식사 좀 해도 될까요?
(A) 이전 출시일이요.
(B) 식사비에서 15퍼센트 할인이에요.
(C) 제안서는 제출하셨나요?

해설 (A) 질문에 쓰인 lunch와 발음이 유사한 launch뿐만 아니라, late의
연상 어휘 earlier를 사용하여 오답을 유도하고 있다.
(B) 질문의 lunch를 듣고 연상할 수 있는 meal을 사용하여 오답을
유도하고 있다.
**(C) 제안서를 제출했냐고 되물으며 늦은 점심을 먹어도 되는지에 대
해 우회적으로 대답했으므로 정답이다.**

✚ **이렇게도 답이 가능해요!**
That won't be a problem. 괜찮을 거예요.

어휘 earlier 더 이른 | launch date 출시일 | meal 식사 | turn in ~을 제출하다 |
proposal 제안서

---

22. 영국↔미국

Could you call Eastman's Bistro to reserve a table
for us?
(A) An extension number.
(B) They have a two-month waiting list.
(C) A world-famous chef.

Eastman 식당에 전화해서 저희 자리를 예약해 주실 수 있으세요?
(A) 내선 번호요.
(B) 두 달 치 대기자 명단이 있는 곳이에요.
(C) 세계적으로 유명한 요리사예요.

해설 (A) 질문의 call을 듣고 연상할 수 있는 extension number를 사용
하여 오답을 유도하고 있다.
**(B) 두 달 치 대기자 명단이 있는 곳이라며 예약이 힘들 것임을 우회적
으로 대답했으므로 정답이다.**
(C) 질문의 bistro를 듣고 연상할 수 있는 chef를 사용하여 오답을
유도하고 있다.

✚ **이렇게도 답이 가능해요!**
For what time? 몇 시로요?

어휘 bistro 작은 식당, 비스트로 | reserve 예약하다 | extension 내선, 구내전화 |
waiting list 대기자 명단 | world-famous 세계적으로 유명한 | chef 요리사

---

23. 영국↔미국

I'm afraid I won't be available to speak at the
convention next month.
(A) No, it's quite reliable.
(B) I see. Thanks for telling me.
(C) There will be a series of workshops.

다음 달 총회에서 제가 강연을 할 수 없을 것 같습니다.
(A) 아니요, 그건 꽤 믿을 만해요.
(B) 알겠어요. 알려 주셔서 감사해요.
(C) 일련의 워크숍들이 있을 거예요.

해설 (A) 질문에 쓰인 available과 발음이 유사한 reliable을 사용하여 오
답을 유도하고 있다.
(B) 알겠다며 알려줘서 고맙다고 적절히 덧붙여 말했으므로 정답이다.
(C) 질문의 convention을 듣고 연상할 수 있는 workshops를 사용
하여 오답을 유도하고 있다.

✚ **이렇게도 답이 가능해요!**
Do you have a schedule conflict? 일정이 겹치나요?

어휘 available 시간이 있는 | convention 총회 | reliable 믿을 수 있는 | conflict
충돌

---

24. 미국↔미국

Do you want me to post the schedule online or on
the bulletin board?
(A) She boarded the plane already.
(B) The Internet doesn't work right now.
(C) Please postpone the appointment.

제가 온라인에 일정표를 올리길 원하세요, 아니면 게시판에 올리길 원
하세요?
(A) 그녀는 이미 비행기에 탑승했어요.
(B) 지금 인터넷이 안 돼요.
(C) 예약을 연기해 주세요.

해설 (A) 질문에 쓰인 board를 boarded로 반복하여 오답을 유도하고 있다.
**(B) 지금 인터넷이 안 된다며 후자를 우회적으로 선택하여 말했으므로
정답이다.**
(C) 질문에 쓰인 post와 발음이 유사한 postpone뿐만 아니라, Do
you want me to의 연상 어휘 Please와 schedule의 연상 어휘
appointment를 사용하여 오답을 유도하고 있다.

✚ **이렇게도 답이 가능해요!**
I still need to make some changes.
아직 몇 가지를 변경해야 해요.

어휘 post 게시하다 | schedule 일정 | bulletin board 게시판 | board 탑승하다 |
postpone 연기하다 | appointment 예약, 약속

PART 3

CHAPTER 08 PART 3&4 문제 유형

BASE 집중훈련
본서 p.141

1. (A)   2. (D)

영국↔호주

Question 1 refers to the following conversation.

W Hey, Kirk. **①How are preparations for the demonstration coming along? I finalized the slides** for our new product.

M We're nearly done setting up the event hall. The screen and the seating look fine, but we'll have to contact the maintenance team. I told them we needed wireless microphones.

W Ah, let me handle that. Why don't you go to the security office? The visitor identification cards for the attendees can be picked up now.

1번은 다음 대화에 관한 문제입니다.

여 저기요, Kirk. **①**시연 준비는 어떻게 되고 있어요? 저는 신상품에 대한 슬라이드를 마무리했어요.

남 저희는 행사장 설치를 거의 완료했어요. 화면과 좌석은 괜찮아 보이는데, 유지 보수팀에 연락해야 할 거예요. 저희에게 무선 마이크가 필요하다고 제가 말해놨거든요.

여 아, 그건 제가 처리할게요. 보안실에 가보실래요? 참석자용 방문객 출입증을 이제 찾아올 수 있어요.

어휘
preparation 준비 | demonstration 시연 | come along (원하는 대로) 되어가다 | finalize 마무리 짓다 | nearly 거의 | set up ~을 설치하다 | seating 좌석, 자리 | contact 연락하다 | maintenance 유지 보수 | wireless microphone 무선 마이크 | handle 처리하다, 다루다 | security 보안 | visitor 방문객 | identification card 신분 확인증 | attendee 참석자 | pick up ~을 찾아오다

1. What event is being discussed?
   (A) A product demonstration
   (B) A management conference
   (C) An employee orientation
   (D) An academic lecture

   어떤 행사가 논의되고 있는가?
   (A) 상품 시연
   (B) 경영 회의
   (C) 직원 오리엔테이션
   (D) 학술 강의

해설 주제·목적을 묻는 문제 – 대화 초반부에 여자가 시연 준비는 어떻게 되고 있는지 물으면서 자신은 신상품에 대한 슬라이드를 마무리했다고 말했으므로 (A)가 정답이다.

미국

Question 2 refers to the following announcement.

M **②We've seen a lot of amazing singers and bands so far.** Remember to support this annual show by purchasing some memorabilia. Stop by our visitor stand before you leave to purchase a special commemorative T-shirt for only $10. But hurry, as this deal will only be offered today. Also, remember that several artists will be giving their autographs starting at 9 P.M. in the main tent. Just be aware that the tent will be very crowded, so you might want to arrive a little early.

2번은 다음 안내 방송에 관한 문제입니다.

남 **②**지금까지 많은 놀라운 가수들과 밴드들을 보았습니다. 잊지 마시고 기념품을 구매하셔서 이 연례 공연을 지원해 주시기 바랍니다. 나가시기 전에 방문객 판매대에 들러서 단 10달러에 특별 기념 티셔츠를 구매하세요. 하지만 서두르세요, 이 혜택은 오늘만 제공될 겁니다. 또한, 저녁 9시부터 중앙 천막에서 몇몇 아티스트들이 사인해 드릴 거라는 것도 기억해 주세요. 천막이 매우 붐빌 것이기 때문에 약간 일찍 오시는 게 좋을 수 있다는 점을 유의하시기 바랍니다.

어휘
so far 지금까지 | memorabilia 기념품 | stop by (~에) 잠시 들르다 | commemorative 기념하는 | deal 혜택 | autograph (유명인의) 사인 | aware (~을) 알고[의식/자각하고] 있는

2. Where most likely is the announcement taking place?
   (A) At a cooking contest
   (B) At a museum opening
   (C) At a fashion show
   (D) At a music festival

   안내 방송은 어디에서 나오고 있겠는가?
   (A) 요리 경연 대회에서
   (B) 박물관 개관식에서
   (C) 패션쇼에서
   (D) 음악 축제에서

해설 담화 장소를 묻는 문제 – 담화 초반부에 화자가 '지금까지 많은 놀라운 가수들과 밴드들을 보았습니다.'라고 말했으므로 (D)가 정답이다.

BASE 집중훈련
본서 p.145

1. (D)   2. (D)

미국↔영국

Question 1 refers to the following conversation.

M Grace, we need to brainstorm ways to improve sales at our catering business.

W Hmm… We provide both affordable prices and quick delivery. What else can we do to increase sales?

M Well, I recently read some reviews in an online newspaper about a new caterer that is open until 11 P.M. A lot of customers like the fact that they can arrange food for late-night parties.

W Ah, that would probably <u>bring in</u> more business. But we'd have to hire more workers. **❶Why don't we speak with our banker and see if this plan is feasible?**

1번은 다음 대화에 관한 문제입니다.

남 Grace, 우리 출장 뷔페 사업의 매출 개선 방법을 브레인스토밍하여 의논해 봐야겠어요.

여 음... 우리는 저렴한 가격과 빠른 배달을 모두 제공하고 있잖아요. 매출을 늘리기 위해 그 밖에 무엇을 할 수 있을까요?

남 글쎄요, 최근에 온라인 신문에서 밤 11시까지 영업하는 새 출장 뷔페 업체에 관한 평가 몇 개를 읽었어요. 많은 고객이 심야 파티에 음식을 마련해 줄 수 있다는 사실을 좋아하더군요.

여 아, 그렇게 하면 더 많은 거래를 유치할 수 있을 것 같네요. 하지만 직원을 더 채용해야 할 거예요. **❶우리 담당 은행원과 이야기해서 이 계획이 실행 가능한지 알아보는 게 어때요?**

어휘
catering 출장 뷔페업 | business (회사 등의) 사업[영업] (실적), 거래 | affordable (가격이) 알맞은, 적당한 | review 논평, 비평 | caterer 출장 뷔페 업체 | arrange 마련하다 | bring in (이익·이자를) 가져오다 | feasible 실현 가능한 | vendor 판매 회사 | promotional 홍보[판촉]의

1. What does the woman recommend doing?
(A) Contacting a vendor
(B) Checking a Web site
(C) Holding a promotional event
(D) Speaking with a banker

여자는 무엇을 하라고 권하는가?
(A) 판매상에 연락하라고
(B) 웹사이트를 확인하라고
(C) 판촉 행사를 열라고
(D) 은행원과 이야기하라고

해설 제안·요청을 묻는 문제 – 대화 마지막에 여자가 자신들의 담당 은행원과 이야기해서 이 계획이 실행 가능한지 알아보는 게 어떨지 제안했으므로 (D)가 정답이다.

미국

Question 2 refers to the following telephone message.

M Hello, Patrick. It's Wes from the Harmont branch giving you an <u>update</u> about our newest product. We sold all of the Pro-Slice <u>blenders</u> in less than three hours! The only <u>issue</u> was that customers were <u>complaining</u> about long wait times. I remembered you suggesting <u>recruiting</u> some part-time sales <u>associates</u>, and well, processing purchases has been taking a while. OK, I'll see you at tomorrow's managers' meeting. The store's closing soon, so **❷I have to go <u>review our inventory</u>**.

2번은 다음 전화 메시지에 관한 문제입니다.

남 안녕하세요, Patrick. Harmont 지점의 Wes인데요, 우리 최신 제품에 대한 새로 들어온 소식을 알려드려요. 3시간도 안 되어서 Pro-Slice 믹서기를 모두 판매했어요! 유일한 문제는 고객들이 긴 대기 시간에 항의하셨다는 거예요. 당신이 파트타임 영업 사원 채용을 제안하셨던 게 기억났어요. 그리고, 구매를 처리하는 데 시간이 오래 걸

리더라고요. 자, 내일 매니저 회의에서 봬요. 매장이 곧 문을 닫으니, **❷전 재고를 검토하러 가야 해요.**

어휘
branch 지점 | blender 믹서기 | issue 문제 | complain 항의하다 | suggest 제안하다 | recruit 채용하다 | sales associate 영업 사원 | process 처리하다 | inventory 재고

2. What will the speaker do next?
(A) Submit a receipt
(B) Read a user guide
(C) Gather some customers
(D) Check some inventory

화자는 다음에 무엇을 할 것인가?
(A) 영수증을 제출할 것이다
(B) 사용 설명서를 읽을 것이다
(C) 고객들을 모을 것이다
(D) 재고를 확인할 것이다

해설 다음에 할 일을 묻는 문제 – 담화 마지막에 화자가 재고를 검토하러 가야 한다고 말했으므로 (D)가 정답이다.

✚ 이렇게 바꿔 썼어요!
review → Check

BASE 집중훈련
본서 p.149

1. (C)　　**2.** (D)

호주 ↔ 미국

Question 1 refers to the following conversation.

M Ellen, do you have a moment? There seems to be a <u>problem with the printer</u> in the Marketing Department. When you try to print a document, a <u>blank</u> piece of paper <u>comes out</u>.

W Are you sure? **❶I thought we'd <u>fixed</u> that. Mossi called me about it early this morning, and I had a couple of people from my Technical Support Department <u>work on it right away</u>.**

M **❶I tried five minutes ago.** Could you <u>stop by</u> our department and <u>check it out</u> this afternoon?

1번은 다음 대화에 관한 문제입니다.

남 Ellen, 잠시 시간 있으세요? 마케팅 부서 프린터에 문제가 있는 것 같아요. 문서를 출력하려고 하면, 빈 종이가 나와요.

여 정말요? **❶저희가 고친 줄 알았어요. 오늘 아침 일찍 Mossi가 그 문제로 전화해서, 제가 저희 기술 지원 부원 몇 명에게 바로 작업을 시켰거든요.**

남 **❶제가 5분 전에 해봤어요. 오늘 오후 저희 부서에 오셔서 확인해 주실 수 있나요?**

어휘
print 출력하다 | blank 빈 | come out 나오다 | fix 고치다 | technical support 기술 지원

1. What does the man imply when he says, "I tried five minutes ago"?

(A) An explanation is not needed.
(B) An office has closed early.
(C) An issue has not been fixed.
(D) A supervisor could not be reached.

남자가 "제가 5분 전에 해봤어요"라고 말할 때, 그가 내비친 것은?
(A) 설명이 필요 없다.
(B) 사무실이 일찍 문을 닫았다.
(C) 문제가 해결되지 않았다.
(D) 관리자가 연락되지 않는다.

해설 화자 의도 파악 문제 – 여자가 오늘 아침 일찍 Mossi가 그 문제로 전화해서 자신의 기술 지원 부원 몇 명에게 바로 작업을 시켜 자신들이 고친 줄 알았다고 한 말에, 남자가 본인이 5분 전에 해봤다고 말한 것은 문제가 지속되고 있음을 우회적으로 표현한 것이므로 (C)가 정답이다.

미국

Question 2 refers to the following excerpt from a meeting and event timeline.

M Good morning and thank you for coming to today's meeting. I appreciate all the hard work you have put in during these last few months in preparation for the International Auto Exposition that we're hosting. I've just received word, however, that the caterer we initially hired just canceled. Therefore, a substitute needs to be found right away so that this information can be in our guides. **²If all goes well, we should be able to keep with our schedule** and have the guides **ready** this month.

| 7월: | 8월: | 9월: | 10월: |
| 계약 마무리 | 장소 선택 | 장식용품 구매 | 안내 책자 배포 |

2번은 다음 회의 발췌록과 행사 시간표에 관한 문제입니다.

남 안녕하세요, 오늘 회의에 와주셔서 고맙습니다. 우리가 주최하는 국제 자동차 박람회 준비로 지난 몇 달 동안 수고해 주셔서 감사합니다. 그런데 우리가 처음에 고용했던 출장 음식 업체가 막 취소했다는 말을 들었어요. 그래서 즉시 대체 업체를 찾아서 이 정보가 우리의 안내 책자에 포함될 수 있도록 해야 합니다. **²일이 다 잘 해결되면, 우리는 일정을 맞출 수 있고 이번 달에 안내 책자가 준비되도록 할 수 있을 거예요.**

어휘
appreciate 감사하다 | in preparation for ~의 준비로 | caterer 출장 음식 업체 | initially 처음에 | substitute 대체자

2. Look at the graphic. In which month is this meeting taking place?

(A) July
(B) August
(C) September
(D) October

시각 자료를 보시오. 이 회의는 몇 월에 열리고 있는가?
(A) 7월
(B) 8월
(C) 9월
(D) 10월

해설 시각 자료 연계 문제 – 화자가 마지막 말에서 일이 다 잘 해결되면 자신들은 일정을 맞출 수 있고 이번 달에 안내 책자가 준비되도록 할 수 있을 거라고 말했고, 시각 자료에서 October: Distribute Guides(10월: 안내 책자 배포)를 확인할 수 있으므로 (D)가 정답이다.

BASE 실전훈련

본서 p.150

1. (C) **2.** (D) **3.** (C) **4.** (B) **5.** (D) **6.** (C)
7. (D) **8.** (D) **9.** (B) **10.** (C) **11.** (A) **12.** (A)

호주 ↔ 미국

Questions 1-3 refer to the following conversation.

M **¹Is the development of the GN-25 electric blender proceeding as planned?**

W Unfortunately, **²the work is taking longer than we hoped. We had to modify the design.** The original worked poorly, but the new version runs well.

M That's good. When will it be available to the public?

W Well, **³production just started last week, so we should be ready for launch early next year.**

1-3번은 다음 대화에 관한 문제입니다.

남 **¹GN-25 전기 믹서기 개발은 계획대로 진행되고 있나요?**

여 유감스럽게도, **²작업이 기대했던 것보다 더 오래 걸리고 있어요. 디자인을 수정해야 했거든요.** 초기 제품은 작동이 불완전했지만, 새로운 버전은 잘 작동돼요.

남 다행이에요. 언제 시중에 팔릴 예정인가요?

여 음, **³생산이 지난주에 막 시작돼서, 내년 초에 출시 준비가 될 거예요.**

어휘
development 개발 | electric 전기의 | proceed 진행하다 | plan 계획하다 | unfortunately 유감스럽게도, 불행히도 | take (얼마의 시간이) 걸리다 | hope 기대하다, 바라다 | modify 수정하다 | original 원래의, 본래의 | poorly 불완전하게 | run 작동하다 | public 대중 | production 생산 | launch 출시; 출시하다

1. What product is being discussed?

(A) An electronic device
(B) A medical instrument
(C) A kitchen appliance
(D) A computer software

어떤 상품이 논의되고 있는가?
(A) 전자 제품
(B) 의료 기기
(C) 주방 제품
(D) 컴퓨터 소프트웨어

해설 주제·목적을 묻는 문제 – 대화 초반부에 남자가 GN-25 전기 믹서기 개발은 계획대로 진행되고 있는지 묻는 것으로 보아 (C)가 정답이다.

2. What caused a delay?

(A) A lack of materials
(B) A staffing shortage
(C) A reduced budget
(D) A design change

PART 3 CHAPTER 08

무엇이 지연을 야기했는가?
(A) 재료 부족
(B) 인력 부족
(C) 예산 삭감
(D) **디자인 변경**

해설 키워드 문제 – 여자가 디자인을 수정해야 해서 기대했던 것보다 더 오래 걸리고 있다고 말했으므로 (D)가 정답이다.

✚ **이렇게 바꿔 썼어요!**
modify → change

3. What will happen early next year?
(A) An inspection will be performed.
(B) An upgrade will be available.
(C) A product will be launched.
(D) A store will open.

내년 초에 무슨 일이 있을 것인가?
(A) 점검을 실행할 것이다.
(B) 업그레이드가 제공될 것이다.
(C) **제품이 출시될 것이다.**
(D) 가게를 열 것이다.

해설 키워드 문제 – 대화 마지막에 여자가 생산이 지난주에 막 시작돼서, 내년 초에 출시 준비가 될 거라고 말했으므로 (C)가 정답이다.

Questions 4-6 refer to the following conversation.

W Raul, do you have the quarterly budget ready? **⁴It's almost time for our meeting with Dominic.**

M **⁴That's not next week?**

W There was a group e-mail about it yesterday. The meeting had to be pulled up because he needs to make a presentation to our investors.

M Oh. The thing is, I couldn't prepare the budget yet. **⁵I'm still waiting on some figures from the Finance Department.** I don't know the exact amounts we'll have available.

W I see. In that case, **⁶I'll talk to Dominic now and try to delay the meeting for tomorrow.**

4-6번은 다음 대화에 관한 문제입니다.

여 Raul, 분기별 예산안이 준비되었나요? **⁴Dominic과 회의할 시간이 거의 다 됐어요.**

남 **⁴그거 다음 주 아닌가요?**

여 어제 단체 이메일에 그 내용이 있었어요. 그가 투자자 발표를 해야 해서 회의 일정이 당겨졌어요.

남 아. 그게, 제가 아직 예산안을 준비하지 못했어요. **⁵아직 재무부에서 보내주는 수치를 기다리는 중이라서요.** 저희가 가용할 수 있는 정확한 금액을 모릅니다.

여 알았어요. 그런 상황이라면, **⁶제가 지금 Dominic에게 이야기해서 회의를 내일로 미뤄 볼게요.**

어휘
quarterly 분기의 | budget 예산(안) | ready 준비가 된 | pull up (일정을) 앞으로 당기다 | investor 투자자 | prepare 준비하다 | figure 수치 | exact 정확한 | amount 총금액, 양 | delay 연기하다 | deny 부인하다, 거절하다 | estimate 추정하다 | completion 완료

4. Why does the man say, "That's not next week"?
(A) To delay a task
(B) To express surprise
(C) To deny responsibility
(D) To remind the woman

남자는 왜 "그거 다음 주 아닌가요"라고 말하는가?
(A) 일을 미루려고
(B) **놀람을 표현하려고**
(C) 책임을 부인하려고
(D) 여자에게 상기시켜 주려고

해설 화자 의도 파악 문제 – 대화 초반부에 여자가 Dominic과 회의할 시간이 거의 다 됐다고 한 말에, 남자가 그거 다음 주 아니냐고 반문한 것이므로 (B)가 정답이다.

5. What problem does the man have?
(A) He has not received approval from the management.
(B) He cannot estimate a completion date.
(C) He might not have enough employees.
(D) He has not received some figures.

남자에게 어떤 문제가 있는가?
(A) 경영진의 승인을 받지 못했다.
(B) 완료일을 추정할 수 없다.
(C) 직원이 충분하지 않을 수 있다.
(D) **일부 수치를 받지 못했다.**

해설 키워드 문제 – 남자의 두 번째 말에서 자신은 아직 재무부에서 보내주는 수치를 기다리는 중이라고 말했으므로 (D)가 정답이다.

✚ **이렇게 바꿔 썼어요!**
still waiting on → not received

6. What will the woman do next?
(A) Sign a contract
(B) Confirm an amount
(C) Speak with a colleague
(D) Contact a vendor

여자는 다음에 무엇을 할 것인가?
(A) 계약서에 서명할 것이다
(B) 총액을 확인할 것이다
(C) **동료와 이야기할 것이다**
(D) 판매상에 연락할 것이다

해설 다음에 할 일을 묻는 문제 – 대화 마지막에 여자가 자신이 지금 Dominic에게 이야기해서 회의를 내일로 미뤄 보겠다고 말했으므로 (C)가 정답이다.

✚ **이렇게 바꿔 썼어요!**
talk to → Speak with

Questions 7-9 refer to the following announcement.

M Attention, commuters. **⁷This bus will be making Kirkland Station its final stop** because of unexpected road work on Dryer Road. **⁸If you need to travel farther north, please get off at Kirkland Station and transfer to the subway there.** The line 5 subway will take you into the city.

Currently, there is no <u>timeline</u> of when the road work is set to finish, but <u>[9]I'll <u>let you know of any new information</u></u> I receive as soon as I can.

7-9번은 다음 안내 방송에 관한 문제입니다.

[남] 승객 여러분께 안내 말씀드립니다. Dryer 로에서 발생한 예상치 못한 도로 작업으로 인해, [7]이 버스는 Kirkland역을 종착역으로 운행합니다. [8]북쪽으로 더 가셔야 하는 경우, Kirkland역에서 하차하셔서 지하철로 환승해 주시기 바랍니다. 지하철 5호선으로 시내까지 이동하시면 됩니다. 현재, 도로 작업이 마무리되는 예정 시간은 정해지지 않았습니다만, [9]새로운 정보가 들어오는 대로 빨리 알려드리겠습니다.

어휘
commuter 통근자 | final 마지막의 | stop 정류장 | unexpected 예상치 못한 | road work 도로 작업 | farther 더 멀리(far의 비교급) | get off 하차하다 | transfer 환승하다 | currently 현재 | timeline 시간표 | finish 끝내다 | information 정보 | as soon as I can 가능한 한 빨리

7. Where is the announcement most likely taking place?
(A) At a ferry terminal
(B) At an airport
(C) In a train
(D) On a bus

안내 방송은 어디서 이루어지고 있겠는가?
(A) 페리 선착장에서
(B) 공항에서
(C) 기차에서
(D) 버스에서

해설 담화 장소를 묻는 문제 – 담화 초반부에 화자가 이 버스는 Kirkland역을 종착역으로 운행한다고 말했으므로 (D)가 정답이다.

8. What are some of the listeners advised to do?
(A) Go to the counter
(B) Call a hotline
(C) Purchase a ticket
(D) Take the subway

일부 청자들은 무엇을 하도록 안내받는가?
(A) 카운터로 가라고
(B) 핫라인에 전화하라고
(C) 티켓을 구입하라고
(D) 지하철을 타라고

해설 제안·요청을 묻는 문제 – 담화 중반부에 화자가 승객에게 북쪽으로 더 가야 하는 경우, Kirkland역에서 하차해서 지하철로 환승하라고 말했으므로 (D)가 정답이다.

✚ 이렇게 바꿔 썼어요!
transfer to the subway → Take the subway

9. What does the speaker say he will do?
(A) Distribute maps
(B) Give updates
(C) Speak to a supervisor
(D) Offer a refund

화자는 무엇을 할 거라고 말하는가?
(A) 지도를 나눠주겠다고
(B) 새로운 소식을 알려주겠다고

(C) 상사에게 이야기하겠다고
(D) 환불해 주겠다고

해설 다음에 할 일을 묻는 문제 – 담화 마지막에 화자가 새로운 정보가 들어오는 대로 빨리 알려주겠다고 말했으므로 (B)가 정답이다.

✚ 이렇게 바꿔 썼어요!
let you know of any new information → Give updates

[호주]

Questions 10-12 refer to the following telephone message and floor plan.

[M] Hello, Ron. This is Mehmet. [10]I just <u>found out</u> I'm going to be <u>responsible</u> for <u>developing the material</u> for the new <u>coding</u> course we're creating. I'm making a <u>tentative</u> schedule for this project, but I'm still not sure about how long it should take. [11]I know you <u>worked on a project</u> like this last year, so could you <u>stop by</u> my office today? I'd like to hear about your <u>experiences</u>. Oh, by the way, [12]I'm in a <u>corner</u> office now, <u>right next to</u> the break room. Talk to you soon.

500호실	501호실
휴게실	502호실
복사실	503호실

10-12번은 다음 전화 메시지와 평면도에 관한 문제입니다.

[남] 안녕하세요, Ron. 저 Mehmet이에요. [10]제가 우리가 제작 중인 새로운 코딩 강좌를 위한 자료 개발을 담당하게 됐다는 것을 방금 알게 되었습니다. 이 프로젝트를 위해 잠정적인 일정을 짜고 있는데, 이게 시간이 얼마나 걸릴지 아직 잘 모르겠어요. [11]작년에 이런 프로젝트를 진행하셨다고 알고 있는데, 오늘 제 사무실에 들러주실 수 있나요? 당신의 경험에 대해 듣고 싶어요. 아, 그런데, [12]저는 이제 휴게실 바로 옆이자 모퉁이에 있는 사무실에 있어요. 곧 이야기해요.

어휘
find out ~을 알아내다 | responsible for ~에 대해 책임이 있는 | material 자료, 재료 | coding 코딩 | tentative 잠정적인 | stop by ~에 들르다 | by the way 그런데 | break room 휴게실

10. Which department does the speaker probably work in?
(A) Accounting
(B) Sales and marketing
(C) Content development
(D) Personnel

화자는 어느 부서에서 근무하겠는가?
(A) 회계
(B) 판매 및 마케팅
(C) 콘텐츠 개발
(D) 인사

해설 화자의 신분을 묻는 문제 – 담화 초반부에 화자가 제작 중인 새로운 코딩 강좌를 위한 자료 개발을 자신이 담당하게 됐다는 것을 방금 알게 되었다고 말했으므로 (C)가 정답이다.

✚ 이렇게 바꿔 썼어요!

developing the material → Content development

11. Why does the speaker want to meet with the listener?
(A) To go over a project
(B) To discuss an office move
(C) To install some equipment
(D) To negotiate a price

화자는 왜 청자를 만나길 원하는가?
(A) 프로젝트를 검토하기 위해
(B) 사무실 이사를 논의하기 위해
(C) 장비를 설치하기 위해
(D) 가격을 협상하기 위해

해설 키워드 문제 – 담화 중반부에 화자가 청자에게 작년에 이런 프로젝트를 진행했다는 걸 알고 있는데, 청자의 경험에 대해 듣고 싶으니 오늘 자신의 사무실에 들러줄 수 있는지 묻는 것으로 보아 (A)가 정답이다.

12. Look at the graphic. Which office is the speaker located in?
(A) Office 500
(B) Office 501
(C) Office 502
(D) Office 503

시각 자료를 보시오. 화자는 어느 사무실에 있는가?
(A) 500호실
(B) 501호실
(C) 502호실
(D) 503호실

해설 시각 자료 연계 문제 – 화자가 자신은 이제 휴게실 바로 옆이자 모퉁이에 있는 사무실에 있다고 말했고, 시각 자료에서 Break room(휴게실) 옆에 Office 500(500호실)을 확인할 수 있으므로 (A)가 정답이다.

CHAPTER 09 회사 생활 1

BASE 집중훈련

본서 p.157

1. (A) **2.** (C) **3.** (D)

미국 ↔ 호주

Questions 1-3 refer to the following conversation and survey.

W Gavin, **¹did you finish making the survey for our latest illustration program? You know, the one for professional graphic designers.**

M Yes, I did. Do you mind reviewing it?

W No problem. Let's see… Alright, it looks good. **²I'm curious: how did you determine which categories to include in the survey?**

M **²I browsed through various testimonials for illustration programs on the Internet.** And I went with the ones that were mentioned most often by customers.

W That was pretty smart. There is one thing I'd like to suggest, though. Usually, **³customers don't bother filling out** portions of a survey that want them to **provide** an explanation.

M That is true… OK, **³I'll go ahead and remove that category from the survey**.

만족도 조사		
부문	만족한다	만족하지 않는다
1. 창의적인 도구		
2. 쉬운 사용법		
3. 그림 품질		
4. 만족하지 않았던 부분에 관해 설명해 주세요:		

1~3번은 다음 대화와 설문지에 관한 문제입니다.

여 Gavin, **¹우리 최신 삽화 프로그램 설문지를 다 만드셨나요? 있잖아요, 그 그래픽 디자인 전문가들을 위한 거요.**

남 네, 완성했어요. 한번 검토해 보시겠어요?

여 물론이죠. 어디 보죠… 괜찮네요, 좋아 보여요. **²궁금한 점이 있는데요, 어떤 부문을 설문지에 넣을지 어떻게 결정하셨어요?**

남 **²여러 삽화 프로그램에 관한 다양한 후기를 인터넷에서 이것저것 읽어보았어요.** 그리고 고객들이 가장 자주 언급한 것으로 결정했어요.

여 현명한 방법이네요. 하지만, 제가 제안할 게 한 가지 있어요. 주로, **³고객들은 설문지에서 설명을 제공해야 하는 부분을 작성하기 싫어해요.**

남 그렇긴 하네요… 그래요, **³설문지에서 그 부문을 삭제하도록 할게요.**

어휘
survey 설문지 | latest 최신의 | illustration 삽화 | professional 전문적인 | review 검토하다 | curious 궁금한 | determine 결정하다 | category 부문 | browse through ~을 여기저기 읽다 | various 다양한 | testimonial 사용 후기 | mention 언급하다 | bother 신경 쓰다 | fill out ~을 작성하다 | portion 부분 | provide 제공하다 | explanation 설명 | remove 삭제하다

1. Who is the survey intended for?
(A) Graphic designers
(B) Tax accountants
(C) Software developers
(D) Magazine editors

누구를 위한 설문지인가?
(A) 그래픽 디자이너
(B) 세무사
(C) 소프트웨어 개발자
(D) 잡지 편집자

해설 키워드 문제 – 대화 처음에 여자가 남자에게 최신 삽화 프로그램 설문지, 즉 그래픽 디자인 전문가들을 위한 설문지를 다 만들었는지 물어보는 것으로 보아 (A)가 정답이다.

2. How did the man select the categories listed in the survey?
(A) He listened to recommendations from friends.
(B) He reviewed a user guide.
(C) He looked at online testimonials.
(D) He met with a consultant.

남자는 설문지에 나열된 부문을 어떻게 선정하였는가?
(A) 친구들의 추천을 들었다.
(B) 사용 설명서를 검토했다.

(C) 온라인 후기를 보았다.

(D) 자문 위원을 만났다.

해설 키워드 문제 – 대화 중반부에 여자가 남자에게 어떤 부문을 설문지에 넣을지 어떻게 결정했는지 묻자, 남자가 여러 삽화 프로그램에 관한 다양한 후기를 인터넷에서 이것저것 읽어보았다고 말했으므로 (C)가 정답이다.

✛ **이렇게 바꿔 썼어요!**

determine → select, on the Internet → online

3. Look at the graphic. Which category will be taken out of the survey?

(A) Category 1

(B) Category 2

(C) Category 3

(D) Category 4

시각 자료를 보시오. 설문지의 어떤 부문이 삭제될 것인가?

(A) 1번 부문

(B) 2번 부문

(C) 3번 부문

(D) 4번 부문

해설 시각 자료 연계 문제 – 여자가 고객들은 설문지에서 설명을 제공해야 하는 부분을 작성하기 싫어한다고 하자, 남자가 설문지에서 그 부문을 삭제하겠다고 말했고, 시각 자료에서 Please explain(설명해 주세요) 부문이 Category 4(4번 부문)임을 확인할 수 있으므로 (D)가 정답이다.

✛ **이렇게 바꿔 썼어요!**

provide an explanation → explain,
remove → take out

BASE 집중훈련
본서 p.161

1. (B) **2.** (D) **3.** (C)

미국↔호주↔미국

Questions 1-3 refer to the following conversation with three speakers.

W Hello. I'm Tammy Shin, and I have a 2 o'clock appointment.

M1 Hi, yes, **¹welcome to Grand Interior Decorators**. Over the phone, you said that you wanted to reorganize your office and replace some furniture. Is that correct?

W Yes. A lot of employees have complained that there is too much clutter in the office. **²I'd like to reorganize everything and replace some items in order to create more space for the staff.**

M1 Alright. I'd like to introduce you to our most experienced decorator, Pablo.

M2 Hello, I'm Pablo. I have a folder with a proposed layout of your new office. **³Let's go over the plan and talk about how long it would take to reorganize your office.**

1-3번은 다음 세 화자의 대화에 관한 문제입니다.

여 안녕하세요. 저는 Tammy Shin이고요, 2시에 방문 예약을 했어요.

남1 안녕하세요, 네, **¹Grand 실내 장식에 오신 걸 환영합니다.** 유선상으로, 사무실을 개조하고 가구들을 교체하고 싶으시다고 하셨었어요. 맞나요?

여 네. 많은 직원이 사무실에 잡동사니가 너무 많다고 항의했어요. **²모두 개조하고 몇 가지 물품을 교체해서 직원들의 공간을 늘려주고 싶어요.**

남1 그래요. 저희 회사에서 가장 경험이 많은 장식가인 Pablo를 소개해 드리도록 할게요.

남2 안녕하세요, 저는 Pablo예요. 새로운 사무실의 배치 제안서가 들어 있는 폴더를 가져왔어요. **³계획을 검토하고 사무실을 개조하는 데에 얼마나 걸릴지 함께 의논해 보도록 해요.**

어휘

appointment (업무) 약속 | interior decorator 실내 장식가 | reorganize 개조하다 | replace 교체하다 | furniture 가구 | complain 항의하다 | clutter 잡동사니 | experienced 경험이 있는 | proposed 제안된 | layout 배치 | go over ~을 검토하다 | comply with ~을 준수하다 | draft 초안을 작성하다

1. Where do the men work?

(A) At a relocation firm

(B) At an interior decorating business

(C) At a real estate agency

(D) At a furniture manufacturer

남자들은 어디에서 근무하는가?

(A) 이삿짐 운송 회사에서

(B) **실내 장식 업체에서**

(C) 부동산 중개소에서

(D) 가구 제조사에서

해설 화자의 신분을 묻는 문제 – 대화 초반부에 남자1이 'Grand 실내 장식에 온 걸 환영합니다'라고 말했으므로 (B)가 정답이다.

2. Why does the woman want to make a change?

(A) To draw more customers

(B) To comply with new laws

(C) To reduce expenses

(D) To create more space

여자는 왜 변화를 주고 싶어 하는가?

(A) 더 많은 고객을 끌기 위해

(B) 신규 법령을 준수하기 위해

(C) 비용을 절감하기 위해

(D) **더 많은 공간을 만들기 위해**

해설 키워드 문제 – 여자의 두 번째 말에서 자신은 모두 개조하고 몇 가지 물품을 교체해서 직원들의 공간을 늘려주고 싶다고 말했으므로 (D)가 정답이다.

✛ **이렇게 바꿔 썼어요!**

reorganize/replace → make a change

3. What does Pablo say he will do?

(A) Visit the woman's office

(B) Draft an agreement form

(C) Review a project timeline

(D) Present a cost estimate

Pablo는 무엇을 하겠다고 하는가?
(A) 여자의 사무실에 방문하겠다고
(B) 합의서 초안을 작성하겠다고
(C) 프로젝트 일정을 검토하겠다고
(D) 비용 견적을 제시하겠다고

해설 다음에 할 일을 묻는 문제 – 남자2가 마지막 말에서 계획을 검토하고 사무실을 개조하는 데에 얼마나 걸릴지 함께 의논해 보자고 말했으므로 (C)가 정답이다.

✚ **이렇게 바꿔 썼어요!**
go over → Review

BASE 집중훈련　　　　　본서 p.165

1. (C)　　**2.** (A)　　**3.** (D)

미국↔미국

Questions 1-3 refer to the following conversation.

Ⓜ Hey, Cindy. **¹Are we all prepared for the workshop on the new security procedures?** It begins in half an hour.

Ⓦ **²I actually just found errors in the questionnaire form.** Some words are misspelled.

Ⓜ Ah, I forgot to tell you, but I already took care of that issue. I'll go to the media room and make copies of the new version right now. In the meantime, **³can you arrange the chairs and desks** in the conference room?

Ⓦ Of course, I'll see you soon.

1-3번은 다음 대화에 관한 문제입니다.

남 안녕하세요, Cindy. **¹새로운 보안 절차에 관한 워크숍을 할 준비가 모두 되었나요?** 30분 후에 시작해요.

여 **²실은 지금 막 설문지 양식에서 오류를 발견했어요.** 일부 단어의 철자가 틀렸어요.

남 아, 말씀드리는 것을 잊었지만, 제가 이미 그 문제를 처리했어요. 지금 바로 미디어실에 가서 새로운 버전을 복사할게요. 그동안에 회의실에 있는 **³의자와 책상을 좀 정리해 주시겠어요?**

여 물론이죠, 곧 뵐게요.

어휘
prepare 준비하다 | security 보안 | procedure 절차 | questionnaire 설문지 | misspell 철자를 잘못 쓰다 | take care of ~을 처리하다, 돌보다 | issue 문제, 사안 | in the meantime 그동안에, 그사이에 | arrange 정리하다

1. What are the speakers getting ready for?
(A) A product launch
(B) A retirement party
(C) A company workshop
(D) A client visit

화자들은 무엇을 준비하고 있는가?
(A) 제품 출시
(B) 퇴직 기념 파티
(C) 회사 워크숍
(D) 고객 방문

해설 주제·목적을 묻는 문제 – 대화 처음에 남자가 여자에게 새로운 보안 절차에 관한 워크숍을 할 준비가 모두 되었냐고 물어보는 것으로 보아 (C)가 정답이다.

✚ **이렇게 바꿔 썼어요!**
prepared for → ready for

2. What problem does the woman mention?
(A) A document is wrong.
(B) Some equipment is broken.
(C) A manager is too busy.
(D) Some supplies are missing.

여자는 어떤 문제를 언급하는가?
(A) 문서가 잘못되었다.
(B) 장비가 고장이 났다.
(C) 매니저가 너무 바쁘다.
(D) 비품들이 없어졌다.

해설 키워드 문제 – 여자의 첫 번째 말에서 자신이 지금 막 설문지 양식에서 오류를 발견했다고 말했으므로 (A)가 정답이다.

✚ **이렇게 바꿔 썼어요!**
the questionnaire form → A document

3. What does the man ask the woman to do?
(A) Reserve a larger room
(B) Carry some boxes
(C) Print a form
(D) Arrange some furniture

남자는 여자에게 무엇을 하라고 요청하는가?
(A) 더 큰 방을 예약하라고
(B) 상자들을 옮기라고
(C) 양식을 인쇄하라고
(D) 가구를 정리하라고

해설 제안·요청을 묻는 문제 – 대화 후반부에 남자가 여자에게 의자와 책상을 좀 정리해 줄 수 있냐고 묻는 것으로 보아 (D)가 정답이다.

✚ **이렇게 바꿔 썼어요!**
the chairs and desks → some furniture

BASE 실전훈련　　　　　본서 p.166

1. (C)　**2.** (C)　**3.** (A)　**4.** (C)　**5.** (D)　**6.** (B)
7. (D)　**8.** (B)　**9.** (C)　**10.** (D)　**11.** (D)　**12.** (D)

미국↔호주

Questions 1-3 refer to the following conversation.

Ⓦ I've got a question for you, Roger. **¹Do you have any ideas for a good teambuilding activity?** I'm supposed to take my team members on an outing next Saturday, and I want to do something interesting.

Ⓜ Well, a tour of the art gallery could be fun. **²But what's your exact schedule? It takes quite some time to finish the whole tour.**

W **[3]We haven't finalized the schedule yet, but I'll do that now** and make sure that we can spend several hours at the gallery.

1~3번은 다음 대화에 관한 문제입니다.

여 당신에게 질문이 있는데요, Roger. **[1]괜찮은 팀워크 활동 아이디어가 좀 있나요?** 다음 주 토요일에 우리 팀원들을 데리고 야유회를 가기로 했는데, 재미있는 걸 하고 싶어요.

남 음, 미술관 견학이 재미있을 것 같아요. **[2]그런데 정확한 일정은 어떻게 되나요?** 전체 견학을 끝내려면 시간이 꽤 걸려요.

여 **[3]아직 일정을 확정하지 않았지만,** 지금 제가 할 거고 미술관에서 몇 시간을 보낼 수 있도록 할게요.

어휘
be supposed to do ~하기로 되어 있다 | outing 야유회, 소풍 | exact 정확한 | whole 전체의 | finalize 확정하다, 마무리 짓다

1. What is the woman planning?
(A) A company dinner
(B) An anniversary party
(C) A team outing
(D) An industry conference

여자는 무엇을 계획하고 있는가?
(A) 회식
(B) 기념일 파티
(C) 팀 야유회
(D) 산업 회의

해설 키워드 문제 – 여자의 첫 번째 말에서 남자에게 괜찮은 팀워크 활동 아이디어 좀 있는지 물으며, 팀원들을 데리고 야유회를 가기로 했다고 말했으므로 (C)가 정답이다.

2. What issue does the man mention about the tour?
(A) It is expensive.
(B) It is not offered on weekends.
(C) It takes a long time.
(D) It is hard to understand.

남자는 견학에 관해 어떤 문제를 언급하는가?
(A) 비싸다.
(B) 주말에는 제공되지 않는다.
(C) 시간이 오래 걸린다.
(D) 이해하기 어렵다.

해설 키워드 문제 – 남자가 정확한 일정이 어떻게 되어 있는지 물으며, 전체 견학을 끝내려면 시간이 꽤 걸린다고 말했으므로 (C)가 정답이다.

✚ 이렇게 바꿔 썼어요!
take quite some time → take a long time

3. What does the woman say she needs to do?
(A) Confirm a schedule
(B) Purchase some tickets
(C) Reserve a venue
(D) Make some phone calls

여자는 무엇을 해야 한다고 말하는가?
(A) 일정을 확정해야 한다고
(B) 티켓을 구매해야 한다고
(C) 장소를 예약해야 한다고
(D) 전화를 걸어야 한다고

해설 다음에 할 일을 묻는 문제 – 대화 후반부에 여자가 아직 일정을 확정하지 않았지만 지금 할 거라고 말했으므로 (A)가 정답이다.

✚ 이렇게 바꿔 썼어요!
finalize → Confirm

미국 ↔ 미국

Questions 4-6 refer to the following conversation.

M As you know, **[4]our gallery's end-of-the-year charity ball is coming up in December.** So we should begin preparations soon.

W Right. By the way, **[5]the East Wing is going to be expanded during the winter.** We have to ensure that the work is finished before the charity ball takes place.

M Thanks for letting me know. **[6]Can you contact the facility manager to find out when the construction's completion date is?**

W **[6]Of course.** I'll call him after lunch.

4~6번은 다음 대화에 관한 문제입니다.

남 아시다시피, **[4]저희 갤러리 연말 자선 무도회가 12월에 있어요.** 그래서 저희가 곧 준비를 시작해야 해요.

여 맞아요. 그런데, **[5]겨울에 동관이 확장될 거예요.** 저희는 자선 무도회 개최 전에 반드시 그 작업이 마무리 되도록 해야 해요.

남 알려줘서 고마워요. **[6]시설 관리자에게 연락해서 공사 완료일이 언제인지 알아봐 주실래요?**

여 **[6]물론이죠.** 점심시간 지나서 연락해 볼게요.

어휘
end-of-the-year 연말의 | charity ball 자선 무도회 | preparation 준비 | expand 확장하다 | ensure 반드시 ~하게 하다 | take place 개최되다, 일어나다 | contact 연락하다 | facility 시설 | construction 공사 | completion 완료

4. What are the speakers mainly discussing?
(A) A hiring process
(B) A budget report
(C) A charity event
(D) A holiday sale

화자들은 주로 무엇을 논의하는가?
(A) 채용 절차
(B) 예산 보고서
(C) 자선 행사
(D) 연휴 세일

해설 주제·목적을 묻는 문제 – 대화 처음에 남자가 갤러리 연말 자선 무도회가 12월에 있다고 말했으므로 (C)가 정답이다.

✚ 이렇게 바꿔 썼어요!
charity ball → charity event

5. What does the woman inform the man about?
(A) A potential investor
(B) A local law
(C) An upcoming inspection
(D) A renovation project

여자는 남자에게 무엇에 관해 알려주는가?
(A) 잠재 투자자

(B) 지역법
(C) 곧 있을 점검
(D) 보수 공사 프로젝트

해설 키워드 문제 – 여자의 첫 번째 말에서 겨울에 동관이 확장될 거라고 말했으므로 (D)가 정답이다.

6. What does the woman say she will do?
(A) Review some applications
(B) Inquire about a date
(C) Compare some costs
(D) Attend a conference

여자는 무엇을 하겠다고 말하는가?
(A) 몇몇 지원서를 검토하겠다고
(B) **날짜에 대해 문의하겠다고**
(C) 몇몇 비용을 비교하겠다고
(D) 콘퍼런스에 참석하겠다고

해설 다음에 할 일을 묻는 문제 – 대화 후반부에 남자가 시설 관리자에게 연락해서 공사 완료일이 언제인지 알아봐 줄 수 있냐고 여자에게 요청하자, 여자가 '물론이죠.'라고 답한 것으로 보아 (B)가 정답이다.

호주 ↔ 영국

Questions 7-9 refer to the following conversation.

M Hey, Regina. **⁷Can you check this purchasing list I made for our restaurant? I know the kitchen has been running low on materials.**

W That's true. Let's see… Your list covers almost everything. But you might want to add a few bags of flour. **⁸After the refrigerator malfunctioned last weekend, I had to remake all of our pastries.**

M Good point. I'll make that change and then send the list to our wholesale food supplier. **⁹Anyway, are you coming to the special presentation by management this afternoon?**

W **⁹I have an urgent errand to run.** Can you let me know what was discussed tomorrow?

7-9번은 다음 대화에 관한 문제입니다.

남 저기요, Regina. **⁷제가 우리 레스토랑을 위해 만든 이 구매 목록을 확인해 줄래요? 주방에 재료가 떨어져 간다는 걸 알아요.**

여 맞아요. 어디 보죠… 이 목록에 거의 모두 포함돼 있어요. 그런데 밀가루 몇 봉지를 추가하는 게 좋겠어요. **⁸지난 주말에 냉장고가 오작동한 뒤로, 제가 페이스트리를 전부 다시 만들어야 했거든요.**

남 좋은 지적이네요. 수정하고 나서 우리 도매 식품 업체에 목록을 보낼게요. **⁹그건 그렇고, 오늘 오후에 경영진이 주최하는 특별 프레젠테이션에 오시나요?**

여 **⁹급히 처리할 일이 있어요.** 무엇이 논의됐는지 내일 저한테 알려 주시겠어요?

어휘
purchasing 구매 I run low 떨어져 가다 I material 재료 I flour 밀가루 I malfunction 오작동하다 I wholesale 도매의 I supplier 공급 업체 I urgent 긴급한 I errand 일, 심부름

7. What is the main topic of the discussion?
(A) Changing a restaurant's menu
(B) Repairing some kitchen equipment

(C) Hiring a new head chef
(D) Ordering some cooking supplies

논의의 주제는 무엇인가?
(A) 식당 메뉴 변경하기
(B) 일부 주방 장비 수리하기
(C) 새 총괄 주방장 채용하기
(D) **요리 재료 주문하기**

해설 주제·목적을 묻는 문제 – 대화 처음에 남자가 자신이 레스토랑을 위해 만든 이 구매 목록을 확인해 줄 수 있는지 여자에게 요청하며, 주방에 재료가 떨어져 간다는 걸 알고 있다고 말했으므로 (D)가 정답이다.

➕ **이렇게 바꿔 썼어요!**
purchasing → Ordering

8. What does the woman say she had to do?
(A) Revise some recipes
(B) Remake some food
(C) Adjust her working hours
(D) Wash some dishes

여자는 무엇을 해야 했다고 말하는가?
(A) 일부 조리법을 수정해야 했다고
(B) **일부 음식을 다시 만들어야 했다고**
(C) 근무시간을 조정해야 했다고
(D) 설거지를 해야 했다고

해설 키워드 문제 – 여자의 첫 번째 말에서 지난 주말에 냉장고가 오작동한 뒤로, 자신이 페이스트리를 전부 다시 만들어야 했다고 말했으므로 (B)가 정답이다.

➕ **이렇게 바꿔 썼어요!**
pastries → some food

9. What does the woman imply when she says, "I have an urgent errand to run"?
(A) She will see the man again shortly.
(B) She plans to participate in a sports competition.
(C) She will not attend a presentation.
(D) She has rearranged an appointment.

여자가 "급히 처리할 일이 있어요"라고 말할 때, 그녀가 내비친 것은?
(A) 곧 그 남자를 다시 볼 것이다.
(B) 스포츠 대회에 참가할 계획이다.
(C) **프레젠테이션에 참석하지 않을 것이다.**
(D) 약속을 재조정했다.

해설 화자 의도 파악 문제 – 대화 후반부에 남자가 여자에게 오늘 오후에 경영진이 주최하는 특별 프레젠테이션에 오냐고 묻자, 여자가 급히 처리할 일이 있다고 말한 것은 불참한다는 의미이므로 (C)가 정답이다.

미국 ↔ 미국

Questions 10-12 refer to the following conversation and floor plan.

M You've reached Straum Convention Center. How may I be of service?

W Hello, **¹⁰I'm organizing a banquet dinner for my firm's 20th anniversary.** I'd like to book the Gold Room, for December 8.

M Alright, I'll see if it's available. Hmm… **¹¹Unfortunately,** the Gold Room is <u>booked</u> for that date. But if you're <u>willing to</u> pay $60 <u>more</u>, I can get an even bigger space for you—the Diamond Room.

W Oh, that's not too bad. OK, ¹¹**I'll go with the Diamond Room, then**. Also, I need some advice about the menu. Do you know of any good catering companies?

M ¹²**I recommend Magic Catering. They're very popular due to their wide selection of dessert items.**

10-12번은 다음 대화와 평면도에 관한 문제입니다.

남 Straum 컨벤션 센터입니다. 어떻게 도와 드릴까요?

여 안녕하세요, ¹⁰제가 회사의 20주년 기념행사용 연회 만찬을 준비하고 있는데요. 12월 8일에 골드룸을 예약하고 싶어서요.

남 알겠습니다, 그 방이 이용 가능한지 알아보겠습니다. 흠... ¹¹안타깝게도, 골드 룸은 그날 예약이 되어 있네요. 그런데 혹시 60달러를 더 지불할 의향이 있으시면, 훨씬 더 큰 장소로 잡아 드릴 수 있습니다. 다이아몬드 룸이에요.

여 아, 그렇게 나쁘지 않네요. 알겠습니다, ¹¹그러면 다이아몬드 룸으로 하겠습니다. 그리고, 메뉴에 대해서 몇 가지 조언이 필요한데요. 어디 좋은 출장 요리 업체를 알고 계신가요?

남 ¹²Magic 케이터링을 추천해 드립니다. 그곳이 디저트 종류가 엄청 다양해서 인기가 아주 많습니다.

어휘

reach (전화로) 연락하다 I be of service ~에게 도움이 되다 I banquet 연회 I anniversary 기념일 I book 예약하다 I unfortunately 안타깝게도 I be willing to do 기꺼이 ~하다 I wide selection of (종류가) 매우 다양한, 폭넓은

10. What is the woman planning?
(A) A product launch
(B) A farewell party
(C) An investor conference
(D) An anniversary dinner

여자는 무엇을 계획하고 있는가?
(A) 제품 출시
(B) 송별회
(C) 투자자 회의
(D) 기념일 만찬

해설 키워드 문제 – 여자의 첫 번째 말에서 자신이 회사의 20주년 기념행사용 연회 만찬을 준비하고 있다고 말했으므로 (D)가 정답이다.

11. Look at the graphic. How much will the woman's reservation cost?
(A) $300
(B) $400
(C) $450
(D) $510

시각 자료를 보시오. 여자의 예약 금액은 얼마이겠는가?
(A) 300달러
(B) 400달러
(C) 450달러
(D) 510달러

해설 시각 자료 연계 문제 – 대화 중반부에 여자가 처음에는 골드 룸을 예약하고 싶다고 했으나, 남자가 골드 룸은 그날 예약이 되어 있어서 혹시 60달러를 더 지불할 의향이 있다면, 훨씬 더 큰 장소, 즉 다이아몬드 룸으로 잡아 줄 수 있다고 말했다. 그에 대한 응답으로 여자가 다이아몬드 룸으로 하겠다고 말했고, 시각 자료에서 DIAMOND ROOM (다이아몬드 룸)이 $510(510달러)임을 확인할 수 있으므로 (D)가 정답이다.

12. Why does the man say a caterer is popular?
(A) It uses organic ingredients.
(B) It employs a well-known chef.
(C) It offers the most affordable prices.
(D) It has many dessert options.

남자는 어떤 출장 요리 업체가 왜 인기 있다고 말하는가?
(A) 유기농 재료를 사용한다.
(B) 유명 요리사를 고용한다.
(C) 가장 합리적인 가격을 제공한다.
(D) 디저트 옵션이 많다.

해설 키워드 문제 – 남자의 마지막 말에서 자신은 Magic 케이터링을 추천하는데 그곳은 디저트 종류가 엄청 다양해서 인기가 아주 많다고 말했으므로 (D)가 정답이다.

✚ 이렇게 바꿔 썼어요!
their wide selection of dessert items → It has many dessert options

CHAPTER 10 회사 생활 2

BASE 집중훈련 본서 p.173

1. (D) **2.** (C) **3.** (D)

영국↔미국↔미국

Questions 1-3 refer to the following conversation with three speakers.

W1 Hi, Mr. Patel. ¹**It's Keisha Ferguson from Wagner Publishing.** I've looked over the résumé you sent in response to the <u>editor job posting</u>, and ²**I'd like to discuss the position** further with you in person.

M That would be great. Thank you!

W1 Alright. I'll <u>transfer</u> this call to our <u>HR</u> manager. ²**She'll schedule you for an interview.**

M OK.

W2 Good afternoon, Mr. Patel. I'm Whitney, the HR manager. How does next Monday at 2 P.M. sound?

M That'll work! Also, this will be my first visit to your office. ³**Can you tell me how to get there by car?**

W2 ³**I'll email you the details.**

1-3번은 다음 세 화자의 대화에 관한 문제입니다.

여1 안녕하세요, Patel 씨. **1**저는 Wagner 출판사의 Keisha Ferguson 이에요. 편집장 구인 공고에 응하여 보내주신 이력서를 검토해 보았는데요, **2**직접 만나서 직책에 대해 좀 더 논의하고 싶어요.

남 그거 좋을 것 같네요. 감사해요!

여1 좋아요. 이 전화를 인사 담당자에게 돌릴게요. **2**그녀가 면접 일정을 잡아줄 거예요.

남 알겠습니다.

여2 안녕하세요, Patel 씨. 저는 인사 담당자 Whitney입니다. 다음 주 월요일 오후 2시 어떠세요?

남 좋습니다! 또한, 이번에 제가 귀사에 처음으로 방문합니다. **3**자가용으로 어떻게 가야 하는지 말씀해 주실 수 있나요?

여2 **3**세부 사항을 이메일로 보내드릴게요.

어휘
publishing 출판(사업) | look over ~을 검토하다 | résumé 이력서 | in response to ~에 응하여 | job posting 구인 공고 | further 더 | in person 직접 | transfer a call 전화를 다른 사람 번호로 돌리다 | schedule 일정을 잡다 | detail 세부 사항

1. Where do the women work?
(A) At an educational institute
(B) At a graphic design firm
(C) At a bookstore
(D) At a publishing company

여자들은 어디에서 일하는가?
(A) 교육 기관에서
(B) 그래픽 디자인 회사에서
(C) 서점에서
(D) 출판사에서

해설 화자의 신분을 묻는 문제 – 대화 처음에 여자1이 '저는 Wagner 출판사의 Keisha Ferguson이에요.'라고 말했으므로 (D)가 정답이다.

2. What is the purpose of the call?
(A) To discuss a recent purchase
(B) To reschedule a delivery
(C) To set an interview date
(D) To address a complaint

전화 건 목적은 무엇인가?
(A) 최근 구매에 대해 논의하기 위해
(B) 배달 일정을 변경하기 위해
(C) 면접 날짜를 정하기 위해
(D) 불만을 제기하기 위해

해설 주제·목적을 묻는 문제 – 대화 초반부에 여자1이 직접 만나서 직책에 대해 좀 더 논의하고 싶고, 전화를 인사부 담당자에게 돌려줄 텐데 담당자가 면접 일정을 잡아 줄 거라고 말했으므로 (C)가 정답이다.

✚ 이렇게 바꿔 썼어요!
schedule → set a date

3. What will be sent to the man?
(A) Warranty information
(B) A product catalog
(C) A legal document
(D) Driving directions

남자에게 무엇을 보낼 것인가?
(A) 보증 정보
(B) 제품 카탈로그
(C) 법률 서류
(D) 운전 길 안내

해설 키워드 문제 – 대화 마지막에 남자가 여자에게 자가용으로 그곳에 어떻게 가야 하는지를 알려 달라고 요청하자, 여자가 세부 사항을 이메일로 보내준다고 말했으므로 (D)가 정답이다.

BASE 집중훈련
본서 p.177

1. (C)   **2.** (B)   **3.** (A)

미국↔미국

Questions 1-3 refer to the following conversation.

M So that new employee Michelle handed me her first monthly sales report. I reviewed it this morning. **1**Unfortunately, our outdoor gear, particularly hiking equipment, is underperforming in several stores.

W Hmm… That's not good.

M Yeah, but the report did say a large portion of profits come from our outdoor gear, so we should still market those products aggressively.

W Right. **2**Let's ask Michelle to present her data to the entire sales team.

M **2**She might not be ready to do that yet. Maybe I should just do it myself.

W No, I think it'll be a good learning experience for her. **3**I'll book the large conference room sometime next week for the presentation.

1-3번은 다음 대화에 관한 문제입니다.

남 신입 사원 Michelle이 그녀의 첫 월간 판매 보고서를 제게 건네줬어요. 제가 오늘 아침에 검토했는데요. **1**유감스럽게도, 우리 야외 장비, 특히 하이킹 장비가 몇몇 가게에서 실적을 내지 못하고 있어요.

여 음… 좋지 않네요.

남 네, 하지만 보고서에 수익의 상당 부분이 야외 장비에서 나온다고 쓰여 있으니, 우리는 여전히 그 제품들을 적극적으로 홍보해야 해요.

여 맞아요. **2**Michelle에게 영업팀 전체에게 자료를 발표해 달라고 요청합시다.

남 **2**그녀는 아직 그럴 준비가 안 된 것 같아요. 아마 제가 직접 하는 게 나을 것 같은데요.

여 아니요, 저는 이것이 그녀에게 좋은 학습 경험이 되리라고 생각해요. **3**다음 주 중으로 프레젠테이션을 위한 큰 회의실을 예약할게요.

어휘
hand 건네주다 | review 검토하다 | unfortunately 유감스럽게도 | gear 장비 | particularly 특히 | underperform 실적을 못 내다 | say ~라고 쓰여 있다 | portion 부분 | market (상품을) 내놓다, 광고하다 | aggressively 적극적으로, 공격적으로 | present 발표하다, 제시하다 | understaffed 직원이 부족한 | concern 우려, 걱정

1. What problem does the man mention?
(A) A budget is too small.
(B) Some stores are understaffed.
(C) Some merchandise is not selling well.
(D) A product is defective.

남자는 어떤 문제를 언급하는가?
(A) 예산이 너무 적다.
(B) 일부 상점들에 직원이 부족하다.
(C) 일부 상품이 잘 팔리지 않는다.
(D) 제품에 결함이 있다.

해설 주제·목적을 묻는 문제 – 대화 초반에 남자가 유감스럽게도 야외 장비, 특히 하이킹 장비가 몇몇 가게에서 실적을 내지 못하고 있다고 말했으므로 (C)가 정답이다.

✚ **이렇게 바꿔 썼어요!**
outdoor gear → merchandise,
underperforming → not selling well

2. Why does the man say, "She might not be ready to do that yet"?
(A) To provide assistance
(B) To show concern
(C) To recommend training
(D) To criticize a colleague

남자는 왜 "그녀는 아직 그럴 준비가 안 된 것 같아요"라고 말하는가?
(A) 도움을 주기 위해
(B) 우려를 표하기 위해
(C) 교육을 추천하기 위해
(D) 동료를 비판하기 위해

해설 화자 의도 파악 문제 – 대화 중반부에 여자가 Michelle에게 영업팀 전체에게 자료 발표를 해 달라고 요청하자고 하자, 남자가 그녀는 아직 그럴 준비가 안 된 것 같다며, 아마도 자신이 직접 해야 할 것이라고 말한 것으로 보아 우려를 내비친 표현이라 할 수 있으므로 (B)가 정답이다.

3. What does the woman say she will do?
(A) Reserve a room
(B) Design a questionnaire
(C) Revise a marketing plan
(D) Attend a workshop

여자는 무엇을 하겠다고 말하는가?
(A) 방을 예약하겠다고
(B) 설문지를 만들겠다고
(C) 마케팅 계획을 수정하겠다고
(D) 워크숍에 참석하겠다고

해설 다음에 할 일을 묻는 문제 – 여자가 마지막 말에서 다음 주 중으로 프레젠테이션을 위한 큰 회의실을 예약하겠다고 말했으므로 (A)가 정답이다.

✚ **이렇게 바꿔 썼어요!**
book → Reserve

BASE 실전훈련
본서 p.178

1. (C) **2.** (A) **3.** (D) **4.** (C) **5.** (B) **6.** (B)
7. (B) **8.** (C) **9.** (C) **10.** (A) **11.** (C) **12.** (B)

호주 ↔ 미국

Questions 1-3 refer to the following conversation.
M Hello, Jackie. I hope your first day is going well. **❶My name is David Hamilton, the HR manager.** I

was very impressed to see your résumé.
W Oh, thank you. I worked as a financial analyst for many years. **❷But I changed jobs to learn more about the music industry.**
M I'm sure you'll find it interesting. Now, before we begin your training, you'll first need to agree to all of our company policies.
W Yes, of course.
M **❸Here's the employee handbook. It's 10 pages long, so take a few minutes and read it now.** Once you're sure you understand everything, go ahead and sign on the last page.

1-3번은 다음 대화에 관한 문제입니다.
남 안녕하세요, Jackie. 첫날이 순조롭게 진행되고 있길 바랍니다. **❶제 이름은 David Hamilton이고, 인사 담당자예요.** 당신의 이력서에 정말 깊은 인상을 받았어요.
여 아, 감사합니다. 저는 수년간 금융 분석가로 일했습니다. **❷그러나 음악 산업에 대해 더 배우고 싶어서 직업을 바꿨죠.**
남 틀림없이 흥미로울 거예요. 이제 교육을 시작하기 전에, 우리 회사의 모든 정책에 먼저 동의하셔야 해요.
여 네, 물론이죠.
남 **❸여기 직원 안내서예요. 10페이지니까, 지금 몇 분 동안 이걸 읽어 주세요.** 모든 내용을 확실히 이해하셨다면, 마지막 페이지로 가서 서명해 주세요.

어휘
go well 잘되다 | impressed 인상 깊게 생각하는 | résumé 이력서 | analyst 분석가 | interesting 흥미로운 | agree 동의하다 | policy 정책 | sign 서명하다

1. Who is the man?
(A) A secretary
(B) An executive
(C) A manager
(D) An interviewer

남자는 누구인가?
(A) 비서
(B) 임원
(C) 관리자
(D) 면접관

해설 화자의 신분을 묻는 문제 – 대화 처음에 남자가 '제 이름은 David Hamilton이고, 인사 담당자예요.'라고 말했으므로 (C)가 정답이다.

2. Why did the woman change jobs?
(A) To learn about a new industry
(B) To be closer to some relatives
(C) To have more free time
(D) To have better income potential

여자는 왜 직업을 바꾸었는가?
(A) 새로운 산업에 대해 배우기 위해서
(B) 몇몇 친척들과 더 가깝게 살기 위해
(C) 자유 시간을 더 갖기 위해
(D) 잠재 수입원을 늘리기 위해

해설 키워드 문제 – 여자의 첫 번째 말에서 자신은 음악 산업에 대해 더 배우고 싶어서 직업을 바꿨다고 말했으므로 (A)가 정답이다.

3. What will the woman most likely do next?
(A) Attend a class
(B) Meet some colleagues
(C) Answer some questions
(D) Read a handbook

여자는 다음에 무엇을 하겠는가?
(A) 수업에 출석할 것이다
(B) 몇몇 동료들을 만날 것이다
(C) 몇몇 질문에 답할 것이다
(D) 안내서를 읽을 것이다

해설　다음에 할 일을 묻는 문제 – 대화 마지막에 남자가 여자에게 직원 안내서를 주며 10페이지니까 지금 몇 분 동안 이걸 읽어 달라고 말했으므로 (D)가 정답이다.

미국 ↔ 호주 ↔ 영국

Questions 4-6 refer to the following conversation with three speakers.

M1 Jake, **⁴this is Ms. Choi, a representative for a large <u>home appliance retailer</u> in South Korea. Her company is thinking about <u>purchasing</u> our cold brew coffee <u>machine</u>.**

M2 It's a pleasure to have you here, Ms. Choi. I hope you're having a good time in Tokyo.

W I am, and **⁵I'm quite excited for the <u>demonstration</u> of your latest coffee <u>maker</u> tomorrow morning**.

M2 We look forward to <u>showing</u> you what it can do. You'll also get a chance to <u>sample the results</u>.

W Wonderful! I'm curious about how you managed to <u>develop</u> such a great technology.

M1 It took a lot of time and effort. **⁶The machine can make cold brew coffee in <u>less than</u> 10 minutes! That's <u>faster than</u> any other model on the market right now.**

4-6번은 다음 세 화자의 대화에 관한 문제입니다.

남1 Jake, **⁴이분은 한국의 대형 가전제품 소매상 대표이신 Choi 씨예요. 이분의 회사에서 우리의 콜드 브루 커피 머신 구매를 고려 중이십니다.**

남2 모시게 되어 영광입니다, Choi 씨. Tokyo에서 즐거운 시간을 보내고 계시길 바랍니다.

여 그러고 있어요, 그리고 **⁵내일 오전에 있을 여러분들의 최신 커피 메이커 시연회가 정말 기대되는군요.**

남2 저희도 기계의 기능을 보여드리는 게 기대됩니다. 결과물을 맛보실 기회도 얻게 되실 거예요.

여 좋죠! 어떻게 그런 훌륭한 기술을 개발하시게 되었는지 참 궁금해요.

남1 많은 시간과 노력이 필요했죠. **⁶그 기계는 콜드 브루 커피를 10분도 안 되는 시간 내에 내릴 수 있답니다! 현재 시장에 나와 있는 다른 어떤 모델보다 더 빠르죠.**

어휘
representative 대표(자) | home appliance 가전제품 | retailer 소매업자, 소매상 | demonstration 시연 | latest 최신의 | sample 맛보다 | manage to do ~을 잘 해내다 | industry 업계, 산업 | function 작동하다 | instructions 설명 | lightweight 가벼운

---

4. What industry do the speakers work in?
(A) Automotive
(B) Restaurant
(C) Home appliances
(D) Office supplies

화자들은 어떤 업계에 종사하는가?
(A) 자동차
(B) 요식업
(C) 가전제품
(D) 사무용품

해설　화자의 신분을 묻는 문제 – 대화 처음에 남자1이 여자를 한국의 대형 가전제품 소매상 대표인 Choi 씨라고 남자2에게 소개하며, 여자의 회사에서 자신들의 콜드 브루 커피 머신 구매를 고려 중이라고 말했으므로 (C)가 정답이다.

5. What will Ms. Choi do tomorrow morning?
(A) Perform an installation
(B) Watch a demonstration
(C) Give a speech
(D) Tour a city

Choi 씨는 내일 오전에 무엇을 할 것인가?
(A) 설치 작업을 수행할 것이다
(B) 시연회를 볼 것이다
(C) 연설을 할 것이다
(D) 도시를 둘러볼 것이다

해설　키워드 문제 – 여자의 첫 번째 말에서 자신은 내일 오전에 있을 남자들 회사의 최신 커피 메이커 시연회가 정말 기대된다고 말했으므로 (B)가 정답이다.

6. What is emphasized about a product?
(A) It will be discounted.
(B) It functions quickly.
(C) It has simple instructions.
(D) It is lightweight.

제품에 관하여 무엇이 강조되고 있는가?
(A) 할인될 것이다.
(B) 빠르게 작동한다.
(C) 사용 설명이 간단하다.
(D) 가볍다.

해설　키워드 문제 – 대화 후반부에 남자가 그 기계는 콜드 브루 커피를 10분도 안 되는 시간 내에 내릴 수 있고, 현재 시장에 나와 있는 다른 어떤 모델보다 더 빠르다고 말했으므로 (B)가 정답이다.

✚ **이렇게 바꿔 썼어요!**
make cold brew coffee → function,
in less than 10 minutes / faster than any other model → quickly

---

미국 ↔ 호주

Questions 7-9 refer to the following conversation.

W Mr. Wilson, **⁷congratulations on being appointed Vice President of Marketing**. All of us on your old team gathered money to buy you this watch set. We wish you the best of luck!

M Thanks! I'll miss everyone when I <u>move to</u> the

---

head office. ⁸**But I'm excited to <u>take on new responsibilities</u>.**

W Glad to hear it! Oh, also, ⁹**the team and I wanted to <u>take you out for dinner</u> sometime next week. It's our last chance to have a <u>gathering</u> before you transfer.**

M A new bistro opened up on Main Avenue.

W Nice. I'll <u>give them a call</u>.

7-9번은 다음 대화에 관한 문제입니다.

여 Wilson 씨, ⁷**마케팅 부사장에 임명된 것을 축하해요.** 저희 예전 팀원 전원이 돈을 모아서 이 시계 세트를 마련했어요. 행운을 빌어요!

남 고마워요! 본사로 이동하면 모두 그리울 거에요. ⁸**하지만 새로운 업무를 맡게 돼서 기쁩니다.**

여 다행이에요! 아, 그리고, ⁹**팀원들과 저는 다음 주 중에 당신과 저녁 식사를 하고 싶어요.** 당신이 전근 가기 전에 모일 수 있는 마지막 기회예요.

남 Main가에 새로운 식당이 문을 열었어요.

여 잘됐네요. 제가 그곳에 전화해 볼게요.

어휘
appoint 임명하다 | gather 모으다 | head office 본사 | take on (일 등을) 맡다 | responsibility 책임(맡은 일) | gathering 모임 | transfer 전근 가다, 이동하다 | bistro 작은 식당 | relocate 이전하다, 이동하다

7. What does the woman congratulate the man for?
(A) Designing a product
(B) Becoming an executive
(C) Acquiring a contract
(D) Opening a store

여자는 무엇에 대해 남자에게 축하하는가?
(A) 상품을 디자인한 것
(B) 임원이 되는 것
(C) 계약을 따낸 것
(D) 가게를 여는 것

해설 키워드 문제 – 여자의 첫 번째 말에서 남자에게 마케팅 부사장에 임명된 것을 축하한다고 말했으므로 (B)가 정답이다.

8. What is the man excited about?
(A) Relocating to a different country
(B) Getting some input
(C) Taking on new duties
(D) Working in a bigger office

남자는 무엇에 대해 기뻐하는가?
(A) 다른 나라로 이주하는 것
(B) 조언을 얻은 것
(C) 새로운 업무를 맡는 것
(D) 더 큰 사무실에서 일하는 것

해설 키워드 문제 – 남자의 첫 번째 말에서 자신은 새로운 업무를 맡게 돼서 기쁘다고 말했으므로 (C)가 정답이다.

✚ **이렇게 바꿔 썼어요!**
responsibilities → duties

9. Why does the man say, "A new bistro opened up on Main Avenue"?
(A) He thinks a restaurant is too expensive.

(B) He suggests using an alternative route.
(C) He is accepting an invitation.
(D) He is worried about a rival business.

남자는 왜 "Main가에 새로운 식당이 문을 열었어요"라고 말하는가?
(A) 남자는 식당이 너무 비싸다고 생각한다.
(B) 남자는 우회로 이용을 제안한다.
(C) 남자는 초대를 수락하고 있다.
(D) 남자는 경쟁사에 대해 염려한다.

해설 화자 의도 파악 문제 – 대화의 후반부에 여자가 팀원들 모두 다음 주 중에 남자와 저녁 식사를 하고 싶다고 하자, 남자가 그에 대한 답으로 Main가에 새로운 식당이 문을 열었다고 말한 것은 그곳에서 모임을 갖자는 의미로 초대에 응한 것이므로 (C)가 정답이다.

미국 ↔ 영국

Questions 10-12 refer to the following conversation and departure screen.

M Hello, Joyce. We might have a problem. ¹⁰**The 1 o'clock train to San Diego <u>has been delayed</u>.**

W That's not good. ¹²**We're supposed to <u>present</u> to a big client later today.** ¹¹**And you're in charge of <u>demonstrating</u> some of our newest <u>kitchen appliances</u>.**

M Hmm… There's still a chance I can make it on time.

W We can't risk it, so ¹²**I'll <u>postpone it to</u> tomorrow afternoon.** This client is a major <u>restaurant</u> chain, and we could greatly increase our profits if they decide to <u>purchase</u> more appliances from us.

출발 기차		
출발 시간	진행 상황	목적지
오후 1:00	35분 지연	San Diego
오후 2:00	1시간 지연	Los Angeles
오후 3:30	정시 출발	Irvine
오후 4:30	20분 지연	Temecula

10-12번은 다음 대화와 출발 화면에 관한 문제입니다.

남 안녕하세요, Joyce. 우리에게 문제가 있을 것 같아요. ¹⁰**San Diego 행 1시 기차가 연착되었어요.**

여 큰일이네요. ¹²**우리는 오늘 늦게 중요한 고객에게 발표하기로 되어 있어요.** ¹¹**그리고 당신은 우리의 최신 주방 가전제품 몇 개를 시연하는 것을 담당하기로 되어 있고요.**

남 흠... 여전히 시간에 맞춰 갈 기회는 있어요.

여 위험을 무릅쓸 수는 없으니, ¹²**내일 오후로 미룰게요.** 이 고객은 주요 레스토랑 체인점이고, 만약 우리에게서 더 많은 가전제품을 구입하기로 한다면 우리는 이익을 크게 늘릴 수 있을 거예요.

어휘
delay 지연시키다 | be supposed to do ~하기로 되어 있다 | present 발표하다 | in charge of ~를 담당하는 | demonstrate 시연하다 | appliance 가전기기 | make it 시간 맞춰 가다, 성공하다 | risk 위험을 무릅쓰다 | postpone 미루다, 연기하다 | major 주요한 | greatly 크게, 대단히 | status (진행 과정상의) 상황

10. Look at the graphic. What is the status of the man's train?
(A) 35 minutes late
(B) 1 hour late
(C) On schedule

(D) 20 minutes late

시각 자료를 보시오. 남자의 기차의 상황은 어떤가?
(A) 35분 지연
(B) 1시간 지연
(C) 정시 출발
(D) 20분 지연

해설 시각 자료 연계 문제 – 대화 처음에 남자가 San Diego행 1시 기차가 연착되었다고 말했고, 시각 자료에서 1시 기차의 상황을 확인하면 35 minutes late(35분 지연)로 적혀 있으므로 (A)가 정답이다.

11. Where do the speakers work?
(A) At a travel agency
(B) At an investment firm
(C) At an appliance maker
(D) At a restaurant chain

화자들은 어디에서 일하는가?
(A) 여행사에서
(B) 투자회사에서
(C) 가전제품 제조사에서
(D) 레스토랑 체인점에서

해설 화자의 신분을 묻는 문제 – 여자의 첫 번째 말에서 남자가 최신 주방 가전제품 몇 개를 시연하는 것을 담당하기로 되어 있다고 말한 것으로 보아 (C)가 정답이다.

12. What does the woman say she will do?
(A) Book a table
(B) Reschedule a presentation
(C) Pick up a client
(D) Request additional help

여자는 무엇을 할 것이라고 말하는가?
(A) 테이블을 예약한다고
(B) 프레젠테이션 일정을 재조정한다고
(C) 고객을 데리러 간다고
(D) 추가 도움을 요청한다고

해설 다음에 할 일을 묻는 문제 – 여자의 마지막 말에서 오늘 늦게 중요한 고객들에게 발표하기로 되어 있는데 1시 기차가 연착된 상황에서 늦는 위험을 감수하느니 내일 오후로 미루겠다고 말했으므로 (B)가 정답이다.

➕ **이렇게 바꿔 썼어요!**
postpone → Reschedule

CHAPTER 11 일상생활

BASE 집중훈련
본서 p.185

1. (A)   **2.** (A)   **3.** (C)

호주 ↔ 미국 ↔ 미국

Questions 1-3 refer to the following conversation with three speakers.

M1 Hi, Eric. Did you see the message? ◆**Our company**

---

is going to purchase several stationary bicycles for us to use during our break time. That way, we can exercise throughout the day.

M2 I think that's great. ◆**I just read about how light exercise during work hours can improve employee performance.**

M1 That's true. A little physical activity definitely helps keep your mind fresh as well. So when are we getting the bikes?

M2 Let's ask Andrea. She works in Shipping and Receiving, so she should know.

M1 ◆**Hey, Andrea. Eric and I would like to know when the stationary bikes are coming in.**

W Oh, I just got a call about those. They will be arriving today.

1–3번은 다음 세 화자의 대화에 관한 문제입니다.
남1 안녕하세요, Eric. 메시지 보셨어요? ◆회사에서 우리가 휴식 시간에 사용할 수 있게 실내용 자전거를 몇 대 구입한대요. 그렇게 되면, 우리는 낮 동안에 운동할 수 있어요.
남2 아주 좋은 것 같아요. ◆저는 업무 중 하는 가벼운 운동이 어떻게 직원 성과를 향상시키는지에 관한 글을 방금 읽었어요.
남1 맞아요. 약간의 신체 활동은 정신을 맑게 유지하는 데도 분명 도움이 돼요. 그래서 언제 자전거가 생기는 거예요?
남2 Andrea에게 물어봅시다. 그녀가 발송부에서 근무하니까 알 거예요.
남1 ◆저기요, Andrea. Eric과 제가 실내용 자전거가 언제 들어오는지 알고 싶어서요.
여 아, 제가 방금 그 건으로 통화를 했는데요. 오늘 도착할 거예요.

어휘
purchase 구입하다 I stationary bicycle 실내용 자전거 I break time 휴식 시간 I exercise 운동: 운동하다 I light 가벼운 I fresh 맑은, 상쾌한 I ship 출하하다

1. What did a company recently do?
(A) It ordered some exercise equipment.
(B) It expanded its office.
(C) It hired additional staff.
(D) It agreed to participate in some research.

회사는 최근 무엇을 했는가?
(A) 운동기구를 주문했다.
(B) 사무실을 확장했다.
(C) 직원을 추가로 채용했다.
(D) 연구에 참여하기로 했다.

해설 키워드 문제 – 대화 초반부에 남자1이 회사에서 직원들이 휴식 시간에 사용할 수 있도록 실내용 자전거를 몇 대 구입한다고 말했으므로 (A)가 정답이다.

➕ **이렇게 바꿔 썼어요!**
purchase several stationary bicycles → order some exercise equipment

2. According to the men, what is the benefit of a change?
(A) It will increase the quality of their work.
(B) It will give employees more workspace.
(C) It will allow more clients to be serviced.
(D) It will reduce production costs.

남자에 따르면, 변화의 이점은 무엇인가?
(A) 업무의 질을 높일 것이다.
(B) 직원들에게 업무 공간이 더 생길 것이다.
(C) 더 많은 고객에게 서비스를 제공할 수 있게 될 것이다.
(D) 생산비가 줄어들 것이다.

해설 키워드 문제 – 남자2가 업무 중 하는 가벼운 운동이 어떻게 직원 성과를 향상시키는지에 관한 글을 방금 읽었다는 말에서 실내용 자전거가 가져다줄 변화의 이점을 파악할 수 있으므로 (A)가 정답이다.

➕ 이렇게 바꿔 썼어요!
improve employee performance → increase the quality of their work

3. What do the men ask the woman about?
(A) A company procedure
(B) A brand name
(C) A delivery time
(D) A travel itinerary

남자들은 여자에게 무엇에 관해 물어보는가?
(A) 회사 절차
(B) 상표명
(C) 배송 시간
(D) 출장 일정

해설 제안·요청을 묻는 문제 – 남자1이 마지막 말에 여자에게 자신도 그렇고 남자2도 실내용 자전거가 언제 들어오는지 알고 싶다고 말했으므로 (C)가 정답이다.

BASE 집중훈련
본서 p.189

1. (A)   **2.** (B)   **3.** (D)

호주 ↔ 미국

Questions 1-3 refer to the following conversation.

M Hi, Caitlyn. I've got a question for you. **❶Have you noticed our car rental agency's computers are working slower than usual?**

W Yes, I have. I think there's something wrong with the network. The programs should run instantly. Maybe some of our settings need to be updated.

M **❷I'm very worried about the speed of our system.** Our clients don't want to wait while we pull up their vehicle reservations. **❸I'll call somebody to come and look at it today.**

W You know what? **❸That might not be necessary. I used to work for a technical support firm.**

1-3번은 다음 대화에 관한 문제입니다.

남 안녕하세요, Caitlyn. 저 질문이 있어요. **❶우리 렌터카 업체의 컴퓨터들이 평상시보다 더 느리게 작동하는 걸 알고 계셨나요?**

여 네, 알고 있었어요. 네트워크상에 문제가 좀 있는 것 같아요. 프로그램들이 바로 작동해야 하는데요. 아마 일부 설정이 업데이트되어야 할 거예요.

남 **❷우리 시스템 속도가 너무 걱정돼요.** 고객분들은 우리가 그들의 차량 예약을 조회하는 동안 기다리기를 원치 않으세요. **❸오늘 전화해**

서 와서 봐 달라고 해야겠어요.

여 그거 아세요? **❸안 그러셔도 될 것 같아요. 제가 전에 기술 지원 업체에서 일했었거든요.**

어휘
instantly 바로, 즉시 I setting 설정, 세팅 I pull up (특히 컴퓨터상에서) 정보를 얻다 I technical support 기술 지원 I firm 회사

1. Where do the speakers work?
(A) At a car rental agency
(B) At a driver's license office
(C) At a shipping company
(D) At an auto repair shop

화자들은 어디에서 일하는가?
(A) 렌터카 업체에서
(B) 운전면허증 발행처에서
(C) 배송 회사에서
(D) 자동차 정비소에서

해설 화자의 신분을 묻는 문제 – 대화 초반부에 남자가 여자에게 자신들 렌터카 업체의 컴퓨터들이 평상시보다 더 느리게 작동하고 있다는 걸 알고 있었냐고 묻는 것으로 보아 (A)가 정답이다.

2. Why is the man worried?
(A) A delivery has not been made.
(B) A computer system is too slow.
(C) Some customers have complained.
(D) Some files cannot be located.

남자는 왜 걱정하는가?
(A) 배달이 되지 않았다.
(B) 컴퓨터 시스템이 너무 느리다.
(C) 일부 고객들이 항의했다.
(D) 일부 파일들을 찾을 수 없다.

해설 키워드 문제 – 남자의 두 번째 말에서 자신은 시스템 속도가 너무 걱정된다고 말했으므로 (B)가 정답이다.

3. What does the woman imply when she says, "I used to work for a technical support firm"?
(A) She can train a new employee.
(B) She is interested in a job opening.
(C) She is experienced in customer care.
(D) She may be able to fix a problem.

여자가 "제가 전에 기술 지원 업체에서 일했거든요"라고 말할 때, 그녀가 내비친 것은?
(A) 신입 사원을 교육할 수 있다.
(B) 채용에 관심이 있다.
(C) 고객 관리에 경험이 있다.
(D) 문제를 해결할 수도 있다.

해설 화자 의도 파악 문제 – 대화 후반부에 남자가 시스템 속도가 걱정된다면서 오늘 전화해서 와서 봐 달라고 해야겠다고 하자, 여자가 안 그래도 될 것 같다며 자신의 기술 지원 업체 근무 경력을 언급한 의미는 자신이 문제를 해결할 수도 있다는 것을 나타내므로 (D)가 정답이다.

PART 3 CHAPTER 11

영국 ↔ 미국

Questions 1-3 refer to the following conversation and sign.

W ①**The game is just about to start, but I really need to eat. Do you have any special deals?**

M Yes, check out this sign. With certain items, you can get a free order of nachos. So, if you buy a large soft drink, you get a small order of nachos for free, and if you'd like…

W ②Hmm… **A hot dog sounds good. I'll have that.**

M That's $5, please.

W By the way, ③**I was planning on using my credit card. Is that alright?**

M ③**Of course. We accept all credit cards here.**

오늘의 특가		
음식	가격	무료 나초
탄산음료 대	3.25달러	나초 소
프레첼	4.50달러	나초 중
핫도그	5.00달러	나초 대
피자	7.50달러	나초 특대

1-3번은 다음 대화와 표지판에 관한 문제입니다.

여 ①경기가 이제 막 시작되려고 하는데, 저는 뭔가를 먹어야 해요. 특가 상품 같은 건 없나요?

남 네, 이 표지판을 확인해 주세요. 특정 상품을 사시면, 나초를 무료로 받으실 수 있어요. 그러니까 탄산음료 큰 사이즈를 사시면, 나초 작은 사이즈를 무료로 받으실 수 있고요, 그리고 원하신다면…

여 ②흠… 핫도그가 좋겠네요. 그걸로 할게요.

남 5달러입니다.

여 그런데, ③신용카드를 사용하고 싶은데요. 그래도 되나요?

남 ③물론이죠. 이곳은 모든 신용카드를 받아요.

어휘
special deal 특가 상품 | certain 특정한 | free 무료의 | for free 무료로 | accept 받아들이다

1. Where most likely are the speakers?
(A) At a theater
(B) At a dance club
(C) At a party
(D) At a sports stadium

화자들은 어디에 있겠는가?
(A) 영화관에
(B) 댄스 클럽에
(C) 파티에
(D) 스포츠 경기장에

해설　대화 장소를 묻는 문제 – 대화 초반부에 여자가 경기가 이제 막 시작되려고 하지만 자신이 뭔가를 먹어야 한다고 말한 것으로 보아 (D)가 정답이다.

2. Look at the graphic. What size nachos will the woman receive?
(A) Small
(B) Medium
(C) Large
(D) Extra-large

시각 자료를 보시오. 여자는 어떤 사이즈의 나초를 받을 것인가?
(A) 소
(B) 중
(C) 대
(D) 특대

해설　시각 자료 연계 문제 – 여자가 핫도그가 좋겠다며 그걸로 하겠다고 했고, 시각 자료에서 Hot dog(핫도그)에 제공되는 Free Nachos(무료 나초)가 Large nachos(나초 대)임을 확인할 수 있으므로 (C)가 정답이다.

3. How will the woman pay for her order?
(A) By cash
(B) By credit card
(C) By check
(D) By gift certificate

여자는 주문을 어떻게 지불할 것인가?
(A) 현금으로
(B) 신용카드로
(C) 수표로
(D) 상품권으로

해설　키워드 문제 – 대화 후반부에 여자가 신용카드를 사용하고 싶은데 그래도 되는지 묻자, 남자가 '물론이죠. 이곳은 모든 신용카드를 받아요.'라고 말했으므로 (B)가 정답이다.

BASE 실전훈련　　　본서 p.194

1. (A)　**2.** (C)　**3.** (C)　**4.** (C)　**5.** (A)　**6.** (B)
7. (A)　**8.** (C)　**9.** (A)　**10.** (A)　**11.** (C)　**12.** (B)

영국 ↔ 호주

Questions 1-3 refer to the following conversation.

W Thank you for calling Sanjiv's Catering. How may I help you?

M Hi. ①**This is Tim Sindt, calling from the Sheldon Hotel in Weehawken.** We had arranged for lunch to be delivered at 11:30, but nobody has shown up yet.

W Yes, Mr. Sindt. I'm sorry. The driver just called in. ②**There was something wrong with the van's motor, and he had to pull over and call for help.** We're sending another driver to pick up the food, and we can deliver it to you in about ten minutes.

M OK. That should be fine.

W ③**Thank you for your patience. We won't charge you for today's meal.**

1-3번은 다음 대화에 관한 문제입니다.

여 Sanjiv 케이터링에 전화 주셔서 감사합니다. 무엇을 도와 드릴까요?

남 안녕하세요. **①저는 Weehawken에 있는 Sheldon 호텔에 근무하는 Tim Sindt입니다.** 저희가 11시 30분에 점심 배달을 예약해 놨는데요, 아직 아무도 안 오셨어요.

여 네, Sindt 씨. 죄송합니다. 기사님이 방금 전화 주셨는데요. **②밴 모터에 이상이 있어서, 차를 세우고 지원 요청을 하셔야 했대요.** 저희가 음식을 가지러 다른 기사님을 보낼 건데, 10분 정도 후에 배달해 드릴 수 있습니다.

남 알겠습니다. 그럼 괜찮을 거예요.

여 **③이해해 주셔서 감사합니다. 오늘 식사 요금은 청구하지 않겠습니다.**

어휘
catering 케이터링, 출장 연회 서비스 | arrange for ~을 준비하다, ~의 계획을 짜다 | show up 나타나다 | wrong 틀린, 잘못된 | pull over 차를 대다 | deliver 배달하다 | patience 인내심 | charge 청구하다 | malfunction 고장 나다, 제대로 작동하지 않다

1. Where is the man?
(A) At a hotel
(B) At a delivery service
(C) At a restaurant
(D) At an auto repair shop

남자는 어디에 있는가?
(A) 호텔에
(B) 배송 서비스 회사에
(C) 레스토랑에
(D) 자동차 정비소에

해설 화자의 신분을 묻는 문제 – 남자가 첫 번째 말에서 '저는 Weehawken에 있는 Sheldon 호텔에 근무하는 Tim Sindt입니다.'라고 말한 것으로 보아 (A)가 정답이다.

2. According to the woman, what has caused the delay?
(A) A road is being repaired.
(B) An address is incorrect.
(C) A vehicle has malfunctioned.
(D) A driver has gotten lost.

여자에 따르면, 무엇이 지연을 야기했는가?
(A) 도로가 보수 중이다.
(B) 주소가 잘못됐다.
(C) 차량이 고장 났다.
(D) 운전자가 길을 잃었다.

해설 키워드 문제 – 여자의 두 번째 말에서 기사와 통화했는데 밴 모터에 이상이 있어 차를 세우고 지원 요청을 해야 했다고 남자에게 말했으므로 (C)가 정답이다.

✚ **이렇게 바꿔 썼어요!**
There was something wrong with the van's motor → A vehicle has malfunctioned

3. What does the woman offer to do?
(A) Look up some information
(B) Send some extra items
(C) Provide a free service
(D) Meet the customer in person

여자는 무엇을 하겠다고 제안하는가?
(A) 정보를 찾아보겠다고
(B) 물건을 더 보내겠다고
(C) 무료 서비스를 제공하겠다고

(D) 고객을 직접 만나겠다고

해설 제안·요청을 묻는 문제 – 여자가 마지막 말에서 남자에게 이해해 줘서 고맙다며 오늘 식사 요금은 청구하지 않겠다고 말했으므로 (C)가 정답이다.

미국 ↔ 미국

Questions 4-6 refer to the following conversation.

M **④Naoko, we have a customer who wants to buy this jacket in an extra-large size. ⑤Could you help me get one from the back, please?**

W **⑤I'm sorry, but my shift just ended.**

M Well, it would be nice if you could help me get this one last item before you leave.

W OK, I'll do that right away. But **⑥I don't think we have any extra-large jackets in stock at the moment. I'll check to make sure, but we may need to have it sent from another branch.**

4-6번은 다음 대화에 관한 문제입니다.

남 **④Naoko, 이 재킷을 특대 사이즈로 구매하고 싶어 하는 고객이 있는데요. ⑤창고에서 하나 가져다주시겠어요?**

여 **⑤죄송하지만, 제 교대 근무가 방금 끝나서요.**

남 어, 가시기 전에 이걸 마지막으로 갖다주시면 좋겠는데요.

여 알겠습니다, 지금 바로 해 드릴게요. 그런데 **⑥특대 사이즈 재킷이 지금은 재고로 없을 거예요.** 명확히 하기 위해 확인하겠지만, 다른 지점에서 보내 달라고 해야 할지도 몰라요.

어휘
extra-large 특대의 | shift 교대 근무 | end 끝나다 | leave 떠나다 | right away 곧바로 | in stock 재고가 있는 | at the moment 지금 | check 확인하다 | make sure (~을) 확실히[명확히] 하다 | branch 지점 | decline 거절하다 | leave for the day 퇴근하다

4. Where do the speakers most likely work?
(A) At a museum gift shop
(B) At an office supply store
(C) At a clothing shop
(D) At a grocery store

화자들은 어디서 일하겠는가?
(A) 박물관 선물 가게에서
(B) 사무용품점에서
(C) 옷 가게에서
(D) 식료품점에서

해설 화자의 신분을 묻는 문제 – 대화 초반부에 남자가 'Naoko, 이 재킷을 특대 사이즈로 구매하고 싶어 하는 고객이 있는데요.'라고 말한 것으로 보아 (C)가 정답이다.

5. Why does the woman decline the man's request at first?
(A) She is leaving for the day.
(B) She is working on a window display.
(C) She is not familiar with the merchandise.
(D) She is helping another client.

여자는 처음에 남자의 요청을 왜 거절하는가?
(A) 퇴근 중이다.
(B) 창 진열 작업을 하고 있다.

(C) 그 상품에 친숙하지 않다.
(D) 다른 고객을 돕고 있다.

해설 키워드 문제 – 대화 초반부에 남자가 여자에게 창고에서 재킷을 가져다 달라고 요청하자, 여자가 미안하지만 자신의 교대 근무는 방금 끝났다고 말했으므로 (A)가 정답이다.

➕ **이렇게 바꿔 썼어요!**
my shift just ended → She is leaving for the day

6. What does the woman say about an item?
(A) It is currently being discounted.
(B) It may have to be delivered.
(C) It is no longer being manufactured.
(D) It may be available in a different color.

물품에 관하여 여자가 말한 것은?
(A) 현재 할인 중이다.
(B) 배달되어야 할지도 모른다.
(C) 더 이상 제작되지 않는다.
(D) 다른 색상으로 이용할 수 있을지도 모른다.

해설 키워드 문제 – 여자의 마지막 말에서 여자가 지금 특대 사이즈 재킷 재고가 없는 것 같다며, 아마 다른 지점에 하나 보내 달라고 해야 할지도 모른다고 말했으므로 (B)가 정답이다.

➕ **이렇게 바꿔 썼어요!**
we may need to have it sent from another branch → It may have to be delivered

영국 ↔ 미국

Questions 7-9 refer to the following conversation.
W Hello, **⁷I need to have some work done in my yard.**
M **⁷We'd be glad to help.** What do you have in mind?
W Well, with the recent hot weather, all my flowers have wilted, so I want to have new ones planted.
M Of course. **⁸Is there anything else that requires attention?**
W **⁸Actually, come to think of it, there are some bushes that have gotten too big. Do you think you can send somebody out this week?**
M That should be no problem. **⁹I'll just need a few minutes to review our schedule and then find a convenient time for you.**

7-9번은 다음 대화에 관한 문제입니다.
여 안녕하세요, ⁷저희 집 마당에 작업을 좀 해야 해서요.
남 ⁷기꺼이 도와드릴게요. 생각해 두신 게 있으세요?
여 음, 최근 무더운 날씨로 제 꽃들이 전부 시들어 버려서, 새로 심고 싶어요.
남 물론이죠. ⁸손봐야 할 게 또 있을까요?
여 ⁸실은, 그리고 보니, 너무 커진 덤불이 있어요. 이번 주에 사람을 보낼 수 있으세요?
남 문제없어요. ⁹저희 일정을 검토해 볼 시간이 좀 필요해요, 그런 다음 고객님께 편한 시간을 찾아 드릴게요.

어휘
yard 마당 | have something in mind ~를 염두에 두다 | wilt 시들다 | plant 심다 | require 요구하다 | attention 주의, 관심 | come to think of it 그러고 보니 | bush 덤불 | convenient 편리한 | landscaping 조경

7. Where does the man most likely work?
(A) At a landscaping company
(B) At a travel agency
(C) At an accounting firm
(D) At a broadcasting station

남자는 어디에서 일하겠는가?
(A) 조경회사에서
(B) 여행사에서
(C) 회계법인에서
(D) 방송국에서

해설 화자의 신분을 묻는 문제 – 대화 초반부에 여자가 자신의 집 마당에 작업을 좀 해야 한다고 말하자, 남자가 기꺼이 도와주겠다고 말했으므로 (A)가 정답이다.

8. Why does the woman say, "there are some bushes that have gotten too big"?
(A) To complain about a service
(B) To express that she has changed her mind
(C) To imply that she needs additional help
(D) To disagree with the man's opinion

여자는 왜 "너무 커진 덤불이 있어요"라고 말하는가?
(A) 서비스에 관해 불평하기 위해
(B) 마음을 바꿨다고 표현하기 위해
(C) 도움이 추가로 필요함을 나타내기 위해
(D) 남자의 의견에 동의하지 않기 위해

해설 화자 의도 파악 문제 – 대화 중반부에 남자가 손봐야 할 게 또 있냐고 묻자, 여자가 너무 커진 덤불이 있다며 이번 주에 사람을 보낼 수 있는지 묻는 것으로 보아 (C)가 정답이다.

9. What will the man probably do next?
(A) Confirm availability of some staff
(B) Check a warehouse for some tools
(C) Contact a vendor for a price estimate
(D) E-mail a link to a Web site

남자는 다음에 무엇을 하겠는가?
(A) 직원이 시간이 되는지 확인할 것이다
(B) 창고에 어떤 장비가 있는지 확인할 것이다
(C) 가격 견적을 위해 판매사에 연락할 것이다
(D) 웹사이트 링크를 이메일로 보낼 것이다

해설 다음에 할 일을 묻는 문제 – 남자가 마지막 말에서 일정을 검토해 보고 여자에게 편한 시간을 찾아 주겠다고 말했으므로 (A)가 정답이다.

호주 ↔ 영국

Questions 10-12 refer to the following conversation and building layout.
M Hello, **¹⁰I'm with Broadmoor Locksmiths. I'm here to make the repair you called about.**
W Oh, thank you for coming in on such short notice. It is a major security breach to have one of our entrances unlocked.
M Don't worry. I know where the problem is, so I'll go there now.
W Thank you so much. Do you think it will be done before 9 A.M.? **¹¹Our researchers are only supposed to**

use that entrance to get to work.

M I don't think that will be a problem.

W That's great. ¹²**By the way, please remember to sign in when you go into that area.**

10-12번은 다음 대화와 건물의 배치도에 관한 문제입니다.

남 안녕하세요. ¹⁰저는 Broadmoor 자물쇠 수리점에서 나왔습니다. 전화 주신 수리를 하러 왔습니다.

여 아, 급하게 요청했는데 와주셔서 감사합니다. 저희 출입문 중 하나라도 잠겨 있지 않은 건 주요 보안 위반 사항이거든요.

남 걱정 마세요. 제가 문제가 어딘지 아니까, 지금 거기로 가볼게요.

여 정말 감사드려요. 오전 9시 전에 완료될까요? ¹¹저희 연구원들이 출근할 때 그 문만 이용하도록 되어 있거든요.

남 문제없을 거예요.

여 다행입니다. ¹²그런데, 그 구역에 들어가실 때 서명하시는 거 잊지 말아 주세요.

어휘
layout 배치도 | locksmith 자물쇠 수리공 | repair 수리 | short notice 급한 요청 | security 보안 | breach 위반 | entrance 입구 | unlocked 잠겨 있지 않은 | researcher 연구원 | sign in 서명하다 | instructions 설명서

10. What most likely is the man's job?
(A) Locksmith
(B) Engineer
(C) Plumber
(D) Receptionist

남자의 직업은 무엇이겠는가?
(A) 자물쇠 수리공
(B) 엔지니어
(C) 배관공
(D) 안내원

해설 화자의 신분을 묻는 문제 – 남자의 첫 번째 말에서 자신은 Broadmoor 자물쇠 수리점에서 왔다며, 전화로 말한 수리를 처리하기 위해 방문했다고 말했으므로 (A)가 정답이다.

11. Look at the graphic. Which entrance are the speakers discussing?
(A) North Entrance
(B) South Entrance
(C) East Entrance
(D) West Entrance

시각 자료를 보시오. 화자들은 어떤 문을 이야기하고 있는가?
(A) 북문
(B) 남문
(C) 동문

(D) 서문

해설 시각 자료 연계 문제 – 여자가 연구원들이 출근할 때 그 문만 이용하도록 되어 있다고 말했는데, 시각 자료에서 연구 실험실에 있는 문이 East Entrance(동문)임을 확인할 수 있으므로 (C)가 정답이다.

12. What does the woman remind the man to do?
(A) Remove his jacket
(B) Provide a signature
(C) Park behind the building
(D) Read some instructions

여자는 남자에게 무엇을 하라고 상기시키는가?
(A) 재킷을 벗으라고
(B) 서명을 해달라고
(C) 건물 뒤에 주차하라고
(D) 설명서를 읽으라고

해설 제안·요청을 묻는 문제 – 여자가 마지막 말에서 남자에게 그 구역에 들어갈 때 서명하는 거 잊지 말라고 말했으므로 (B)가 정답이다.

➕ 이렇게 바꿔 썼어요!
sign in → Provide a signature

PART 4

CHAPTER 12 대면과 비대면

BASE 집중훈련
본서 p.205

1. (A)　**2.** (B)　**3.** (A)

미국

Questions 1-3 refer to the following announcement.

M ❶Now, before we start <u>serving</u> customers, congratulations to all of you on a great month. The <u>owners</u> are very happy about the number of meals that have been served by our <u>restaurant</u>. I also need to let you know about a couple of things. ❷<u>Servers</u> who want to <u>wear</u> their own <u>clothing</u> will need to <u>avoid wearing</u> blue jeans and T-shirts from now on. I know these were <u>allowed</u> in the past, but we have decided to <u>revise that policy</u>. ❸One more thing: next week, a <u>construction</u> crew will be here to <u>work on</u> the new section of our building. So we'll be <u>open for business</u>, but you will need to explain to customers what's going on.

1-3번은 다음 공지에 관한 문제입니다.

남 ❶자, 우리가 고객 응대를 시작하기 전에, 정말 좋은 한 달을 보낸 여러분 모두에게 축하의 말을 전하고 싶네요. 회사 측에서는 우리 식당이 서빙한 요리 개수에 대해 매우 만족하고 있어요. 또한, 몇 가지를 더 알려드려야 해요. ❷개인 의상을 착용하길 원하는 서버들은 이제부터 청바지와 티셔츠 착용을 삼가야 합니다. 예전에는 이것이 허용되었다는 걸 알지만, 이 정책을 개정하기로 했어요. ❸한 가지 더, 다음 주에 우리 건물의 새로운 구역을 작업하기 위해 건설 노동자들이 올 겁니다. 따라서 우린 영업을 하겠지만, 손님들에게 무슨 일인지 설명해야 할 것입니다.

어휘
customer 고객 | great 정말 좋은 | owner 주인 | meal 요리 | clothing 옷 | avoid 피하다 | allow 허용하다 | revise 개정하다 | policy 정책 | construction crew 건설 노동자 | explain 설명하다

1. Where do the listeners probably work?
(A) At a restaurant
(B) At a clothing retailer
(C) At a museum
(D) At an IT firm

청자들은 어디서 일하겠는가?
(A) 식당에서
(B) 의류 매장에서
(C) 박물관에서
(D) IT 회사에서

해설 청자의 신분을 묻는 문제 – 담화 초반부에 화자가 고객 응대를 시작하기 전에 정말 좋은 한 달을 보낸 청자들에게 축하의 말을 전하고 싶다며, 회사 측에서는 서빙 요리 개수에 대해 매우 만족하고 있다고 말한 것으로 보아 (A)가 정답이다.

2. What kind of policy has changed?
(A) Vacation request
(B) Dress code
(C) Phone usage
(D) Employee parking

어떤 정책이 변경되었는가?
(A) 휴가 신청
(B) 복장 규정
(C) 전화 사용
(D) 직원 주차

해설 키워드 문제 – 담화 중반부에 화자가 개인 의상을 착용하길 원하는 서버들은 이제부터 청바지와 티셔츠 착용을 삼가야 하며 예전에는 허용되었지만 정책을 개정하기로 했다고 말했으므로 (B)가 정답이다.

✚ 이렇게 바꿔 썼어요!
revise → change

3. What will happen next week?
(A) Some construction will be performed.
(B) A conference will be held.
(C) Some documents will be distributed.
(D) A new branch will be opened.

다음 주에 무슨 일이 있을 것인가?
(A) 공사가 진행될 것이다.
(B) 콘퍼런스가 열릴 것이다.
(C) 문서가 배포될 것이다.
(D) 새 지점이 문을 열 것이다.

해설 키워드 문제 – 담화 후반부에 화자가 다음 주에 자신들의 건물의 새로운 구역을 작업하기 위해 건설 노동자들이 올 거라고 말했으므로 (A)가 정답이다.

BASE 집중훈련
본서 p.209

1. (C)　**2.** (B)　**3.** (D)

미국

Questions 1-3 refer to the following telephone message.

M Hey, Daniel. ❶I'm leaving you this message <u>in regard to</u> the <u>mobile phone app</u> for our travel blog. ❷Our <u>chief editor</u> wants our app to include more cities—with one of them being Helensburgh. And well, since you're a Helensburgh <u>native</u>, I recommended you for the project. I'm sure you can <u>provide information</u> on great tourist sites and dining spots in the area, and that'll definitely be <u>useful</u> for our blog. ❸I want to <u>book a meeting room</u> sometime this week to <u>go over</u> the specifics. Once you get this message, please <u>give me a call</u>, and let me know when would be a good time for you.

1-3번은 다음 전화 메시지에 관한 문제입니다.

남 안녕하세요, Daniel. 저희 여행 블로그용 ❶모바일 앱과 관련하여 메시지를 남깁니다. ❷저희 편집장님은 앱에 더 많은 도시가 포함되길 원하세요—그중 한 곳이 Helensburgh예요. 당신이 Helensburgh

출신이어서, 제가 당신을 그 프로젝트에 추천했어요. 저는 당신이 그 지역의 유명 관광 명소와 식당에 대한 정보를 제공해 줄 수 있을 거라고 믿고 있으며, 분명 저희 블로그에 유용할 거예요. 세부 사항을 논의하기 위해 **■이번 주 중에 회의실을 예약하고 싶은데요.** 이 메시지 받으시면, 저에게 전화 부탁드리고, 언제가 좋은지 알려주세요.

어휘
in regard to ~과 관련하여 I native 출신자 I spot (특정한) 장소, 자리 I go over ~을 검토하다 I specifics 세부 사항 I assign 배정하다 I knowledgeable 많이 아는

1. What is the speaker calling about?
(A) A revised menu
(B) A business relocation
(C) A mobile application
(D) A tour service

화자는 무엇에 관해 전화하고 있는가?
(A) 수정된 메뉴
(B) 사업장 이전
(C) **모바일 앱**
(D) 투어 서비스

해설 주제·목적을 묻는 문제 – 담화 초반부에 화자가 모바일 앱과 관련하여 메시지를 남긴다고 말했으므로 (C)가 정답이다.

2. Why has the listener been assigned to a project?
(A) He is skilled at using computers.
(B) He is knowledgeable about a town.
(C) He is fluent in many languages.
(D) He is very sociable.

청자는 왜 프로젝트에 배정되었는가?
(A) 컴퓨터 사용에 능숙하다.
(B) **어떤 도시에 관해 많이 알고 있다.**
(C) 여러 언어에 능통하다.
(D) 매우 사교적이다.

해설 키워드 문제 – 담화 중반부에 화자가 자신의 편집장이 앱에 포함되길 원하는 곳 중 하나가 Helensburgh인데, 그곳 출신인 청자를 그 프로젝트에 추천했다고 말하며, 청자가 그 지역의 유명 관광 명소와 식당에 대한 정보를 제공해 줄 수 있을 거라고 믿는다고 했으므로 (B)가 정답이다.

3. What would the speaker like to do?
(A) Negotiate a cost
(B) Change an agenda
(C) Postpone an event
(D) Reserve a room

화자는 무엇을 하고 싶어 하는가?
(A) 비용을 협상하고 싶어 한다
(B) 안건을 바꾸고 싶어 한다
(C) 행사를 연기하고 싶어 한다
(D) **방을 예약하고 싶어 한다**

해설 키워드 문제 – 담화 후반부에 화자가 이번 주 중에 회의실을 예약하고 싶다고 말했으므로 (D)가 정답이다.

✚ 이렇게 바꿔 썼어요!
want to → would like to, book → Reserve

BASE 집중훈련

본서 p.213

1. (B) **2.** (C) **3.** (D)

미국

Questions 1-3 refer to the following telephone message.

W This call is for Ms. Chandra. My name is Whitney Levine from MB Financial. I wanted to thank you for taking the time to interview for the senior account representative position. **■We believe that you will be a great addition to our company. ■Remember, our office is in Berlin, which means you'll have to move to Germany.** But you have nothing to worry about. It's a wonderful country with rich history and culture. I'll be emailing you your contract shortly, so please look it over. **■And in case you forgot, MB Financial will be closed all next week.**

1-3번은 다음 전화 메시지에 관한 문제입니다.

여 Chandra 씨께 전화드립니다. 저는 MB 금융의 Whitney Levine입니다. 선임 고객 관리자 직무 면접에 시간을 내주셔서 감사드립니다. **■귀하가 저희 회사에 큰 보탬이 되실 거라 믿습니다. ■기억하셔야 할 것이, 저희 사무실이 Berlin에 있다는 것입니다. 즉, 그 말은 독일로 이주하셔야 함을 의미합니다.** 하지만 걱정하실 것은 하나도 없습니다. 역사와 문화유산이 풍부한 나라거든요. 제가 계약서를 조만간 이메일로 보내드릴 테니, 꼼꼼히 살펴봐 주세요. **■그리고 혹시 잊으셨을까 봐 알려드리면, MB 금융은 다음 주 내내 문을 닫습니다.**

어휘
senior 선임의, 상급의 I account 고객, 계정 I representative 대표자, 대리인 I position 직무 I addition 추가(된 것) I contract 계약서 I shortly 곧 I look over ~을 살펴보다 I in case ~할 경우에 대비해서 I relocate 이주하다, 이동하다

1. Why is the speaker calling?
(A) To schedule a meeting
(B) To make a job offer
(C) To confirm a travel itinerary
(D) To review a contract

화자는 왜 전화하고 있는가?
(A) 회의 일정을 잡으려고
(B) **구직 제안을 하려고**
(C) 여행 일정을 확인하려고
(D) 계약서를 살펴보려고

해설 주제·목적을 묻는 문제 – 담화 초중반에 화자는 청자가 당사에 큰 보탬이 될 거라 믿는다고 말했으므로 (B)가 정답이다.

2. What does the speaker say the listener will be required to do?
(A) Approve an application
(B) Finish a certification course
(C) Relocate to a new country
(D) Renew a passport

화자는 청자가 무엇을 해야 할 거라고 말하는가?
(A) 신청서를 승인해야 할 거라고
(B) 인증 과정을 마쳐야 할 거라고
(C) **새로운 국가로 이주해야 할 거라고**
(D) 여권을 갱신해야 할 거라고

3. What does the speaker say will happen next week?
(A) Reservations will be made.
(B) Event invitations will be sent.
(C) A board member will retire.
(D) A business will not open.

화자는 다음 주에 무슨 일이 있을 거라고 말하는가?
(A) 예약을 할 것이다.
(B) 행사 초대장이 발송될 것이다.
(C) 이사회 위원이 은퇴할 것이다.
(D) 사업체가 문을 열지 않을 것이다.

BASE 실전훈련

본서 p.214

1. (A) **2.** (B) **3.** (C) **4.** (A) **5.** (A) **6.** (C)
7. (C) **8.** (A) **9.** (A) **10.** (B) **11.** (B) **12.** (D)

영국

Questions 1-3 refer to the following telephone message.

W ❶Good afternoon. I'm Ann Walters calling from Elkton University Cafeteria. ❷Our cafeteria gets a lot of Chinese students, so I was thinking of purchasing more ingredients native to their home country. ❸I see from your Web site that your company offers a wide variety of products from China. I was wondering if I would be able to get a discount if I purchased in bulk. Please call me back at 555-4414 to discuss this. Thank you.

1-3번은 다음 전화 메시지에 관한 문제입니다.

C ❶안녕하세요. Elkton 대학교 구내식당의 Ann Walters 전화드립니다. ❷저희 구내식당에 중국 학생들이 많이 찾아오기 때문에, 그들 고국 고유의 재료들을 더 구매할 생각입니다. ❸웹사이트를 보니 다양한 중국산 제품들을 제공하고 계시네요. 대량으로 구매하면 할인을 받을 수 있을지 궁금합니다. 이 점에 대해 의논해 보기 위해 555-4414로 전화 주시기 바랍니다. 고맙습니다.

어휘
cafeteria 구내식당 | ingredient 재료 | native to ~에 고유한 | in bulk 대량으로 | appliance 기기 | update 갱신하다

1. Where does the speaker work?
(A) At a school cafeteria
(B) At a catering company
(C) At a culinary institute
(D) At a food magazine

화자는 어디에서 근무하는가?
(A) 학교 구내식당에서
(B) 출장 뷔페 회사에서
(C) 요리 학교에서
(D) 음식 잡지에서

2. What is the speaker calling about?
(A) Recipes from a cookbook
(B) Ingredients from another country
(C) Appliances for a kitchen
(D) Furniture for a restaurant

화자는 무엇에 관해 전화하고 있는가?
(A) 요리책에 나온 조리법
(B) 다른 나라에서 온 재료
(C) 주방용 기기
(D) 식당용 가구

3. Why does the speaker want to be called back?
(A) To update some payment information
(B) To schedule a meeting time
(C) To talk about an order
(D) To ask about a refund policy

화자는 왜 응답 전화를 받고 싶어 하는가?
(A) 결제 정보를 갱신하기 위해
(B) 회의 일정을 잡기 위해
(C) 주문에 관해 이야기하기 위해
(D) 환불 정책에 대해 묻기 위해

미국

Questions 4-6 refer to the following excerpt from a meeting.

M ❹Last quarter, when revenues at Boller Electronics fell yet again, the board of directors made the decision to reexamine our brand. Our analysts found that our products were being overlooked by young adults who think our products—especially our smart devices—lack essential features and are unattractive. As a result, ❺we've revamped our product line to target younger consumers and have named it Boll Future. We even hired a fashion designer to give our products a <u>fresh look</u>. The expected <u>launch</u> date is in April, so **[6]I want you, the public relations team, to set up a press conference**, so we can <u>announce</u> the big news.

4-6번은 다음 회의 발췌록에 관한 문제입니다.

남 **[4]지난 분기, Boller 전자의 수익이 다시 한번 더 떨어졌을 때, 이사회는 우리의 브랜드를 재검토하기로 결정했습니다.** 분석가들은 청년들이 우리의 제품, 특히 우리의 스마트 기기들에 필수 기능들이 부족하고 매력이 없다고 생각해서 우리 제품을 고려 대상으로 삼지 않고 있음을 발견했습니다. 결과적으로, **[5]우리는 젊은 소비자들을 겨냥하기 위해 우리의 제품 라인을 개량했고, 그것을 Boll Future로 이름 지었습니다.** 더욱이 우리는 제품이 새로운 외관을 가질 수 있도록 패션 디자이너를 고용하기도 했습니다. 출시 예정일이 4월이니, 이 놀라운 소식을 전할 수 있도록 **[6]홍보팀인 여러분이 기자 회견을 잡아 주기를 바랍니다.**

어휘
revenue 수익 | yet again 다시 한번 더 | board of directors 이사회 | make a decision 결정하다 | reexamine 재검토하다 | overlook (제품이나 일자리 등을) 고려 대상으로 삼지 않다 | device 기기, 장치 | revamp 개량하다 | target 겨냥하다, 목표로 삼다 | fresh look 새로운 모습[외관] | launch date 출시일 | public relations 홍보, 선전 | set up (일정을) 마련하다 | press conference 기자 회견

4. What does the speaker's company mainly sell?
(A) Consumer electronics
(B) Office furniture
(C) Fashion accessories
(D) Automotive parts

화자의 회사는 주로 무엇을 판매하는가?
(A) 가전제품
(B) 사무용 가구
(C) 패션 액세서리
(D) 자동차 부품

해설 키워드 문제 – 담화 초반부에 화자가 지난 분기에 Boller 전자의 수익이 다시 한번 더 떨어졌을 때, 이사회는 본사의 브랜드를 재검토하기로 결정했다고 말했으므로 (A)가 정답이다.

5. How has the company addressed a problem?
(A) By revising a product line
(B) By improving its customer service
(C) By redesigning a Web site
(D) By reducing prices

회사는 문제를 어떻게 해결했는가?
(A) 제품 라인을 수정함으로써
(B) 고객 서비스를 개선함으로써
(C) 웹사이트를 다시 디자인함으로써
(D) 가격을 낮춤으로써

해설 키워드 문제 – 담화 중반부에 회사가 젊은 소비자들을 겨냥하기 위해 제품 라인을 개량했다고 말했으므로 (A)가 정답이다.

➕ 이렇게 바꿔 썼어요!
revamp → revise

6. What does the speaker ask the listeners to do?
(A) Review some data
(B) Train some employees
(C) Set up a press conference

(D) Write a news article

화자는 청자들에게 무엇을 하라고 요청하는가?
(A) 데이터를 검토하라고
(B) 직원들을 교육하라고
(C) 기자 회견을 잡으라고
(D) 뉴스 기사를 작성하라고

해설 제안·요청을 묻는 문제 – 담화 후반부에 화자가 청자들, 즉 홍보팀이 기자 회견을 잡아 주기를 바란다고 말했으므로 (C)가 정답이다.

[호주]

Questions 7-9 refer to the following telephone message.

M Hello, Maureen. **[7]This call is to <u>update</u> you on the <u>ceramics class</u> that Kevin Capela and I are leading at the recreation center next Wednesday.** <u>Preparations</u> are nearly complete. **[8]We have <u>finalized</u> the samples that will be used during <u>class</u>,** and I've emailed you some photos of them. I am <u>concerned</u> about one thing though—15 participants is <u>more than</u> we expected. **[9]And it's only Kevin and me. We <u>won't be able to provide</u> as much individual <u>guidance</u> with a class of that <u>size</u>.** However, we're also free on Thursday. Please contact me so we can talk about this in more detail.

7-9번은 다음 전화 메시지에 관한 문제입니다.

남 안녕하세요, Maureen. **[7]Kevin Capela와 제가 다음 주 수요일 레크리에이션 센터에서 진행하는 도자기 수업에 관해 알려드릴 내용이 있어 전화 드립니다.** 준비가 거의 완료되었습니다. **[8]저희는 수업에서 사용할 샘플을 마무리했고,** 사진 몇 장을 이메일로 보내드렸습니다. 그런데 한 가지 걱정되는 게 있는데요. 참석자가 15명인데, 저희 예상보다 많아요. **[9]그리고 저랑 Kevin뿐이라서요. 저희는 그 정도 규모의 수업에서는 개인 지도를 많이 해드릴 수 없을 거예요.** 그런데 저희가 목요일에도 시간이 됩니다. 더 자세한 이야기를 나눌 수 있게 연락 부탁드려요.

어휘
ceramics 도자기 | lead 이끌다 | preparation 준비 | complete 완료된, 완전한 | finalize 마무리 짓다 | be concerned about ~을 걱정하다 | participant 참가자 | individual 개인 | guidance 지도, 안내 | free 다른 계획[약속]이 없는, 한가한 | in detail 자세히 | attendance 출석, 참석

7. What is the speaker planning for next week?
(A) A book reading
(B) A painting workshop
(C) A ceramics class
(D) An anniversary celebration

화자는 다음 주에 무엇을 할 계획인가?
(A) 책 읽기
(B) 페인팅 워크숍
(C) 도자기 수업
(D) 기념일 축하 행사

해설 키워드 문제 – 담화 초반부에 화자가 'Kevin Capela와 제가 다음 주 수요일 레크리에이션 센터에서 진행하는 도자기 수업에 관해 알려드릴 내용이 있어 전화드립니다.'라고 말한 것으로 보아 (C)가 정답이다.

8. What does the speaker say he sent to the listener?
(A) A photograph
(B) A map
(C) A brochure
(D) A list

화자는 청자에게 무엇을 보냈다고 말하는가?
(A) 사진
(B) 지도
(C) 안내 책자
(D) 목록

해설 키워드 문제 – 담화 중반부에 화자가 수업에서 사용할 샘플을 마무리했고 사진 몇 장을 이메일로 청자에게 보냈다고 말했으므로 (A)가 정답이다.

✚ 이렇게 바꿔 썼어요!
photo → photograph

9. Why does the speaker say, "However, we're also free on Thursday"?
(A) To offer running an extra session
(B) To confirm attendance
(C) To propose a tuition increase
(D) To inform of a scheduling error

화자는 왜 "그런데 저희가 목요일에도 시간이 됩니다"라고 말하는가?
(A) 추가 수업 진행을 제안하려고
(B) 출석을 확인하려고
(C) 수업료 인상을 제안하려고
(D) 일정상의 오류를 알려주려고

해설 화자 의도 파악 문제 – 담화 후반부에 화자가 수업 진행 인원이 자신과 Kevin뿐이며 15명 규모의 수업에서는 개인 지도를 많이 해줄 수 없을 거라고 하면서, 자신들은 목요일에도 시간이 된다고 하여 수요일 외에 목요일 수업의 가능성을 시사했으므로 (A)가 정답이다.

미국

Questions 10-12 refer to the following excerpt from a meeting and agenda.

M Hello. ¹⁰**It's a pleasure to welcome you as employees of Colton Incorporated.** I'm Chad White, and I'll be conducting your orientation. ¹¹**We'll start by learning about the history of our kitchen appliance company.** Then, you'll hear from the leaders of the departments whose cooperation has made us a top supplier of blenders, food processors, and other cooking tools. ¹²**Leilani Mirza was scheduled to introduce her team first, but she was called into an emergency meeting. So we'll start with the senior manager of the marketing division.**

아침 교육

9:00	회사 연혁
9:30	Leilani Mirza 영업 부사장
10:00	Jody Doherty 제조 부서 이사
10:30	Alvin Goldstein 품질 보증 부서 부서장
11:00	Weiqi Hu 마케팅 부서 선임 부장

10-12번은 다음 회의 발췌록과 일정에 관한 문제입니다.

남 안녕하세요. ¹⁰Colton사 직원이 되신 것을 기쁜 마음으로 환영합니다. 저는 Chad White이며, 여러분의 오리엔테이션을 진행할 겁니다. ¹¹우선 우리 주방용품 회사 연혁에 관해 배우면서 시작하도록 하겠습니다. 그런 다음, 함께 협력하여 우리 회사를 최고의 믹서기, 만능 조리 기구 및 기타 조리 기구 공급사로 만들어준 부서장님들의 말씀을 듣겠습니다. ¹²Leilani Mirza께서 첫 번째로 팀 소개를 하기로 하셨지만, 긴급회의에 들어가셨습니다. 그래서 마케팅 부서 선임 부장님 먼저 시작하실 겁니다.

어휘
pleasure 기쁨 I incorporated 주식회사 I kitchen appliance 주방용품 I cooperation 협력 I blender 믹서기 I food processor 만능 조리 기구 I manufacturing 제조 I quality assurance 품질 보증

10. Who most likely are the listeners?
(A) College students
(B) New employees
(C) Possible investors
(D) Restaurant owners

청자들은 누구이겠는가?
(A) 대학교 학생
(B) 신입 사원
(C) 잠재 투자자
(D) 식당 주인

해설 청자의 신분을 묻는 문제 – 담화 초반부에 화자가 청자들에게 Colton 사 직원이 된 것을 기쁜 마음으로 환영한다고 말한 것으로 보아 (B)가 정답이다.

11. What type of products does the company make?
(A) Construction supplies
(B) Kitchen equipment
(C) Sporting goods
(D) Fruit beverages

회사는 어떤 제품을 생산하는가?
(A) 건축 자재
(B) 주방용품
(C) 스포츠 용품
(D) 과일 음료

해설 키워드 문제 – 담화 중반부에 화자가 오리엔테이션을 당사 주방용품 회사의 연혁에 관해 배우면서 시작하도록 하겠다고 말했으므로 (B)가 정답이다.

✚ 이렇게 바꿔 썼어요!
appliance → equipment

12. Look at the graphic. Who will speak next?
(A) Leilani Mirza
(B) Jody Doherty
(C) Alvin Goldstein
(D) Weiqi Hu

시각 자료를 보시오. 다음에 누가 발표하겠는가?
(A) Leilani Mirza
(B) Jody Doherty
(C) Alvin Goldstein
(D) Weiqi Hu

해설 시각 자료 연계 문제 – 담화 후반부에 화자가 첫 번째로 팀 소개를 하기로 한 Leilani Mirza가 긴급회의에 들어가서 마케팅 부서 선임 부장이 먼저 시작할 거라고 말했고, 시각 자료에서 Senior Marketing Manager(마케팅 부서 선임 부장)이 Weiqi Hu임을 확인할 수 있으므로 (D)가 정답이다.

CHAPTER 13 방송

BASE 집중훈련
본서 p.221
1. (B)   **2.** (D)   **3.** (D)

호주

Questions 1-3 refer to the following announcement.

M ①**This is an important announcement for all passengers scheduled to board train R205 to Berlin.** Due to some technical difficulties with our computers, online reservations and ticketing information cannot be accessed right now. ②**Please do not worry as we have dealt with similar matters before, and our highly-trained staff is working on it.** ③**As soon as more information is made available, I'll be sure to make another announcement.** We appreciate your understanding.

1-3번은 다음 안내 방송에 관한 문제입니다.

남 ①Berlin행 R205 열차에 탑승 예정이신 모든 승객분들께 중요한 안내 말씀을 드립니다. 컴퓨터의 기술적인 문제로 인해, 온라인 예약과 매표 정보에 지금 당장 접속할 수가 없습니다. ②전에 유사한 문제를 처리한 적이 있으니 염려하지 마십시오, 더욱이 저희의 숙련된 직원들이 이 문제에 대해 작업하고 있습니다. ③더 많은 정보가 입수되는 대로, 다시 안내해 드리겠습니다. 양해해 주셔서 감사합니다.

어휘
passenger 승객 | board 탑승하다 | technical 기술적인 | reservation 예약 | ticketing 매표 | access 접근하다, 이용하다 | deal with ~을 처리하다 | matter 문제 | highly-trained 고도로 훈련된 | appreciate 감사하다 | understanding 이해

1. Where does the speaker work?
(A) At a technical college
(B) At a railway station
(C) At a government office
(D) At a hotel

화자는 어디에서 근무하는가?
(A) 기술 전문 대학에서
(B) 철도역에서
(C) 관공서에서
(D) 호텔에서

해설 화자의 신분을 묻는 문제 – 담화 처음에 화자가 'Berlin행 R205 열차에 탑승 예정이신 모든 승객분들께 중요한 안내 말씀을 드립니다.'라고 말했으므로 (B)가 정답이다.

✛ **이렇게 바꿔 썼어요!**
train → railway

2. What does the speaker imply when he says, "our highly-trained staff is working on it"?
(A) Additional workers are not needed.
(B) Some employees graduated recently.
(C) A training session is full.
(D) An issue will be fixed quickly.

화자가 "저희의 숙련된 직원들이 이 문제에 대해 작업하고 있습니다"라고 말할 때, 그가 내비친 것은?
(A) 직원들이 더 필요하지 않다.
(B) 몇몇 직원들이 최근에 졸업했다.
(C) 교육 세션이 꽉 차 있다.
(D) 문제가 빨리 해결될 것이다.

해설 화자 의도 파악 문제 – 담화 중반부에 화자가 자신들이 전에 유사한 문제를 처리한 적이 있으니 염려치 말라고 하며, 숙련된 직원들이 이 문제에 대해 작업하고 있다고 말했으므로 (D)가 정답이다.

✛ **이렇게 바꿔 썼어요!**
matter → issue

3. What does the speaker say he will do?
(A) Upgrade a reservation
(B) Distribute some refreshments
(C) Prepare an invoice
(D) Share updates

화자는 무엇을 하겠다고 말하는가?
(A) 예약을 업그레이드하겠다고
(B) 다과를 나눠주겠다고
(C) 송장을 준비하겠다고
(D) 최신 소식을 공유하겠다고

해설 다음에 할 일을 묻는 문제 – 담화 마지막에 화자가 더 많은 정보가 입수되는 대로 다시 안내하겠다고 말했으므로 (D)가 정답이다.

✛ **이렇게 바꿔 썼어요!**
make another announcement → Share updates

BASE 집중훈련
본서 p.225
1. (B)   **2.** (B)   **3.** (A)

영국

Questions 1-3 refer to the following advertisement.

W ①**Nexen Academy is the perfect place to begin your career in healthcare. Come to our school's auditorium next Friday morning at 9 to learn more.** ②**Find out about the various healthcare classes we provide and consult with some of our instructors.** Depending on your course load, you can qualify as a healthcare technician as soon as one year from now. ③**Text 1001 from your mobile device to sign up for our regular e-mail updates.**

1-3번은 다음 광고에 관한 문제입니다.

여 ①Nexen 교육원은 당신의 의료 분야 경력을 시작할 완벽한 장소입니다. 다음 주 금요일 오전 9시 저희 학교 강당에 오셔서 더 많은 내용

을 알아보세요. **2**저희가 제공하는 다양한 의료 수업에 대해 알아보시고, 저희 강사들과 상담해 보세요. 수업량에 따라, 지금부터 빠르면 일 년이면 의료기사 자격을 취득하실 수 있습니다. **3**저희의 정기 이메일 업데이트를 신청하시려면 모바일 기기로 1001번으로 문자 보내 주세요.

어휘
career 경력, 사회생활 I healthcare 의료, 건강 관리 I auditorium 강당 I provide 제공하다 I consult 상담하다 I instructor 강사 I depending on ~에 따라 I load 작업[업무]량 I qualify 자격(증)을 취득하다 I technician 기사, 기술자 I text 문자를 보내다 I mobile device 모바일 기기 I regular 정기적인

1. What event will be held next Friday?
(A) A groundbreaking ceremony
(B) An information session
(C) A retirement celebration
(D) An alumni party

다음 주 금요일에 어떤 행사가 열리는가?
(A) 기공식
(B) 설명회
(C) 은퇴식
(D) 동창회

해설 키워드 문제 – 담화 초반부에 화자가 Nexen 교육원은 청자가 의료 분야 경력을 시작할 완벽한 장소라고 하며, 다음 주 금요일 오전 9시 학교 강당에 와서 더 많은 내용을 알아보라고 말했으므로 (B)가 정답이다.

2. What does Nexen Academy offer?
(A) A fitness center
(B) Healthcare courses
(C) Physical examinations
(D) Free medical insurance

Nexen 교육원에서는 무엇을 제공하는가?
(A) 피트니스 센터
(B) 의료 강좌
(C) 건강검진
(D) 무료 의료보험

해설 키워드 문제 – 담화 중반부에 화자가 학교에서 제공하는 다양한 의료 수업에 대해 알아보고, 강사들과 상담해 보라고 말했으므로 (B)가 정답이다.

✚ 이렇게 바꿔 썼어요!
healthcare classes → Healthcare courses,
provide → offer

3. Why should listeners text a number?
(A) To get e-mail notifications
(B) To track their order
(C) To schedule an appointment
(D) To submit a payment

청자들은 왜 어떤 번호로 문자를 보내야 하는가?
(A) 이메일 알림을 받으려면
(B) 주문을 추적하려면
(C) 예약 일정을 잡으려면
(D) 납입금을 제출하려면

해설 키워드 문제 – 담화 후반부에 화자가 청자에게 정기 이메일 업데이트를 신청하려면 모바일 기기로 1001번으로 문자 보내 달라고 말했으므로 (A)가 정답이다.

✚ 이렇게 바꿔 썼어요!
e-mail updates → e-mail notifications

BASE 실전훈련

1. (D) **2.** (C) **3.** (A) **4.** (C) **5.** (B) **6.** (A)
7. (C) **8.** (D) **9.** (D) **10.** (C) **11.** (D) **12.** (B)

호주

Questions 1-3 refer to the following advertisement.

M **1**Do you need a quality **food processor** that will chop up your ingredients with ease? If so, the Kitch Mixer 200 is your answer. **2**Our product is popular with many customers due to how fast it is able to shred ingredients. Also, for this month only, we'll be including a free accessory with your order. **3**Simply go to www.kitchin.com to view what kinds of gifts we are offering.

1-3번은 다음 광고에 관한 문제입니다.

남 재료를 손쉽게 다져줄 **1**고급 만능 조리기구가 필요하신가요? 만약 그러시다면, Kitch Mixer 200이 정답입니다. **2**저희 제품은 재료를 정말 빠른 속도로 잘게 썰어 줘서 많은 고객분들께 인기가 있습니다. 또한, 이번 달 동안만, 주문에 무료 액세서리를 추가해 드립니다. **3**www.kitchin.com을 방문하셔서 저희가 제공하는 사은품을 둘러보세요.

어휘
quality 고급의 I chop up ~을 다지다 I ingredient 재료 I with ease 손쉽게 I shred 채를 썰다 I include 포함하다 I order 주문 I view 둘러보다 I offer 제공하다

1. What product is being advertised?
(A) A carpet cleaner
(B) A tree trimmer
(C) A beverage dispenser
(D) A food processor

무슨 제품이 광고되고 있는가?
(A) 카펫 세제
(B) 나무 다듬는 기계
(C) 음료 디스펜서
(D) 만능 조리 기구

해설 주제·목적을 묻는 문제 – 담화 처음에 화자가 청자들에게 '고급 만능 조리 기구가 필요하신가요'라고 말했으므로 (D)가 정답이다.

2. According to the speaker, what do many customers like about the product?
(A) Its affordability
(B) Its light weight
(C) Its speed
(D) Its colorful design

화자에 따르면, 많은 고객은 제품의 어떤 점을 좋아하는가?
(A) 저렴한 가격
(B) 가벼운 무게
(C) 속도
(D) 다채로운 디자인

해설 키워드 문제 – 담화 중반부에 화자가 당사 제품은 재료를 정말 빠른 속
도로 잘게 썰어 줘서 많은 고객에게 인기가 있다고 말했으므로 (C)가
정답이다.

3. Why are the listeners encouraged to check out a Web site?
(A) To browse some gifts
(B) To view some testimonials
(C) To read some policies
(D) To watch some demonstrations

청자들은 왜 웹사이트 방문을 권장받는가?
(A) 사은품을 둘러보기 위해
(B) 후기를 보기 위해
(C) 정책을 읽기 위해
(D) 제품 시연을 보기 위해

해설 제안·요청을 묻는 문제 – 담화 마지막에 화자가 www.kitchin.com을
방문해서 당사가 제공하는 사은품을 둘러보라고 말했으므로 (A)가 정
답이다.

➕ **이렇게 바꿔 썼어요!**
view → browse

영국

Questions 4-6 refer to the following advertisement.

W ⁴**Is your business looking to hire a reliable outside IT company?** Then, Digi **Technical Support** is your solution. We can help with any type of computer or laptop. ⁵**Clients love the fact that our team is available around the clock to answer questions.** Avoid the hassle of troubleshooting your own technical issues. Set up a phone consultation with a Digi representative now. And ⁶**if you make the appointment within this month, we'll mail you a complimentary technical guide!**

4-6번 문제는 다음 광고에 관한 문제입니다.

C ⁴귀하의 회사에 신뢰할 만한 외부 IT 업체를 고용하고자 하시나요?
그렇다면, Digi Technical Support가 해답입니다. 저희는 모든 종
류의 컴퓨터와 노트북 컴퓨터에 대한 도움을 드릴 수 있습니다. ⁵고
객분들은 저희 팀이 24시간 내내 질문에 답변할 수 있다는 점을 매우
좋아하십니다. 기술적인 고장의 수리를 직접 해결하는 번거로운 상
황을 피하세요. 지금 바로 Digi 담당자와의 전화 상담을 예약하세요.
그리고 ⁶이번 달에 예약하시면, 무료 기술 안내 책자를 우편으로 보
내드리겠습니다.

어휘
look to do ~을 고려하다 | hire 고용하다 | reliable 신뢰할 수 있는 | outside 외부의 |
solution 해답 | available 이용할 수 있는 | around the clock 24시간 내내 |
avoid 피하다 | hassle 번거로운 상황 | troubleshooting 고장의 수리 |
consultation 상담 | representative 담당자 | complimentary 무료의 |
technical guide 기술 안내 책자 | loan 대여하다 | address 처리하다

4. What type of service is being promoted?
(A) Web site design
(B) Job placement
(C) Technical support
(D) Electronics recycling

어떤 서비스가 홍보되고 있는가?
(A) 웹사이트 디자인
(B) 직업 소개
(C) 기술 지원
(D) 전자기기 재활용

해설 주제·목적을 묻는 문제 – 담화 처음에 화자가 '귀하의 회사에 신뢰할
만한 외부 IT 업체를 고용하고자 하시나요? 그렇다면, Digi Technical
Support가 해답입니다.'라고 말했으므로 (C)가 정답이다.

5. According to the speaker, what do clients like about the company?
(A) It loans computers at an affordable price.
(B) It addresses inquiries 24 hours a day.
(C) It employs highly qualified staff.
(D) It has many locations.

화자에 따르면, 고객들은 회사의 어떤 점을 좋아하는가?
(A) 컴퓨터를 저렴한 가격에 대여해 준다.
(B) 24시간 내내 문의 사항을 처리한다.
(C) 고도의 자격을 갖춘 직원을 고용한다.
(D) 많은 지점이 있다.

해설 키워드 문제 – 담화 중반부에 화자가 자사의 팀이 24시간 내내 질문에
답변할 수 있다는 점을 고객들이 매우 좋아한다고 말했으므로 (B)가
정답이다.

➕ **이렇게 바꿔 썼어요!**
around the clock → 24 hours a day,
answer questions → address inquiries

6. What will listeners get if they schedule an appointment within this month?
(A) A free book
(B) A gift certificate
(C) A reduced rate
(D) An on-site consultation

청자들은 이번 달 내로 예약 일정을 잡으면 무엇을 받겠는가?
(A) 무료 도서
(B) 상품권
(C) 할인가
(D) 현장 상담

해설 키워드 문제 – 담화 후반부에 화자가 이번 달에 예약하면 무료 기술 안
내 책자를 우편으로 보내준다고 말했으므로 (A)가 정답이다.

➕ **이렇게 바꿔 썼어요!**
complimentary → free, guide → book

호주

Questions 7-9 refer to the following announcement.

M It's great to have all you new sales staff members, just in time for our busy holiday season. ⁷**Today, let me tell you about my store. I opened up Vincent's Accessories** when I was just 20 years old, because I wanted people to have a place to buy high-quality, locally-made jewelry. ⁸**A lot of people thought I would have a hard time finding customers, but the place is always full.** I know you'll love working here, and I look forward to getting to know each of you. **⁹Now, we're expecting a lot of shoppers today, so make sure you're carrying your mobile scanners with you at all times.** These will help you provide accurate information to customers.

7-9번은 다음 공지에 관한 문제입니다.

남 바쁜 휴가철에 딱 맞춰 신입 영업 사원 여러분들을 맞이하게 되어 매우 기쁩니다. **⁷오늘 제 가게에 대한 이야기를 해 드릴게요.** 저는 갓 스무 살이 되었을 때 Vincent's 액세서리를 열었습니다, 그 이유는 사람들에게 고품질의, 현지에서 생산한 장신구를 구입할 장소가 있었으면 했거든요. **⁸많은 사람들이 제가 고객을 찾는 데 힘든 시간을 보낼 거라 생각했지만, 가게는 항상 사람들로 가득합니다.** 여러분은 여기서 일하는 걸 좋아할 것이고, 저는 여러분 한 명 한 명을 알게 되기를 고대합니다. **⁹자, 오늘은 쇼핑객이 많을 것으로 예상되니, 반드시 항상 휴대용 스캐너를 가지고 다니세요.** 이것이 고객에게 정확한 정보를 제공하는 데 도움이 될 거예요.

어휘
just in time for ~의 시간에 딱 맞게 | high-quality 고품질의 | locally-made 현지에서 생산한 | jewelry 장신구, 보석류 | shopper 쇼핑객 | carry 가지고 다니다 | mobile 휴대용, 이동식의 | scanner 스캐너 | accurate 정확한 | information 정보

7. Who most likely is the speaker?
(A) A city official
(B) A farm worker
(C) A store owner
(D) A school teacher

화자는 누구이겠는가?
(A) 시 공무원
(B) 농장 직원
(C) 가게 주인
(D) 학교 교사

해설 화자의 신분을 묻는 문제 – 담화 초반부에 화자가 오늘 자신의 가게에 대해 이야기할 건데, 자신이 갓 스무 살이 되었을 때 Vincent's 액세서리를 열었다고 말했으므로 (C)가 정답이다.

8. What does the speaker imply when he says, "the place is always full"?
(A) The listeners should stay outside.
(B) A building needs to be renovated.
(C) The listeners need to work quickly.
(D) A business is doing well.

화자가 "가게는 항상 사람들로 가득합니다"라고 말할 때, 그가 내비친 것은?
(A) 청자들은 바깥에 있어야 한다.
(B) 건물에 수리가 필요하다.
(C) 청자들은 신속하게 일해야 한다.
(D) 사업체가 잘되고 있다.

해설 화자 의도 파악 문제 – 담화 중반부에 화자가 자신이 고객을 찾는 데 힘든 시간을 보낼 것이라는 많은 사람들의 생각과는 다르게, 가게는 항상 사람들로 가득하다고 말했으므로 (D)가 정답이다.

9. What does the speaker want the listeners to do?
(A) Order some products
(B) Attend a seminar
(C) Memorize some information

(D) Carry a scanning device

화자는 청자들이 무엇을 하기를 원하는가?
(A) 상품을 주문하기를
(B) 세미나에 참석하기를
(C) 정보를 암기하기를
(D) 스캐너를 가지고 다니기를

해설 제안·요청을 묻는 문제 – 담화 후반부에 화자가 청자들에게 오늘은 쇼핑객이 많을 것으로 예상되니 반드시 항상 휴대용 스캐너를 가지고 다니라고 말했으므로 (D)가 정답이다.

✚ 이렇게 바꿔 썼어요!
mobile scanner → scanning device

미국

Questions 10-12 refer to the following announcement and advertisement.

W **¹⁰Thank you all for meeting with me.** I just had a meeting with our Accounting Department, and the renovation to the museum's science wing is costing more than what we had initially planned. Some unforeseen issues regarding the new light fixtures arose, so I had to order a whole other set to ensure we open as planned on June 1. Therefore, our budget can no longer accommodate all of our exhibitions this summer. **¹¹Since the museum will be busiest during the beginning of the season, it'll be best to cancel the August exhibit.** I haven't updated our publicity division yet to have them change our promotional posters. **¹²I've set up a meeting with them this afternoon, though.**

Chatfield 자연 과학 박물관 여름 전시!	
5월	즐거운 화석 탐구
6월	나비 정원
7월	달로 떠나는 여행
8월	열차 쇼

10-12번은 다음 공지와 광고에 관한 문제입니다.

여 **¹⁰이 자리에 함께해 주셔서 감사의 말씀을 드립니다.** 제가 방금 회계부서와 회의를 했는데, 박물관의 과학관 보수 공사가 저희가 처음에 계획한 것보다 비용이 훨씬 더 많이 들고 있습니다. 새 조명 기구에 예기치 못한 문제가 생겼는데, 예정대로 6월 1일에 반드시 개장할 수 있도록 모두 다른 세트로 주문해야 했습니다. 따라서, 이제 올여름 전시를 모두 감당할 예산이 없습니다. **¹¹박물관은 시즌 초에 가장 붐빌 테니, 8월 전시를 취소하는 게 최선일 겁니다.** 제가 아직 홍보부에 홍보용 포스터를 바꿔야 한다고 알리지 않았어요. **¹²하지만 오늘 오후로 그쪽과 회의를 잡아 놓긴 했습니다.**

어휘
wing 별관 | cost 비용이 들다 | initially 처음에 | plan 계획하다 | unforeseen 예기치 못한, 뜻밖의 | issue 문제 | regarding ~에 관하여 | light fixture 조명 기구 | arise 생기다 | ensure 반드시 ~하게 하다 | budget 예산 | accommodate 수용하다 | exhibition 전시회 | cancel 취소하다 | exhibit 전시회 | publicity division 홍보부 | promotional poster 홍보용 포스터 | set up ~을 마련하다 | fossil 화석 | butterfly 나비

10. Who most likely is the speaker?
(A) A news writer
(B) An architect
(C) A museum director
(D) An electrical engineer

화자는 누구이겠는가?
(A) 뉴스 작가
(B) 건축가
(C) 박물관장
(D) 전기 기술자

해설 화자의 신분을 묻는 문제 – 담화 처음에 화자가 '이 자리에 함께해 주셔서 감사의 말씀을 드립니다. 제가 방금 회계 부서와 회의를 했는데, 박물관의 과학관 보수 공사가 저희가 처음에 계획한 것보다 비용이 훨씬 더 많이 듭니다. 새 조명 기구에 예기치 못한 문제가 생겼는데, 예정대로 6월 1일에 개장할 수 있도록 모두 다른 세트로 주문해야 했습니다.'라고 말했으므로 (C)가 정답이다.

11. Look at the graphic. Which special event was canceled?
(A) Fun with Fossils
(B) Butterfly Garden
(C) To the Moon
(D) Train Show

시각 자료를 보시오. 어떤 특별 행사가 취소되었는가?
(A) 즐거운 화석 탐구
(B) 나비 정원
(C) 달로 떠나는 여행
(D) 열차 쇼

해설 시각 자료 연계 문제 – 담화 중반부에 화자가 박물관은 시즌 초에 가장 붐빌 테니 8월 전시를 취소하는 게 최선일 거라고 말했고, 시각 자료에서 8월 전시가 Train Show(열차 쇼)임을 확인할 수 있으므로 (D)가 정답이다.

12. What will the speaker do this afternoon?
(A) Perform a demonstration
(B) Attend a meeting
(C) Give a tour
(D) Create an advertisement

화자는 오늘 오후에 무엇을 할 것인가?
(A) 시연을 할 것이다
(B) 회의에 참석할 것이다
(C) 투어를 진행할 것이다
(D) 광고를 제작할 것이다

해설 키워드 문제 – 담화 마지막에 화자가 오늘 오후로 홍보부와의 회의를 잡아 놓았다고 말했으므로 (B)가 정답이다.

CHAPTER 14 뉴스

BASE 집중훈련
본서 p.233

1. (C)　　**2.** (B)　　**3.** (A)

영국

Questions 1-3 refer to the following news report.

W And now the local news. **The GCP Group officially announced its intention to** remodel **the Starway** Shopping Mall. The remodeling project will feature upgrades to various sections of the complex. **Starway has been around for more than 80 years and still uses an** old central air system, **causing many visitors** discomfort **during the summer months. As part of its upgrade initiative, GCP will** replace **all of the complex's** outdated air conditioners **with state-of-the-art units.** Of course, this won't be the only change made to the building. Stick around for complete details about the work. **I'll be speaking to the group's CEO** after this quick commercial break.

1-3번은 다음 뉴스 보도에 관한 문제입니다.

여 그럼 이제 지역 뉴스를 알려 드립니다. **GCP 그룹이 Starway 쇼핑몰을 리모델링할 의사를 공식적으로 밝혔습니다.** 이 리모델링 프로젝트는 특히 복합 건물의 다양한 부분을 개선할 것입니다. **Starway는 80년 이상 자리를 지켜왔고, 여전히 옛 중앙식 공기 순환 시스템을 사용하고 있어, 여름철에 많은 방문객이 불편함을 겪었습니다.** 이 업그레이드 계획의 한 부분으로, GCP는 복합 건물의 모든 구식 에어컨을 최신형으로 교체할 것입니다. 물론, 이것이 건물의 유일한 변경 사항은 아닙니다. 작업에 대한 자세한 세부 사항을 위해 계속 시청해주세요. **짧은 광고 시간 후에, 그룹 CEO와 대화를 나눠 보도록 하겠습니다.**

어휘
local 지역의 | officially 공식적으로 | announce 발표하다 | intention 의사 | remodel 리모델링하다, 개조하다 | feature 특별히 포함하다 | various 다양한 | section 부분 | complex 복합 건물 | central air system 중앙식 공기 순환 시스템 | discomfort 불편 | initiative 계획 | replace 교체하다 | outdated 구식의 | state-of-the-art 최신의 | stick around 머무르다 | detail 세부 사항 | commercial break 광고 시간

1. What is being remodeled?
(A) A government complex
(B) A city museum
(C) A shopping center
(D) A manufacturing plant

무엇이 리모델링되고 있는가?
(A) 정부 청사
(B) 시립 박물관
(C) 쇼핑센터
(D) 제조 공장

해설 키워드 문제 – 화자가 GCP 그룹이 Starway 쇼핑몰을 리모델링할 의사를 공식적으로 밝혔다고 말한 것으로 보아 (C)가 정답이다.

✚ **이렇게 바꿔 썼어요!**
Shopping Mall → shopping center

2. What inconvenience does the speaker mention about the facility?

(A) It requires a larger parking lot.
(B) It has old air conditioning units.
(C) It is unable to fit many visitors.
(D) It does not have access to public transit.

화자는 시설에 관해 어떤 불편 사항을 언급하는가?
(A) 더 큰 주차장이 필요하다.
(B) 에어컨이 낡았다.
(C) 많은 방문객을 수용할 수 없다.
(D) 대중교통 접근성이 떨어진다.

해설 키워드 문제 – 담화 중반부에 화자가 Starway는 옛 중앙식 공기 순환 시스템을 사용하고 있어 여름철에 많은 방문객이 불편함을 겪는다면서, 업그레이드 계획의 한 부분으로, 복합 건물의 모든 구식 에어컨을 최신형으로 교체할 것이라고 말했으므로 (B)가 정답이다.

➕ **이렇게 바꿔 썼어요!**

discomfort → inconvenience, outdated → old

3. What will happen after the commercial break?

(A) A discussion with an executive will be held.
(B) Some new songs will be played.
(C) Some winners of a local competition will be announced.
(D) A press conference will take place.

광고 시간 후에 무슨 일이 있을 것인가?
(A) 임원과의 논의가 있을 것이다.
(B) 신곡을 들려줄 것이다.
(C) 지역 대회의 우승자들이 발표될 것이다.
(D) 기자회견이 열릴 것이다.

해설 다음에 일어날 일을 묻는 문제 – 담화 마지막에 화자가 짧은 광고 시간 후에 그룹 CEO와 대화를 나누겠다고 말했으므로 (A)가 정답이다.

➕ **이렇게 바꿔 썼어요!**
CEO → executive

BASE 집중훈련

본서 p.237

1. (B) **2.** (B) **3.** (A)

미국

Questions 1-3 refer to the following broadcast.

Ⓜ Thanks for tuning into Station QRM's <u>home interior</u> program! We have a special guest today, designer Herman Roth. **❶Mr. Roth recently launched a new line of furniture** for creative work environments. **❷He's here to share some tips on how to decorate your very own home workspace** to maximize space and functionality. With these tips, you can increase productivity in the comfort of your home. And if you have already decorated your home with any of Mr. Roth's beautifully crafted furniture, **❸call us at the station and send us a photograph**!

1-3번은 다음 방송에 관한 문제입니다.

ᄇ QRM 방송국의 홈 인테리어 프로그램을 청취해 주셔서 감사합니다! 오늘 특별 초대 손님으로 디자이너 Herman Roth를 모셨습니다. **❶Roth 씨는 최근에 창의적인 작업 환경을 위한 새로운 가구 라인을 출시했는데요.** 그는 공간과 기능성을 극대화하기 위해 **❷여러분의 자택 작업 공간을 어떻게 꾸며야 하는지에 관한 팁을 이야기하러 나오셨습니다.** 이 팁을 이용하여, 여러분은 집에서 편안하게 생산성을 높일 수 있습니다. 그리고 여러분이 이미 Roth 씨가 아름답게 만든 가구로 자택을 꾸미셨다면, **❸저희 방송국으로 전화하셔서 사진을 보내 주세요!**

어휘
tune into ~을 청취하다 | station 방송국 | launch 개시하다, 출시하다 | environment 환경 | decorate 꾸미다, 장식하다 | maximize 극대화하다 | functionality 기능성 | productivity 생산성 | comfort 편안 | craft 공들여 만들다

1. What did Herman Roth recently do?

(A) He retired from his job.
(B) He launched a line of furniture.
(C) He worked at a manufacturing plant.
(D) He visited a foreign country.

Herman Roth는 최근 무엇을 하였는가?
(A) 직장을 은퇴했다.
(B) 가구 라인을 출시했다.
(C) 제조 공장에서 일했다.
(D) 외국을 방문했다.

해설 키워드 문제 – 담화 초반부에 화자가 최근 Roth 씨가 창의적인 작업 환경을 위한 새로운 가구 라인을 출시했다고 말했으므로 (B)가 정답이다.

2. What will Herman Roth talk about on the broadcast?

(A) How to increase productivity
(B) How to decorate a workspace
(C) Where to buy affordable furniture
(D) Which interior designers to hire

Herman Roth는 방송에서 무엇에 관하여 말할 것인가?
(A) 어떻게 생산성을 향상시킬지
(B) 어떻게 작업 공간을 꾸밀지
(C) 어디서 저렴한 가구를 구입할지
(D) 어떤 인테리어 디자이너를 고용할지

해설 키워드 문제 – 담화 중반부에 화자가 Herman을 초대했는데, 청자들 자신의 자택 작업 공간을 어떻게 꾸며야 하는지에 관한 팁을 줄 거라고 말했으므로 (B)가 정답이다.

3. What does the speaker suggest the listeners do?

(A) Contact a broadcasting station
(B) Participate in a contest
(C) Post some feedback about a show
(D) Fill out an online questionnaire

화자는 청자들에게 무엇을 하라고 제안하는가?
(A) 방송국에 연락하라고
(B) 경연에 참가하라고
(C) 쇼에 관한 피드백을 게시하라고
(D) 온라인 설문지를 작성하라고

해설 제안·요청을 묻는 문제 – 담화 마지막에 화자가 청자들에게 방송국으로 전화해서 사진을 보내 달라고 말했으므로 (A)가 정답이다.

✚ 이렇게 바꿔 썼어요!

call → Contact

BASE 집중훈련
본서 p.241

1. (D)　**2.** (A)　**3.** (C)

미국

Questions 1-3 refer to the following broadcast.

W ①**And now for your local traffic report.** Due to the annual city parade, several major streets in the downtown area will be <u>closed</u> until 6 P.M. ②**If you wish to access the metro area, you are urged to take the subway.** To compensate for the <u>inconvenience</u>, the city government has lowered the subway fare for one day. And now, we'll start our afternoon <u>reading</u> corner. ③**Author Andy Ludgate will be joining us in the studio today to talk about his new book. It will be released in stores this Friday.**

1-3번은 다음 방송에 관한 문제입니다.

여 ①그럼 이제 지역 교통 정보를 알려 드리겠습니다. 연례 시내 퍼레이드 행사로 인해, 도심 지역의 몇몇 주요 도로들이 오후 6시까지 폐쇄될 예정입니다. ②도심 지역에 접근하고자 하신다면, 지하철을 이용하시기 바랍니다. 시 정부는 불편에 대한 보상으로 하루 동안 지하철 요금을 인하했습니다. 자, 이제 오후 독서 코너를 시작하겠습니다. ③오늘은 작가 Andy Ludgate를 스튜디오에 모셔서 그의 신간에 관해 이야기 나눠보도록 하겠습니다. 책은 이번 주 금요일에 서점에 출시될 것입니다.

어휘

access 접근하다, 이용하다 | metro area 도심 지역 | urge 촉고하다 | compensate 보상하다 | lower 낮추다 | fare (교통) 요금 | author 작가, 저자 | release 공개[발표]하다

1. What is the broadcast mainly about?
(A) A sporting event
(B) A new shopping center
(C) Local elections
(D) Traffic conditions

방송은 주로 무엇에 관한 것인가?
(A) 스포츠 행사
(B) 신축 쇼핑센터
(C) 지역 선거
(D) 교통 상황

해설　주제·목적을 묻는 문제 – 담화 처음에 화자가 '그럼 이제 지역 교통 정보를 알려 드리겠습니다.'라고 말했으므로 (D)가 정답이다.

2. What does the speaker suggest?
(A) Using public transportation
(B) Arriving at an event early
(C) Purchasing tickets online
(D) Reviewing a schedule

화자는 무엇을 추천하는가?
(A) 대중교통을 이용하는 것
(B) 행사장에 일찍 도착하는 것
(C) 표를 온라인으로 구매하는 것
(D) 일정을 검토하는 것

해설　제안·요청을 묻는 문제 – 담화 중반부에 화자가 도심 지역에 접근하고자 한다면 지하철 이용을 권고한다고 말했으므로 (A)가 정답이다.

✚ 이렇게 바꿔 썼어요!

to take the subway → Using public transportation

3. According to the speaker, what will happen on Friday?
(A) A performance will take place.
(B) A sale will be held.
(C) A book will be released.
(D) A business will close.

화자에 따르면, 금요일에 무슨 일이 있을 것인가?
(A) 공연이 열릴 것이다.
(B) 할인 행사가 열릴 것이다.
(C) 책이 출간될 것이다.
(D) 사업체가 문을 닫을 것이다.

해설　키워드 문제 – 담화 마지막에 화자가 오늘 작가 Andy Ludgate를 스튜디오에 초대해 그의 신간에 관해 이야기 나눌 것인데, 책은 이번 주 금요일에 서점에 출시된다고 말했으므로 (C)가 정답이다.

BASE 실전훈련
본서 p.242

1. (D)　**2.** (A)　**3.** (B)　**4.** (B)　**5.** (D)　**6.** (B)
7. (D)　**8.** (B)　**9.** (C)　**10.** (A)　**11.** (C)　**12.** (B)

미국

Questions 1-3 refer to the following broadcast.

W Moving on to local news, the much anticipated ①**Conway Arts Center is opening this Friday.** For the <u>ceremony</u>, they have invited several local <u>musicians</u> to <u>perform and sign</u> autographs. The theater will also be holding a <u>giveaway</u> during the ceremony. ②**Fill out a short survey for a chance to win free tickets.** ③**The winners of the giveaway will be listed on the theater's Web site at the end of the month.**

1-3번은 다음 방송에 관한 문제입니다.

여 다음은 지역 뉴스로, 많은 기대를 받은 ①Conway 아트 센터가 이번 주 금요일에 문을 엽니다. 이를 기념하여, 센터는 공연과 사인을 해줄 몇 분의 지역 음악가들을 초대했습니다. 극장은 식이 진행되는 동안 경품 행사도 열 예정입니다. ②무료 티켓의 당첨 기회를 위해 간단한 설문을 작성해 주세요. ③경품 행사의 당첨자분들은 이달 말 극장 웹 사이트에 게시될 것입니다.

어휘

move on to ~로 넘어가다 | anticipated 기대했던 | ceremony 식 | perform 공연하다 | sign autographs 사인하다 | giveaway 경품 행사 | fill out ~을 작성하다 | survey 설문 (조사) | concession 할인, 할인 표

1. What event is the speaker mainly talking about?
(A) A theatrical performance
(B) An industry exposition
(C) A neighborhood festival
(D) An opening ceremony

화자는 주로 어떤 행사에 관해 이야기하고 있는가?
(A) 연극 공연
(B) 산업 박람회
(C) 지역 축제
(D) 개관식

해설 주제·목적을 묻는 문제 – 담화 초반부에 화자가 'Conway 아트 센터가 이번 주 금요일에 문을 엽니다. 이를 기념하여, ~'라고 말했으므로 (D)가 정답이다.

2. What are the listeners encouraged to do during the event?
(A) Complete a questionnaire
(B) Watch a presentation
(C) Buy some concessions
(D) Take some photos

행사 동안 청자들은 무엇을 하라고 권유받는가?
(A) 설문을 작성하라고
(B) 발표를 보라고
(C) 할인 표를 사라고
(D) 사진을 찍으라고

해설 제안·요청을 묻는 문제 – 담화 후반부에 화자가 청자들에게 무료 티켓의 당첨 기회를 위해 간단한 설문을 작성하라고 말했으므로 (A)가 정답이다.

✚ **이렇게 바꿔 썼어요!**
Fill out a survey → Complete a questionnaire

3. What can the listeners find on a Web site?
(A) An event timetable
(B) Some giveaway winners
(C) Some discount coupons
(D) Directions to a location

청자들은 웹사이트에서 무엇을 발견할 수 있는가?
(A) 행사 일정표
(B) 경품 행사 당첨자
(C) 할인 쿠폰
(D) 어떤 장소까지 가는 길

해설 키워드 문제 – 담화 후반부에 화자가 경품 행사의 당첨자는 이달 말 극장 웹사이트에 게시될 것이라고 말했으므로 (B)가 정답이다.

호주

Questions 4-6 refer to the following broadcast.

M You're tuning into *Marty's Tech Talk*. **Today, for the first time ever, I will be having a guest on my program.** Neil Kim, founder of Endezico, will <u>discuss</u> the innovative functions of his firm's upcoming smartwatch. By the way, **this show mainly <u>runs on the financial support</u>** of listeners like you, so I'd **appreciate** any <u>contribution</u>, which can be made on my Web site. Now, I'm

sure some of you own a smartwatch. Personally for me, **I like Wizlink's newest model. I've <u>used</u> other smartwatches before, but <u>none</u> of them <u>track</u> my fitness activities as <u>accurately</u> as Wizlink's.** Now, let's hear what Neil has to say.

4-6번은 다음 방송에 관한 문제입니다.

남 여러분은 〈Marty의 기술 이야기〉를 청취하고 계십니다. **오늘, 처음으로 우리 프로그램에 초대 손님을 모실 겁니다.** Endezico의 창립자 Neil Kim이 자사에서 곧 출시될 스마트워치의 혁신적인 기능에 대해 이야기 나누시겠습니다. 그런데 말이죠, **이 쇼는 여러분과 같은 청취자들의 재정적 지원으로 운영됩니다.** 따라서 어떤 금액이라도 기부해 주신다면 감사하겠습니다. 기부는 제 웹사이트에서 하실 수 있습니다. 자, 여러분 중 몇몇은 스마트워치를 갖고 계시겠죠. 개인적으로, **저는 Wizlink의 최신 모델이 마음에 듭니다. 저는 다른 스마트워치를 사용해 본 적이 있지만, 어떤 것도 운동 기록이 Wizlink처럼 정확하지 않았습니다.** 자, 이제 Neil의 의견을 들어보죠.

어휘
tune into ~을 청취하다 I founder 창립자 I innovative 혁신적인 I function 기능 I firm 회사 I upcoming 곧 있을 I run 운영하다 I financial support 재정적 지원 I appreciate 고마워하다 I contribution 기부금 I personally 개인적으로, 개인적인 의견을 말하면 I track 추적하다 I fitness activity 운동 I accurately 정확히

4. According to the speaker, what is new about today's program?
(A) It will include a contest.
(B) It will feature a guest.
(C) It will run longer than usual.
(D) It will be streamed on the Internet.

화자에 따르면, 오늘 프로그램의 새로운 점은 무엇인가?
(A) 경연을 포함할 것이다.
(B) 초대 손님이 출연할 것이다.
(C) 평소보다 길 것이다.
(D) 인터넷으로 동시 재생될 것이다.

해설 키워드 문제 – 담화 초반부에 화자가 오늘 처음으로 자신의 프로그램에 초대 손님을 모실 거라고 말했으므로 (B)가 정답이다.

5. Why does the speaker encourage visiting a Web site?
(A) To download some files
(B) To read an article
(C) To participate in a questionnaire
(D) To donate some money

화자는 왜 웹사이트 방문을 권장하는가?
(A) 파일을 다운로드하기 위해
(B) 기사를 읽기 위해
(C) 설문에 참여하기 위해
(D) 돈을 기부하기 위해

해설 키워드 문제 – 담화 중반부에 화자가 이 쇼는 청취자들의 재정적 지원으로 운영되는데, 어떤 금액이라도 기부해 주면 고맙고 기부는 자신의 웹사이트에서 할 수 있다고 말했으므로 (D)가 정답이다.

6. What does the speaker like about Wizlink's smartwatch?
(A) It is available in many colors.
(B) It provides accurate data.
(C) It has a long battery life.
(D) It is waterproof.

화자는 Wizlink의 스마트워치의 어떤 점을 좋아하는가?
(A) 다양한 색상으로 이용할 수 있다.
(B) 정확한 데이터를 제공한다.
(C) 배터리 수명이 길다.
(D) 방수가 된다.

해설 키워드 문제 – 담화 후반부에 화자가 개인적으로 Wizlink의 최신 모델이 마음에 든다며, 자신은 다른 스마트워치를 사용해 봤는데 운동 기록이 Wizlink처럼 정확하지 않았다고 말했으므로 (B)가 정답이다.

영국

Questions 7-9 refer to the following broadcast.

W Good evening. I'm Leticia Damian, and this is *Know Your History*, a daily podcast, where we talk about how certain <u>past events</u> have significantly <u>affected</u> the world we live in now. [7]**This evening, we'll be discussing literature. We're going to <u>look into</u> why some famous books <u>went missing</u> from a library in the United States during the 1800s.** [8]**Here with us today is <u>Professor</u> Michael Cardoza who will discuss the cause.** [9]**But before we hear from <u>Professor</u> Cardoza, I'd like to <u>remind</u> you that this show is mainly <u>funded</u> by listeners like you.** Check out knowyourhistory.com.

7-9번은 다음 방송에 관한 문제입니다.

여 좋은 밤입니다. 저는 Leticia Damian이고, 이 방송은 과거 특정 사건들이 우리가 현재 살고 있는 세계에 어떤 큰 영향을 미쳤는지를 논의하는 일간 팟캐스트 〈Know Your History〉입니다. [7]오늘 밤, 저희는 문학에 관해 이야기할 것입니다. 1800년대 미국 도서관에서 몇몇 유명한 책들이 왜 사라졌는지 알아보도록 하겠습니다. [8]오늘 Michael Cardoza 교수님이 함께하셔서 이 원인에 대해 이야기해 주시겠습니다. [9]하지만 우리가 Cardoza 교수님께 듣기 전에, 이 방송은 주로 여러분과 같은 청취자들의 기금 지원으로 운영된다는 사실을 다시 한번 알려 드리고 싶습니다. knowyourhistory.com을 확인해 주세요.

어휘
podcast 팟캐스트 | certain 특정한 | significantly 크게, 상당히 | affect 영향을 미치다 | literature 문학 | look into ~을 알아보다, 조사하다 | go missing 행방불명이 되다 | cause 원인 | remind 다시 한번 알려 주다, 상기시키다 | mainly 주로 | fund 기금을 대다

7. What is the subject of tonight's podcast?
(A) Old buildings
(B) American artists
(C) Historical paintings
(D) Lost books

오늘 밤 팟캐스트의 주제는 무엇인가?
(A) 오래된 건물들
(B) 미국의 예술가들
(C) 역사적인 그림들
(D) 없어진 책들

해설 주제·목적을 묻는 문제 – 담화 초반부에 화자가 오늘 밤 문학에 관해 이야기할 것이며, 1800년대 미국 도서관에서 몇몇 유명한 책들이 왜 사라졌는지에 대해 알아볼 거라고 말했으므로 (D)가 정답이다.

✛ **이렇게 바꿔 썼어요!**
missing → Lost

8. Who is the guest on tonight's podcast?
(A) An author
(B) A professor
(C) A musician
(D) An executive

오늘 밤 팟캐스트의 초대 손님은 누구인가?
(A) 작가
(B) 교수
(C) 음악가
(D) 경영진

해설 키워드 문제 – 담화 중반부에 화자가 오늘 Michael Cardoza 교수님이 함께하셔서 이 원인에 대해 이야기할 것이라고 말했으므로 (B)가 정답이다.

9. Why does the speaker say, "this show is mainly funded by listeners like you"?
(A) To indicate that a show will end soon
(B) To introduce a new sponsorship benefit
(C) To request financial contributions
(D) To disagree with a budget cut

화자는 왜 "이 방송은 주로 여러분과 같은 청취자들의 기금 지원으로 운영됩니다"라고 말하는가?
(A) 쇼가 곧 끝날 것이라는 것을 나타내기 위해
(B) 새로운 후원 혜택을 소개하기 위해
(C) 재정적 기부를 요청하기 위해
(D) 예산 삭감에 동의하지 않기 위해

해설 화자 의도 파악 문제 – 담화 후반부에 화자가 이 방송은 주로 청취자들의 기금 지원으로 운영된다는 사실을 알려 주고 싶다고 말한 것은 청취자들에게 기부금을 요청한 것이므로 (C)가 정답이다.

미국

Questions 10-12 refer to the following broadcast and airport map.

M Hello, I'm Marty Wood for Channel 3 News. I'm on location at Bayside Airport where they just <u>broke ground</u> for the new, long-awaited terminal. Bayside's financial services sector has been <u>developing quickly</u>. [10]**This development project was <u>approved</u> mainly because the <u>number</u> of business-related trips to our city has <u>increased</u> significantly.** Here is an illustration of the proposed layout. [11]**The new terminal will be built next to the subway station** and will begin service in August. <u>While</u> the airport only offers domestic flights in the present, [12]**international flights will be <u>available</u> at the new terminal**. This is a major <u>upgrade</u> for travelers around the world as Bayside looks to increase its <u>global reach</u>.

Bayside 공항 지도

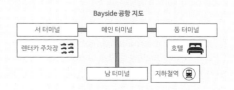

	서 터미널	메인 터미널	동 터미널	
	렌터카 주차장			호텔
		남 터미널	지하철역	

10. Why was a construction project approved?
(A) To accommodate more flights
(B) To increase neighboring property prices
(C) To comply with updated safety laws
(D) To utilize a budget surplus

건설 프로젝트는 왜 승인되었는가?
(A) 더 많은 항공편을 수용하기 위해
(B) 인접한 부동산 가격을 올리기 위해
(C) 개정된 보안법을 준수하기 위해
(D) 잉여 예산을 사용하기 위해

해설 키워드 문제 – 담화 초중반부에 화자가 이 개발 프로젝트가 승인된 주된 이유는 자신들 도시로의 사업 관련 출장 수가 상당히 증가했기 때문이라고 말했으므로 (A)가 정답이다.

11. Look at the graphic. Which terminal is being built?
(A) West Terminal
(B) Main Terminal
(C) South Terminal
(D) East Terminal

시각 자료를 보시오. 어느 터미널이 지어지고 있는가?
(A) 서 터미널
(B) 메인 터미널
(C) 남 터미널
(D) 동 터미널

해설 시각 자료 연계 문제 – 담화 중반부에 화자가 새로운 터미널은 지하철역 옆에 지어질 거라고 말했고, 시각 자료에서 Subway station(지하철역) 옆에 South Terminal(남 터미널)이 있다는 것을 확인할 수 있으므로 (C)가 정답이다.

12. According to the speaker, what is special about the new terminal?
(A) It will be constructed by a local firm.
(B) It will offer international flights.
(C) It will have a view of the ocean.
(D) It will have an assortment of dining options.

화자에 따르면, 새로운 터미널의 어떤 점이 특별한가?
(A) 현지 회사가 지을 것이다.
(B) 국제선을 제공할 것이다.
(C) 바다가 보일 것이다.
(D) 다양한 식사 옵션이 있을 것이다.

해설 키워드 문제 – 담화 후반부에 화자가 새로운 터미널에서는 국제선 이용이 가능하다고 말했으므로 (B)가 정답이다.

ACTUAL TEST

본서 p.246

1. (B)	2. (C)	3. (B)	4. (D)	5. (D)
6. (D)	7. (C)	8. (A)	9. (B)	10. (A)
11. (C)	12. (A)	13. (B)	14. (A)	15. (B)
16. (A)	17. (B)	18. (C)	19. (A)	20. (A)
21. (A)	22. (B)	23. (A)	24. (B)	25. (C)
26. (B)	27. (A)	28. (A)	29. (A)	30. (C)
31. (A)	32. (C)	33. (B)	34. (C)	35. (B)
36. (B)	37. (C)	38. (D)	39. (A)	40. (C)
41. (D)	42. (B)	43. (B)	44. (D)	45. (B)
46. (B)	47. (B)	48. (C)	49. (C)	50. (C)
51. (D)	52. (B)	53. (C)	54. (A)	55. (C)
56. (C)	57. (A)	58. (D)	59. (C)	60. (D)
61. (A)	62. (D)	63. (C)	64. (D)	65. (B)
66. (C)	67. (B)	68. (A)	69. (B)	70. (A)
71. (D)	72. (B)	73. (C)	74. (A)	75. (D)
76. (D)	77. (B)	78. (D)	79. (B)	80. (D)
81. (B)	82. (B)	83. (A)	84. (A)	85. (D)
86. (D)	87. (C)	88. (B)	89. (A)	90. (C)
91. (A)	92. (A)	93. (D)	94. (D)	95. (D)
96. (D)	97. (A)	98. (D)	99. (A)	100. (C)

1. 영국

(A) A man is strolling along a beach.
(B) A man is tying his shoelace.
(C) A man is wearing a backpack.
(D) A man is raking some leaves.

(A) 한 남자가 해변을 따라 산책하고 있다.
(B) 한 남자가 신발 끈을 묶고 있다.
(C) 한 남자가 배낭을 메고 있다.
(D) 한 남자가 나뭇잎을 갈퀴로 긁어모으고 있다.

해설 (A) 해변에 있지 않을 뿐만 아니라 산책하는 동작도 아니므로 장소와 동작 묘사 모두 틀렸다.
(B) 남자가 신발 끈을 묶고 있는 동작을 적절히 묘사했으므로 정답이다.
(C) 배낭을 메고 있는 상태가 아니므로 상태 묘사가 틀렸다.
(D) 갈퀴질을 하는 동작이 아니므로 동작 묘사가 틀렸다.

✚ 이렇게도 답이 가능해요!
He's sitting on a bench. 남자가 벤치에 앉아 있다.

어휘 stroll 산책하다 | shoelace 신발 끈 | backpack 배낭, 가방 | rake 갈퀴로 긁어 모으다

2. 미국

(A) They're reorganizing some furniture in a room.
(B) One of the men is exiting a conference room.
(C) The woman is gesturing at a whiteboard.
(D) The woman is sipping a beverage from a mug.

(A) 사람들이 방에서 가구를 다시 배열하고 있다.
(B) 남자들 중 한 명이 회의실에서 나가고 있다.
(C) 여자가 화이트보드를 가리키고 있다.
(D) 여자가 머그잔으로 음료를 마시고 있다.

해설 (A) 가구를 다시 배열하는 사람이 보이지 않으므로 동작 묘사가 틀렸다.
(B) 남자들 중 누구도 나가고 있지 않으므로 동작 묘사가 틀렸다.
(C) 여자가 화이트보드를 가리키는 동작을 적절히 묘사했으므로 정답이다.
(D) 여자가 음료를 마시는 동작이 아니므로 동작 묘사가 틀렸다.

✚ 이렇게도 답이 가능해요!
The men are seated around a table.
남자들이 테이블에 둘러앉아 있다.

어휘 reorganize 다시 정리하다 | furniture 가구 | exit 나가다 | gesture 가리키다 | sip (음료를) 마시다 | beverage 음료

3. 미국

(A) Some shelving units are being assembled.
(B) Some cardboard boxes are stacked on a cart.
(C) A man is pushing a trolley through an entrance.
(D) A man is unwrapping a package.

(A) 몇몇 선반들이 조립되고 있다.
(B) 몇몇 판지 상자들이 카트 위에 쌓여 있다.
(C) 한 남자가 손수레를 밀며 입구를 통과하고 있다.
(D) 한 남자가 상자의 포장을 풀고 있다.

해설 (A) 선반을 조립하는 사람이 보이지 않으므로 동작 묘사가 틀렸다.
(B) 몇몇 판지 상자들이 카트 위에 쌓여 있는 상태를 적절히 묘사했으므로 정답이다.
(C) 남자는 입구에 있지 않을 뿐만 아니라 손수레를 미는 동작도 아니므로 장소와 동작 묘사 모두 틀렸다.
(D) 남자는 포장을 풀고 있지 않으므로 동작 묘사가 틀렸다.

✚ 이렇게도 답이 가능해요!
A worker is pulling a trolley. 한 작업자가 손수레를 끌고 있다.

어휘 shelving unit 선반 | assemble 조립하다 | cardboard 판지 | trolley 손수레 | unwrap (포장지를) 풀다 | package 상자

4. 호주

(A) One of the women is reading a document.
(B) One of the women is holding a mug.
(C) They are organizing some books.
(D) They are sitting across from each other.

(A) 여자들 중 한 명이 서류를 읽고 있다.
(B) 여자들 중 한 명이 머그잔을 쥐고 있다.
(C) 사람들이 책을 정리하고 있다.
(D) 사람들이 서로 마주 보고 앉아 있다.

해설 (A) 둘 중 누구도 서류를 읽고 있는 동작이 아니므로 동작 묘사가 틀렸다.
(B) 둘 중 누구도 머그잔을 쥐고 있는 상태가 아니므로 상태 묘사가 틀렸다.
(C) 사람들의 행동이 책을 정리하는 동작이 아니므로 동작 묘사가 틀렸다.
(D) 두 여자가 책상에 마주 보고 앉아 있는 상태를 적절히 묘사했으므로 정답이다.

✚ 이렇게도 답이 가능해요!
One of the women is wearing glasses.
여자들 중 한 명이 안경을 쓰고 있다.

어휘 document 서류, 문서 | mug 머그잔 | organize 정리하다 | sit across from each other 서로 마주 보고 앉다

5. 미국
(A) Some pictures are positioned above a bed.
(B) Some of the chairs are occupied.
(C) The table has been set for a meal.
(D) The cabinet drawers are closed.

(A) 몇몇 사진들이 침대 위에 위치해 있다.
(B) 몇몇 의자들이 사용 중이다.
(C) 식탁이 식사를 위해 차려져 있다.
(D) 수납장 서랍들이 닫혀 있다.

해설 (A) 사진이 침대 위에 있지 않으므로 위치 묘사가 틀렸다.
(B) 의자에 앉아 있는 사람은 보이지 않으므로 상태 묘사가 틀렸다.
(C) 식탁이 차려져 있지 않으므로 상태 묘사가 틀렸다.
(D) **수납장 서랍이 닫혀 있는 상태를 적절히 묘사했으므로 정답이다.**

✚ **이렇게도 답이 가능해요!**
Some ceiling lamps are hanging over a dining table.
몇몇 천장 등이 식탁 위에 매달려 있다.

어휘 position (위치에) 두다 I occupied 사용 중인 I drawer 서랍

---

6. 영국
(A) Cabinet drawers have been left open.
(B) Tiles are being replaced on the floor.
(C) Signs are being removed from the ceiling.
(D) Lockers line a wall in a room.

(A) 수납장 서랍들이 열려 있다.
(B) 바닥 타일들이 교체되고 있다.
(C) 표지판들이 천장에서 제거되고 있다.
(D) 물품 보관함들이 방 벽을 따라 늘어서 있다.

해설 (A) 열려 있는 것은 서랍(drawers)이 아니므로 주어가 틀렸다.
(B) 타일(Tiles)은 사진에 없는 사물이다.
(C) 표지판(Signs)은 사진에 없는 사물이다.
(D) **물품 보관함들이 벽을 따라 늘어서 있는 상태를 적절히 묘사했으므로 정답이다.**

✚ **이렇게도 답이 가능해요!**
She's taking an item out of a locker.
여자가 물품 보관함에서 물건을 꺼내고 있다.

어휘 drawer 서랍 I leave (어떤 상태로) 두다 I tile 타일 I replace 교체하다 I floor 바닥 I sign 표지판 I remove 제거하다 I ceiling 천장 I locker 물품 보관함 I line ~를 따라 늘어서다 I wall 벽

---

7. 미국↔미국
Which TVs will go on discount this week?
(A) That's a smart decision.
(B) I went to see her last week.
(C) The ones on that wall.

이번 주에 어떤 TV가 할인되나요?
(A) 현명한 결정이네요.
(B) 지난주에 그녀를 보러 갔어요.
(C) 저쪽 벽에 있는 것들이요.

해설 (A) 질문과 무관한 대답이다.
(B) 질문에 쓰인 week을 반복하여 오답을 유도하고 있다.
(C) **벽에 있는 것들이라며 「The one + 수식어」 표현으로 적절히 대답했으므로 정답이다.**

✚ **이렇게도 답이 가능해요!**
The sale is next week. 할인은 다음 주예요.

어휘 decision 결정

---

8. 미국↔호주
How many people are you expecting for your retirement luncheon?
(A) Around 11 or 12.
(B) For over 30 years.
(C) We found a replacement.

당신의 은퇴 기념 오찬에 몇 명이 올 것으로 예상하나요?
(A) 약 11명에서 12명이요.
(B) 지난 30년 동안이요.
(C) 후임자를 찾았어요.

해설 (A) **약 11명에서 12명이라며 인원수로 대답했으므로 정답이다.**
(B) 질문의 retirement를 듣고 연상할 수 있는 For over 30 years를 사용하여 오답을 유도하고 있다.
(C) 질문의 retirement를 듣고 연상할 수 있는 replacement를 사용하여 오답을 유도하고 있다.

✚ **이렇게도 답이 가능해요!**
I'm not sure yet. 아직 잘 모르겠어요.

어휘 expect 기다리다 I replacement 후임자

---

9. 미국↔영국
Where's the menu for the Italian restaurant?
(A) A table for four.
(B) On the desk next to the printer.
(C) Yes, the ravioli, please.

이탈리아 식당 메뉴가 어디에 있죠?
(A) 4인용 테이블이요.
(B) 프린터 옆 책상 위에요.
(C) 네, 라비올리로 주세요.

해설 (A) 질문의 restaurant를 듣고 연상할 수 있는 table을 사용하여 오답을 유도하고 있다.
(B) **프린터 옆 책상 위에 있다며 구체적인 장소로 대답했으므로 정답이다.**
(C) 의문사 의문문은 Yes/No로 응답할 수 없고, 질문의 Italian restaurant의 연상 어휘 ravioli를 사용하여 오답을 유도하고 있다.

✚ **이렇게도 답이 가능해요!**
For the one on Blake Street? Blake가에 있는 것으로요?

어휘 next to ~ 옆에 I ravioli 라비올리(고기, 치즈 등으로 속을 채운 사각형 모양의 파스타)

---

10. 호주↔미국
Your laptop is new, isn't it?
(A) Yes, it is.
(B) The electronics store.
(C) A notebook and pen.

당신 노트북은 새 거죠, 그렇지 않나요[→ 그렇죠]?
(A) 네, 맞아요.
(B) 전자 제품 매장이요.
(C) 공책과 펜이요.

해설 (A) 'Yes'로 대답하고, 그렇다고 말했으므로 정답이다.

(B) 질문의 laptop을 듣고 연상할 수 있는 electronics를 사용하여 오답을 유도하고 있다.

(C) 질문의 laptop을 듣고 연상할 수 있는 notebook을 사용하여 오답을 유도하고 있다.

✚ 이렇게도 답이 가능해요!

I'm borrowing Mr. Frankl's.
전 Frankl 씨의 것을 빌려 쓰고 있어요.

어휘 electronics 전자 제품

---

11. 미국↔미국

What did you think of the orientation program?
(A) Yes, at the next station.
(B) In meeting room 3C.
(C) It was very informative.

오리엔테이션 프로그램에 대해 어떻게 생각하셨나요?
(A) 네, 다음 역이에요.
(B) 3C 회의실에서요.
(C) 그것은 매우 유익했어요.

해설 (A) 의문사 의문문은 Yes/No로 응답할 수 없고, 질문에 쓰인 orientation과 발음이 유사한 station을 사용하여 오답을 유도하고 있다.
(B) 질문의 orientation을 듣고 연상할 수 있는 meeting room을 사용하여 오답을 유도하고 있다.
(C) 매우 유익했다면서 질문에 적절히 대답했으므로 정답이다.

✚ 이렇게도 답이 가능해요!

I wasn't invited. 전 초대받지 않았어요.

어휘 informative 유익한

---

12. 미국↔영국

Did you arrange to have the windows cleaned?
(A) Yes, I called the company last night.
(B) An aisle seat, please.
(C) A range of cleaning products.

창문 청소 일정 잡았나요?
(A) 네, 제가 어젯밤에 회사에 전화했어요.
(B) 통로석으로 부탁해요.
(C) 다양한 세척용품들이요.

해설 (A) 'Yes'로 대답하고, 회사에 전화했다며 적절히 덧붙여 대답했으므로 정답이다.
(B) 질문의 windows를 듣고 연상할 수 있는 aisle을 사용하여 오답을 유도하고 있다.
(C) 질문의 cleaned를 듣고 연상할 수 있는 cleaning products를 사용하여 오답을 유도하고 있다.

✚ 이렇게도 답이 가능해요!

But we cleaned them last week.
그런데 저희가 지난주에 청소했어요.

어휘 arrange (일을) 처리하다, 주선하다 I clean 닦다, 청소하다 I aisle seat 통로석 I a range of 다양한 I cleaning product 세척용품

---

13. 영국↔미국

When is the company's anniversary dinner?
(A) For 20 years.
(B) It's this Friday.
(C) I already ate dinner.

회사 창립 기념일 만찬은 언제인가요?
(A) 20년 동안이요.
(B) 이번 주 금요일이에요.
(C) 저는 이미 저녁을 먹었어요.

해설 (A) 질문의 anniversary를 듣고 연상할 수 있는 20 years를 사용하여 오답을 유도하고 있다.
(B) 이번 주 금요일이라며 시점으로 대답했으므로 정답이다.
(C) 질문에 쓰인 dinner를 반복하여 오답을 유도하고 있다.

✚ 이렇게도 답이 가능해요!

Didn't you get the e-mail? 이메일 못 받으셨나요?

어휘 anniversary 기념일

---

14. 호주↔영국

Which subway line should we take to the convention center?
(A) It'll be better to take a taxi.
(B) From Thursday to Sunday.
(C) Every five minutes.

컨벤션 센터에 가려면 지하철 몇 호선을 타야 하나요?
(A) 택시를 타는 게 더 나을 거예요.
(B) 목요일부터 일요일까지요.
(C) 5분마다요.

해설 (A) 택시를 타는 게 더 나을 거라며 다른 선택지를 제시하여 질문에 우회적으로 대답했으므로 정답이다.
(B) 질문과 무관한 대답이다.
(C) How often 의문문에 어울리는 대답이다.

✚ 이렇게도 답이 가능해요!

The one headed to Emerson. Emerson행이요.

어휘 subway line 지하철 노선 I better 더 나은

---

15. 미국↔미국

Have you paid the venue for the company anniversary yet?
(A) For twenty-five years in business.
(B) Yes, I used the corporate card.
(C) The office on 11th Avenue.

회사 창립 기념일 행사장 비용을 지불했나요?
(A) 업계에서 25년 됐어요.
(B) 네, 법인카드를 썼어요.
(C) 11번가 사무실이요.

해설 (A) 질문의 company를 듣고 연상할 수 있는 business를 사용하여 오답을 유도하고 있다.
(B) 'Yes'로 대답하고, 법인카드를 썼다며 적절히 덧붙여 대답했으므로 정답이다.
(C) 질문에 쓰인 venue와 발음이 유사한 Avenue를 사용하여 오답을 유도하고 있다.

✚ 이렇게도 답이 가능해요!

I'll get to it right away. 지금 바로 할게요.

어휘 pay 지불하다 I venue 장소 I company anniversary 창립 기념일 I corporate card 법인카드

16. 영국↔호주

Could you go over the marketing presentation with me tomorrow?
(A) I'll be taking the day off.
(B) That doesn't sound right.
(C) For 30 slides.

내일 저랑 같이 마케팅 발표를 검토해 줄 수 있으세요?
(A) 제가 그날 휴무예요.
(B) 그거 잘못된 거 같아요.
(C) 슬라이드 30장에 대해서요.

해설 (A) 그날 휴무라며 요청에 대한 거절을 우회적으로 대답했으므로 정답이다.
(B) 질문과 무관한 대답이다.
(C) 질문의 presentation을 듣고 연상할 수 있는 slides를 사용하여 오답을 유도하고 있다.

✚ 이렇게도 답이 가능해요!
Sure, are you free tomorrow morning?
물론이죠, 내일 오전에 시간 되세요?

어휘 go over ~을 검토하다 | presentation 발표 | day off 휴무

---

17. 호주↔미국

Didn't you have a lunch meeting today?
(A) The soup and salad set.
(B) Yes, that's why I came back late.
(C) A new client.

오늘 점심 회의 있지 않으셨어요[→ 있으시죠]?
(A) 수프 샐러드 세트요.
(B) 네, 그래서 늦게 복귀했어요.
(C) 신규 고객이요.

해설 (A) 질문의 lunch를 듣고 연상할 수 있는 soup and salad를 사용하여 오답을 유도하고 있다.
(B) 'Yes'로 대답하고, 그래서 늦게 복귀했다며 적절히 덧붙여 말했으므로 정답이다.
(C) 질문의 meeting을 듣고 연상할 수 있는 client를 사용하여 오답을 유도하고 있다.

✚ 이렇게도 답이 가능해요!
I think you're thinking of someone else.
다른 사람과 헷갈리신 거 같아요.

어휘 late 늦게 | client 고객

---

18. 미국↔영국

Would you like to order some extra supplies for the office?
(A) Tuesday, by the end of the day.
(B) The documents in alphabetical order.
(C) We're running out of printer ink.

사무용품을 추가 주문하시겠어요?
(A) 화요일, 퇴근 시간까지요.
(B) 알파벳 순서로 된 서류들이요.
(C) 프린터 잉크가 다 떨어져 가요.

해설 (A) 질문과 무관한 대답이다.
(B) 질문에 쓰인 order를 다른 의미로 반복 사용하여 오답을 유도하고 있다.

(C) 프린터 잉크가 다 떨어져 간다며 잉크를 추가 주문하고 싶다는 것을 우회적으로 대답했으므로 정답이다.

✚ 이렇게도 답이 가능해요!
No, that won't be necessary. 아니요, 그럴 필요 없어요.

어휘 extra 추가의 | supplies 물품 | document 문서, 서류 | in alphabetical order 알파벳 순서로 | run out of ~을 다 써버리다

---

19. 미국↔호주

I have a question about tomorrow's advertising seminar.
(A) OK. How can I help?
(B) Commercials and billboards.
(C) On the 10th floor.

내일 있을 광고 세미나에 관해 질문이 있어요.
(A) 네, 어떻게 도와 드릴까요?
(B) 광고 방송이랑 광고판이요.
(C) 10층에서요.

해설 (A) 'OK'라고 대답한 후, 문의 사항이 무엇인지 물으며 적절히 덧붙여 말했으므로 정답이다.
(B) 질문의 advertising을 듣고 연상할 수 있는 Commercials and billboards를 사용하여 오답을 유도하고 있다.
(C) 질문과 무관한 대답이다.

✚ 이렇게도 답이 가능해요!
Me, too. Let's go ask Lynn. 저도요. Lynn에게 가서 물어봅시다.

어휘 advertising 광고(업) | commercial 광고 (방송) | billboard (옥외의 커다란) 광고판

---

20. 미국↔미국

When is the travel expense report due?
(A) You should talk to Mark.
(B) Yes, on my desk.
(C) A resort in Bali.

여행 경비 보고서는 언제까지 제출인가요?
(A) Mark랑 이야기해 보세요.
(B) 네, 제 책상 위에요.
(C) Bali에 있는 리조트요.

해설 (A) Mark랑 얘기해 보라며 Mark가 알려줄 것임을 우회적으로 대답했으므로 정답이다.
(B) 의문사 의문문은 Yes/No로 응답할 수 없다.
(C) 질문의 travel을 듣고 연상할 수 있는 Bali뿐만 아니라 report와 발음이 유사한 resort를 사용하여 오답을 유도하고 있다.

✚ 이렇게도 답이 가능해요!
By next Tuesday. 다음 주 화요일까지요.

어휘 expense 비용 | due ~까지 하기로 되어 있는

---

21. 호주↔영국

Where can I learn how to use this software program?
(A) Check the user's guide.
(B) A recent update.
(C) What will you wear to the interview?

이 소프트웨어 프로그램 사용법을 어디서 배울 수 있나요?
(A) 사용자 안내서를 확인하세요.
(B) 최근 업데이트요.
(C) 면접에 뭘 입을 건가요?

해설 (A) 사용자 안내서를 확인해 보라며 질문에 적절히 대답했으므로 정답이다.

(B) 질문의 software program을 듣고 연상할 수 있는 update를 사용하여 오답을 유도하고 있다.

(C) 질문에 쓰인 software와 발음이 유사한 wear를 사용하여 오답을 유도하고 있다.

✛ 이렇게도 답이 가능해요!
I can teach you. 제가 가르쳐 드릴 수 있어요.

어휘 check 확인하다 | user's guide 사용자 안내서 | recent 최근의

---

22. 영국↔미국

I left my laptop at home today.
(A) I'll be visiting a client.
(B) Here, you can use my old one.
(C) At the electronics store.

제가 오늘 노트북을 집에 놓고 왔어요.
(A) 저는 고객을 방문할 거예요.
(B) 여기요, 제 예전 걸 사용하셔도 돼요.
(C) 전자 제품 매장에서요.

해설 (A) 질문의 home을 듣고 연상할 수 있는 visit를 사용하여 오답을 유도하고 있다.

(B) 'Here'라고 하면서, 자신의 예전 걸 사용해도 된다고 적절히 덧붙여 말했으므로 정답이다.

(C) 질문의 laptop을 듣고 연상할 수 있는 electronics를 사용하여 오답을 유도하고 있다.

✛ 이렇게도 답이 가능해요!
Won't you need it later? 이따가 필요하지 않으세요?

어휘 leave 놓고 오다 | laptop 노트북 | visit 방문하다 | client 고객 | electronics 전자 제품

---

23. 영국↔호주

When will the final season of that TV show come out?
(A) I don't watch that show.
(B) About 30 minutes long.
(C) I'm free next week.

그 TV 쇼의 마지막 시즌은 언제 나오나요?
(A) 저는 그 쇼를 안 봐요.
(B) 30분 정도 길이예요.
(C) 제가 다음 주에는 한가해요.

해설 (A) 그 쇼를 보지 않는다며 자신은 모른다는 것을 우회적으로 대답했으므로 정답이다.

(B) 질문과 무관한 대답이다.

(C) 질문의 When을 듣고 연상할 수 있는 next week을 사용하여 오답을 유도하고 있다.

✛ 이렇게도 답이 가능해요!
Next April. 내년 4월이요.

어휘 come out 나오다

---

24. 호주↔미국

How can I get someone to repair the photocopier?
(A) Can you get some coffee for me?
(B) The phone number is on the machine.
(C) Twenty color copies, please.

복사기를 수리할 사람에게 어떻게 연락하면 되나요?
(A) 제게 커피를 좀 가져다주시겠어요?
(B) 전화번호가 기기에 있어요.
(C) 컬러로 20부요.

해설 (A) 질문에 쓰인 photocopier와 발음이 유사한 coffee를 사용하여 오답을 유도하고 있다.

(B) 수리공의 전화번호가 기기에 있다며 적절히 대답했으므로 정답이다.

(C) 질문의 photocopier를 듣고 연상할 수 있는 color copies를 사용하여 오답을 유도하고 있다.

✛ 이렇게도 답이 가능해요!
Let me call Maintenance. 제가 유지 보수 팀에 전화할게요.

어휘 repair 수리하다 | maintenance 유지 보수

---

25. 미국↔미국

Please recharge the corporate laptop after use.
(A) You should turn on the light.
(B) Charge it to my credit card.
(C) Where should I return it?

회사 노트북 컴퓨터를 사용한 후에는 충전해 주십시오.
(A) 불을 켜도록 하세요.
(B) 제 신용카드로 청구해 주세요.
(C) 어디에 반납하면 되나요?

해설 (A) 질문의 laptop을 듣고 연상할 수 있는 turn on을 사용하여 오답을 유도하고 있다.

(B) 질문에 쓰인 recharge와 발음이 유사한 Charge를 사용하여 오답을 유도하고 있다.

(C) 어디에 노트북 컴퓨터를 반납해야 하냐고 추가 정보를 요청하며 적절히 대답했으므로 정답이다.

✛ 이렇게도 답이 가능해요!
OK, I'll make sure to do that. 네, 꼭 그렇게 하도록 할게요.

어휘 recharge 충전하다 | corporate 기업의 | charge 청구하다

---

26. 미국↔미국

Who's dropping off Ms. Chandler at the train station?
(A) Be careful not to drop it.
(B) I didn't bring my car.
(C) A 2 o'clock train.

누가 Chandler 씨를 기차역에 데려다주나요?
(A) 떨어트리지 않게 조심하세요.
(B) 저는 차를 안 갖고 왔어요.
(C) 2시 기차요.

해설 (A) 질문에 쓰인 dropping과 발음이 유사한 drop it을 사용하여 오답을 유도하고 있다.

(B) 본인 차를 갖고 오지 않았다며 데려다주지 못한다는 것을 우회적으로 대답했으므로 정답이다.

(C) 질문에 쓰인 train을 반복하여 오답을 유도하고 있다.

✛ 이렇게도 답이 가능해요!
I'll be taking her this afternoon.
제가 오늘 오후에 그녀를 데려다 줄 거예요.

어휘 drop off ~을 데려다 주다, 내려주다

27. 호주↔영국

Does the restaurant buy or grow its own vegetables?
(A) They're known for growing their own.
(B) Do they have a vegetarian option?
(C) I'm saving up to buy my own place.

그 레스토랑에서는 채소를 구입하나요, 아니면 직접 재배하나요?
(A) 그곳은 직접 재배하는 걸로 알려져 있어요.
(B) 그곳에는 채식주의자 메뉴가 있나요?
(C) 저는 집을 사려고 저축하고 있어요.

해설 (A) 채소를 직접 재배한다며 후자로 대답했으므로 정답이다.
(B) 질문의 vegetables를 듣고 연상할 수 있는 vegetarian을 사용하여 오답을 유도하고 있다.
(C) 질문에 쓰인 buy와 own을 반복하여 오답을 유도하고 있다.

✚ 이렇게도 답이 가능해요!
We should ask the manager. 매니저에게 물어봅시다.

어휘 grow 기르다, 재배하다 | vegetable 야채 | vegetarian 채식주의자 | option 선택권, 옵션 | save up 저축하다

---

28. 영국↔미국

Why hasn't the shipment been delivered yet?
(A) Because one of the trucks is broken.
(B) To the manufacturing plant in New Delhi.
(C) A few of the night-shift drivers.

배송 물품이 왜 아직도 배달되지 않았나요?
(A) 트럭 중 한 대가 고장 났기 때문이에요.
(B) New Delhi에 있는 제조 공장으로요.
(C) 야간 근무 운전자들 중 몇 명이요.

해설 (A) 트럭 중 한 대가 고장이 났다며 이유로 대답했으므로 정답이다.
(B) 질문의 shipment를 듣고 연상할 수 있는 manufacturing plant를 사용하여 오답을 유도하고 있다.
(C) 질문에 쓰인 shipment와 발음이 유사한 shift를 사용하여 오답을 유도하고 있다.

✚ 이렇게도 답이 가능해요!
Didn't you get the memo? 메모 못 받았어요?

어휘 shipment 배송 물품, 수송물 | deliver 배달하다 | broken 고장이 난 | manufacturing 제조 | plant 공장 | night-shift 야간 근무

---

29. 미국↔미국

You're speaking at the seminar on Thursday, aren't you?
(A) I'll be going to the trade show.
(B) A keynote presentation.
(C) She is a highly-trained professional.

목요일 세미나에서 발표하시죠, 그렇지 않나요[→ 그렇죠]?
(A) 저는 무역 박람회에 갑니다.
(B) 기조 발표요.
(C) 그녀는 교육을 많이 받은 전문가예요.

해설 (A) 무역 박람회에 간다며 자신은 아니라는 것을 우회적으로 대답했으므로 정답이다.
(B) 질문의 speaking을 듣고 연상할 수 있는 keynote presentation을 사용하여 오답을 유도하고 있다.
(C) 질문의 seminar를 듣고 연상할 수 있는 professional을 사용하여 오답을 유도하고 있다.

✚ 이렇게도 답이 가능해요!
Correct. At 2:15. 맞아요. 2시 15분이에요.

어휘 speak at ~에서 연설[발표]하다 | trade show 무역 박람회 | keynote 기조 | highly-trained 고도로 훈련된 | professional 전문가

---

30. 미국↔호주

Is there a way to set up my laptop to the wireless network?
(A) We can catch a connecting flight.
(B) Because the Internet isn't working.
(C) Of course. Here's the password.

제 노트북 컴퓨터를 무선 네트워크에 연결시키는 방법이 있나요?
(A) 우리는 연결 항공편을 탈 수 있어요.
(B) 인터넷이 작동하지 않기 때문이에요.
(C) 그럼요. 비밀번호 여기 있습니다.

해설 (A) 질문의 wireless network를 듣고 연상할 수 있는 connecting을 사용하여 오답을 유도하고 있다.
(B) 질문의 wireless network를 듣고 연상할 수 있는 Internet을 사용하여 오답을 유도하고 있다.
(C) 'Of course'로 대답하고, 비밀번호를 전해주며 방법을 알려 주고 있으므로 정답이다.

✚ 이렇게도 답이 가능해요!
I was wondering the same thing.
저도 같은 걸 궁금해하고 있었어요.

어휘 wireless 무선의 | connecting flight 연결 항공편 | wonder 궁금하다

---

31. 미국↔영국

Do you want to watch the movie at 5 or 8 o'clock?
(A) Aren't we going to dinner first?
(B) The theater on Richmond Parkway.
(C) It's sold out.

영화를 5시에 보고 싶어요, 아님 8시에 보고 싶어요?
(A) 우리 저녁 먼저 먹으러 안 가요?
(B) Richmond Parkway에 있는 극장이요.
(C) 그건 다 팔렸어요.

해설 (A) 저녁 먼저 먹으러 안 가냐고 다른 사항을 묻는 질문으로 적절히 반문하여 대답했으므로 정답이다.
(B) 질문의 movie를 듣고 연상할 수 있는 theater를 사용하여 오답을 유도하고 있다.
(C) 질문의 watch the movie를 듣고 연상할 수 있는 sold out을 사용하여 오답을 유도하고 있다.

✚ 이렇게도 답이 가능해요!
I prefer the later one. 저는 후자가 더 좋아요.

어휘 theater 극장 | sold out 다 팔린, 매진된

호주↔영국

Questions 32-34 refer to the following conversation.

M Hello, Marge. ³²**We're all set to demonstrate our latest smart television to the buyers from Slovakia this afternoon.**

W Actually, ³³**we ended up postponing their visit. Their train was canceled today,** so they booked a train that's due to arrive tomorrow afternoon.

M Ah, I see. I'll let the other team members know about this. Oh, also, ³⁴**should I reschedule their taxi pick-up service?**

W ³⁴**Yes, please.** Can you schedule it for 2 P.M. tomorrow?

M ³⁴**Sure thing. I'll take care of it now.**

32-34번은 다음 대화에 관한 문제입니다.

남 안녕하세요, Marge. ³²저희는 오늘 오후 슬로바키아에서 온 구매자들에게 우리의 최신 스마트 텔레비전을 시연할 준비가 모두 되었어요.

여 실은, ³³결국 그분들의 방문이 연기되었어요. 그분들이 타실 기차 편이 오늘 취소되어서, 내일 오후에 도착할 예정인 기차를 예약하셨대요.

남 아, 그렇군요. 다른 팀원들에게 알려 줄게요. 아, 그럼, ³⁴제가 그분들의 택시 픽업 서비스 일정을 변경해야 하나요?

여 ³⁴네, 부탁드려요. 내일 오후 2시로 예약해 줄 수 있나요?

남 ³⁴물론이죠. 지금 처리할게요.

어휘
be all set 준비가 되어 있다 | demonstrate 시연하다 | buyer 구매자 | end up 결국 ~에 처하게 되다 | postpone 연기하다 | book 예약하다 | be due to do ~할 예정이다 | pick-up service 공항에 여행자를 마중해 주는 서비스 | take care of ~을 돌보다, 처리하다

---

32. What product are the buyers coming to see?
(A) A watch
(B) A vehicle
(C) A television
(D) A laptop

구매자들은 어떤 상품을 보러 오는가?
(A) 시계
(B) 자동차
(C) 텔레비전
(D) 노트북

해설 키워드 문제 – 대화 초반에 남자가 오늘 오후에 슬로바키아에서 온 구매자들에게 자신들의 최신 스마트 텔레비전을 시연할 준비가 모두 되었다고 말했으므로 (C)가 정답이다.

33. Why has the visit been postponed?
(A) A facility is undergoing repairs.
(B) A train was canceled.
(C) A presentation needs to be revised.
(D) A manager is sick.

방문이 왜 연기되었는가?
(A) 시설이 수리 중이다.
(B) 기차가 취소되었다.
(C) 발표가 수정되어야 한다.
(D) 매니저가 아프다.

해설 키워드 문제 – 여자가 오늘 슬로바키아 구매자들의 기차 편이 취소되어서 결국 방문이 연기되었다고 말했으므로 (B)가 정답이다.

34. What will the man probably do next?
(A) Order some equipment
(B) Reserve a meeting room
(C) Contact a taxi company
(D) Arrange some furniture

남자는 다음에 무엇을 하겠는가?
(A) 장비를 주문할 것이다
(B) 회의실을 예약할 것이다
(C) 택시 회사에 연락할 것이다
(D) 가구를 배치할 것이다

해설 다음에 할 일을 묻는 문제 – 대화 후반부에 남자가 자신이 택시 픽업 서비스 일정을 변경해야 하는지 묻자, 여자가 '네, 부탁드려요.'라고 말했고, 남자가 알겠다며 지금 처리한다고 대답했으므로 (C)가 정답이다.

미국 ↔ 미국

Questions 35-37 refer to the following conversation.

M Hello, Vivienne. ³⁵**I received an e-mail from a journalist who is interested in publishing a story about the latest tablet PC our firm has developed.**

W That's great. This would definitely help promote our newest product.

M Yes, but she wants to include a section explaining how we designed such a high-quality camera for the device.

W Hmm… ³⁶**We have a strict policy on what we can reveal about our company's technology.** Most of the information is pretty confidential.

M ³⁶**I figured as much.** ³⁷**I'll speak with the Vice President about this matter.** He should know how to handle it.

35-37번은 다음 대화에 관한 문제입니다.

남 안녕하세요, Vivienne. ³⁵제가 어떤 기자에게서 이메일을 받았는데, 우리 회사에서 개발한 최신 태블릿 PC에 대한 기사를 내는 데 관심 있어 해요.

여 잘됐네요. 우리 신제품을 홍보하는 데 분명 도움이 될 거예요.

남 맞아요, 그런데 그분은 우리가 기기에 어떻게 그런 고품질 카메라를 설계했는지에 대해 설명하는 부분을 넣고 싶어 해요.

여 음… ³⁶회사 기술 중에 우리가 밝힐 수 있는 부분에 대해서는 정책이 엄격해요. 대부분의 정보가 중요한 기밀이잖아요.

남 ³⁶저도 그렇게 생각했어요. ³⁷제가 부사장님께 이 문제에 대해 이야기해 볼게요. 그분이라면 어떻게 해야 할지 아실 거예요.

어휘
journalist 기자 | interested 관심 있는 | publish 출판하다 | latest 최신의 | develop 개발하다 | definitely 분명히, 확실히 | promote 홍보하다 | include 포함하다 | section 구역 | explain 설명하다 | high-quality 고품질의 | strict 엄격한 | policy 정책, 규정 | reveal 드러내다 | confidential 기밀의 | figure 생각하다, 판단하다 | matter 문제 | handle 처리하다

---

35. Where do the speakers most likely work?
(A) At a photo studio
(B) At an electronics manufacturer
(C) At a newspaper company
(D) At a law firm

화자들은 어디서 일하겠는가?
(A) 사진 스튜디오에서
(B) 전자 제품 제조사에서
(C) 신문사에서
(D) 법률회사에서

해설 화자의 신분을 묻는 문제 – 남자의 첫 번째 말에서 자신이 어떤 기자에게서 이메일을 받았는데, 그 기자가 우리 회사에서 개발한 최신 태블릿 PC에 대한 기사를 내는 데 관심 있어 한다고 말했으므로 (B)가 정답이다.

36. What are the speakers worried about?
(A) Exceeding a budget
(B) Providing confidential details
(C) Increasing some sales figures
(D) Acquiring a contract

화자들은 무엇을 염려하는가?
(A) 예산을 초과하는 것
(B) **기밀 정보를 제공하는 것**
(C) 판매 수치를 올리는 것
(D) 계약을 따내는 것

해설 키워드 문제 – 여자가 회사 기술 중 밝힐 수 있는 부분에 대해서는 정책이 엄격하고 대부분의 정보가 기밀이라고 하자, 남자가 자신도 그렇게 생각했다고 말했으므로 (B)가 정답이다.

37. What will the man probably do next?
(A) Send out some e-mails
(B) Contact a client
(C) Talk to an executive
(D) Review a manual

남자는 다음에 무엇을 하겠는가?
(A) 이메일을 발송할 것이다
(B) 고객에게 연락할 것이다
(C) **임원과 상의할 것이다**
(D) 설명서를 살펴볼 것이다

해설 다음에 할 일을 묻는 문제 – 남자가 마지막 말에서 부사장님과 이 문제에 대해 이야기해 보겠다고 말했으므로 (C)가 정답이다.

✚ **이렇게 바꿔 썼어요!**
speak with → Talk to, Vice President → executive

영국 ↔ 미국

Questions 38-40 refer to the following conversation.

W [38]**I just got this e-mail from Ms. Chen, the owner of that restaurant where we're doing all the remodeling.** [39]**I'm afraid she's not happy. It looks like the wrong type of wallpaper was used in the dining room.**

M How can that be? I confirmed the wallpaper order just last week. It was dark red, right? Anyway, [40]**I'll call the supplier and get the right kind delivered right away.**

W OK. I'll return the e-mail now so that she knows we're taking care of it.

38-40번은 다음 대화에 관한 문제입니다.

여 [38]우리가 전체 리모델링 공사를 맡고 있는 레스토랑의 주인분이신 Chen 씨에게서 방금 이메일을 받았어요. [39]그녀가 기분이 안 좋아 보이네요. 식당에 다른 종류의 벽지가 사용된 것 같아요.

남 어떻게 그렇게 될 수 있죠? 제가 바로 지난주에 벽지 주문을 확인했는데요. 그게 암적색이었는데, 맞죠? 어쨌든, [40]제가 지금 당장 공급 업체에 전화해서 맞는 것으로 배달 받아야겠어요.

여 좋아요. 우리가 그 일을 처리할 거라는 걸 그녀가 알 수 있게 지금 이 메일로 회신할게요.

어휘
owner 주인, 소유주 | remodeling 리모델링, 주택 개보수 | wallpaper 벽지 |

dining room 식당 | confirm 확인해 주다 | dark red 암적색 | supplier 공급 업체 | right away 즉시, 곧바로 | so that ~하도록 [하기 위해] | take care of ~을 처리하다, 돌보다

38. Who is Ms. Chen?
(A) A business consultant
(B) A chef
(C) An interior designer
(D) A customer

Chen 씨는 누구인가?
(A) 경영 컨설턴트
(B) 요리사
(C) 인테리어 디자이너
(D) **고객**

해설 키워드 문제 – 대화 초반에 여자가 자신들이 전체 리모델링 공사를 맡고 있는 레스토랑의 주인인 Chen 씨에게서 방금 이메일을 받았다고 말했으므로 (D)가 정답이다.

39. Why did Ms. Chen send an e-mail?
(A) To complain about some work
(B) To order a product
(C) To inquire about a service
(D) To follow up on a job interview

Chen 씨는 왜 이메일을 보냈는가?
(A) **업무에 대해 항의하려고**
(B) 제품을 주문하려고
(C) 서비스에 대해 문의하려고
(D) 면접에 대한 후속 업무를 하려고

해설 키워드 문제 – 여자가 그녀(Ms. Chen)가 기분이 안 좋아 보인다며 식당에 다른 종류의 벽지가 사용된 것 같다고 말한 것으로 보아 (A)가 정답이다.

40. What does the man say he will do?
(A) Refund some money
(B) Perform some repairs
(C) Make a phone call
(D) Visit a client

남자는 무엇을 하겠다고 말하는가?
(A) 돈을 환불해 주겠다고
(B) 수리 작업을 하겠다고
(C) **전화를 걸겠다고**
(D) 고객을 방문하겠다고

해설 다음에 할 일을 묻는 문제 – 남자가 지금 당장 공급 업체에 전화해서 맞는 것으로 배달 받아야겠다고 말했으므로 (C)가 정답이다.

✚ **이렇게 바꿔 썼어요!**
call → Make a phone call

호주 ↔ 미국 ↔ 영국

Questions 41-43 refer to the following conversation with three speakers.

M1 [42]**We've been getting a lot of visitors to the park recently.** [41]**All of my tours this month have been fully booked. How about yours, Phil?**

M2 Same here. 42**It's probably because of that new hiking trail**—you know, the one that was created by the former professional athlete, Gerry Curlman. 43**I wonder how he got interested in designing landscapes.**

W Well, 43**Mr. Curlman is actually giving a workshop here on landscaping next Friday morning.** You can probably ask him about it then.

M2 Oh, I'm free that morning. How much is it to attend?

W Actually, there's no admission fee. All park employees can participate for free.

41-43번은 다음 세 화자의 대화에 관한 문제입니다.

남1 42최근에 공원 방문객들이 많이 늘었어요. 41이번 달에 제가 담당하는 투어 예약이 모두 꽉 찼어요. Phil, 당신 투어는 어때요?

남2 저도 마찬가지예요. 42아마도 그 새로운 등산로 때문인 것 같아요. 그 왜 있잖아요, 전 프로 선수인 Gerry Curlman이 만든 길이요. 43그가 어떻게 조경 디자인에 흥미를 느끼게 되었는지 궁금하네요.

여 글쎄요, 43Curlman 씨가 실은 다음 주 금요일 아침에 조경에 관한 워크숍을 여기서 할 예정이에요. 그때 그에게 그것에 관해 물어볼 수도 있겠네요.

남2 오, 그날 아침에 저는 한가해요. 참석하는 데 얼마인가요?

여 사실, 입장료는 없어요. 모든 공원 직원들은 무료로 참여할 수 있어요.

어휘
fully booked 예약이 꽉 찬 | hiking trail 등산로 | create 만들다 | former 예전의 | professional 전문적인 | athlete 운동선수 | wonder 궁금하다 | landscape 풍경 | admission fee 입장료 | for free 무료로

41. What do the men do at the park?
(A) Clean facilities
(B) Run a souvenir shop
(C) Take care of plants
(D) Give tours

남자들은 공원에서 무슨 일을 하는가?
(A) 시설들을 청소한다
(B) 기념품 가게를 운영한다
(C) 식물들을 관리한다
(D) 투어를 제공한다

해설 화자의 신분을 묻는 문제 – 대화 초반에 남자1이 이번 달에 자신이 담당하는 투어 예약이 모두 꽉 찼는데 남자2(Phil)에게 당신의 투어는 어떠냐고 물은 것으로 보아 (D)가 정답이다.

42. What most likely caused an increase in park visitors?
(A) Reduced admission costs
(B) A new hiking trail
(C) A shuttle service
(D) Longer business hours

무엇이 공원 방문객 증가를 야기했겠는가?
(A) 인하된 입장료
(B) 새로운 등산로
(C) 셔틀 서비스
(D) 더 길어진 영업시간

해설 키워드 문제 – 남자1이 최근에 공원 방문객들이 많이 늘었다고 하자, 남자2가 그건 아마도 그 새로운 등산로 때문인 것 같다고 말했으므로 (B)가 정답이다.

43. What does the woman say will happen on Friday?
(A) A press conference will be held.
(B) A landscape designer will hold a talk.
(C) A documentary film will be released.
(D) A park official will visit.

여자는 금요일에 무슨 일이 있을 것이라고 말하는가?
(A) 기자회견이 열릴 것이다.
(B) 조경 디자이너가 강연을 할 것이다.
(C) 다큐멘터리 영화가 개봉될 것이다.
(D) 공원 관리자가 방문할 것이다.

해설 키워드 문제 – 대화 후반부에 남자1이 그(Gerry Curlman)가 어떻게 조경 디자인에 흥미를 느끼게 되었는지 궁금하다고 하자, 여자가 Curlman 씨가 실은 다음 주 금요일 아침에 조경에 관한 워크숍을 여기서 할 예정이라고 말했으므로 (B)가 정답이다.

➕ 이렇게 바꿔 썼어요!
give a workshop → hold a talk

미국↔영국

Questions 44-46 refer to the following conversation.

M 44**Well, Derrick's last day at this branch is March 30.**

W 44**Yeah, he's transferring to the new branch in China.** I know he has been wanting to move abroad.

M 45**Did you get in touch with the bistro to book a private room for his farewell dinner?**

W Yes, I rented the largest one for next Friday at 6:30 P.M. By the way, 46**are you planning to get him a gift?**

M I actually got him a necktie. He told me he needed one.

W That's nice of you. 46**I'm going to the mall after work today to buy him a belt.**

44-46번은 다음 대화에 관한 문제입니다.

남 44음, 3월 30일이 Derrick의 우리 지점에서의 마지막 날이에요.

여 44네, 중국에 있는 새로운 지점으로 전근 갈 거예요. 저는 그가 외국으로 이주하고 싶어 했다는 걸 알고 있었죠.

남 45식당에 연락해서 그의 송별회를 할 개인 방을 예약하셨나요?

여 네, 다음 주 금요일 오후 6시 30분에 가장 큰 방을 빌렸어요. 그런데, 46그를 위해 선물을 사실 계획이세요?

남 사실 저는 넥타이를 사줬어요. 그가 제게 하나 필요하다고 말했거든요.

여 잘하셨네요. 46저는 오늘 퇴근 후에 쇼핑몰에 가서 벨트를 사줄 거예요.

어휘
branch 지점 | transfer 전근 가다 | abroad 해외로 | bistro 식당 | farewell 작별 | mall 쇼핑몰

44. What do the speakers mention about Derrick?
(A) He manages their team.
(B) He travels abroad frequently.
(C) He will open his own business.
(D) He will transfer soon.

화자들은 Derrick에 관해 무엇을 언급하는가?
(A) 그는 팀을 관리한다.
(B) 그는 해외로 자주 여행 간다.

(C) 그는 자신의 회사를 차릴 것이다.
(D) 그는 곧 전근 갈 것이다.

해설　키워드 문제 – 남자가 3월 30일이 Derrick이 지점에서 근무하는 마지막 날이라고 하자, 여자가 긍정하며 중국에 있는 새로운 지점으로 전근 갈 거라고 덧붙여 말했으므로 (D)가 정답이다.

45. What does the man inquire about?
(A) Store hours
(B) A dinner reservation
(C) A travel itinerary
(D) Some receipts

남자는 무엇에 관해 묻는가?
(A) 매장 영업시간
(B) 저녁 예약
(C) 여행 일정표
(D) 영수증

해설　키워드 문제 – 남자가 여자에게 식당에 연락해서 송별회를 할 개인 방을 예약했는지 물었으므로 (B)가 정답이다.

46. What does the woman say she will do after work?
(A) Watch a performance
(B) Purchase a present
(C) Meet a friend
(D) Contact a client

여자는 퇴근 후에 무엇을 할 것이라고 말하는가?
(A) 공연을 관람할 것이라고
(B) 선물을 구매할 것이라고
(C) 친구를 만날 것이라고
(D) 고객에게 연락할 것이라고

해설　다음에 할 일을 묻는 문제 – 대화 후반부에 여자가 남자에게 그(Derrick)를 위해 선물을 살 계획이냐고 물으며, 자신은 오늘 퇴근 후에 쇼핑몰에 가서 그에게 줄 벨트를 살 거라고 말했으므로 (B)가 정답이다.

✚ **이렇게 바꿔 썼어요!**
gift → present, buy → Purchase

─────────────

미국 ↔ 호주

Questions 47-49 refer to the following conversation.
🔲W Hi, Pablo. I heard you were hoping to find some new ways to encourage our employees to improve their skills. **⁴⁷I know a lot of companies are offering their workers access to online courses. Maybe we should look into that.**
🔲M I think people would like that idea. **⁴⁸But we have so many workers in our office.**
🔲W **⁴⁸I thought that would be a concern, so I checked, and several colleges offer unlimited access to courses for a set price.**
🔲M Hmm… That could be good. OK, send me some schools that offer those courses. **⁴⁹I'll choose one and write up a proposal for senior management.**

47-49번은 다음 대화에 관한 문제입니다.
🔲여 안녕하세요, Pablo. 당신이 우리 직원들이 기술을 향상시키도록 격려할 새로운 방법을 찾고 싶어 한다고 들었어요. ⁴⁷많은 회사들이 자

사 직원들에게 온라인 강좌 이용을 제공한다고 알고 있어요. 아마도 우리가 그걸 알아봐야 할 것 같아요.
🔲남 사람들이 그 아이디어를 좋아할 것 같네요. ⁴⁸그런데 우리 사무실에는 직원들이 너무 많아요.
🔲여 ⁴⁸그게 염려되어 제가 확인해 봤는데, 몇몇 대학들이 정해진 가격에 무제한 강좌 이용을 제공하고 있어요.
🔲남 흠… 그거 좋겠네요. 좋아요, 그런 강좌를 제공하는 학교 몇 군데를 저에게 보내 주세요. ⁴⁹하나를 골라서 임원들에게 줄 제안서를 작성할게요.

어휘
encourage 격려하다 | improve 향상시키다 | access 이용 권한 | course 강좌 | look into ~을 조사하다 | concern 걱정, 우려 | unlimited 무제한의 | set 정해진 | proposal 제안 | senior management 고위급 경영진, 임원

47. What does the woman suggest?
(A) Directing a training seminar
(B) Providing tuition assistance
(C) Designing an educational Web site
(D) Changing business hours

여자는 무엇을 제안하는가?
(A) 교육 세미나를 총괄하는 것
(B) 수업 지원을 제공하는 것
(C) 교육용 웹 사이트를 설계하는 것
(D) 영업시간을 변경하는 것

해설　제안·요청을 묻는 문제 – 대화 초반부에 여자가 많은 회사들이 직원들에게 온라인 강좌 이용을 제공한다고 알고 있다며 아마도 자신들은 그걸 알아봐야 할 것 같다고 말했으므로 (B)가 정답이다.

✚ **이렇게 바꿔 썼어요!**
offering ~ access to online courses → Providing tuition assistance

48. What does the man mean when he says, "we have so many workers in our office"?
(A) He is impressed with the company's employees.
(B) He does not have time to handle all the applications.
(C) He is worried about the potential cost of a program.
(D) He is surprised by a lack of response.

남자가 "우리 사무실에는 직원들이 너무 많아요"라고 말할 때, 그가 의미한 것은?
(A) 그는 회사 직원들에게 감명을 받고 있다.
(B) 그는 모든 신청서를 처리할 시간이 없다.
(C) 그는 프로그램의 잠재적인 비용에 대해 걱정하고 있다.
(D) 그는 반응이 없어서 놀랐다.

해설　화자 의도 파악 문제 – 남자가 사무실에 직원들이 너무 많다고 하자, 여자가 그게 염려되어 자신이 확인해 봤는데 몇몇 대학들이 정해진 가격에 무제한 강좌 이용을 제공하고 있다고 말한 것으로 보아 (C)가 정답이다.

✚ **이렇게 바꿔 썼어요!**
be a concern → is worried

49. What does the man say he will do?
(A) Schedule a meeting
(B) Contact a service provider
(C) Prepare a proposal
(D) Devise a lesson plan

남자는 무엇을 할 것이라고 말하는가?
(A) 회의 일정을 잡을 거라고
(B) 서비스 제공 업체에 문의할 것이라고
(C) 제안서를 준비할 것이라고
(D) 강의 계획을 짤 것이라고

해설 다음에 할 일을 묻는 문제 – 남자가 마지막 말에서 학교 중 하나를 고르고 임원들에게 줄 제안서를 작성하겠다고 말했으므로 (C)가 정답이다.

✚ **이렇게 바꿔 썼어요!**
write up → Prepare

미국 ↔ 미국

Questions 50-52 refer to the following conversation.

M Hello, **50 I ordered a pair of running shoes from your online shopping mall.** However, when I received them this morning, I noticed a small hole on the side of the right shoe.

W **50 I apologize for that. 50 51 I can either exchange the item for you or issue you a full refund.** Which would you like?

M **51 I'd like to get them exchanged.** Is it possible to receive them by this Thursday? I'm participating in a race on Friday.

W Of course. **52 I'll send them via express delivery.**

50-52번은 다음 대화에 관한 문제입니다.

남 안녕하세요. **50**제가 귀사 온라인 쇼핑몰에서 운동화 한 컬레를 주문했는데요. 그런데, 오늘 아침에 받았을 때, 오른쪽 컬레의 옆쪽에 작은 구멍이 있는 걸 발견했어요.

여 **50**그것에 대해 사과드립니다. **50 51**제가 제품을 교환해 드리거나, 전액 환불을 해 드릴 수 있습니다. 어떤 쪽으로 하시겠습니까?

남 **51**교환하고 싶어요. 이번 주 목요일까지 받아볼 수 있을까요? 제가 금요일에 경주에 참여할 예정이라서요.

여 그럼요. **52**속달 배송으로 보내드릴게요.

어휘
order 주문하다 | running shoes 운동화 | receive 받다 | notice 알아채다 | apologize 사과하다 | exchange 교환하다 | issue 지급하다 | full refund 전액 환불 | possible 가능한 | participate 참여하다 | express 속달의

50. What most likely is the woman's job?
(A) Delivery driver
(B) Event organizer
(C) Customer support associate
(D) Manufacturing plant manager

여자의 직업은 무엇이겠는가?
(A) 배송 기사
(B) 행사 주최자
(C) 고객 지원팀 직원
(D) 제조 공장 매니저

해설 화자의 신분을 묻는 문제 – 대화 초반에 남자가 여자의 온라인 쇼핑몰에서 운동화 한 컬레를 주문했는데 결함이 있다고 하자, 여자가 '그것에 대해 사과드립니다. 제가 제품을 교환해 드리거나, 전액 환불을 해 드릴 수 있습니다.'라고 말했으므로 (C)가 정답이다.

51. What does the man decide to do?
(A) Fill out a survey
(B) Cancel a meeting
(C) Go to another business
(D) Exchange a product

남자는 무엇을 하기로 결정하는가?
(A) 설문지를 작성하기로
(B) 회의를 취소하기로
(C) 다른 업체로 가기로
(D) 제품을 교환하기로

해설 키워드 문제 – 여자가 제품을 교환해 주거나, 전액 환불을 해 줄 수 있다고 하자, 남자가 교환하고 싶다고 말했으므로 (D)가 정답이다.

✚ **이렇게 바꿔 썼어요!**
item → product

52. What does the woman offer to do?
(A) Send a discount voucher
(B) Expedite a shipment
(C) Talk to a supervisor
(D) Provide a gift

여자는 무엇을 해주겠다고 제안하는가?
(A) 할인권을 보내주겠다고
(B) 배송을 신속히 처리하겠다고
(C) 관리자와 이야기하겠다고
(D) 선물을 제공하겠다고

해설 제안·요청을 묻는 문제 – 여자가 마지막 말에 제품을 속달 배송으로 보내 주겠다고 말했으므로 (B)가 정답이다.

호주 ↔ 미국 ↔ 미국

Questions 53-55 refer to the following conversation with three speakers.

M1 **53 You must be Ms. Walton. My name's Steven Fontaine, the manager of this investment firm.** This is Ashraf, our HR director. We're glad you could join us today.

W It's great to be here. **54 Thank you for considering me for the marketing coordinator position.**

M1 We were impressed by your résumé, especially your experience with retirement planning.

M2 Yes. If we hire you for this job, you'll be marketing company savings plans, so you'd be speaking in front of large groups frequently. Is that alright?

W Sure! In my last job as a sales representative, I gave presentations at companies at least once a week. **55 So, I have no problem with talking to large groups.**

53-55번은 다음 세 화자의 대화에 관한 문제입니다.

남1 **53**당신이 Walton 씨군요. 저는 이 투자 회사의 매니저인 Steven Fontaine입니다. 이쪽은 인사부 이사인 Ashraf예요. 오늘 저희와 만나주셔서 기쁩니다.

여 여기 오게 되어 영광입니다. **54**마케팅 코디네이터 자리에 저를 고려해 주셔서 감사드립니다.

남1 저희는 당신 이력서에 깊은 인상을 받았습니다, 특히 은퇴 설계에 경험이 있으신 점이요.

ACTUAL TEST

남2 맞아요. 저희가 이 자리에 당신을 고용하면, 회사의 저축 계획을 홍보하시게 될 텐데, 많은 사람 앞에서 자주 이야기하게 될 거예요. 괜찮으신가요?

여 물론이죠! 이전 회사에서 영업 담당자로 일할 때, 저는 최소 일주일에 한 번은 기업에서 프레젠테이션을 했습니다. ⁵⁵그래서, 많은 사람들에게 이야기하는 건 전혀 문제 없어요.

어휘
investment 투자 | firm 회사, 기업 | glad 기쁜 | consider 고려하다 | position 자리 | impressed 깊은 인상을 받은 | résumé 이력서 | especially 특히 | retirement 은퇴 | planning 설계 | hire 고용하다 | market 홍보하다 | frequently 자주 | sales representative 영업 담당자 | at least 최소한, 적어도

---

53. Where is the conversation most likely taking place?
(A) At an advertising company
(B) At a supermarket
(C) At an investment firm
(D) At an employment agency

대화는 어디에서 일어나고 있겠는가?
(A) 광고 회사에서
(B) 슈퍼마켓에서
(C) 투자 회사에서
(D) 직업소개소에서

해설 대화 장소를 묻는 문제 – 대화 초반에 남자1이 '당신이 Walton 씨군요. 저는 이 투자 회사의 매니저인 Steven Fontaine입니다.'라고 말했으므로 (C)가 정답이다.

54. Why is the woman meeting with the men?
(A) To interview for a position
(B) To attend a training session
(C) To plan a retirement party
(D) To register for a contest

여자는 왜 남자들과 만나고 있는가?
(A) 면접을 보기 위해
(B) 교육에 참석하기 위해
(C) 은퇴 파티를 계획하기 위해
(D) 대회에 등록하기 위해

해설 키워드 문제 – 여자가 마케팅 코디네이터 자리에 자신을 고려해 줘서 고맙다고 말했으므로 (A)가 정답이다.

55. What does the woman say she is comfortable with?
(A) Long commutes
(B) Overtime work
(C) Public speaking
(D) Overseas travel

여자는 무엇이 수월하다고 말하는가?
(A) 장거리 통근
(B) 야근
(C) 연설
(D) 해외 출장

해설 키워드 문제 – 여자의 마지막 말에서 자신은 많은 사람들에게 이야기하는 것이 전혀 문제가 되지 않는다고 말했으므로 (C)가 정답이다.

✛ 이렇게 바꿔 썼어요!
talking → speaking

미국 ↔ 미국

Questions 56-58 refer to the following conversation.

M Good morning, Sheila. Thanks for agreeing to this working lunch. As you know, ⁵⁶we're responsible for organizing the end-of-the-year day trip for our department. So I'd like to discuss some ideas.

W Yeah. Hmm, you know, ⁵⁷we can just do what we've done in the past. Everyone always seems to enjoy themselves at the theme park.

M I know... but ⁵⁷we've been doing that for the last four years.

W That's true. In that case, what do you have in mind?

M Well, I was thinking that all of us could go on a one-day cruise.

W Wow, that sounds like fun! ⁵⁸But wouldn't tickets be pretty costly? We should check our budget again.

56-58번은 다음 대화에 관한 문제입니다.

남 안녕하세요, Sheila. 점심 미팅에 동의해 주셔서 감사해요. 아시다시피, ⁵⁶우리가 부서 연말 당일치기 여행 준비를 담당하기로 했어요. 그래서 몇 가지 아이디어를 논의하고 싶어요.

여 네. 음, 그런데요, ⁵⁷그냥 예전에 했던 것을 해도 돼요. 모두 놀이동산에서 늘 좋은 시간을 가지곤 하죠.

남 알아요... 하지만 ⁵⁷지난 4년 동안 그렇게 해왔어요.

여 맞아요. 그렇다면, 어떤 것을 생각하고 있으세요?

남 흠, 저는 모두 당일 유람선 여행을 해도 될 거라 생각했어요.

여 와, 재미있을 것 같아요! ⁵⁸하지만 티켓이 꽤 비싸지 않을까요? 예산을 다시 확인해 봐야겠네요.

어휘
agree 동의하다 | working lunch 일하면서 먹는 점심 | responsible for ~에 책임이 있는 | organize 조직하다, 준비하다 | past 과거 | enjoy oneself 즐기다 | have ~ in mind ~를 염두에 두다 | costly 많은 돈이 드는 | budget 예산

---

56. What are the speakers organizing?
(A) An anniversary celebration
(B) An investors' meeting
(C) A team trip
(D) A charity banquet

화자들은 무엇을 준비하고 있는가?
(A) 기념일 행사
(B) 투자자 회의
(C) 팀 여행
(D) 자선 연회

해설 키워드 문제 – 대화 초반부에 남자가 자신들이 부서 연말 당일치기 여행 준비를 담당하기로 했다고 말했으므로 (C)가 정답이다.

✛ 이렇게 바꿔 썼어요!
trip for our department → A team trip

57. What does the man mean when he says, "we've been doing that for the last four years"?
(A) He wants to avoid repeating an activity.
(B) He is not familiar with a process.
(C) He knows how to reach a destination.
(D) He believes an event was successful.

남자는 "지난 4년 동안 그렇게 해왔어요"라고 말할 때, 그가 의미한 것은?

(A) 활동을 반복하는 것을 피하고 싶어 한다.
(B) 과정에 익숙하지 않다.
(C) 목적지에 어떻게 갈지 알고 있다.
(D) 행사가 성공했다고 믿는다.

해설 화자 의도 파악 문제 – 여자가 그냥 예전에 했던 것을 해도 된다며 모두 놀이동산에서 늘 좋은 시간을 가진다고 한 말에, 남자가 그렇지만 지난 4년 동안 그렇게 해왔다고 말하며 내키지 않음을 표현하고 있으므로 (A)가 정답이다.

58. What is the woman concerned about?
(A) The size of a venue
(B) Heavy traffic
(C) A project deadline
(D) Some ticket prices

여자는 무엇에 관하여 걱정하는가?
(A) 장소의 크기
(B) 교통 체증
(C) 프로젝트 마감일
(D) 티켓 가격

해설 키워드 문제 – 대화 후반부에 여자가 티켓이 꽤 비싸지 않겠냐고 물은 것으로 보아 (D)가 정답이다.

호주 ↔ 영국

Questions 59-61 refer to the following conversation.

M Charlene, I spoke with the construction manager, and ⁵⁹**the remodeling of the hotel is progressing well. The guest rooms should be done in two weeks.** Now ⁶⁰**we should think about how we want to decorate them for the reopening in September.**

W Yes, that's certainly true. It would be nice if each room had its own theme, so our guests can choose the one they prefer.

M That's a great idea. ⁶¹**But we should speak with some interior designers first. Since they're professionals, they should have some helpful suggestions.**

W Oh, of course. I'm not familiar with decorating.

59-61번은 다음 대화에 관한 문제입니다.

남 Charlene, 건설 관리인과 이야기 나눴는데, ⁵⁹호텔 리모델링이 잘 진행되고 있대요. 객실은 2주 후 마무리될 거예요. 이제 ⁶⁰9월에 다시 개장하려면 어떻게 꾸미고 싶은지 생각해 봐야 돼요.

여 네, 맞아요. 모든 방에 각각 테마가 있어서, 손님들이 선호하는 방을 선택할 수 있으면 좋을 거 같아요.

남 좋은 생각이에요. ⁶¹하지만 우선 인테리어 디자이너들과 말해 봐야 해요. 전문가들이니까, 도움 되는 의견이 있을 거예요.

여 아, 물론이죠. 전 꾸미는 데 익숙하지 않아요.

어휘
construction 건설, 건축 | progress 진행하다 | decorate 꾸미다 | reopen 다시 열다 | certainly 정말로 | theme 테마 | choose 선택하다 | prefer 선호하다 | professional 전문가 | helpful 도움 되는 | suggestion 의견 | familiar with ~에 익숙한

59. What field do the speakers work in?
(A) Interior design
(B) Real estate
(C) Hospitality
(D) Construction

화자들은 어떤 분야에서 일하는가?
(A) 인테리어 디자인
(B) 부동산
(C) 숙박업
(D) 건설

해설 화자의 신분을 묻는 문제 – 남자가 첫 번째 말에서 호텔 리모델링이 잘 진행되고 있고 객실은 2주 후 마무리될 거라고 말한 것으로 보아 (C)가 정답이다.

60. According to the man, what will happen in September?
(A) An inspection will take place.
(B) A press conference will be held.
(C) A new project will begin.
(D) A facility will reopen.

남자에 따르면, 9월에 무슨 일이 있는가?
(A) 점검이 실시될 것이다.
(B) 기자 회견이 열릴 것이다.
(C) 새로운 프로젝트가 시작될 것이다.
(D) 시설이 다시 열릴 것이다.

해설 키워드 문제 – 남자가 9월에 다시 개장하려면 어떻게 꾸미고 싶은지 생각해 봐야 한다고 말했으므로 (D)가 정답이다.

61. What does the man recommend?
(A) Consulting some professionals
(B) Updating a business Web site
(C) Expanding some rooms
(D) Replacing some furniture

남자는 무엇을 추천하는가?
(A) 전문가와 상담하기
(B) 사업체 웹사이트 업데이트하기
(C) 일부 객실 확장하기
(D) 일부 가구 교체하기

해설 제안·요청을 묻는 문제 – 대화 후반부에 남자가 우선 인테리어 디자이너들과 말해 봐야 한다며 그들은 전문가라서 도움 되는 의견이 있을 거라고 말했으므로 (A)가 정답이다.

✚ **이렇게 바꿔 썼어요!**
speak with → Consult

미국 ↔ 영국

Questions 62-64 refer to the following conversation and report.

M Hi, Tanya. ⁶²**I just completed looking over all the equipment in our dental clinic.** There's one thing I'd like to talk to you about before I turn in the report.

W Yes, of course. What's wrong?

M ⁶³**Well, I noticed that there's a device in Dr. Iftikhar's office that is visibly damaged.** How should we handle that?

🆆 Well, Dr. Iftikhar is the senior dentist here. Did you ask him what he wants to do about it?

🅼 He was on the phone earlier when I went to see him, ⁶⁴but I'll go see if he's available now.

장비 보고서	
기기	상태
X-ray 기계	양호
환자용 의자	오래됐지만 사용 가능
기기 살균기	유리에 금이 감
수술대 조명	청소 필요

62-64번은 다음 대화와 보고서에 관한 문제입니다.

🔵남 안녕하세요, Tanya. ⁶²방금 우리 치과에 있는 모든 장비를 다 살펴보았는데요. 보고서를 제출하기 전에 상의드릴 게 하나 있어요.

🔴여 네, 물론이죠. 무슨 일 있나요?

🔵남 ⁶³음, Iftikhar 의사 진료실에 눈에 띄게 손상된 기기가 하나 있는 걸 봤어요. 그건 어떻게 처리해야 할까요?

🔴여 음, Iftikhar 의사는 이곳 선임 치과 의사 선생님이세요. 그분께 어떻게 처리하고 싶으신지 여쭤봤나요?

🔵남 아까 뵈러 갔을 땐 통화 중이셨는데, ⁶⁴지금은 시간 있으신지 가서 확인해 볼게요.

어휘

complete 완료하다 | look over ~을 살펴보다 | equipment 장비 | dental clinic 치과 | turn in ~을 제출하다 | report 보고서 | notice 알아보다 | device 기기, 장치 | visibly 눈에 띄게 | damaged 손상을 입은 | handle 다루다 | senior 선임의 | available 시간이 있는 | equipment 장비 | condition 상태 | instrument 기구 | sterilizer 살균[소독] 장치 | crack 금이 가다[가게 하다] | surgical 수술의, 외과의

62. Where do the speakers work?
(A) At a pharmacy
(B) At a fitness center
(C) At a laboratory
(D) At a dental clinic

화자들은 어디서 일하는가?
(A) 약국에서
(B) 피트니스 센터에서
(C) 연구소에서
(D) 치과에서

해설 화자의 신분을 묻는 문제 – 남자의 첫 번째 말에서 자신이 방금 치과에 있는 모든 장비를 다 살펴보았다고 말했으므로 (D)가 정답이다.

63. Look at the graphic. Which device are the speakers talking about?
(A) An X-ray machine
(B) A patient chair
(C) An instrument sterilizer
(D) A surgical light

시각 자료를 보시오. 화자들은 어느 기기에 관해 이야기하는가?
(A) X-ray 기계
(B) 환자용 의자
(C) 기기 살균기
(D) 수술대 조명

해설 시각 자료 연계 문제 – 남자가 Iftikhar 의사 진료실에 눈에 띄게 손상된 기기가 하나 있는 걸 봤다고 말했고, 시각 자료의 기기 리스트 중 Instrument Sterilizer(기기 살균기)의 상태가 Glass Cracked(유

리에 금이 감)임을 확인할 수 있으므로 (C)가 정답이다.

64. What will the man do next?
(A) Pick up a shipment
(B) Choose a supplier
(C) Fill out a form
(D) Meet with a coworker

남자는 다음에 무엇을 할 것인가?
(A) 배송품을 가지러 갈 것이다
(B) 공급 업체를 선택할 것이다
(C) 양식을 작성할 것이다
(D) 동료와 만날 것이다

해설 다음에 할 일을 묻는 문제 – 남자가 마지막 말에 Iftikhar 의사가 지금은 시간이 되는지 가서 확인해 보겠다고 말했으므로 (D)가 정답이다.

➕ **이렇게 바꿔 썼어요!**
go see → Meet, Dr. Iftikhar → coworker

미국 ↔ 호주

Questions 65-67 refer to the following conversation and flowchart.

🆆 Hey, Stan. Can we talk for a second? ⁶⁵You know how we've been talking about developing an online study program so that the new employees can prepare for their licensing exam?

🅼 Yes. We want to help them pass the test on their first attempt.

🆆 Right. I found a place that will create a customized program for our staff. Here's a chart showing their design process.

🅼 I see. But how do we know they'll create what we want?

🆆 ⁶⁶Well, it's free of charge until we approve their sample. I can also send you some more of their materials.

🅼 I'll take a look at them tomorrow. ⁶⁷Tonight, I need to finish writing a portfolio review for our biggest client.

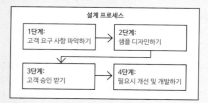

65-67번은 다음 대화와 순서도에 관한 문제입니다.

🔴여 저기요, Stan. 잠깐 이야기 좀 할 수 있을까요? ⁶⁵신입 사원들이 자격증 시험을 준비할 수 있도록 우리가 온라인 학습 프로그램 개발에 대해 어떻게 논의해 왔는지 아시죠?

🔵남 네. 우리는 그들이 한 번에 시험에 합격하도록 도와주고 싶어 하잖아요.

🔴여 맞아요. 제가 저희 직원용 맞춤 프로그램을 만들어줄 곳을 찾았어요. 이게 그곳의 설계 프로세스를 보여주는 도표예요.

🔵남 그렇군요. 그런데 그쪽에서 우리가 원하는 걸 만들어줄지 어떻게 알죠?

🔴여 ⁶⁶음, 그쪽에서 작업한 샘플을 우리가 승인할 때까지는 무료예요. 그리고 제가 그쪽에서 만든 자료를 당신에게 더 보내 드릴게요.

남 내일 살펴볼게요. ⑰오늘 밤에는 제가 저희의 최우수 고객용 포트폴리오 검토서 작성을 마무리해야 하거든요.

어휘
develop 개발하다 | prepare for ~을 준비하다 | licensing exam 자격증 시험 | pass 통과하다 | attempt 시도 | customize 주문 제작하다 | chart 도표 | show 보여주다 | free of charge 무료로 | approve 승인하다 | materials 자료 | take a look at ~을 (한번) 살펴보다 | client 고객 | assess 재다, 가늠하다 | as necessary 필요에 따라

65. What are the speakers mainly discussing?
(A) A medical examination
(B) A training course
(C) An online Web site
(D) A business license

화자들은 주로 무엇에 대해 이야기하고 있는가?
(A) 건강 검진
(B) 교육 과정
(C) 온라인 웹사이트
(D) 사업자 등록증

해설 주제·목적을 묻는 문제 – 여자의 첫 번째 말에서 남자에게 신입 사원들이 자격증 시험을 준비할 수 있도록 자신들이 온라인 학습 프로그램 개발에 대해 어떻게 논의해 왔는지 알고 있냐고 물은 것으로 보아 (B)가 정답이다.

✚ 이렇게 바꿔 썼어요!
an online study program → A training course

66. Look at the graphic. When will the speakers need to make a payment?
(A) After Step 1
(B) After Step 2
(C) After Step 3
(D) After Step 4

시각 자료를 보시오. 화자들은 언제 비용을 지불해야 하는가?
(A) 1단계 후에
(B) 2단계 후에
(C) 3단계 후에
(D) 4단계 후에

해설 시각 자료 연계 문제 – 여자가 그쪽에서 만든 샘플을 자신들이 승인할 때까지는 무료라고 했는데, 시각 자료에서 샘플을 승인하는 단계가 Step 3(3단계)이라는 것을 알 수 있으므로 (C)가 정답이다.

67. Why is the man unable to review the materials at the moment?
(A) He is about to leave the office for the day.
(B) He is preparing a document.
(C) He is stuck in traffic.
(D) He is unable to use his computer.

남자는 왜 지금 자료를 검토할 수 없는가?
(A) 남자는 퇴근하려던 참이다.
(B) 남자는 문서 작업을 하고 있다.
(C) 남자는 교통 체증으로 꼼짝 못하고 있다.
(D) 남자는 자신의 컴퓨터를 사용할 수 없다.

해설 키워드 문제 – 남자가 오늘 밤에 최우수 고객용 포트폴리오 검토서 작성을 마무리해야 한다고 말했으므로 (B)가 정답이다.

영국 ↔ 미국

Questions 68-70 refer to the following conversation and map.

W Hi, Jason. ⑱**Thanks again for helping me plan Carol's birthday party.** I have an idea. I think we should do something at Las Focas State Beach. I've heard Carol loves to swim.

M Yes, that's true. And there are several nice barbecue areas on the beach. I always go to the one nearest to the ocean, but it's closed for renovation this month.

W Hmm. ⑲**Maybe we could go to the one by the volleyball court.** There's plenty of space there, and I'm sure our colleagues would love to play a game or two.

M OK, that seems perfect. ⑳**I'll send everybody an e-mail with directions to the location.**

W Great!

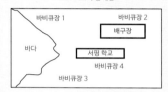

Las Focas 주립 해변

68-70번은 다음 대화와 지도에 관한 문제입니다.

여 안녕하세요, Jason. ⑱Carol의 생일 파티 계획을 도와줘서 다시 한 번 고마워요. 저에게 아이디어가 하나 있어요. Las Focas 주립 해변에서 뭘 좀 하는 게 좋을 것 같아요. Carol이 수영하는 걸 좋아한다고 들었어요.

남 네, 맞아요. 그리고 해변에 멋진 바비큐 장소가 몇 군데 있어요. 저는 항상 바다랑 가장 가까운 곳으로 가는데, 이번 달에는 보수를 위해 문을 닫는대요.

여 흠. ⑲어쩌면 배구장 옆에 있는 곳으로 가도 될 것 같아요. 거기엔 공간이 충분하고, 아마도 우리 동료들도 한두 게임을 하고 싶어 할 거예요.

남 그래요, 완벽한 것 같아요. ⑳그 장소로 가는 길을 모두에게 이메일로 보낼게요.

여 좋아요!

어휘
ocean 바다, 해양 | renovation 개조, 보수 | volleyball 배구, 발리볼 | court 코트 | plenty of 많은 | colleague 동료 | directions 길 안내

68. What are the speakers planning?
(A) A birthday celebration
(B) A retirement party
(C) An awards ceremony
(D) A welcome dinner

화자들은 무엇을 계획하고 있는가?
(A) 생일 축하
(B) 은퇴 기념 파티
(C) 시상식
(D) 환영 만찬

해설 주제·목적을 묻는 문제 – 여자의 첫 번째 말에서 남자에게 'Carol의 생일 파티 계획을 도와줘서 다시 한번 고마워요.'라고 말한 것으로 보아 (A)가 정답이다.

69. Look at the graphic. Which place will the speakers use?
(A) Barbecue Area 1
(B) Barbecue Area 2
(C) Barbecue Area 3
(D) Barbecue Area 4

시각 자료를 보시오. 화자들은 어떤 장소를 이용할 것인가?
(A) 바비큐장 1
(B) 바비큐장 2
(C) 바비큐장 3
(D) 바비큐장 4

해설 시각 자료 연계 문제 – 여자가 어쩌면 배구장 옆에 있는 곳으로 가도 될 것 같다고 말했고, 시각 자료에서 Volleyball Court(배구장) 옆에 Barbecue Area 2(바비큐장 2)가 있음을 확인할 수 있으므로 (B)가 정답이다.

70. What does the man say he will do?
(A) Email some information
(B) Make a reservation
(C) Check an online schedule
(D) Book a group lesson

남자는 무엇을 할 것이라고 말하는가?
(A) 어떤 정보를 이메일로 보낼 것이라고
(B) 예약을 할 것이라고
(C) 온라인 일정을 확인할 것이라고
(D) 단체 강습을 예약할 것이라고

해설 다음에 할 일을 묻는 문제 – 남자의 마지막 말에서 자신이 그 장소(바비큐장 2)로 가는 길을 모두에게 이메일로 보내겠다고 말했으므로 (A)가 정답이다.

미국

Questions 71-73 refer to the following announcement.
W 71**I'd like to thank everyone for attending the grand opening of Brownstone History Museum's digital hub.** Thanks to your financial support, 72**we have added a virtual tour feature.** Using VR technology, visitors can go back to different time periods without leaving the room. This feature is included in the standard admission price. 73**For additional information about this feature, check out www.bhmuseum.org.** And now, please welcome the mayor to the stage for a speech.

71-73번은 다음 공지에 관한 문제입니다.

여 71Brownstone 역사 박물관 디지털 허브의 개관식에 참석해 주신 모든 여러분께 감사드립니다. 여러분의 재정 지원 덕분에, 72가상 투어 기능이 추가되었습니다. VR 기술을 이용하여, 관람객들은 방에서 나가지 않고 다른 시간대로 돌아갈 수 있습니다. 이 기능은 일반 입장료에 포함되어 있습니다. 73이 기능에 대한 추가 정보는 www.bhmuseum.org에서 확인해 주세요. 그리고 이제, 연설해 주실 시장님을 무대로 환영해 주세요.

어휘
attend 참석하다 I hub (활동의) 중심지, 허브 I virtual 가상의 I feature 특성, 기능 I VR 가상현실(Virtual Reality) I technology 기술 I standard 일반적인, 보통의 I admission 입장

71. Where is the announcement being made?
(A) At a gym
(B) At a university
(C) At a hotel
(D) At a museum

어디서 공지되고 있는가?
(A) 체육관에서
(B) 대학교에서
(C) 호텔에서
(D) 박물관에서

해설 담화 장소를 묻는 문제 – 담화 초반부에 화자가 'Brownstone 역사 박물관 디지털 허브의 개관식에 참석해 주신 모든 여러분께 감사드립니다.'라고 말한 것으로 보아 (D)가 정답이다.

72. What new feature does the speaker mention?
(A) Free parking
(B) 24-hour customer support
(C) Mobile reservations
(D) Virtual tours

화자는 어떤 새로운 기능을 언급하는가?
(A) 무료 주차
(B) 24시간 고객 지원
(C) 모바일 예약
(D) 가상 투어

해설 키워드 문제 – 화자가 가상 투어 기능이 추가되었다고 말했으므로 (D)가 정답이다.

73. How can listeners obtain more information?
(A) By emailing a city official
(B) By visiting the front desk
(C) By going to a Web site
(D) By picking up a brochure

청자들은 어떻게 더 많은 정보를 얻을 수 있는가?
(A) 시 공무원에게 이메일을 보내서
(B) 안내 데스크를 방문해서
(C) 웹사이트에 들어가서
(D) 안내 책자를 가져와서

해설 키워드 문제 – 담화 후반부에 화자가 기능에 대한 추가 정보는 www.bhmuseum.org에서 확인해 달라고 말했으므로 (C)가 정답이다.

영국

Questions 74-76 refer to the following excerpt from a meeting.
W As you know, 74**we recently sent out a questionnaire regarding our new mobile app Plates on Wheels.** We've analyzed the data and found that people from all areas of the city like to use their mobile devices to order takeout. Unfortunately, 75**one aspect of the app received an overwhelming number of complaints. Participants mentioned that the payment process was too confusing.** 76**To help us, we invited Juan Mendoza to discuss possible solutions. He's a technology advisor who has experience in this field.**

74-76번은 다음 회의 발췌록에 관한 문제입니다.

여 아시다시피, **74우리는 최근에 새 모바일 앱인 Plates on Wheels에 관한 설문지를 발송했습니다.** 우리가 그 데이터를 분석하여 시 전 지역의 사람들이 모바일 기기를 이용하여 테이크아웃 음식 주문하는 것을 좋아한다는 점을 발견했습니다. 유감스럽게도, **75일면 그 앱은 엄청난 수의 불만 사항을 받았습니다.** 참가자들은 지불 처리 과정이 몹시 혼란스럽다고 말했습니다. **76도움을 받고자, 가능한 해결책에 대한 논의를 위해 Juan Mendoza를 초청했습니다.** 그는 이 분야에 경험이 있는 기술 고문이십니다.

어휘
send out ~을 발송하다 | questionnaire 설문지 | regarding ~에 관하여 | analyze 분석하다 | takeout (식당에서 먹지 않고) 가져가는 음식 | aspect 측면 | overwhelming 엄청난, 압도적인 | complaint 불만, 불평 | confusing 혼란스러운 | solution 해결책 | field 분야

74. What is the purpose of the meeting?
  (A) To present questionnaire results
  (B) To assign jobs
  (C) To welcome a client
  (D) To prepare for a conference

  회의의 목적은 무엇인가?
  (A) 설문 결과를 보여주려고
  (B) 일거리를 배정하려고
  (C) 고객을 환영하려고
  (D) 학회를 준비하려고

해설 주제·목적을 묻는 문제 – 담화 초반부에 화자가 최근에 새 모바일 앱인 Plates on Wheels에 관한 설문지를 발송했고, 그 데이터를 분석하여 시 전 지역의 사람들이 모바일 기기를 이용하여 테이크아웃 음식 주문하는 것을 좋아한다는 점을 발견했다고 말했으므로 (A)가 정답이다.

75. What is the main complaint about a phone application?
  (A) It is difficult to use.
  (B) It is outdated.
  (C) It has too many advertisements.
  (D) It runs too slowly.

  전화기 앱에 관한 주된 불만 사항은 무엇인가?
  (A) 사용하기 어렵다.
  (B) 구식이다.
  (C) 광고가 너무 많다.
  (D) 너무 느리게 작동한다.

해설 키워드 문제 – 화자가 그 앱은 참가자들로부터 엄청난 수의 불만 사항을 받았는데, 그것은 바로 지불 처리 과정이 몹시 혼란스럽다는 점이었다고 말했으므로 (A)가 정답이다.

✚ **이렇게 바꿔 썼어요!**
payment process was too confusing → It is difficult to use

76. What will happen next?
  (A) Lunch will be catered.
  (B) Employees will demonstrate a product.
  (C) A phone application will be installed.
  (D) An advisor will present some solutions.

  다음에 일어날 일은 무엇인가?
  (A) 점심 식사가 제공될 것이다.

  (B) 직원들이 제품을 시연할 것이다.
  (C) 전화기 애플리케이션이 설치될 것이다.
  (D) 고문이 해결책을 제시할 것이다.

해설 다음에 일어날 일을 묻는 문제 – 담화 마지막에 화자가 도움을 받고자 이 분야에 경험이 있는 기술 고문인 Juan Mendoza를 초청하여 가능한 해결책을 논의하겠다고 말한 것으로 보아 (D)가 정답이다.

✚ **이렇게 바꿔 썼어요!**
discuss → present

[호주]

Questions 77-79 refer to the following news report.

M Next, we have some business news. **77Synco's new air conditioner, the Cool Cleaner 1000, will finally be available for purchase today.** This powerful unit is the latest addition of Synco's high-quality products. **78Due to the success of its previous model, people have been eagerly awaiting this launch. And although stores are due to open three hours from now, there are already long lines of customers.** However, not everyone is excited. **79Some critics warn that this model will make a lot of noise just like the previous one did.** We'll know soon enough.

77-79번은 다음 뉴스 보도에 관한 문제입니다.

남 다음은, 경제 뉴스입니다. **77드디어 오늘 Synco의 새로운 에어컨인 Cool Cleaner 1000을 구매할 수 있습니다.** 이 강력한 기계는 Synco의 고급 제품군에 가장 최근에 추가되었습니다. **78이전 모델의 성공으로, 사람들은 이번 출시를 간절히 기다려 왔습니다. 그리고, 비록 매장이 3시간 뒤에 개장하지만, 벌써 고객들이 긴 줄을 서 있습니다.** 하지만, 모두가 신난 건 아닙니다. **79일부 평론가들은 이 모델이 이전 제품이 그랬던 것처럼 큰 소음을 낼 거라고 주의를 주었습니다.** 우리도 곧 잘 알게 되겠죠.

어휘
finally 마침내 | available 구할 수 있는 | addition 추가된 것 | previous 이전의 | eagerly 간절히 | await 기다리다 | launch 출시; 출시하다 | critic 평론가 | warn 주의를 주다

77. What product is being discussed?
  (A) A vacuum cleaner
  (B) An air conditioner
  (C) A miniature refrigerator
  (D) A hairdryer

  어떤 제품이 논의되고 있는가?
  (A) 진공청소기
  (B) 에어컨
  (C) 미니 냉장고
  (D) 헤어드라이어

해설 주제·목적을 묻는 문제 – 담화 초반에 화자가 드디어 오늘 Synco의 새로운 에어컨인 Cool Cleaner 1000을 구매할 수 있다고 말한 것으로 보아 (B)가 정답이다.

78. Why does the speaker say, "there are already long lines of customers"?
  (A) To point out an inefficient ordering system
  (B) To explain why some staff are unavailable

(C) To warn that there are many complaints
(D) To suggest that the item will sell well

화자는 왜 "벌써 고객들이 긴 줄을 서 있습니다"라고 말하는가?
(A) 비효율적인 주문 시스템을 지적하기 위해
(B) 일부 직원이 시간이 안 되는 이유를 설명하기 위해
(C) 불만이 많다고 알려주기 위해
(D) 상품이 잘 판매될 것임을 내비치기 위해

해설 화자 의도 파악 문제 – 화자가 이전 모델의 성공으로 사람들이 제품 출시를 간절히 기다려 왔고, 매장이 3시간 뒤에 개장하는데도 불구하고 벌써 고객들이 긴 줄을 서 있다고 말한 것은 새 제품도 성공을 거둘 것이라는 의미를 내포하므로 (D)가 정답이다.

79. What problem will the product potentially have?
(A) It will be hard to assemble.
(B) It will be noisy.
(C) It will not last long.
(D) It will harm the environment.

제품에 어떤 잠재적인 문제가 있을 수도 있는가?
(A) 조립하기 어려울 것이다.
(B) 시끄러울 것이다.
(C) 오래가지 못할 것이다.
(D) 환경에 피해를 줄 것이다.

해설 키워드 문제 – 화자가 새 모델이 이전 제품이 그랬던 것처럼 큰 소음을 낼 것이라는 주의를 몇몇 평론가들로부터 받았다고 말했으므로 (B)가 정답이다.

호주

Questions 80-82 refer to the following advertisement.

M Don't you have the time to make yourself a healthy breakfast because of your busy schedule? Are you looking for a quick and nutritious snack? ⁸⁰**Try Max Cereal Bars. One serving will help you feel full and give you an immediate energy boost.** ⁸¹**Normally, energy bars can be quite expensive, but one look at our low price will leave you surprised.** Affordable and healthy, Max is the best choice. ⁸²**Visit our Web site to locate a store closest to you.** Whenever you're hungry for a healthy snack, grab a Max Cereal Bar.

80-82번은 다음 광고에 관한 문제입니다.

남 바쁜 스케줄 때문에 건강에 좋은 아침 식사를 직접 준비할 시간이 없으신가요? 빠르고 영양가 높은 간식을 찾고 계신가요? ⁸⁰Max 시리얼바를 먹어보세요. 한 개만 드셔도 포만감과 함께 즉시 기운이 생길 것입니다. ⁸¹보통, 에너지바는 꽤 비싸지만, 저희의 싼 가격을 한번 보시면 깜짝 놀라실 거예요. 저렴하면서 건강에 좋은 Max야말로 최고의 선택입니다. ⁸²저희 웹사이트를 방문해 가장 가까운 매장을 찾아보세요. 건강에 좋은 간식이 당길 때마다, Max 시리얼바를 드세요.

어휘
healthy 건강에 좋은 | busy 바쁜 | schedule 일정 | nutritious 영양가 높은 | snack 간식 | try 시도하다 | serving (음식의) 1인분 | boost (신장시키는) 힘 | immediate 즉각적인 | normally 보통 | quite 꽤 | expensive 비싼 | price 가격 | affordable 저렴한 | visit 방문하다 | locate 위치를 찾다 | hungry for ~을 갈망하는 | grab 잡다

80. What is being advertised?
(A) Some cooking appliances
(B) Some athletic clothing
(C) An exercise program
(D) An energy bar

무엇이 광고되고 있는가?
(A) 조리 도구
(B) 운동복
(C) 운동 프로그램
(D) 에너지바

해설 주제·목적을 묻는 문제 – 담화 초반부에 화자가 'Max 시리얼바를 먹어보세요. 한 개만 드셔도 포만감과 함께 즉시 기운이 생길 것입니다.'라고 말했으므로 (D)가 정답이다.

81. What does the speaker say is surprising about the product?
(A) Its accessibility
(B) Its affordability
(C) Its ease of use
(D) Its personalization

화자는 제품에 관해 무엇이 놀랍다고 하는가?
(A) 접근성
(B) 저렴한 가격
(C) 사용 편리성
(D) 개인화

해설 키워드 문제 – 화자가 보통 에너지바는 꽤 비싸지만, 당사의 싼 가격을 한번 보면 깜짝 놀랄 거라고 말했으므로 (B)가 정답이다.

✚ 이렇게 바꿔 썼어요!
low price → affordability

82. What can the listeners do on a Web site?
(A) Sign up for a newsletter
(B) Find store locations
(C) Chat with famous celebrities
(D) Purchase some items

청자들은 웹사이트에서 무엇을 할 수 있는가?
(A) 뉴스레터를 신청할 수 있다
(B) 매장 위치를 찾을 수 있다
(C) 유명 연예인과 채팅을 할 수 있다
(D) 물건을 구매할 수 있다

해설 키워드 문제 – 화자가 웹사이트를 방문해 가장 가까운 매장을 찾아보라고 말했으므로 (B)가 정답이다.

✚ 이렇게 바꿔 썼어요!
locate a store → Find store locations

영국

Questions 83-85 refer to the following excerpt from a meeting.

W ⁸³**Thank you all for making time to meet before the department store opens.** ⁸⁴**As you're aware, the holiday season is quickly approaching. So for those interested in taking on extra shifts, please tell me by next week.** Also, ⁸⁵**a little reminder about our vacation policy: once your**

time off request is approved by me, make sure that you make a note of it on the schedule posted in the break room.

83-85번은 다음 회의 발췌록에 관한 문제입니다.

여 83백화점 오픈 전에 시간을 내주신 여러분 모두에게 감사드립니다. 84아시다시피, 휴가철이 빠르게 다가오고 있습니다. 따라서 추가 근무에 관심 있는 분들은 다음 주까지 저에게 알려 주세요. 그리고, 85저희 휴가 규정에 대해 짧게 다시 알려 드립니다: 제게 휴가 신청 승인을 받으시면, 휴게실에 게시된 일정표에 반드시 적어 주세요.

어휘
quickly 빠르게 | approach 다가오다 | take on (일 등을) 맡다 | extra 추가의 | shift 교대 근무 | reminder 상기시키는 것 | vacation policy 휴가 규정 | approve 승인하다

83. Where do the listeners work?
(A) At a department store
(B) At a fitness center
(C) At a movie theater
(D) At an art gallery

청자들은 어디서 일하는가?
(A) 백화점에서
(B) 피트니스 센터에서
(C) 영화관에서
(D) 미술관에서

해설 청자의 신분을 묻는 문제 – 담화 초반에 화자가 '백화점 오픈 전에 시간을 내주신 여러분 모두에게 감사드립니다.'라고 말한 것으로 보아 (A)가 정답이다.

84. What does the speaker imply when she says, "the holiday season is quickly approaching"?
(A) More customers will visit a business.
(B) Some products will be discounted.
(C) A project deadline is too tight.
(D) A parking lot will be expanded.

화자가 "휴가철이 빠르게 다가오고 있습니다"라고 말할 때, 그녀가 내비친 것은?
(A) 더 많은 고객들이 업체를 방문할 것이다.
(B) 일부 상품이 할인될 것이다.
(C) 프로젝트 마감일이 너무 빠듯하다.
(D) 주차장이 확장될 것이다.

해설 화자 의도 파악 문제 – 화자가 휴가철이 빠르게 다가오고 있으니 추가 근무에 관심 있는 사람은 다음 주까지 자신에게 알려 달라고 말한 것으로 보아, 추가 인원이 필요할 정도로 많은 고객 유입이 있을 거라는 의미를 나타내므로 (A)가 정답이다.

85. What does the speaker remind the listeners to do?
(A) Take more breaks
(B) Purchase some supplies
(C) Submit a report
(D) Update a schedule

화자는 청자들에게 무엇을 하라고 상기시키는가?
(A) 휴식을 더 취하라고
(B) 물품을 구입하라고
(C) 보고서를 제출하라고
(D) 일정표를 업데이트하라고

해설 제안·요청을 묻는 문제 – 담화 후반부에 화자가 당사의 휴가 규정에 대해 짧게 다시 알린다고 하며, 자신에게서 휴가 신청 승인을 받으면 휴게실에 게시된 일정표에 반드시 적어 달라고 했으므로 (D)가 정답이다.

✚ **이렇게 바꿔 썼어요!**
make a note ~ on the schedule →
Update a schedule

미국

Questions 86-88 refer to the following announcement.

W 86**Mauriceville is welcoming the spring season with its yearly dance contest.** Visit Laurel Park this Friday night to watch local groups give amazing performances! This year, we are welcoming 20 participating groups, the largest turnout ever. And as always, the spectators will get to decide the best group. 87**All you have to do is download our community events application. There will be a section in the app where you can vote for your favorite routine.** We're also looking for more helping hands for the parking area and the information desk. 88**Volunteers get free snacks and drinks for the duration of the event.** You can find out more information about volunteering on our city's Web site.

86-88번은 다음 안내 방송에 관한 문제입니다.

여 86Mauriceville은 연례 댄스 경연 대회로 봄을 맞이합니다. 이번 주 금요일 밤 Laurel 공원에 방문하셔서 지역 그룹들의 놀라운 공연을 관람하세요! 올해, 우리는 역대 가장 많은 참가자인 20개의 참가 그룹들을 맞이할 것입니다. 그리고 언제나처럼, 관중들이 최고의 그룹을 결정할 것입니다. 87여러분이 해주실 건 우리의 지역 행사 애플리케이션을 다운로드하는 것입니다. 그 앱에는 여러분이 가장 좋아하는 댄스 스텝에 투표할 수 있는 부문이 있을 것입니다. 또한 주차장과 안내 데스크에서 더 많은 도움의 손길을 찾고 있습니다. 88자원봉사자들은 행사 기간 동안 무료 스낵과 음료를 받습니다. 시 웹사이트에서 자원봉사 활동에 대한 더 많은 정보를 찾아보실 수 있습니다.

어휘
yearly 연간의, 해마다 있는 | performance 공연 | turnout 참가자의 수 | spectator 관중 | application 애플리케이션, 응용프로그램 (= app) | section 구역, 부분 | vote for ~에 투표하다 | routine 일정한 댄스 스텝 | helping hand 도움, 지지 | volunteer 자원봉사자; 자원봉사를 하다 | duration 기간, 지속

86. What kind of event is being discussed?
(A) A cooking demonstration
(B) A museum opening
(C) A community race
(D) A dance competition

어떤 종류의 행사가 논의되고 있는가?
(A) 조리 시연
(B) 박물관 개장
(C) 지역 경주
(D) 댄스 대회

해설 주제·목적을 묻는 문제 – 담화 시작에 화자가 Mauriceville은 연례 댄스 경연 대회로 봄을 맞이하고 있다고 말했으므로 (D)가 정답이다.

✚ **이렇게 바꿔 썼어요!**
contest → competition

87. Why should listeners download an application?
(A) To watch a video
(B) To see a timetable
(C) To submit a vote
(D) To reserve a seat

청자들은 왜 애플리케이션을 다운로드해야 하는가?
(A) 영상을 시청하기 위해
(B) 일정표를 보기 위해
(C) 투표를 하기 위해
(D) 좌석을 예약하기 위해

해설 키워드 문제 – 화자가 청자들에게 지역 행사 애플리케이션을 다운로드하라고 하며, 거기에는 가장 좋아하는 댄스 스텝에 투표할 수 있는 부문이 있을 것이라고 말한 것으로 보아 (C)가 정답이다.

88. According to the speaker, what will volunteers receive?
(A) Free accommodations
(B) Some refreshments
(C) A souvenir item
(D) A gift certificate

화자에 따르면, 자원봉사자들은 무엇을 받을 것인가?
(A) 무료 숙박 시설
(B) 다과
(C) 기념품
(D) 상품권

해설 키워드 문제 – 화자가 자원봉사자들은 행사 기간 동안 무료 스낵과 음료를 받는다고 말했으므로 (B)가 정답이다.

✚ **이렇게 바꿔 썼어요!**
get → receive,
snacks and drinks → refreshments

호주

Questions 89-91 refer to the following excerpt from a meeting.

Ⓜ ⁸⁹**Thank you all for attending Lee Marketing's managers' meeting.** We have just a few more things to cover. The city of Newton is hosting a seminar on Internet trends. ⁸⁹**John Brown is running the session, and he's famous for helping marketing companies like us.** This is a valuable resource, so we want everybody to make the most of it. ⁹⁰**You can sign up online, starting this afternoon. Be advised that there are a lot of people interested in joining this seminar.** OK, that's it for today, but ⁹¹**keep in mind that for the managers' meeting next month, you'll need to present your team's goals for the coming year.**

89-91번 문제는 다음 회의 발췌록에 관한 문제입니다.

Ⓝ ⁸⁹Lee 마케팅의 매니저 회의에 참석해 주신 모든 분께 감사합니다. 우리가 다뤄야 할 것이 몇 가지 더 있습니다. Newton시는 인터넷 동향 세미나를 주최합니다. ⁸⁹John Brown이 교육을 진행할 것이며, 그는 우리와 같은 마케팅 회사를 도와주는 것으로 유명합니다. 이는 귀중한 자원이므로, 모두가 이를 최대한 활용하시길 바랍니다. ⁹⁰오늘 오후부터 온라인으로 신청하실 수 있습니다. 많은 사람이 이 세미나에 참석하는 데에 관심이 있다는 것을 숙지해 주세요. 자, 오늘은

이만하도록 하겠습니다만, ⁹¹다음 달 매니저 회의에서는, 내년 각자 팀 목표에 관해 발표하셔야 한다는 걸 명심해 주세요.

어휘
cover 다루다 I host 주최하다 I valuable 귀중한 I make the most of ~을 최대한 활용하다 I sign up (~을) 신청하다 I advise 권고하다 I keep in mind ~을 명심하다

89. Where do the listeners work?
(A) At a marketing firm
(B) At a newspaper company
(C) At a technical college
(D) At a Web design business

청자들은 어디에서 근무하는가?
(A) 마케팅 회사에서
(B) 신문사에서
(C) 기술 전문대학에서
(D) 웹디자인 회사에서

해설 청자의 신분을 묻는 문제 – 담화 초반부에 화자가 'Lee 마케팅의 매니저 회의에 참석해 주신 모든 분께 감사합니다.'라고 한 말과, 교육을 진행하는 John Brown이 화자의 회사와 같은 마케팅 회사를 도와주는 것으로 유명하다고 한 말로 미루어보아 (A)가 정답이다.

90. What does the speaker mean when he says, "there are a lot of people interested in joining this seminar"?
(A) He will find a larger venue.
(B) He will order more refreshments.
(C) The listeners should sign up quickly.
(D) The listeners should revise their reports.

화자가 "많은 사람이 이 세미나에 참석하는 데에 관심이 있습니다"라고 말할 때, 그가 의미한 것은?
(A) 그는 더 큰 장소를 찾을 것이다.
(B) 그는 더 많은 다과를 주문할 것이다.
(C) 청자들은 빨리 등록해야 한다.
(D) 청자들은 자신들의 보고서를 수정해야 한다.

해설 화자 의도 파악 문제 – 화자가 청자들에게 오늘 오후부터 온라인으로 신청할 수 있지만 많은 사람이 이 세미나에 참석하는 데에 관심이 있다는 사실을 숙지해 달라고 말한 것으로 보아 사람들이 몰릴 것 같으니 등록을 서두르라는 의미의 (C)가 정답이다.

91. What does the speaker remind the listeners to do?
(A) Prepare a presentation
(B) Contact some clients
(C) Read a company manual
(D) Reduce some expenses

화자는 청자들에게 무엇을 하라고 상기시키는가?
(A) 발표를 준비하라고
(B) 고객에게 연락하라고
(C) 회사 설명서를 읽으라고
(D) 비용을 줄이라고

해설 제안·요청을 묻는 문제 – 담화 마지막에 화자가 다음 달 매니저 회의에서 내년 각자 팀 목표에 관해 발표해야 한다는 걸 명심해 달라고 말했으므로 (A)가 정답이다.

Questions 92-94 refer to the following broadcast.

🔲 That was the top song this week on radio 101.7. And now, let's hear from our sponsor. ⁹²**Walter's Cleaning Products wants you to be one of its personal reviewers.** ⁹³**Walter's will send you a package that includes their newest cleaning equipment from disinfectants and towels to mops.** After you've spent some time with the products, you'll be required to record your observations and suggestions for improvement. ⁹⁴**If you'd like to join this program, send us a letter explaining why you think you should be selected.** If chosen, a representative from the company will send you more details.

92-94번은 다음 방송에 관한 문제입니다.

🔲 이 노래가 이번 주 라디오 101.7에서 1위였습니다. 그리고 이제, 우리 후원사 소식을 들어보겠습니다. ⁹²**Walter's Cleaning Products가 여러분이 회사의 개인 평가자가 되길 바라네요.** ⁹³**Walter's는 소독제와 타월에서 대걸레까지 그들의 최신 청소용품을 담은 상자를 여러분께 보낼 것입니다.** 여러분이 그 제품을 사용해 보신 후, 여러분의 의견과 개선을 위한 제안 사항들을 기록해야 합니다. ⁹⁴**이 프로그램에 참가하고 싶으시다면, 왜 여러분이 뽑혀야 한다고 생각하는지를 설명하는 편지를 저희에게 보내 주세요.** 선정되시면, 회사의 담당자가 여러분께 더 자세한 정보를 보내 줄 겁니다.

어휘
sponsor 후원자 | personal 개인적인 | reviewer 평가자, 비평가 | package 상자 | disinfectant 소독제 | mop 대걸레 | record 기록하다 | observation 관찰, 의견 | suggestion 제안 | improvement 개선, 향상 | explain 설명하다 | select 선택하다 | representative 대표자 | detail 세부 사항

92. According to the broadcast, what is the sponsor looking for?
(A) Product reviewers
(B) Radio hosts
(C) Contest winners
(D) Business owners

방송에 따르면, 후원자는 무엇을 찾고 있는가?
(A) 제품 평가자
(B) 라디오 진행자
(C) 경연 우승자
(D) 사업주

해설 키워드 문제 – 담화 초반부에 화자가 'Walter's Cleaning Products가 여러분이 회사의 개인 평가자가 되길 바라네요.'라고 말했으므로 (A)가 정답이다.

93. What kind of products does the sponsor sell?
(A) Cooking utensils
(B) Stationery items
(C) Musical instruments
(D) Cleaning supplies

후원자는 어떤 종류의 제품을 판매하는가?
(A) 조리 기구
(B) 문구류
(C) 악기
(D) 청소용품

해설 키워드 문제 – 화자가 Walter's는 소독제와 타월에서 대걸레까지 최신 청소용품을 담은 상자를 개인 평가자가 되는 사람들에게 보낼 것이라고 말했으므로 (D)가 정답이다.

➕ 이렇게 바꿔 썼어요!
cleaning equipment → Cleaning supplies

94. What should the listeners do if they are interested in being a reviewer?
(A) Complete a survey
(B) Film a video
(C) Join a Web site
(D) Write a letter

청자들은 평가자가 되는 것에 관심 있으면 무엇을 해야 하는가?
(A) 설문 조사를 작성한다
(B) 영상을 촬영한다
(C) 웹사이트에 가입한다
(D) 편지를 쓴다

해설 제안·요청을 묻는 문제 – 담화 후반부에 화자가 프로그램에 참가하고 싶은 청자들은 자신이 선택되어야 하는 이유를 설명하는 편지를 보내 달라고 말했으므로 (D)가 정답이다.

Questions 95-97 refer to the following telephone message and menu.

🔲 Hello, my name is Christine Valdez. ⁹⁵**This call is to confirm the catering order for my boss's retirement gathering.** ⁹⁶**I ordered the hot buffet—the party-size hot buffet.** We're expecting the whole company to be there. ⁹⁷**I also want to confirm my request for two servers from your company to assist the guests. I wanted to know what time I should be expecting them to arrive.** Please contact me at your earliest convenience. Thank you.

Rosa's 출장 연회 서비스 메뉴 종류		
	그룹 사이즈 (6-15명)	파티 사이즈 (25-30명)
콜드 뷔페	550달러	1,250달러
핫 뷔페	850달러	1,500달러

95-97번은 다음 전화 메시지와 메뉴에 관한 문제입니다.

🔲 안녕하세요, 저는 Christine Valdez입니다. ⁹⁵**제 상사의 퇴임 기념 모임용 출장 연회 주문 확인차 전화드립니다.** ⁹⁶**저는 핫 뷔페를 주문했는데요, 파티 사이즈의 핫 뷔페요.** 전 직원이 참석할 예정입니다. ⁹⁷**그리고 손님들에게 서빙을 해줄 직원 두 명도 요청드렸는데 확인하고 싶고요. 몇 시에 오시는지 알고 싶습니다.** 가급적 빨리 저에게 연락 주세요. 감사합니다.

어휘
retirement 은퇴 | gathering 모임 | whole 전체의 | request 요청, 신청 | server 서빙을 하는 사람 | assist 돕다 | guest 손님 | at your earliest convenience 가급적 빨리, 가능한 빠른 시일 내에

95. What event is the speaker planning?
(A) An anniversary celebration
(B) An employee orientation
(C) A holiday gathering

(D) A retirement party

화자는 어떤 행사를 계획하고 있는가?
(A) 기념일 축하 행사
(B) 직원 오리엔테이션
(C) 연휴 모임
(D) 퇴임 기념 파티

해설 주제·목적을 묻는 문제 – 담화 초반에 화자가 '제 상사의 퇴임 기념 모임용 출장 연회 주문 확인차 전화드립니다.'라고 말했으므로 (D)가 정답이다.

✚ **이렇게 바꿔 썼어요!**
retirement gathering → retirement party

96. Look at the graphic. How much will the speaker pay for her food order?
(A) $550
(B) $850
(C) $1,250
(D) $1,500

시각 자료를 보시오. 화자는 음식 주문에 얼마를 지불할 것인가?
(A) 550달러
(B) 850달러
(C) 1,250달러
(D) 1,500달러

해설 시각 자료 연계 문제 – 화자가 자신은 파티 사이즈의 핫 뷔페를 주문했다고 말했고, 시각 자료에서 Party Size(파티 사이즈)의 Hot Buffet(핫 뷔페)가 $1,500(1,500달러)임을 확인할 수 있으므로 (D)가 정답이다.

97. What does the speaker ask about?
(A) When to expect some assistance
(B) Which eating utensils are provided
(C) How much extra plates cost
(D) What vegetarian options are available

화자는 무엇에 대해 문의하는가?
(A) 도움을 언제 받을 수 있는지
(B) 어떤 식기류가 제공되는지
(C) 음식 추가 비용은 얼마인지
(D) 어떤 채식 옵션을 이용할 수 있는지

해설 키워드 문제 – 담화 후반부에 화자가 손님들에게 서빙을 해줄 직원 두 명도 요청했는데 그 사항을 확인하고 싶고 몇 시에 오는지 알고 싶고 말했으므로 (A)가 정답이다.

[미국]

Questions 98-100 refer to the following excerpt from a meeting and neighborhood map.

Ⓜ Let's start our meeting. ⁹⁸**I've been very happy with how well all of our deli shops have been doing in Franklin County**. And it has been brought to my attention that customers would like a delivery service. It's something that I've been thinking of as well, so let's do a trial at one of our locations first. Even though Creekman is our main branch, ⁹⁹**I think we should begin with the smallest neighborhood because of its proximity to residential areas.**

¹⁰⁰**Now, we need to find out how to inform people of our new service, so let's brainstorm some ideas on how we can market it.**

Franklin County 지역

Midland	Greenville
Queenston	Creekman

98-100번은 다음 회의 발췌록과 주변 지역 안내도에 관한 문제입니다.

Ⓜ 회의를 시작합시다. ⁹⁸Franklin County에 있는 저희 식품점 전체가 성공적이어서 매우 기뻐요. 그리고 고객들이 배달 서비스를 원한다는 것을 알게 되었어요. 저도 생각해 본 부분이기 때문에, 저희 지점 중 한 곳에서 시범 운영을 해봅시다. Creekman에 우리 본점이 있지만, ⁹⁹주택가와의 근접성을 근거로 가장 작은 지역에서부터 시작하는 게 좋을 거 같아요. ¹⁰⁰자 이제, 사람들에게 우리의 신규 서비스를 어떻게 알릴지 알아내야 하므로, 홍보 방법에 대한 아이디어를 몇 가지 생각해 봅시다.

어휘
deli 식료품 | customer 고객 | delivery 배달 | trial 시범 | location 지역, 지점 | branch 지사 | proximity 근접, 가까움 | main 주요한 | neighborhood 지역 | residential 거주지의 | inform 알리다 | brainstorm 아이디어를 생각하다 | market 홍보하다

98. What type of business does the speaker own?
(A) A ride share service
(B) A boutique shop
(C) A supermarket chain
(D) A deli franchise

화자는 어떤 업종을 소유하고 있는가?
(A) 카풀 서비스
(B) 부티크 가게
(C) 슈퍼마켓 체인점
(D) 식료품 프랜차이즈

해설 화자의 신분을 묻는 문제 – 담화 초반에 화자가 Franklin County에 있는 당사의 식료품 전체가 성공적이어서 매우 기쁘다고 말한 것으로 보아 (D)가 정답이다.

✚ **이렇게 바꿔 썼어요!**
shop → franchise

99. Look at the graphic. In which neighborhood does the speaker want to offer a new service?
(A) Midland
(B) Greenville
(C) Queenston
(D) Creekman

시각 자료를 보시오. 화자는 어느 지역에 신규 서비스를 제공하고 싶어 하는가?
(A) Midland
(B) Greenville
(C) Queenston

(D) Creekman

해설 시각 자료 연계 문제 – 화자가 주택가와의 근접성을 근거로 가장 작은 지역에서부터 시작하는 게 좋을 거 같다고 말했고, 시각 자료에서 가장 작은 지역이 Midland임을 확인할 수 있으므로 (A)가 정답이다.

100. What does the speaker want to discuss next?
(A) A relocation process
(B) A reimbursement policy
(C) Marketing strategies
(D) Business hours

화자는 다음에 무엇을 논의하고 싶어 하는가?
(A) 이전 절차
(B) 환불 정책
(C) 마케팅 전략
(D) 영업시간

해설 다음에 할 일을 묻는 문제 – 담화 마지막에 화자가 이제 사람들에게 신규 서비스를 어떻게 알릴지 알아내야 하므로 홍보 방법에 대한 아이디어를 몇 가지 생각해 보자고 말했으므로 (C)가 정답이다.

MEMO

파고다 토익 LC

입문서 | 해설서